Portugal na (e no Tempo da) Grande Guerra

Ficha Técnica

Título: *Portugal na (e no Tempo da) Grande Guerra*

Coordenação e edição: Fernando Moreira; Orquídea Ribeiro; Susana Pimenta

Autores: Aires Fernandes, Ana Boura; António Fernando Cascais; António Pena; António Rebelo; Daniela Fonseca; Fábio Ribeiro; Fernando Moreira; Francisco Miguel Araújo; Maria do Carmo Mendes; Guida Cândido; Jorge Vaz Gomes; José Barbosa Machado; Luís Alberto Alves; Luís Damásio; Maria João Soares; Maria José Cunha; Maria Luísa Soares; Miguel Castro Brandão; Norberto Ferreira da Cunha; Otília Lage; Pedro Vitorino; Teresa Araújo

Editor: UTAD – Universidade de Trás-os-Montes e Alto Douro

Com o apoio do CITCEM – Centro de Investigação Transdisciplinar Cultura, Espaço e Memória

Design gráfico e paginação: José Barbosa Machado

ISBN: 978-989-704-348-2

Portugal na (e no Tempo da) Grande Guerra

COORDENAÇÃO E EDIÇÃO:

FERNANDO MOREIRA
ORQUÍDEA RIBEIRO
SUSANA PIMENTA

utad UNIVERSIDADE
DE TRÁS-OS-MONTES
E ALTO DOURO

NOTA DE ABERTURA

No ano de 2018 assinala-se o centenário do final do primeiro conflito armado à escala mundial que viria a alterar, de forma definitiva, a história cultural dos povos. A batalha de La Lys, a 9 de abril de 1918, representa um marco emblemático da participação portuguesa na primeira Grande Guerra e marca social e culturalmente um Portugal recém-saído de uma alteração de regime, ainda a braços com a sua nova realidade política e a viver as primeiras incidências das aparições de Fátima e a pedrada no charco protagonizada pela geração de Orfeu. Cem anos depois ainda é pertinente perguntar: Que marcas culturais e sociais deixou a Grande Guerra em Portugal? Como foi vista e vivida a Grande Guerra (na Europa, mas também nas então colónias portuguesas africanas) em Portugal? Que receção fez o mundo da cultura, das artes e da imprensa ao tema da guerra? Qual a perceção da Grande Guerra nas localidades do interior do país? Como se projetou a Grande Guerra no futuro, militar, política e culturalmente?

Para responder a estas e outras questões, a área das Ciências da cultura do Departamento de letras, Artes e Comunicação da Universidade de Trás-os-Montes e Alto Douro, associada a docentes de outras áreas científicas, organizou, no último ano, um conjunto de eventos, tais como exposições e conferências, que viriam a culminar com a realização de um congresso que contou com o apoio do CITCEM – Centro de Investigação Transdisciplinar Cultura, Espaço e Memória. O encontro atraiu a participação de mais de três dezenas de investigadores – áreas de estudos culturais, artes, religião, estudos militares, ciências da comunicação, história, entre outras – que, respondendo ao desafio apresentado, lançaram novas abordagens e pistas interpretativas sobre aspetos marcantes e permitem também uma melhor compreensão dos efeitos resultantes, em termos socioculturais, da Grande Guerra (e desse tempo vivido) em Portugal, a partir de uma revisitação de áreas temáticas estruturantes, sem excluir uma eventual apreciação das visões que o futuro haveria de trazer sobre esse acontecimento. Temas como memórias e representações textuais da Grande Guerra, a Grande Guerra e evolução científica, manifestações culturais no tempo da Grande Guerra, comunicação na Grande Guerra e religião no tempo da Grande Guerra serviram como referência aos palestrantes e interessaram uma assistência heterogénea, desde estudantes a militares, investigadores e público em geral.

Foram (são) as memórias de Portugal na (e no tempo da) Grande Guerra abordadas neste evento a partir da mais variada documentação existente – imprensa escrita, publicidade, propaganda, diários, narrativas, poesia, manifestações artísticas, filmes, fotografias, monumentos, etc. – contribuindo, desse modo, para uma melhor compreensão do país e para a valorização da memória enquanto elemento patrimonial estruturante da nossa identidade cultural. Face à qualidade das investigações apresentadas é, pois, justo e merecido que o labor dos palestrantes e o interesse revelado pelo público seja recompensado com a publicação deste livro que é composto por uma seleção dos textos apresentados, tal como estava previsto, ficando como registo memorial.

Os organizadores e a área das Ciências da Cultura da UTAD agradecem às entidades, em particular ao CITCEM, que nos acompanharam neste percurso que termina com a publicação deste livro que se espera venha a dar um contributo para o conhecimento de Portugal na (e no tempo da) Grande Guerra.

Fernando Moreira
Orquídea Ribeiro
Susana Pimenta

Aos Soldados que Partem, de António Corrêa d'Oliveira

Ana Isabel Gouveia Boura
FLUP / CITCEM

1. Elementos biobliográficos

António Corrêa d'Oliveira[1] nasceu em S. Pedro do Sul, em 30.07.1878,[2] viveu parte da infância em Vouzela e estudou no Seminário de Viseu, sem concluir o percurso académico. (Pontes 1997: 252). Órfão de pai desde os doze anos, Corrêa d'Oliveira trabalhou como amanuense num cartório de S. Pedro do Sul, foi tesoureiro de Finanças em Sesimbra e transferiu-se, em 1900, para Lisboa, encetando uma atividade jornalística no *Diário Ilustrado*, que trocou pelo trabalho de amanuense, na secretaria do Ministério dos Negócios Eclesiásticos e, depois, na Procuradoria Geral da Coroa e da Fazenda (Pontes 1986: 22; Pontes 2001: 692). Em 1912, Corrêa d'Oliveira casou-se com Maria Adelaide da Cunha Sottomayor de Abreu Gouveia, oriunda da aristocracia minhota, e instalou-se na Quinta do Belinho, pertencente à família da esposa e situada na freguesia de S. Paio de Antas, concelho de Esposende, da qual raramente se ausentava e na qual faleceu em 20.02.1976. (Pontes 1997: 254; Pontes 2001: 693)

A domiciliação na capital saldou-se para o autor beirão em frutuosos contactos com escritores e artistas, que encontrava no salão literário de Maria Amália Vaz de Carvalho e nos Cafés da Baixa lisboeta (Pontes 2001: 692). À atividade laboral na função pública e ao convívio na cena intelectual da urbe, António Corrêa d'Oliveira

---

[1] Adoto a grafia usada pelo autor, que assim subscrevia os seus manuscritos literários e epistolares e identificava a sua obra impressa.

[2] Tomo a informação de J. M. da Cruz Pontes, que com o poeta e sua família privou íntima e duradouramente e que refuta a data de 1879, divulgada em diversas obras de consulta, porém inconsonante com o assento batismal do poeta (Pontes 1986: 22).

juntava a criação poética editada em livro e a colaboração em jornais e revistas. Destacam-se o *Diário Ilustrado*, em que publicou numerosos poemas, mesmo após a rescisão do seu vínculo profissional; o *Jornal do Commercio* (Rio de Janeiro), que lhe recebeu doze crónicas semanais; e *A Águia*, que o acolheu entre os primeiros colaboradores, para dele incluir poemas nas *Séries I, II e III* da revista.

Corrêa d'Oliveira estreou-se muito cedo na atividade literária, revelando precoce e caudalosa inspiração poética, modelada em extensa obra lírica, que ultrapassa as cinco dezenas de volumes. Os primeiros versos que a família lhe conheceu, em maio de 1896, com o título *A Rainha é Nossa Mãe – Salve Rainha*, pretendiam homenagear a Rainha D. Amélia, recém-chegada a S. Pedro do Sul, para tratamento termal, e mereceram edição poucas semanas depois, em 2.6.1896, no *Commercio de Vizeu*, órgão a que, nos meses seguintes, o jovem autor confiaria novos poemas, sob a designação autoral 'António Correia' (Pontes 2001: 692).

Iniciada na juventude, se não ainda na adolescência, marcada por indeléveis episódios pessoais e familiares e pautada por heterogéneo contexto sociopolítico e estético-cultural, a criação poética de António Corrêa d'Oliveira exibe diferenciadas modulações temático-formais, que configuram dinâmicas de sucessiva preponderância, sem excluírem linhas de transversalidade. Pode, assim, distinguir-se uma primeira fase de produção, em que dominam figurações idealizantes e sentimentalistas do espaço campestre, da esfera doméstico-familiar e do ideário cristão, confluentes numa discursividade de feição popular sobretudo moldada em estrofes, metros e rimas ao gosto da tradição oral – a quadra, a redondilha maior, a rima cruzada e emparelhada. São exemplos desta cosmovisão eufórica, que não rejeita traços moralizantes, mas só vagamente admite sugestões progressistas, *Ladainha* (1897), *Eiradas* (1899), *Auto do Fim do Dia* (1900), *Alívio de Tristes* (1901), *Cantigas* (1902), *Raiz* (1903) e *Parábolas* (1905), sugestivamente rematadas pela expressão LAVS DEO.

A leitura de Ernst Haeckel e Edouard Schuré (Pontes 2001: 692) concorreu para a inflexão ideológico-temática que traveja uma segunda fase literária do autor beirão. Atraído pelo modelo evolucionista e deslumbrado pelo figurino panteísta, o poeta rendeu-se à perceção animista da natureza, à noção de monismo cósmico, à promessa de redenção universal, que glosou em *Ara* (1904), *Tentações de Sam Frei Gil* (1907), *Elogio dos Sentidos* (1908), *Alma Religiosa* (1910), *Auto das Quatro Estações* (1911) e *A Criação. I. Vida e História da Árvore* (1913), sintomaticamente rematadas por LAVS DEO: LAVS NATURAE.

A morte prematura do filho primogénito, o derrube do sistema monárquico, a instauração turbulenta da I República e a evolução trágica da Grande Guerra proporcionaram nova difração na trajetória literária de Corrêa d'Oliveira, que retomou a mundividência cristã, escorada por leituras que o acercaram de Santo Agostinho (Pontes, 1997: 256) e S. Francisco de Assis (Pontes 1997: 254). Em plena consonância com a ortodoxia católica se erguem *Pão Nosso, Alegre Vinho, Azeite da Candeia* (1919), *Verbo Ser e Verbo Amar* (1926), *Terezinha* (1928), *Job* (1932) e *Azinheira em Flor* (1954), significativamente rematadas pela elocução LAUS DEO.[1]

Não que a indagação metafísica, ou a meditação teológica de Corrêa d'Oliveira estanquem os vetores primordiais da sua criação poética. As vivências felizes em núcleo familiar aristocrático de abertura intelectual e moldura agrária motivam a encenação idílico-bucólica, o registo sentimental e o travo popular que lhe atravessam também a obra da maturidade. Acentuam-se o veio saudosista e o filão conservador, de insinuação monárquica, assim reforçando a exaltação nacional-patriótica, não raro hasteada no fôlego da quintilha. São exemplificativas deste poliedro conceitual *Minha Terra* (1915-1917, dez tomos), *Soldado que vaes à Guerra* (1918), *Na Hora Incerta ou a Nossa Pátria* (1920-1922, oito volumes), *Roteiro de Gente Moça* (1936), *Mare Nostrum* (1939), *História Pequenina de Portugal Gigante* (1940), *Aljubarrota ao Luar* (1944), *Elogio da Monarquia* (1944), *Saudade Nossa* (1944) e *Redondilhas* (1948).

Pode alegar-se na lírica de António Corrêa d'Oliveira ecos de João de Deus, Antero de Quental, Guerra Junqueiro, António Nobre,

---

[1] Nesta viragem religiosa se inscrevem também os vinte e um sonetos que compõem o inédito *Livro das Horas*, primeiramente intitulado *Horas Mysticas* (Pontes 1997: 256).

ou Teixeira de Pascoaes e, até, considerar-se que o poeta beirão não revela a profundidade metafísica e o apuramento poético destes seus pares. Importa, contudo, notar que a torrentosa inspiração do autor beirão se desdobrou em multíplices constelações temático-formais, a que não faltam traços de inconfundível originalidade, tendo a sua obra merecido o apreço de distintos seus contemporâneos, entre outros, Carolina Michaelis, Trindade Coelho, Teixeira de Pascoes, Jaime Cortesão, Raul Brandão, José Régio, António Carneiro e Henrique Medina.

A Academia (Real) das Ciências de Lisboa concedeu a Corrêa d'Oliveira, em 1908, o estatuto de sócio correspondente e, em 1951, o estatuto de sócio efetivo, em substituição de Eugénio de Castro, tendo, em 1933, 1935 e 1942, indigitado o poeta para o Prémio Nobel da Literatura (Pontes, 2001: 693). Também a Academia Brasileira das Letras o elegeu, em 1909, sócio correspondente, para suceder a Émile Zola (Pontes 1986: 15).

Aproveitando os cambiantes de exaltação patriótica, as pinceladas de pitoresco rural, as colorações de religiosidade cristã, os matizes de harmonia familiar, as figurações de idealização patriarcal, o gesto sentencioso e as cadências de inspiração popular que perpassam a poesia de Corrêa d'Oliveira, o Estado Novo guindou-o a poeta agraciado pelo regime, incluindo-lhe poemas em antologias escolares e atribuindo-lhe, em 1934, a insígnia de Grande-Oficial da Ordem Militar de Santiago da Espada e, em 1955, a distinção de Grande-Oficial da Ordem da Instrução Pública.

Desvirtuado, desde a Revolução do 25 de Abril como poeta oficial da ditadura e menorizado, na História e Crítica Literárias das últimas décadas, como autor de semântica elementar e discurso simples, Corrêa d'Oliveira tem sido votado a imerecida desatenção. Urge uma edição nacional da obra completa do autor, em que se ancorem novas leituras, já não enviesadas pela rigidez da ideologia política e pela sobranceria do cânone literário.

2. Contexto político-social e estético-literário

O poema *Aos soldados que Partem* veio a público em 1915, na primeira aparição editorial da revista *Contemporanea* [sic]. Já conturbada pela difícil e morosa afirmação do regime republicano, que confrontou a sociedade portuguesa com a inaudita sucessão de governos e dirigentes político-partidários, a segunda década do século XX em Portugal ficou também marcada pelo surgimento e o desenrolar da Primeira Guerra Mundial. À inicial crispação de 'guerristas' e 'intervencionistas', nos núcleos governamentais, no exército e na sociedade civil, juntou-se – com o envio de tropas portuguesas para Angola e Moçambique, a partida do Corpo Expedicionário Português para França, a instabilidade dos circuitos comerciais e a escassez de bens primários – o descontentamento crescente da população.

Na imprensa diária assomavam, por conseguinte, relatos do atribulado quotidiano nacional e notícias sobre o inquietante conflito internacional. Paralelamente, revistas, como a *Ilustração Portuguesa*, apresentavam, desde os primeiros meses da beligerância, imagens tocantes de soldados portugueses, das forças aliadas e, em menor número, das potências centrais: cenas de despedida, concentração e embarque de tropas; quadros de deslocação, vigilância, ou combate em terreno militar; fotografias de armamento; paisagens de campos ceifados e cidades aniquiladas por ataques terrestres, marítimos ou aéreos; agrupamentos de prisioneiros; corpos de soldados e cavalos feridos ou mortos. Na falta de instantâneos fotográficos valiam os desenhos ilustrativos (Sousa 2013: 53); na ausência de fotografias atuais, serviam as fotografias de arquivo (Sousa 2015: 85); na insuficiência de conteúdos iconográficos originais, usava-se materiais oriundos da imprensa ilustrada estrangeira, principalmente britânica e francesa, que entravam em Portugal por correio e eram distribuídos pelas respetivas embaixadas e agências noticiosas (Sousa 2015: 878).

Na cena literária portuguesa, coexistiam, nas duas primeiras décadas do século XX, as correntes que constituíram vanguarda no final do século XIX e esmoreciam no dealbar do século seguinte e as tendências que, embora herdeiras de estéticas oitocentistas, se afirmavam preponderantes no primeiro quartel de novecentos. Dominava a matriz neorromântica, em que se inscreviam a feição vitalista, a linha saudosista e o vetor lusitanista.

Surgida nos escaparates lisboetas com propósito de renovação estética e social, a revista *Contemporanea* abriu-se ao contributo de escritores tão díspares como Afonso Duarte, Afonso Lopes Vieira, Almada Negreiros, António Botto, António Sardinha, Aquilino Ribeiro, Camilo Pessanha, Fernando Pessoa, João de Barros, Leonardo Coimbra, Mário Saa e Teixeira de Pascoaes e acolheu a colaboração de artistas tão diversos como António Carneiro, Augusto Santa-Ritta, Columbano Bordalo Pinheiro, Amadeu de Souza Cardoso, Dórdio Gomes, Diogo de Macedo e Eduardo Viana (Pires 1986: 118).

O numero inaugural,[1] sob direção literária de João Correia d'Oliveira e direção artística de José Pacheco, apresenta *Contemporanea* como publicação de largo espectro, pois que na variedade das suas rubricas se conjugam a *Crónica*, a *Notícia de Atualidades* (na imprensa, na literatura, no teatro, no desporto, na política e na religião), a *Secção Feminina* (que promete futura informação sobre beleza, moda, higiene, conforto do lar, artes decorativas, literatura e artes plásticas e prevê um *Correio das Senhoras*) e a publicidade (a artigos de moda feminina e masculina, de papelaria e escritório, de fotografia e de géneros alimentares) – a par da ficção literária e de reproduções desenhísticas.

Neste conjunto polifacetado se inserem cinco textos que tematizam o conflito bélico em curso: *Uma página de Guerra*, a noticiar o movimento pendular das frentes rivais; uma recensão impressionística das cartas amorosas trocadas entre Robert Browning e Elisabeth Barret, em cujo amor a autora do artigo, Maria Amália

---

[1] A essa edição sem número seguiu-se um interregno editorial. A revista retomou a edição em maio de 1922, sendo publicada, de forma irregular, até 1926, em três *Séries*, num total de treze números. Ao título *Contemporanea* apôs-se, na segunda série, a indicação *Grande Revista Mensal* e, na terceira série, a informação *Portugal, Ibero-Americanismo, Arte*.

Vaz de Carvalho, vê um contraponto ao desamor da beligerância internacional; um comentário encomiástico de José Pacheco que contextualiza esboços enviados por Carlos Franco, artista residente em Paris e então a combater como voluntário pelos Aliados; o texto *Meia-Noite em Paris*, de Júlio de Montalvão, que, na primeira pessoa, narra o confronto com Paris em tempo de Grande Guerra; e o poema *Aos Soldados que Partem*, de António Corrêa d'Oliveira.

3. O poema *Aos Soldados que Partem*

Ao leitor, a página com o número 7 do *numero specimen* proporciona, além do texto lírico, disposto em três simétricas colunas de quatro quintilhas, a identificação autoral, reforçada pela fotografia de rosto e pela assinatura impressa do escritor, a data da composição poética (*Dezembro 914*) e a indicação *EXCERTO*. O retrato miniatural do poeta incrusta-se no centro de uma lira flanqueada por pequenas folhas arbústeas. Assim vinculado ao instrumento musical de matriz helénica, o motivo vegetal parece figuração estilizada da coroa de louros que glorificou poetas gregos, latinos e renascentistas. Desenho e fotografia preparam, assim, em jeito preambular, a inscrição, no resto da página, do texto poemático, insinuando, deste modo, a relevância literária do autor.

Por justificar fica a truncagem da composição poética. O poema viria a fazer parte do ciclo *A Minha Terra*, mais precisamente, do volume X, *Cartas ao Vento*, datado de 1916 e editado em 1917. A versão reproduzida em livro acrescentaria ao poema uma quintilha às doze apresentadas na revista, situando-a em posição preambular, e sujeitaria as doze estrofes publicadas em 1915 a esporádicas substituições lexemáticas, pontuais modificações ortográficas e esparsas alterações de pontuação.

Sem desprimor das restantes notações paratextuais, no título se concentra a preliminar atenção do leitor: pela extensão frásica, pela estrutura sintática, pela inicial contração morfológica, a explicitar o gesto autoral de dedicatória, e pelo registo referencial, que entrelaça os motivos da guerra e da partida. A formulação titular promete ao leitor, ainda surpreendido pela eclosão da Primeira Guerra Mundial, um texto que versará sobre a deslocação de soldados para a frente de combate. Refira-se que, na versão datada de 1916, o autor preferiu intitular o poema *Os Soldados*, obliterando, então, a marca de dedicatória e a referência ao ato da partida.

De facto, não apenas de partida de indivíduos mobilizados se trata em *Aos Soldados que partem*. As estrofes 1 a 5 glosam a partida dos soldados para a frente bélica. Nelas se destacam, em sequência anafórica, signos de identidade e coesão patriótica, de consolidação e alargamento territorial, de memória coletiva e exemplaridade histórica; nelas se sucedem, em enumeração paralelística, matizes telúricos e laivos atmosféricos que sustentam a encenação de elementaridade e genuinidade; nelas se anunciam movimentações centrífugas que hão de convergir em palco de digladiação humana; nelas se apostrofa o transcendente e se desdobra, em jeito de refrão, a enunciação de votos benfazejos, para cuja veemência concorrem, a par do gesto imperativo e da entoação exclamativa, o uso reiterado do travessão, a flanquear o enunciado votivo, e a insistente elisão da conjunção relativa – *Deus caminhe a vosso lado!* – (estr. 1); – *Vá convosco a nossa esperança!* – (estr. 2); – *Tornem convosco alegrias!* – (estr. 3); – *Vá convosco o nosso amor!* – (estr. 4).

Às sugestões de deslocação centrífuga e de focalização regressiva que distinguem as primeiras cinco estrofes contrapõem-se, nas estrofes 7 a 11, insinuações de direção centrípeta e sentido prospetivo, que corporizam a previsão autoral de célere e satisfatória resolução do conflito armado. Em declaração prolética de imbatível firmeza, que abre as cinco estrofes, o sujeito poético prenuncia o rápido e são regresso dos soldados – *E voltareis...* (estrofe 7); *Voltareis cedo...* (estrofes 8-11) –, para, nos versos restantes de cada estrofe, delinear os quadros cénicos que comporão o segmento temporal da ausência e o reencontro dos soldados com o universo físico e humano temporariamente abandonado.

Não que os dois grupos de estrofes se encerrem em compartimentação motívica estanque. Por um lado, entre os dois conjuntos estróficos, a estrofe 6 emerge em jeito de charneira, combinando passado pátrio, presente nacional e futuro universal, ao direcionar o gesto votivo, não para o ato de partida, que informa as estrofes 1 a 5, antes para a situação de retorno e reencontro, que motivicamente domina as estrofes 7-11 (*E se venham a ajuntar // Tristes lágrimas do adeus / Aos sorrisos do voltar.*)

Por outro lado, são iniludíveis os laivos de permeabilidade motívica que aproximam os dois grupos estróficos. De facto, entretecidos na ancoragem do presente em que se desenrolam o ato da despedida e o início da deslocação para a frente de batalha, passado e futuro interpenetram-se em ténues filões. Assim, o motivo do futuro, que informa as estrofes 7 a 11, assoma já na primeira e na terceira estrofes do poema (*Pelo Futuro; – Tornem convosco alegrias!-*); e o motivo do passado, dominante nas estrofes iniciais do texto, aflora, enquanto conjunto de ações decorridas no espaço de origem durante a ausência dos soldados regressados – o envelhecimento dorido das mães e avós, a espera prendada e devota das noivas, as privações orgânicas e anímicas dos filhos, o amor estancado das companheiras –, em todas as quintilhas do segundo grupo estrófico.

Não estranha tal interpenetração temporal, porquanto, se o *nobre Passado*, repositório de elevados valores e gestos heroicos, impõe o presente da partida e o futuro do combate, o regresso que se prevê triunfante converterá a separação e a ausência familiares em passado de sofrimento e devoção, de míngua e dedicação, de angústia e resiliência.

E sob a égide do futuro supostamente glorioso se inverterá também o binómio espacial terra natal – palco bélico, que traveja as cinco primeiras estrofes do poema: o palco de beligerância, ponto de chegada, num percurso patriótico de compromisso e abnegação, tornar-se-á, pela encenação militar de firmeza e bravura, espaço de partida, num retorno de júbilo e acolhimento a território lusitano.

Avultam na dinâmica semântica de *Aos Soldados que Partem* quatro polos leitmotívicos: pátria, Deus, espaço rural e família. O motivo da pátria merece referência já no primeiro verso da estrofe inicial. Justificador e determinante da linha actancial mobilização – partida – combate, a ele agrega o sujeito poético não apenas um atributo manifestamente eufórico, de intuito personificante e em enfática posição anteposta – *doce Pátria* –, mas também um qualificativo que vincula o motivo político à isotopia histórica: a *Pátria antiga* engloba o *mar das Caravelas*, por que ela rumou em audazes jornadas, inaugurando trajetos, desvelando horizontes e assinalando inaugurais pertenças; acolhe o *Condestável*, a cujo empenho e arrojo ela ficou a dever a integridade e a soberania; e guarda a Rainha cognominada Santa, que do doce regaço deixou rolar, em vez de generoso pão, *rosas tão belas*, como as que, *a abrir nas janelas*, abençoam a partida dos soldados.[1]

E porque a pátria lusa, assim historicamente legitimada, não apenas se ancora no flanco costeiro do corpo ibérico, mas também se estende além-fronteiras, espraiando-se nos territórios outrora descobertos e penetrando, por via da mobilização militar, no palco bélico, o motivo da pátria assoma nominalmente na estrofe 6, a preambular o enlaçamento de presente da partida e futuro do regresso (*Convosco vão Pátria e Deus;*), e na última estrofe, associado ao motivo da maternidade (*Triste Pátria, nossa Mãe,*). Não surpreende, assim, que o sujeito poético destaque graficamente os lexemas *pátria*, *passado*, *futuro*, *caravelas*, *condestável* e *lança*, ao conceder-lhes letra inicial maiúscula. Refira-se que, na versão de 1916, o substantivo *mar* apresenta-se igualmente com letra inicial maiúscula, embora os termos *caravela* e *lança* surjam com letra inicial minúscula.

À isotopia histórico-política junta-se, em *Aos Soldados que Partem*, a imagética religiosa, explicitamente introduzida no último verso da estrofe inicial pelo substantivo *Deus*. À entidade suprema da hierarquia divina, à figura que, no ideário judaico-cristão, congrega a dádiva da vida e a vitória sobre a morte, ao signo católico de infinita misericórdia, se dirige a voz poética no primeiro dos votos benfazejos que dedica ao destinatário da sua composição textual: – *Deus caminhe a vosso lado !-*. E para Deus, o Pai que, na figura do

---

[1] As *rosas a abrir nas janelas* constituem indicador cronotópico, enquanto sinalizadoras de estação primaveril ou estival, indício auspicioso, pela prazerosa estimulação multissensorial e pela conotação positiva, e informante epocal, pois que metonimicamente evocam as manifestações populares de apoio aos contingentes militares em partida para o palco bélico.

Filho, se proclamou *Caminho* absoluto, *Verdade* suprema e *Vida* eterna (Evangelho de S. João 14:6), se vira o sujeito poético em busca de providência sobre-humana, ao encerrar o poema: *Guarde-a Deus da morte escura.*

A dimensão religiosa patenteia-se também no *toque das Avé Marias*, na oração das noivas e, menos obviamente, no motivo estrelar, que, em dupla alusão, eufórica e graficamente destacada (*Pelo Sinal das estrelas; Por alta Estrela da Sorte*), convoca o texto bíblico, para augurar o curso afortunado dos combatentes: a estrela condutora dos Reis Magos ao Salvador do Mundo (Evangelho de S. Mateus 2: 1-2) saberá guiar os soldados na salvação da (sua) terra.

A defesa da Pátria impõe aos soldados o abandono do solo natal, tanto mais doloroso, porquanto em forte contraste com a meta beligerante. Não que a instância autoral evoque a disforia do palco bélico. Pressupondo no leitor informação satisfatória sobre cenários e operações de guerra, o sujeito enunciador prescinde de qualquer alusão ao campo de batalha, tacitamente elidido entre as referências à partida e ao esperado regresso dos militares.

E não apenas no privilégio do cenário de partida se manifesta a ótica redutora do sujeito poético. O quadro cénico representado exclui a paisagem urbana. Os soldados que partem são *Filhos das brenhas da serra* e modelizam o seu quotidiano no diálogo intimista com a terra que, em gestos arquetípicos, sulcam, para nela depositarem o agente fecundador (*Lançae a semente à terra, / Para achardes pão e flores*).

Do mesmo modo, à instância autoral não interessa considerar o labor árduo dos *Cavadores* recrutados para a beligerância internacional. De extração agrária e foro atmosférico, os motivos cénicos representados no poema configuram um idílico painel rural, que conjuga estímulos óticos, olfativos, acústicos, gustativos e térmico-tácteis, para sugerir imagens de fertilidade agrícola, aconchego doméstico e estabilidade cósmica. E se o elemento marítimo, se associa, na estrofe 2, euforicamente à História portuguesa, a tríade terra – ar – fogo, desenrolada nas estrofes 3, 4 e 6, enquadra, em moldura auspiciosa, o presente da mobilização e da partida, para melhor augurar o desejado regresso dos combatentes. Como o passado pátrio, o património natural – alicerce e provedor da nação – justifica e encoraja a participação dos varões portugueses no conflito internacional, prometendo-lhes concomitantemente um recesso de acolhimento e salvaguarda no seu retorno a *terras de Portugal*.

No solo pátrio ficam os não convocados para o palco bélico, excluídos por inadequação etária ou sexual e unidos por consanguinidade ou afinidade eletiva às tropas mobilizadas. Sobressaem na constelação dos que permanecem em território nacional as figuras femininas, aquelas que mais sofrerão a ausência temporária ou definitiva dos combatentes e que, no espaço de origem, protagonizarão o quotidiano produtivo, ao assumirem atividades laborais de tradicional formato masculino. Às *tristes lágrimas do adeus* juntarão as figuras femininas outras lágrimas, menos contidas e mais angustiadas do que as vertidas no momento da despedida, persistentes e só aliviadas pelos *sorrisos do voltar*, com que espelharão *as alegrias* dos militares regressados.

Já na estrofe 4 do poema, o sujeito enunciador referencia as figuras femininas, ao congregar, em enfatizante sucessão nominal, termos que evocam a matriz sociofamiliar. Acoplado ao termo *lar*, a enumeração polissindética *e noiva, e mãe, e irmãs* convoca a rede familiar-doméstica de que cada soldado se desprende no ato da partida.

À figura da mãe concede o sujeito poético a primazia, na senda dos textos da literatura universal que tematizam o sofrimento materno pela ausência provisória ou definitiva dos filhos mobilizados. Ao lexema *mães*, que, abrindo o verso da oitava estrofe, toma, por convenção poética, letra inicial maiúscula, a instância autoral faz imediatamente seguir o substantivo *avós*, também com a primeira vogal maiúscula. E tanto pela reiterada ocorrência do motivo materno, como pela grafia diferenciadora dos dois substantivos e pela forma plural de ambos os nomes – a insinuar imagens multitudinárias e universalistas – presta o sujeito enunciador homenagem ao pranto aflito das mães e das mães das mães, assinalando hiperbolicamente o impacto psicossomático da dor que a Guerra lhes inflige. Geradoras de vida, avós e mães denunciarão, no olhar inflamado e na pele enrugada, a passagem de um tempo preenchido por saudosa e inquietante espera. É certo que a primeira referência à figura da mãe, na estrofe 4, apresenta, como o termo *irmãs*, letra inicial minúscula; tanto mais significativo que, na versão editada em 1917, também esses lexemas se iniciem com letra maiúscula.

De menor carga patética se revela a referência, na estrofe 9, às noivas, que, diferentemente das figuras femininas consanguineamente ligadas aos soldados, não surgem discursivamente associadas ao motivo do pranto, antes afloram em combinação com os motivos edificantes da oração, do enxoval e do canto. Nos lavores, que prendadamente cumprem os códigos sociofamiliares das donzelas casadoiras, as noivas entretecem não lágrimas, mas preces e cantares – talvez cânticos, talvez cantigas – com que exprimem a dedicação à figura amada, o fervor a Deus e a devoção à Pátria. Ainda assim, o sujeito poético privilegia no retrato das noivas o motivo da oração, que o canto só esporadicamente entremeia, e evoca, pela sequência de cinco formas gerundivas e pela compacta assonância nasal (*ficando – rezando – Cantando – de quando em quando – bordando*), o arrastado fluir temporal que ritma o ato de ansiosa espera. De resto, o motivo do noivado – estado probatório e propedêutico que preambula o acesso contratual a um coletivo familiar –, toca tangencialmente o motivo da família, pelo que se compreende que, na versão datada de 1916, a instância autoral substitua os termos *noiva* e *noivas* por *Noiva* e *Noivas*.

A isotopia familiar assoma vigorosamente na estrofe 10, através dos motivos da filiação e da paternidade. Destaca-se, assim, por um lado, o diminutivo *filhinhos*, que polariza, em visão sentimentalista, os motivos tradicionalmente associados à ausência da figura paterna – orfandade, precariedade, vulnerabilidade -, aqui convocados pelas imagens disfóricas de busca infrutífera, míngua alimentar e insuficiente vestuário, que nem a notação condicional (*filhinhos / Se os tiverdes*), nem a sugestão dubitativa em intercalação parentética (*Talvez com fome, e rotinhos!*) logram esbater. A representação das

crianças em trânsito inútil, famintas e esfarrapadas sobrepõe-se
à incerteza da sua existência e à dúvida sobre a sua carência. Na
versão em livro, a instância autoral altera integralmente o verso,
obliterando a carga disfórica da penúria e recuperando da terceira
estrofe os motivos eufóricos das roseiras floridas e das aves nas
ramarias (*Onde abrem rosas e ninhos*). Deste modo, o ato filial de
espera pela figura paterna perde os contornos soturnos, para assumir
um enquadramento auspicioso: o desabrochar das rosas, como a
gestação e o nascimento das aves, configuram um idílico cenário
ótico, acústico e olfativo que harmónica e integrativamente acolhe
os filhos expectantes e previsivelmente receberá os pais retornados.

Sobressai, por outro lado, na mesma estrofe, a expressão
metafórica e exclamativa *pobres paes!*, que evoca a situação dilemática
das figuras paternas em teatro de guerra, supostamente dilaceradas
entre o dever patriótico e o compromisso familiar, e que destacada
por travessão anteposto e posposto, realça a imagética miserabilista.
Note-se que, embora unidos entre si, e às figuras femininas de
progenitura, pais e filhos não auferem, ao contrário da figura das
mães e das avós, o destaque gráfico da letra inicial maiúscula, nem
na versão de 1914, nem na redação de 1916.

A figura da companheira, provável sinónimo de esposa, merece
um tratamento gráfico distintivo (letra inicial maiúscula), mas não
evidencia, contrariamente às figuras de mãe e de avó, atributos
disfóricos, antes aufere, à semelhança das noivas, uma caracterização
dulçorosa e encomiástica que recorda o estereótipo idealizante
do sentimento amoroso intensificado na e pela ausência física do
referente amado, e lembra, pela acoplagem discursiva ao motivo da
roseira em flor (*Mais um botão na roseira...*) , o ideal burguês da
esposa devotada ao marido e ao recesso conjugal.

Diversamente referenciado, o corpo familiar apresenta-se, assim,
em *Aos Soldados que Partem*, finamente estratificado e ramificado:
Avós, Mães, irmãs, noiva e *Companheira*, mas também *filhinhos* e *paes*,
configuram um organismo multigeracional e plurifuncional. Para
o motivo da família remetem, menos explicitamente, a formulação
metafórica *Filhos das brenhas da serra*, que define a cumplicidade

do homem rural com o espaço telúrico – signo exponencial da Mãe-Natureza – e as imagens do *belo fogo ao serão* e da *lareira,* que, indutoras de prazerosas sensações visuais, auditivas, olfactivas e térmicas, evocam, também pelas sugestões ritualísticas, o aconchego e a proteção do espaço doméstico, a regeneradora comunhão familiar, a consolidação de vínculos íntimos e solidários. Terra e fogo, adversos no palco da Guerra, favorecerão, no espaço natal, pela produtividade agrária (*Para achardes pão e flores*) e pela partilha noticiosa (*À lareira / O que sabereis de sério?*), a reintegração do soldado recém-chegado na comunidade familiar e social.

Tanto o encadeamento motívico das onze estrofes, que faz suceder à enunciação votiva, nas estrofes 1-5, a antevisão de um desenlace jubiloso, nas estrofes 7-11, como a valência eufórica das isotopias pátria, Deus, espaço rural e família concorrem para uma perspetivação auspiciosa da mobilização militar: os soldados partem para a batalha campal 'escoltados' pela memória histórica, pelo amor familiar e pela providência divina, e favorecidos pelo anúncio poético – que presentifica o desejo coletivo – de um retorno em breve e a salvo. Interventivo, o sujeito enunciador não se coíbe de reiterar, em posição destacada – no verso inicial ou final das estrofes – os motivos do acompanhamento (estrofes 1-6) e do regresso (estrofes 6-11).

Não surpreende tal representação otimista, antes de mais, porque a convicção de rápida resolução da beligerância se inscrevia, no primeiro ano da Grande Guerra, em muitos discursos políticos e em numerosos relatos jornalísticos nacionais e internacionais. A opção domiciliária do autor, que desde o casamento, ancorava o quotidiano em bucólico espaço minhoto, como a sua arreigada crença em valores do conservadorismo político, da tradição popular e da ortodoxia cristã poderiam também justificar uma focalização promissora da mobilização portuguesa.

Não que faltem, na sintagmática da composição poética, motivos de sinal negativo, ou, até, de traço ominoso. De facto, ao motivo da sombra, introduzido na estrofe 1 e retomado na estrofe 5, juntam-se o motivo da tristeza, que assoma nas estrofes 6 e 12, o motivo do pranto, nas estrofes 6 e 8, o motivo das rugas faciais, na estrofe 8, o motivo da penúria, na estrofe 10, e o motivo da morte, explicitamente referenciado na estrofe 5 e 12 e metaforicamente sugerido pelos lexemas *cemitério*, nas estrofes 4 e 11, *adeus*, na estrofe 6, e *sepultura*, na última estrofe. Para intensificar a carga disfórica do poema, a instância autoral não hesita em recorrer ao registo aumentativo-hiperbólico (*tanta sombra*; *cheias de gelhas*), à formulação abstracto-concretizante (*sombra da morte, morte escura*) e à figuração personificante (*sombra inimiga*). Na versão vinda a lume em 1917, o sujeito poético substitui a locução *cheias de gelhas* pela expressão *de rosto em gelhas*, que plasticamente reforça o motivo psicossomático da consumição.

Ao leitor avisado não escapa também que o motivo do *cemitério em flor*, já inquietante pela antinomia morte – vida, ao ocupar o verso central da estrofe 4, contrasta fortemente com as imagens prazerosas delineadas nos dois versos antecedentes e nos dois versos seguintes da quintilha, contrapondo-se, além disso, aos motivos eufóricos de extração atmosférica e de âmbito doméstico-familiar que informam as duas estrofes anteriores. Note-se que, na versão de 1916, o sujeito poético suprime o verso *Pelo cemitério em flor*, preferindo a formulação metafórica *Pelo vosso ninho em flor*, em consonância quer com a imagética idílico-bucólica, quer com a isotopia nupcial e familiar que assomam nas estrofes 3 e 4.

A estrofe final, contraponto, no número 12, da estrofe 6 (que medeia entre o gesto votivo e a postura prefigurativa) reforça a va-lência desilusionística do poema, ao inserir os motivos auspiciosos da pátria, da família e de Deus numa dinâmica cotextual disfórica. Exemplo multissecular de *nobre Passado*, a *Pátria* revela-se, no presen-te da mobilização e da partida, *triste*, espelhando, enquanto *Mãe* da nação, a tristeza das mães e avós mortificadas por dolorosa despedida.

Acabrunhado pela voragem que se consuma no palco de inau-dita guerra, o sujeito enunciador não disfarça, na estrofe final, o gesto pessimista, já evidente no primeiro verso (*Mais alguém na sepultura...*), que recupera, em registo paralelístico, o motivo fúnebre com que fechou a estrofe anterior (*Mais alguém no cemitério...*) e não menos patente na interrogação reiterativa que, no segundo verso, dirige aos destinatários nominais do poema (*Quem será, Soldados, quem?*). Daí que a instância autoral retome da estrofe inicial o motivo da suprema divindade cristã, contrapondo, em voto derradeiro, de raiz idiomática (*Guarde-a Deus da morte escura*), a entidade transcendente à realidade imanente, que, a ferro e fogo, se devasta, num compasso estéril ecoado na ondulação pendular do *mar*, outrora, *das Caravelas*. E precisamente na invocação conclusiva do sobrenatural encontra a voz poética o sopro de esperança com que remata o poema: agregado, por conjunção copulativa, ao motivo da ida, o motivo da vinda sobrepõe-se-lhe pela posição final (*Enquanto o mar vai e vem!*), animando os que partem e os que ficam a acreditarem num desenlace venturoso.

Refira-se que a última estrofe do poema surge, na versão de 1916, fortemente alterada. Mantêm-se os motivos de Deus, da pátria e do mar, falta, porém, a alusão à morte: em vez da dupla interrogação agoirenta (*Quem será, Soldado, quem?*), o sujeito poético insiste na díade ida – vinda, expressa quer no enunciado devocional *Deus vos leve: Deus vos traga*, que preenche o verso 1 e se repete integralmente no verso 4, quer na reiterada imagética da pendular movimentação marítima: *Ide e vinde sobre a vaga* (v. 3) e *Onda que vai, logo vem!* (v.5).

Não espanta tal inflexão, que remete, em última instância, para os contextos de produção e receção do poema: se a versão escrita em 1914 e publicada em 1915 tinha como imediatos destinatários as tropas enviadas para as províncias ultramarinas, a versão composta em 1916 e editada em 1917 dirigia-se aos militares que, após a declaração alemã de guerra a Portugal, integravam um Corpo Expedicionário incapaz de ombrear, no armamento e no saber experiencial, com rivais e aliados. Aos soldados de 1916, e aos concidadãos que os viam partir, se impunha conferir, mesmo que em gesto poético, impulsos de coragem e esperança. Destoa, contudo, na ambiência promissora da estrofe final o verso central (– *A Pátria chama? Ela é mãe?* –), que acusa, na voz interrogativa laivada de incredulidade e desconfiança, o desgaste nacional de uma espera sem termo anunciado, o sucessivo defraudamento de crentes expectativas iniciais.

Ganha, assim, pleno sentido a estrofe que, ausente na versão de 1914, principia o poema na versão de 1916. Adiando, pela sua posição inicial, para a estrofe seguinte a invocação da *Pátria antiga* e do *seu nobre Passado* – que abrira o texto em 1914 –, o sujeito poético evoca em notação preambular o gesto coletivo de perplexidade e apreensão (*Olha os Soldados! Ao vê-los, / Nossa alma fica a cismar;*). Não se conformam, em 1916 e 1917, os cantos épicos com o trágico repertório da Grande Guerra, que, cataclísmica, não inspira narrativas sublimes, apenas sugere a invocação do (ou a evasão para o) transcendente: *cantos de heroe, os mais belos, / Lembra-os em si, vae a erguê-los... / Não canta: põe-se a resar!*

Referências Bibliográficas

Contemporânea (1915) 1º Ano, Numero *specimen*, Lisboa: Imprensa Libânio da Silva.

Oliveira, António Corrêa d' (1917): *A Minha Terra*, vol. X: *Cartas ao Vento*. Paris / Lisboa: Livrarias Aillaud e Bertrand; Rio de Janeiro: Livraria Francisco Alves.

Pires, Daniel (1986): *Dicionário das Revistas Literárias Portuguesas do Século XX*. Lisboa: Contexto.

Pontes, J.M. da Cruz (1986): "Do Itinerário de um Poeta: António Corrêa d'Oliveira". In: *Boletim Informativo da Ordem dos Engenheiros* 92 (Março): 15-25.

-------- (1997): "António Corrêa d'Oliveira – Percurso Interior de um Poeta Cristão". In: Joaquim O. Bragança *et al.*, *Jesus Cristo – O Eterno no Tempo*. Lisboa: Edições Didaskalia: 249-261.

-------- (2001): "António Corrêa d'Oliveira". In: *Enciclopédia Verbo Luso-Brasileira da Cultura – Edição Século XXI*. Vol. 21. Lisboa / São Paulo: Editorial Verbo: 692-694.

Sousa, Jorge Pedro (2013): *Portugal na Grande Guerra. Uma Crónica Visual* – Parte I: *Estudo do discurso em imagens da Ilustração Portuguesa (1914-1918)*. Porto: Média XXI.

--------, Jorge Pedro (2015): *Portugal na Guerra: uma Crónica Visual*. Parte II: *A Guerra Estrangeira. Estudo do Discurso Iconográfico da Ilustração Portuguesa (1914-1918)*. Porto: Media XXI.

Manuel Teixeira Gomes: Diplomata influente da entrada de Portugal na Grande Guerra (1914/1918)

António de Oliveira Pena
Membro emérito do CICANT (ULHT)

1. Percurso de Manuel Teixeira Gomes conducente à sua escolha para Ministro Plenipotenciário em Londres

Manuel Teixeira Gomes nasceu em Portimão, a 27 de maio de 1860, num ambiente familiar de posses materiais, culturais e políticas. Na infância frequentou o colégio de São Luís Gonzaga, revelando exageradas traquinices, precisando de controlo pelo que os pais providenciaram que fosse prosseguir os estudos no Seminário Diocesano de Coimbra onde, como interno, completou o ensino secundário. Ainda por influência familiar ingressou no curso de Medicina da Universidade de Coimbra, onde permaneceu três semestres, não conseguindo aprovação em nenhuma unidade curricular do curso (naquele tempo *cadeira* e depois *disciplina*) e não frequentou qualquer outro curso superior.

Na sequência duma existência sem estudar nem trabalhar os pais cortam-lhe a mesada por o considerarem verdadeiro doidivanas junto de amigas roliças *e* sensuais, vivendo de literatura e charlas com amigos de Coimbra, Porto e Lisboa. Este percurso decorreu dos seus dez anos, quando partiu para Coimbra, até que

> Resolve deixar um passado infecundo mas forte em sensações. Tem 24 anos perfeitos. Quer assentar os pés na terra mas em movimento (...). Entrega-se a proveitosa cooperação com o pai. Depois da campanha do figo, zarpa de Portimão e assegura no norte da Europa a venda dos frutos secos. Dá renovada energia às

exportações algarvias. Converte-se num caixeiro-viajante moderno. Sabe apresentar-se e negociar. É organizado e persistente. Passa a viandar só ou entre passageiros de ocasião. Não o quer de outro modo (Quaresma 2016: 67).

Os três mundos onde se envolveu ainda durante a Monarquia proporcionaram-lhe invulgar currículo que permitiu reconhecimento e sequente escolha para Diplomata (1910) e Presidente (1923) na jovem República Portuguesa. Primeiro com amigos ilustres das tertúlias coimbrã, portuense e lisboeta, nomeadamente, João de Deus, Basílio Teles, Sampaio Bruno, Soares dos Reis, Marques de Oliveira, Ciríaco Cardoso, Hamilton Araújo, Joaquim Coimbra e muitos outros; depois trabalhando na empresa do pai, *Sindicato de Exportadores de Figos do Algarve*, como inovador protagonista de *marketing* afetivo, viajando e vendendo, em França, Bélgica, Holanda, Itália, Alemanha e países do norte de África e Ásia Menor, adquirindo culturas e linguagens diversificadas; ao mesmo tempo da vivência nos dois mundos anteriores, consolidou culturas, conhecimentos e competências, envolvendo-se no *mundo criativo* como escritor, conseguindo publicar *Inventário de Junho* (1885), *Cartas sem moral nenhuma* (1903), *Agosto Azul* (1904), *Sabina Freire* (1905) e *Gente Singular* (1909). A propósito da sua primeira obra, *Inventário de Junho* (1885), salienta-se do Prefácio de Urbano Tavares Rodrigues para a 5ª edição (maio de 1984):

> E, se é certo que o autor de Inventário de Junho não passou ainda pelas experiências da carreira diplomática e que longe vem ainda a sua generosa dádiva à magistratura suprema da Nação, que tantos amargos de boca lhe causaria e muito acrescentaria o seu conhecimento dos homens e dos povos, a verdade é que são já patentes neste seu primeiro livro, sob a máscara florida de um certo dandismo fim-de-século, com as suas provocações verbais, o elegante comedimento, a valentia não espectacular, a bondade de raiz, a democraticidade e o sentido da honra que explicam a intuição das manifestações populares, aclamando Teixeira-Gomes, cidadão presidente e escritor, isolado no palácio de Belém (Rodrigues *apud* Gomes 1984: 11-12).

Neste ser humano de ação salienta-se cultura humanista com base na erudição e conhecimentos próprios de pessoa culta da sua época, havendo desejo e prática permanente de aprendizagem enquanto viajante envolvido nos *mundos* (vividos) de Paris, Amesterdão e Mediterrâneo.

2. Desempenho Diplomático em Londres influenciado pelas ações políticas e militares da Grande Guerra atuando na África Portuguesa (Angola e Moçambique)

Na sequência de competências que se explicaram, muito resumidamente, no número anterior, Manuel Teixeira Gomes é escolhido pelo Governo da República para Ministro Plenipotenciário em Londres (hoje seria Embaixador), iniciando funções em 10 de abril de 1911, mas apenas em 11 de outubro entrega credenciais ao rei Jorge V.

No desempenho do cargo Manuel Teixeira Gomes apercebeu-se da intenção de alemães e ingleses assinarem, no início de 1914, um tratado onde a Inglaterra assumia o dever de cuidar da integridade dos territórios coloniais portugueses, repetindo-se o que aconteceu à Monarquia em 1898, ou seja, grave ofensa à soberania portuguesa sobre as suas colónias de África. Nessa altura, princípios de 1914, Teixeira Gomes tomou conhecimento pela imprensa das declarações dos responsáveis ingleses (sir Edward Grey) e alemães (Embaixador Lichnowsky) tendo de imediato protestado junto do *Foreign Office* contribuindo para que não se tivesse assinado o documento na forma como estava previsto.

A percepção de Teixeira Gomes respeitante às cobiças coloniais de alemães e ingleses acompanhava os sentimentos de grande parte dos dirigentes e da consciência popular portuguesa, uma vez que tudo indicava poderem resultar do conflito nítidas alterações do mapa político mundial. Nesse caso os territórios ultramarinos portugueses serviriam para ajustamentos de espaço no caso de haver negociações ou, como colónias ingovernáveis, simplesmente transferidas para os vencedores. O nosso embaixador em Londres sabia que se impunha afirmar o direito de Portugal, confirmando valores e lealdades dos seus maiores como verdadeiro patriota orientado pelo passado de descobertas e conquistas.

Angola e Moçambique tinham fronteira com possessões alemãs havendo confrontos no sul de Angola em 1914 e 1915 (Naulila e Mongua) e lutas mais ferozes e demoradas, 1916 até 1918, em Moçambique (Kionga, Newala e Negomano). Manuel Teixeira Gomes apercebeu-se, por um lado, que estava em causa a *conquista* daquelas colónias, em especial Moçambique, por parte das organizadas e bem comandadas forças militares alemãs e, por outro lado, que aos ingleses apetecia colaborar na defesa das colónias portuguesas demonstrando que Portugal não tinha meios para vencer um inimigo organizado e motivado. Homem de ação refletida, Manuel Teixeira Gomes bateu-se por demonstrar ao Governo de Portugal que se impunha entrar na *Guerra* ao lado dos aliados para manter os domínios coloniais cuja herança cumpria respeitar.

No livro *O Exilado de Bougie – Perfil de Teixeira Gomes*, do jornalista Norberto Lopes, diz-se a propósito da entrada de Portugal na Grande Guerra:

> São do Século, após a sua morte, estas palavras de justiça: 'Nas vésperas da eclosão da Grande Guerra, Teixeira Gomes desfez intrigas diplomáticas, defendeu Portugal e o seu Império. Durante a guerra, a sua obra em Londres foi notabilíssima. Arrostando com larga corrente contrária, defendeu sempre a nossa intervenção, afirmando que o sangue de soldados portugueses que por ventura corresse seria para cimentar o legado dos nossos antepassados, para honrar a História, para continuar Portugal. O seu ponto de vista venceu. A Nação, que soubera cumprir o seu dever, nunca teve o devido conhecimento dos altíssimos serviços que lhe prestara Teixeira Gomes'(Lopes 1942: 108-109).

Em agosto de 1914 os ingleses dão claramente a entender que entram na guerra se a Alemanha mantiver na Bélgica as tropas invasoras. Nesta altura Portugal continua com *aparente neutralidade* mesmo depois do ataque alemão à pequena guarnição portuguesa de Mazíua, posto fronteiriço da colónia portuguesa Moçambique na parte que ligava a Tanganica. Esta postura prova-se com a escrita, em 3 de setembro, do Ministro dos Negócios Estrangeiros, General Freire de Andrade, ao representante diplomático português em Berlim: "(...) Portugal não declara a neutralidade porque, sendo aliado da Grã-Bretanha, está na disposição de cumprir os deveres que daí deriva, desde que fôr solicitado" (Lopes 1942: 111-112). A esse tempo, Teixeira Gomes cumpria, com entusiasmo, as diligências de Lisboa não só do Ministro dos Negócios Estrangeiros como do Ministro da Guerra, General Pereira de Eça, "que via com singular clareza o problema da nossa intervenção, e, a termos de prestar auxílio aos Aliados, queria que esse auxílio fôsse prestado ostensivamente, para que a nossa voz não deixasse de ser ouvida no ajuste final de contas" (Lopes 1942: 112-113). Em 10 de outubro de 1914, Teixeira Gomes recebe em Londres um memorando do *Foreign Office* a convidar o Governo Português, em nome da Aliança, a terminar com a postura de neutralidade assumindo claramente a ligação à Grã-Bretanha e seus aliados. Na sequência deste convite formal desloca-se a Londres uma missão militar constituída pelos capitães do Estado-Maior, Ivens Ferraz[1], Fernando Freiria[2] e Azambuja Martins[3], para organizar o processo duma convenção com a Grã-Bretanha para o envio da, na altura designada, *Divisão Auxiliar*, para França.[4] Em 23 de novembro

---

[1] Arthur Ivens Ferraz, sócio efetivo da Revista Militar, nº 84. Eleito em 15/12/1906, no posto de tenente de Artilharia, aos 36 anos. Morreu em 16/01/1933 no posto de general.

[2] Fernando Augusto Freiria, sócio efetivo da Revista Militar, nº 82. Eleito em 16/01/1905, no posto de tenente do Estado-Maior, aos 28 anos. Morreu em 13/04/1955 no posto de coronel.

[3] Eduardo Augusto de Azambuja Martins, sócio efetivo da Revista Militar, nº 111. Eleito em 26/12/1924, no posto de coronel do Estado-Maior, aos 47 anos. Morreu em 18/08/1966 no posto de coronel.

[4] Em carta de 04/10/1915 para Gonçalves Teixeira e de 27/10/1915 para Pedro Tovar, MTG refere-se a declarações publicamente atribuídas aos três capitães de que os "estorvara no desempenho da sua missão", solicitando o esclarecimento do assunto. Sobre este assunto escreve ainda na Carta nº 92: "Ainda duvido que os homens, que recebi da maneira que sabe, prestando-lhes todo o auxílio e dando-lhes constantes e assinaladas provas de consideração e estima, cometessem tão descomunal patifaria" (Gomes 1960 71-72).

o Parlamento sanciona a participação de Portugal na Guerra, mas pouco depois, janeiro de 1915, surge outro governo e outra política adiando-se os preparativos e discutindo-se o merecimento da intervenção portuguesa, mas no entanto prosseguiram após a revolução de 14 de maio.

Em Londres Teixeira Gomes ia esclarecendo e influenciando no sentido da entrada de Portugal na Guerra o que acabou por acontecer em março de 1916 na sequência do apresamento dos navios alemães ancorados no Tejo a pedido da Inglaterra. A persistente e inteligente ação de Teixeira Gomes é reconhecida pelo General Norton de Matos em declarações à imprensa:

> 'Para consolidar a nossa posição em França e melhorá-la tanto quanto possível, realizei então a minha viagem a Londres. Aí encontrei o auxiliar precioso que foi o nosso ministro na capital inglesa e mais tarde ilustre presidente da República, Sr Manuel Teixeira Gomes. A sua inteligência, o seu tacto político e talvez ainda acima de tudo isso, o seu grande prestígio em Londres, muito contribuíram para o completo êxito da minha missão' (Lopes 1942: 117-118).[1]

Os pontos de vista de Manuel Teixeira Gomes sobre a Grande Guerra de um modo geral aproximavam-se das posições inglesas, mas nos assuntos decisivos sempre conseguiu impor os interesses de Portugal, orientando os assuntos para a entrada na Guerra invocando a Aliança inglesa. As suas atitudes provocaram amizades e contrariedades. Já com Portugal na Guerra recebe em Londres a visita do Presidente da República, Bernardino Machado, e do Chefe do Governo, Afonso Costa, que decorre bem. Mais tarde, janeiro de 1918, chega ao poder Sidónio Pais que chama Teixeira Gomes a Lisboa, o acusa de ter mudado de posição em relação à Guerra e demite-o de Ministro em Londres.

---

[1] José Mendes Ribeiro Norton de Matos, sócio efetivo da Revista Militar, nº 108. Eleito em 22/12/1923, no posto de general, aos 56 anos. Na altura da entrada de Portugal na Grande Guerra o general Norton de Matos era ministro da Guerra, tendo assumido pessoalmente a direção da preparação militar, conhecida por *Milagre de Tancos*. Morreu em 02/01/1955 no posto de general.

Em fevereiro de 1919 é nomeado, pelo governo de José Relvas, Ministro de Portugal em Madrid e em abril retoma o seu verdadeiro lugar, Ministro em Londres, onde se mantém até ser eleito Presidente da República. Destes últimos tempos de Londres recorda-se Teixeira Gomes como defensor acérrimo da participação do nosso país na Grande Guerra pelo seu enviar postais assinalando o desfile das tropas portuguesas com os exércitos triunfantes em Paris sob o Arco do Triunfo.

Este apontamento sobre a influência de Manuel Teixeira Gomes, como Ministro Plenipotenciário em Londres, para além da larga influência do livro de Norberto Lopes, *O Exilado de Bougie – Perfil de Teixeira Gomes* (1942) resulta de outras consultas, nomeadamente, *A Vida Romanesca de Teixeira Gomes*, de Urbano Tavares Rodrigues (1946), que encerra passagens do maior interesse sobre o assunto contadas por quem acompanhou, como secretário do chefe, a missão que em julho de 1916 foi tratar com o Governo Britânico as complicadas questões relacionadas com a participação portuguesa na Guerra, sendo constituída pelo Dr. Afonso Costa, Ministro das Finanças e Dr. Augusto Soares, Ministro dos Negócios Estrangeiros. Teixeira Gomes elaborou pormenorizado diário sobre o trabalho e as peripécias da comissão, notas interligadas com outras, e muitos documentos oficiais sobre o seu envolvimento na problemática relacionada com a participação de Portugal na Grande Guerra, que pretendia publicar "num volume intitulado 'Vida Oficial', que seria 'especificamente sobre a nossa entrada na guerra'" (Lopes 1942: 121).

A obra específica sobre este assunto ainda não se concretizou, mas a partir do elevado acervo histórico em documentos oficiais e diversas obras relacionadas com o Presidente Manuel Teixeira Gomes, tudo indica que venha a ser assumida pelo ambiente científico da História Militar.

3. Presidente da República (1923-19259, democrata praticante e observador do *mundo* militar

A paixão de Manuel Teixeira Gomes pelo desporto, pela agilidade e utilização controlada da força, pela vida livre e beleza física, foi constante, desde os pontapés na bola durante a infância em Portimão à ginástica respiratória na velhice, em Bougie (Argélia). Norberto Lopes, em *O Exilado de Bougie*, refere: "Se alguma visão risonha, e animadora, me ficou, do turvo período da minha presidência, foi dos combates de 'foot-ball' e dos espectáculos dados pelas nossas associações desportivas, a que assisti" (Lopes 1942: 121) Durante a presidência visitava a carreira de tiro de Pedrouços, pedia uma espingarda e fazia fogo, influenciou o ministro da guerra na realização de um concurso internacional de tiro e acompanhou exercícios desportivos no Colégio Militar e Pupilos do Exército. As sete páginas que Norberto Lopes dedica na sua obra ao culto da educação física por parte de MTG merecem estudo. Para além dos corpos elegantes dos voadores do Gimnásio Club apresentados no Coliseu e das tardes heróicas do Campo Grande, apreciando modalidades de atletismo, destaca-se o seu gosto em assistir a regatas, naquela época frequentes na baía de Cascais e a forma como se alegrava quando recebia comandantes e delegações das esquadras que visitavam Lisboa.

Na obra que Manuel Teixeira Gomes merece sobre a consagração da sua vida, por certo vai aparecer a forma como apreciou a Instituição Militar e estudada a referência das biografias relacionadas com a sua passagem pelo Exército, de que pessoalmente se duvida na sequência de demorada observação sobre o assunto no Arquivo Histórico Militar. Urbano Rodrigues anota com pormenor:

> À falta de melhor base na vida deixou-se fazer militar quando chegou à idade própria: Mas ainda na áspera carreira das armas o seu temperamento irrequieto o prejudicou. Uma das mil peripécias que se contam do seu tempo foi um castigo que sofreu por andar sempre de capote, no verão... Chamado certo dia à presença do

comandante este estranhou vê-lo tão agasalhado no mês de Junho e, numa voz potente, ordenou: Tire o capote! Não posso, meu comandante. Tire-o, e já! Não posso... Ora essa!... Porquê? – disse o oficial, rubro de cólera, deitando-lhe as mãos aos botões. Estou em camisa e ceroulas por baixo... E estava. Em chegando o inverno empenhava o fardamento e à aproximação do estio ia buscá-lo, deixando o capote. Mas precisava arranjar na altura própria uns mil réis para fazer a transferência e daquela vez não os conseguira a tempo! (Rodrigues 1946: 312-313).

Em relação a Manuel Teixeira Gomes ter, ou não, cumprido serviço militar também na excelente obra de José Alberto Quaresma o assunto é referido:

Talvez a tropa o tivesse amansado. Todavia não se encontram vestígios de ter feito o serviço militar. Não integra a lista de mancebos, nascidos no seu ano e anos contíguos, recenseados ou recrutados. Apesar dos muitos ascendentes militares dos ramos paterno e materno, não lhe sobrará grande afeição pelas fardas." Neste parágrafo José Alberto Quaresma coloca a nota 140 onde adianta, "Teixeira Gomes seria um mancebo, em 1880, quando os jovens nascidos no seu ano foram recrutados. O seu nome não consta nos registos de todos os concelhos do Algarve (...) Não consta também no Arquivo Histórico Militar (Quaresma 2016: 56).

Para além de apreço pela condução da instrução e prática da educação física nas Forças Armadas e como responde aos envolvimentos políticos relacionados com as tentativas de tomada do poder pelos militares, salientam-se dois pormenores. A *Revista Militar* de novembro de 1923, em editorial da sua direção de que era presidente o General de Divisão José Estêvão de Morais Sarmento[1], expressa uma "*SAÚDAÇÃO*" da qual se salienta:

Assumiu em 5 de Outubro a suprema magistratura da Nação Portuguesa S. Ex.ª o Presidente da República, Manoel Teixeira

---

[1] José Estêvão de Morais Sarmento, sócio efetivo da Revista Militar, n° 33. Eleito em 1875 (admitindo-se que por falta de referências, possa ter sido mais cedo), no posto de capitão de Infantaria, aos 32 anos. Morreu em 14/02/1930 no posto de general de divisão.

Gomes. A Revista Militar, na plena e ufana consciência do papel que representa como sendo o mais antigo e mais divulgado órgão da grande família militar em Portugal, (inscreve-se até, nos seus títulos de justo desvanecimento, ser hoje o mais antigo jornal militar do mundo) respeitosamente depõe perante S. Ex.ª a homenagem da sua alta consideração e os mais ardentes e sinceros votos (...). A saudação salienta o perfil do Presidente para enfrentar "a formidável responsabilidade de chefe de um Estado, mormente na presente época em que todo o mundo culto se debate numa tão vasta e pavorosa crise de recursos, de ordem, de disciplina, de carácter.

Outro aspeto, interligado com Teixeira Gomes observador do *mundo* militar, relaciona-se com a visita do Presidente à Escola do Exército, em março de 1925, quando o General Gomes da Costa, em discurso solene, "manifestou o seu descontentamento, que dizia traduzir o mal-estar duma parte do Exército pela marcha cada vez mais degradante dos acontecimentos políticos.". De imediato o Presidente,

> (...) em breves palavras, mas com uma energia e uma dignidade que causaram assombro. Lamentou que um general com responsabilidades e uma brilhante carreira militar escolhesse exactamente, para praticar um acto de indisciplina, uma escola onde se educavam oficiais, ensinando-os a ser, acima de tudo, disciplinados (Lopes 1942: 144).

Este episódio, contado na obra de Norberto Lopes referida, ilustra-se na fotografia da página 144A, onde a legenda menciona:

> SINTOMAS DE DESCONTENTAMENTO NO EXÉR-CITO. Durante a visita que fêz à Escola do Exército, em Março de 1935 (existe lapso na data, devia ser 1925), o chefe de Estado ouve um discurso do general Gomes da Costa que provocou sensação pelo tom em que o antigo comandante do CEP se dirigiu ao presidente da República e pela resposta que êste lhe deu.

4. Ser humano de ação, protagonista de marketing afetivo, diplomata de mérito e autor de vasta obra literária

Ao iniciar o quarto e último número deste artigo sinto como dever de ética e de gostosas recordações deixar um testemunho de gratidão a quem me proporcionou a verdadeira bênção de entrar em contacto com o Presidente Manuel Teixeira Gomes. Em primeiro lugar recordo os tempos da inovação e do desafio decorrentes do *25 de Abril de 1974* quando recebi a oferta de *Londres Maravilhosa e outras páginas dispersas* do Coronel de Infantaria do CEM, Jorge da Costa Salazar Braga, hoje General por ter sido Chefe do Estado-Maior do Exército (1983/1986). Na altura leu-se num fôlego a obra de M. Teixeira-Gomes, 2ª edição (setembro de 1960) da Portugália Editora, contendo *"Colectânea, Notas e Posfácio de Castelo Branco Chaves"*. A primeira edição é de 1942. Agora, ao rever o que tinha sublinhado naqueles tempos do PREC (Processo Revolucionário Em Curso) havendo, curiosamente, interligações com as leituras decorridas das abordagens a Manuel Teixeira Gomes em 2008/2014. Na obra de 1960, lida em 1974/75, sublinhou-se o final de *LONDRES MARAVILHOSA, fantasias sobre um tema infinito (fragmento)*, datada de 1905:

> Mas arrefece-me ainda agora o sangue, à lembrança do olhar que me cuspiu, crivando-me a alma de remorsos, a lívida visão de Picadilly. (...)
> Tinha culpa! (...) Nela estatuiu o <u>Fídias</u> uma das aparências definitivas da beleza feminina. É um corpo serpentino, de virgem vigorosa, (...) (Gomes 1960: 39-40).

No início do período seguinte (2008/2014), antes do ano letivo 2008/2009, sendo professor associado (convidado) da Universidade Lusófona de Humanidades e Tecnologias (Lisboa), sou desafiado pela Administração e pela Reitoria para coordenador do curso de licenciatura *Engenharia Informática* que tinha sido autorizado a iniciar-se no Instituto Superior Manuel Teixeira

Gomes (ISMAT).[1] Este estabelecimento de ensino universitário do Grupo Lusófona está instalado em Portimão onde também seria conveniente assumir a docência das unidades curriculares *Ética Socioprofissional* e *Pensamento Contemporâneo* do curso, em acumulação com o trabalho docente em Lisboa. *Honra e Glória* a quem me convidou para enfrentar a instalação do curso e a quem no Instituto me desafiou a envolver-me na vivência do seu patrono.[2]

Ainda neste tempo (2008/2014) surgem trocas de impressões e influências positivas para a continuação do estudo sobre Teixeira Gomes com o Embaixador Carlos Wemans (Sintra), Dr. José Manuel Pearce de Azevedo (*neto* de MTG/Portimão) e Sr. João Luís Ricardo (televisão). No início do trabalho sobre o Presidente MTG destaca-se a influência e a oferta do meu vizinho de Paço de Arcos, Coronel de Infantaria Manuel Sardinha, do livro *MANUEL TEIXEIRA GOMES – Introdução ao estudo da sua obra*, de Urbano Tavares Rodrigues, onde também se sublinhou, pp 26 e 27,

> Perante Teixeira Gomes, um quadro ou um baixo-relevo, um friso de monumento animam-se de vida sensual, para o transportarem a um grau de participação que melhor lhe permite surpreender os mais belos efeitos e entender até as subtilezas da gestação artística.
>
> Eis, por exemplo, como contempla uma estátua:
>
> 'Nela estatuiu o <u>Fídias</u> uma das aparências definitivas da beleza feminina.
>
> É um corpo serpentino, de virgem vigorosa, todo – mas miudamente – patenteado sob as pregas da subtil túnica de linho, a cuja vista se nos afoga o coração em sensualidade. Vasava-se-me a imaginação em moldes do desejado modelo, em seios titilantes,

---

[1] Em 2008 os normativos permitiam que docentes doutorados pudessem ser nomeados diretores (universidades) ou coordenadores (institutos) de cursos de licenciatura. Mais tarde (2010) as normas foram alteradas para só o puderem fazer em cursos da sua área científica.

[2] Durante o período desta agradável coordenação e docência foi publicado no semanário regional do Algarve, *Barlavento*, de 17 de maio de 2012, o artigo (página inteira) da minha autoria, *MANUEL TEIXEIRA GOMES. Protagonista de marketing afetivo – marketeer no século XIX – Praticante e impulsionador de educação física. Observador ativo do mundo militar.*

opulência de quadris, e dilatações de luzentes coxas lisas...'
(Rodrigues 1950: 26-27).

Ao longo dos últimos dez anos surgiram compra de livros
(totalidade da sua obra e outros com ele relacionados), ofertas e
incentivos, que trouxeram até agora entusiasmado sobre esta figura de
"Cidadão ética e politicamente empenhado, humanista esclarecido,
amava a escrita indolente e refinada a partir da observação, das
referências culturais e, sobretudo, de uma insinuante sensibilidade"
(Luz *apud* Ventura 2010: 10).

O estudo e vontade de divulgar a figura de Teixeira Gomes
permitiram que o artigo, *"Manuel Teixeira Gomes: Artista – Homem
de ação refletida – Diplomata de mérito. Envolvimento na problemática
da entrada de Portugal na I Grande Guerra (1914/1918)"*, tivesse
sido publicado na *Revista Militar* de fevereiro/março de 2015.
Este artigo, da minha autoria, está de certo modo relacionado
com as comemorações do centenário da I Guerra Mundial às quais
a *Revista Militar* dedicou dois números temáticos, *Portugal na I
Guerra Mundial – Operações em África (1914-1918)*, número de
maio de 2014 e *Portugal na I Guerra Mundial – Teatro de Operações
Europeu (1914-1918)*, número de maio de 2016.

Manuel Teixeira Gomes escreveu até à sua morte, 1941,
tinha o maior dos prazeres em *brincar* com a língua portuguesa,
mas durante a sua vida oficial, Embaixador em Londres (1910 a
1923) e Presidente da República (1923 a 1925) não se envolveu
na escrita de autor de que tanto gostava, não teve tempo nem
disposição para descansar escrevendo. A sua obra tem vindo a ser
estudada por períodos salientando-se neste texto apenas dois como
mais influentes, antes da implantação da República, 1910, e depois
do seu exílio voluntário, 1925 a 1941.

No período que mais importa em termos de competências
culturais e sociais que podiam ter contribuído para a sua escolha
e sucesso no desempenho como Ministro em Londres de 1910 a
1923 foram publicadas as seguintes obras completas: *Inventário
de Junho* (1899); *Cartas sem moral nenhuma* (1903); *Agosto Azul*

(1904); *Sabina Freire* (1905) e *Gente Singular* (1909).

Depois do seu exílio, onde pelo estudo das obras publicadas se infere que não prestou serviço militar,[1] Manuel Teixeira Gomes é autor das seguintes: *Cartas a Columbano* (1932); *Novelas Eróticas* (1935); *Regressos* (1935); *Miscelânea* (1937); *Maria Adelaide* (1938); *Carnaval Literário* (1939); *Londres Maravilhosa* (1942, póstuma); *Correspondência* [dois volumes I e II (1960, póstuma)] e *Ana Rosa* (romance inacabado, 1941).

Outros livros e revistas de interesse relacionadas com Manuel Teixeira Gomes:

Azevedo, Manuela de (2010), *Cartas de M. Teixeira Gomes a João de Barros*, Selecção, prefácio e notas de Manuela de Azevedo, Câmara Municipal de Portimão; Lopes, Norberto (1942), *O Exilado de Bougie – Perfil de Teixeira-Gomes, com um estudo de João de Barros*, Parceria António Maria Pereira, Lisboa; Mourão-Ferreira, David (1961), *Aspectos da Obra de M. TEIXEIRA-GOMES*; Portugália Editora, Lisboa; Quaresma, José Alberto (2016), *Biografia – Manuel Teixeira Gomes – Boémio, negociante, melómano, viajante, escritor, diplomata, Presidente da República*, Imprensa Nacional-Casa da Moeda, Lisboa; Rodrigues, Urbano Tavares (1950); *MANUEL TEIXEIRA GOMES – Introdução ao estudo da sua obra*, Portugália Editora, Lisboa; Rodrigues, Urbano Tavares (1982), *MANUEL TEIXEIRA GOMES – O Discurso do Desejo*, edições 70, Lisboa; Revista Militar, Editorial do número de novembro de 1923; Pena, António de Oliveira (2015), *Manuel Teixeira Gomes: Artista – Homem de acção refletida – Diplomata de mérito. Envolvimento na problemática da entrada de Portugal na I Grande Guerra (1914/1918)*, in Revista Militar, número de fevereiro/março de 2015, pp 171 a 180; Suplemento da *Seara Nova* de 18 de outubro de 1950; Ventura, Maria da Graça Mateus (2010); *MANUEL TEIXEIRA GOMES – OFÍCIO DE VIVER*, coordenação de Maria da Graça Mateus,

---

[1] As dúvidas sobre se MTG tinha ou não prestado serviço militar no Porto começaram quando em agosto de 2008, passando férias no INATEL (Albufeira), preparava o início das aulas do ano letivo 2008/2009 no ISMAT (Portimão). Nessa altura, durante o estudo inicial do Patrono do Instituto, ao ler *Miscelânea*, 3ª Edição (1991), pp 98 e 99 se fica com a sensação de não ter havido prestação de serviço militar.

Tinta-da-china, Lisboa.

A terminar salienta-se o final da Parte VI, 'Escrita Literária', da biografia de Manuel Teixeira Gomes de José Alberto Quaresma:

> A distância mata ou eleva. A obra de Teixeira Gomes não cristalizou no tempo. Sobreviveu com surpreendente atualidade. Precisa apenas que seja retirada do povoado de sombra onde o projetor mediático a esconde, soltando-se para a luz do tempo que virá, porque é elevada expressão portuguesa. Esta opulência, hoje quase ignorada, merece o resgate (Quaresma 2016: 467).

A nossa comunicação final releva-se no sentido da proposta em merecer análise o extraordinário legado de Manuel Teixeira Gomes, para que os seus restos mortais sejam sepultados no Mosteiro dos Jerónimos ou no Panteão Nacional.

Conclusões

O resultado do trabalho envolvido neste texto, que não pode exceder 15 páginas, destacando-se o registo final onde se propõe alteração da *morada final* do Presidente Manuel Teixeira Gomes, alerta-nos para o estudo científico, doutoramentos, sobre a correspondência da Legação de Portugal em Londres de 1900 a 1914.

Outro assunto a merecer muito mais envolvimento académico a que o texto faz referência tem a ver no encontrar mais justificações da influência das competências diversificadas que adquiriu até 1910 para ter sido escolhido, aos 50 anos de idade, para Embaixador em Londres. Neste aspeto muito fica para levantar como foi possível este ser humano de ação consolidar uma cultura humanista, um fino trato e um vasto domínio de línguas estrangeiras, sem frequentar, positivamente, a Universidade, mas sim apenas como viajante envolvido nos *mundos* (vividos) de Paris, de Amesterdão, de outras importantes cidades e vilas, e, sobretudo, do Mediterrâneo.

Referências Bibliográficas

Gomes, Manuel Teixeira (1960- 2ª edição): *Londres Maravilhosa e outras páginas dispersas – Colectânea* (Notas e Posfácio de Castelo Branco Chaves). Lisboa: Portugália Editora.

Gomes, Manuel Teixeira (1960): "Correspondência" (vols I e II). In: *Obras Completas de Teixeira Gomes*. Lisboa: Livraria Bertrand.

Gomes, Manuel Teixeira (1984): "Inventário de Junho" (original da obra de 1885). In: *Obras Completas de Teixeira Gomes*. Lisboa: Livraria Bertrand.

Lopes, Norberto (1942): *O Exilado de Bougie – Perfil de Teixeira Gomes* – (com um estudo de João de Barros). Lisboa: Parceria António Maria Pereira.

Quaresma, José Alberto (2016): *Biografia, Manuel Teixeira Gomes, Boémio, negociante, melómano, viajante, escritor, diplomata, Presidente da República*. Lisboa: Imprensa Nacional-Casa da Moeda.

Revista Militar, outubro de 1999.

Revista Militar, novembro de 1923.

Revista Militar, número temático, maio de 2014.

Revista Militar, fevereiro/março de 2015.

Revista Militar, número temático, maio de 2016.

Rodrigues, Urbano (1946): *A Vida Romanesca de Teixeira Gomes – Notas para o estudo da sua personalidade e da sua obra*. Lisboa: Editora Marítimo-Colonial, Lda.

Rodrigues, Urbano Tavares (1950): *Manuel Teixeira Gomes – Introdução ao estudo da sua obra*. Lisboa: Portugália Editora.

Ventura, Maria da Graça A. Mateus (coord.) (2010): *Manuel Teixeira Gomes – Ofício de Viver*. Lisboa: Edições Tinta-da-China, Lda.

Memórias de Guerra,
de João Pina de Morais

Fernando Alberto Torres Moreira
UTAD/CITCEM-FLUP

Português do Norte, nasceu em Valdigem, Lamego, em 1889, João Pina de Morais Júnior viria a falecer na cidade do Porto no ano de 1953. O Douro natal e o Porto haveriam de estar omnipresentes na sua obra. De Pina de Morais se sabe ter sido um homem jovial, de espírito vivo, bom conversador e de palavra cativante com um sotaque nortenho inconfundível. Militar de formação, e por vocação, a disciplina do combatente, os princípios éticos que cultivava, as causas por que se empenhou, os horrores que conheceu e viveu na 1ª Guerra Mundial não impediram (ou foram a razão maior!) que manifestasse em permanência uma sensibilidade tocante e profundamente humanista enquanto cidadão empenhado na defesa dos mais humildes.

Pina de Morais foi também um elemento ativo das tertúlias culturais portuenses do início do século XX, participando no movimento da Renascença Portuguesa e colaborando na revista *A Águia*, para lá de escrever regularmente em jornais de circulação nacional, como o *Jornal de Notícias* ou *O Primeiro de Janeiro*, ou regional, como *A Democracia*, um periódico com publicação na cidade de Vila Real. De original, a sua escrita carregada de uma forte carga emotiva, envolvendo sentidos e paixões (Pereira 2007: 1), levou o escritor João de Araújo Correia a considera-lo "(...) um precursor dos super-realistas [porque] a sua pena, corcel sem freio, submete às vezes a realidade de fora à realidade de dentro sem cerimónia" (Pereira 2007: 1).

Militar e cidadão ativo, mas também republicano e democrata, Pina de Morais foi sempre um lutador de causas. Verberou a ditadura de Sidónio Pais, combateu a Monarquia do Norte em 1919, foi deputado na Câmara dos Deputados antes do golpe militar de maio de 1926; combateria a ditadura militar então instituída participando na revolta republicana do Porto ocorrida em 3 de fevereiro de 1927, motivo pelo qual foi demitido do exército e o fez exilar-se por alguns anos. Regressaria a Portugal, amnistiado, em 1932, reintegrando-se na vida cultural portuense, sempre dividido entre as suas duas paixões: o Douro e a cidade do Porto.

Patriota e idealista, a declaração de guerra da Alemanha a Portugal em 9 de março de 1916 deu ensejo a Pina de Morais de servir patrioticamente a nação; foi com um misto de ingenuidade idealista e sonhadora que descreveu, uns dias antes da partida para França, aquilo que seria a sua participação no conflito:

> No meio de tudo eu sou feliz. (...) Como vão ser doces as recordações, como saberei revelar tudo que a minha imaginação tem acarinhado – e como no vasto horizonte do norte de França as minhas amarguras me vão doer na doce suavidade de quem foi sempre bom. No fumo do meu cigarro eu levantarei horizontes de Portugal! E como um doido eu sonharei ainda até no meio da batalha (Morais, *A Democracia*, 15 de abril de 1917).

Já em França o escritor escreveu uma carta ao Marão, "Da Frente Portuguesa – Carta ao Marão", um Marão lutador e saudoso, figura tutelar e exemplar dos soldados lusos: "Adeus Marão. / Os teus soldados terão na batalha o orgulho das tuas torres e a impetuosidade das tuas torrentes". O soldado português, nas palavras de Pina de Morais, transporta consigo "o nosso mar e as nossas caravelas [que] estiveram em Ormuz e Malaca, Alcácer Kibir e em Aljubarrota" (*A Democracia* 24 de junho de 1917).

Resvala, nas palavras do autor, um "espírito sonhador, de culto de valores espirituais como o dever de honrar a história da pátria e do seu povo" (Rodrigues 2005: 77) que, enquanto líder, procurou transmitir aos seus comandados que queria "(...) fossem na batalha impetuosos como o Corgo no Inverno; orgulhosos como as fragas do Marão [que fossem] buscar a herança de nobreza que se ganha nos campos de batalha" (Morais 1924: 10-11), tal como desejou na hora da partida.

22 de abril de 1917 foi o dia aprazado para seguir para França, mas o acolhimento dispensado por Lisboa ao CEP que partia foi alvo de reparo por parte do escritor, desconsolado pela falta de partilha revelada pela capital quanto ao sentimento patriótico que o animava. E foi duro no comentário que enviou ao jornal *A Democracia*:

> Eu nunca gostei de Lisboa, e agora parece-me insuportável! Tenho assistido a embarque de tropas, vê-se bem que são portugueses e do norte! Só me irritou uma coisa: esta gente d'aqui olha para os soldados... com *curiosidade*![1]
>
> Pensava que não haveria ninguém que não tivesse exaltação e carinho e sobretudo admiração sagrada pelos que vão, destino fora, levantar o grande monumento da vitória (Morais, *A Democracia,* 22 de abril 1917).

Esta forma de perspetivar o soldado e a sua missão mostra bem o quanto Pina de Morais perfilhava a cartilha ideológica da Renascença Portuguesa cujo patrocínio editorial em relação à literatura de guerra foi um expediente para afirmar os valores republicanos da liberdade, democracia e humanismo; o apoio à participação militar no primeiro grande conflito à escala mundial serviria para revestir o povo português de uma nova moral que o comportamento dos soldados expressaria, demonstrando a tipologia do novo "homem lusitano", em suma, foi, como escreveu João Luís Sequeira, "(...) uma oportunidade de proceder a uma definição dos portugueses" (Rodrigues 2005: 79), uma opinião secundada por Ernesto Castro Leal em artigo publicado na *Revista da História das Ideias*:

> O guerrismo espelhado nos memorialismos republicanos de Jaime Cortesão, Augusto Casimiro, João Pina de Morais ou Carlos Selvagem transportava uma visão profética redentora, ancorada numa dupla justificação de sentido patriótico: a justificação política dos aliados do bloco demoliberal anglo-francês contra o expansionismo cesarista alemão; a justificação ética de uma proposta de revigoramento moral das energias nacionais que o soldado encarnava (Leal 2000: 445).

---

[1] Itálico do autor.

A impressões de guerra de Pina de Morais enquadram-se neste ideal de reconstrução identitária do povo português e, portanto, o registo do quotidiano das trincheiras na Flandres e, em particular, a exposição reiterada do caráter do soldado português em comparação com os outros, as reflexões em torno do ser humano em situações limite – ações heroicas, medo ou angustia – servem esse propósito.

As memórias de guerra de João Pina de Morais foram publicadas em 1919, pela Renascença Portuguesa, com o título *Ao Parapeito*. É um título significativo já que o autor passou grande parte do tempo em que esteve na Flandres entrincheirado, e o parapeito da trincheira era o local privilegiado de observação da terra de ninguém, do verdadeiro campo de batalha entre os contendores. As circunstâncias da publicação da obra são curiosas e foram reveladas por José Gomes Ferreira no seu livro *A Memória das Palavras* onde dá conta do seu primeiro contacto com João Pina de Morais:

> Já não me furtei a conhecer Pina de Morais (...) autor de *Ao Parapeito*, memórias da Primeira Grande Guerra, livrinho muito celebrado pela gente nova, sôfrega de guerra desmistificada.
> Apresentou-mo Newton de Macedo (...) que, segundo anotei no dia 14 de Março de 1922, o elogiou copiosamente como escritor e soldado cívico:
> 'Tem uma espantosa intuição de escritor. Mas escreve aos gatimanhos. O original de *Ao Parapeito*, enviado para a Renascença ia tão confuso que nem o leram. Pelo desalinho caligráfico supuseram tratar-se de uma borracheira irremediável. Foi Jaime Cortesão que descobriu o manuscrito posto de lado e conseguiu que o publicassem (Ferreira 1979: 105-106).

Os gatimanhos e o desalinho caligráfico atribuídos a uma "borracheira irremediável" são, seguramente, o resultado das difíceis circunstâncias físicas e mentais em que o autor redigiu as suas memórias, exposto, como esteve, aos gases que lhe viriam a danificar a saúde de modo definitivo. Pode dizer-se que a forma do manuscrito chegado à Renascença é, em si mesma, uma memória física da guerra.

As outras memórias vazadas em *Ao Parapeito* são um conjunto não sequencial de dezasseis textos/crónica, independentes entre si e unidos pela temática da guerra, versando sobre um período temporal que vai do momento e circunstâncias da partida ("Adeus") até à sentida homenagem feita pelo tenente Pina de Morais aos homens que comandou ("Aos meus soldados").

Globalmente, e tendo como cenário a guerra, Pina de Morais narra episódios vividos em circunstâncias específicas e que exemplificam a participação de Portugal no conflito. Não há, neste livro, qualquer amplificação sem razão de atos de bravura ou construção de heróis referencial. Tal como escreveu José Gomes Ferreira, há uma "guerra desmistificada" (1979: 105). O conflito relatado por Pina de Morais é protagonizado por homens comuns que se encontraram em situação de guerra com tudo o que isso implica, a começar pelo desenraizamento, pela terra estranha e uma impreparação óbvia, para além da falta de meios e os imponderáveis em que as batalhas são férteis. *Ao Parapeito* mostra gente comum em situações limite, com as suas virtudes e fragilidades próprias da natureza humana; por isso há medo, desespero perante a possibilidade da morte a qualquer instante, e há a angústia face à possibilidade óbvia de não retorno à terra-mãe, a saudade de quem lá ficou.

O soldado português de Pina de Morais não deixa de ser um herói – decerto até o é de forma mais intensa e humana pois todo ele é caráter, generosidade, entrega a uma causa que até nem conhece bem e da qual pouca ou nenhuma consciência tem.

A exaltação do sentimento patriótico e a coragem demonstrada pelo soldado português, amplificada por dramas mais pessoais por alguns exemplarmente vividos, são a linha mestra da narrativa memorial *Ao Parapeito*, a que se soma alguma inocência ou ingenuidade de caráter. Narrativas como "A morte do sapador", "Batalha de La Lys", "O Metralhador" ou "Os meus soldados" demonstram bem tudo isso, razão pela qual Jaime Cortesão tenha definido *Ao Parapeito* como "(...) um dos mais, senão o mais expressivo da *psiché* do soldado português durante esse período da nossa história" (Cortesão 1926: 25). Óscar Lopes destaca, por sua vez, a capacidade de Pina de Morais em transmitir o "pormenor dramático e significativo" da vida das trincheiras, bem como as "vicissitudes emocionais dos homens" (Lopes & Marinho, s/d: 179).

Exemplifique-se com um curto episódio narrado no texto "Batalha de La Lys"; o autor/narrador dá conta da destruição da casa/abrigo onde tinha os seus pertences pessoais, à conta de uma chuva de granadas:

> São as minhas recordações que se calcinaram!
> Cartas que a gente lê muitas vezes, o retrato da minha mãe e cinco violetas velhinhas. Tenho tanta pena disto como dum soldado.
> Recolho-me nas minhas saudades e esqueço tudo quanto se está passando. Um soldado que conversa muito alto incomoda-me a ponto de lhe gritar:
> – Fala baixo!
> E estou a ver a cara de surpresa do bom rapaz por o mandarem calar no meio do barulho mais infernal, e onde ele mal se ouvia! (Morais 1924: 77).

As memórias de guerra de Pina de Morais são as saudades e o desespero dos momentos sem esperança – "Sinto as lágrimas da minha mãe e de todos os meus" (Morais 1924: 86) – e uma certa abstração ou mesmo resignação perante a possibilidade de morte iminente:

> (...) oito horas de bombardeamento, e muito gás. Outros teem um ar recolhido e solene, o rosto caído sobre as culatras das espingardas que seguram nas duas mãos – estão vendo as suas aldeias, as fontes, as namoradas e as mães... decerto...
> Não lhes deve custar a morrer – ficamos nesta água lodosa, nesta lama – onde já temos os nossos.
> Cumprimos o nosso dever, e as orações de Portugal inteiro, de centenares de gerações, pelos séculos além virão em romagem para nos levarem ao campo sereno onde vivem os santos e os heróis (Morais 1924: 86).

São também o gesto solidário, carinhoso mesmo, em situações extremas: "O mais alto dos homens da guarnição cai (...) E outros amparam-no num carinho, envolvendo-o nas suas mãos, nos seus olhares.

Põem um saco de terra sob a cabeça do ferido, ajeitam-lhe a carne que se esfrangalhara e continuaram esperando" (Morais 1924: 94); o comentário irónico e jocoso sobre os efeitos da guerra suja: "E o gás dá cheiro a mostarda e maçã que irrita. A batalha moderna usa o seu perfume na *toilette*" (Morais 1924: 92-93); ou ainda o registo da quase loucura do soldado: "Por fim vê-se bem uma companhia alemã marchando de costado por quatro (...).

O apontador tem uma alegria infinita, diz seja o que for para os seus camaradas mortos e preme sob os polegares os botões serrilhados..." (Morais 1924: 96).

Também o trabalho dos serviços médicos motivou uma memória sentida de Pina de Morais. As ambulâncias impressionaram-no pelo seu "ar de entreposto de morte" (Morais 1924: 107), os médicos merecem-lhe a atribuição da competência de quem melhor conhece o combatente porque "(...) vê[em] os destroços da guerra, os peitos que se somem com um mês de linhas, os corações que se rasgam como papel em 2 horas de bombardeamento, e conhecem a coreografia sinistra de Sua Exa. o estilhaço" (Morais 1924: 108). O hospital de campanha é o "lugar sinistro da guerra" (Morais 1924: 109) porque aqui os soldados são "homens".

O tempo atmosférico mereceu ao autor longas referências dedicando-lhe mesmo uma narrativa intitulada "Balada da Neve", a neve que, de tão branca, "(...) acorda inocências e até faz melhores os homens" (Morais 1924: 125); a neve que faz sonhar os soldados inimigos, que encobre a agressividade do arame farpado, que tapa a terra esventrada e as casas destruídas pelas bombas e granadas, e as árvores "estroncadas" tornando-as bonitas. Até a saudade portuguesa, roxa e triste, é branca na Flandres, "branca de matar" (Morais 1924: 127). Na hora do combate a neve é rubra como "pólvora a queimar-se" e reforça a cor escarlate do sangue que jorra das feridas dos heróis (Morais 1924: 131).

Da guerra, do quotidiano da guerra, concluiu Pina de Morais que "(...) dois anos de camaradagem à beira da morte, ombro a ombro, alma com alma, saudade com saudade, fizeram-me vosso irmão e acabaram com os nossos segredos" (Morais 1924: 141); falava ele dos soldados que comandou e afirmava ser isso o "(...) remédio para os vexames da partida, para a traição enquanto combatemos e para o desdém quando chegamos" (Morais 1924: 143), remédio porque estes soldados eram "Na dedicação cega, na coragem divina, na crença profunda, na saudade eterna, no orgulho impetuoso, na bondade extrema (...) – a ressurreição dos grandes antigos" (Morais 1924: 145).

Em julho de 2015 foi publicado o diário de guerra de João Pina de Morais, com o título *A quem encontrar este Livro... João Pina de Morais – Diário de Guerra (1917-1918)*, redigido entre a data de partida para França (22 de abril de 1917) e junho de 1918 quando o autor regressou a Portugal em definitivo. O diário foi encontrado, segundo informação do editor João Luís Sequeira, num "cofre há muito encerrado na casa das Quintãs por indicação de uma amiga próxima de Lídia Monteiro", pessoa a quem era dedicado; segundo a mesma fonte, foi vontade do casal João Pina de Morais e Lídia Monteiro que este documento, dado o seu caráter intimista, só fosse publicado após a morte de ambos, que ocorreu em 1953, no caso de João, e em 1998, no caso de Lídia.

Considerando o seu conteúdo, o texto poderia intitular-se como 'Diário de Amor e Guerra' pois as interseções dos dois temas são uma constante e, seguramente, o cenário de guerra em que viveu Pina de Morais foi diretamente responsável pela amplificação e certificação da sua paixão por Lídia. Em alguns momentos mesmo, os seus soldados foram vítimas e beneficiários desse amor do seu tenente.

O discurso amoroso intimista, quase infantil ou ridículo como diria Fernando Pessoa, que dirige a Lídia, enche as páginas deste diário em coabitação com as referências ao quotidiano das trincheiras. A espera desesperada pelas cartas da mulher amada aumenta o dramatismo da guerra já de si dramática. A lembrança da farta cabeleira de Lídia, os olhos esperançosos por uma carta com "letra alosangada" (Morais 2015: 23) povoavam o imaginário do oficial descrito por uma rapariga francesa como estando "toujours rêveur" (Morais 2015: 23). O diário está também marcado pelas impossibilidades que a guerra impunha – dias em que não foi possível escrever, dias sem "tempo para nada" (Morais 2015: 26), dias de trabalho extenuante – e pela vida privada dos soldados em guerra que ficara em Portugal: "Li hoje uma carta de um soldado que me comoveu – tem a mulher doente e diz-lhe: vende o meu relógio de prata, vendo o meu fato domingueiro, empenha-te que eu ainda hei-de ganhar, chama o Dr. Mas não te deixes morrer!" (Morais 2015: 32).

A Lídia, Pina de Morais conta também as banalidades da guerra, como os preparativos antes de ir para a frente de combate – "Hoje lembrei-me da guerra, talvez por me ver encafuado numa máscara, carapuço e tudo (...) Vou industriar os meus homens no emprego da baioneta e no lançamento de granadas" (Morais 2015: 28) -, circunstâncias bem reveladoras da reconhecida falta de preparação do contingente português.

Os amores de guerra estão presentes no fio de prata que Lídia lhe ofereceu (o fio da sua primeira comunhão) e que Pina de Morais traz sempre junto à pele e beija todos os dias, qual amuleto, e também no raminho de violetas guardado religiosamente na carteira, nas cartas lidas e relidas que às vezes não chegam quando desejadas; esse facto, como apontado acima, influi mesmo no comportamento do alferes, em matéria disciplinar – "Perdoei uma grande falta a um soldado – tinha roubado, mas que queres? Ajoelhou-se no meio da estrada, diante de toda a gente a pedir-me; é tão bom a gente perdoar – seja pelo mal que te tenho causado" (Morais 2015: 48) -, e na melhoria de rancho, tal como anuncia no registo de 26/11/917: "(...) fazes hoje anos (...) E queres saber? – Pensas que não arranjei uma homenagem – Oui! Estou a comandar a companhia e logo os meus soldados vão ter um prato ao jantar além da ração – o que lhes não acontece desde que desembarcaram" (Morais 2015: 53-54).

Pina de Morais partilhou com Lídia o frio gelado da Flandres que quase o impedia de escrever (Morais 2015: 24), as dificuldades colocadas pelos locais de acantonamento das tropas (Morais 2015: 55), o quadro tétrico de um cemitério esventrado por granadas que expuseram "(...) cadáveres e ossos e velhas cores de missanga a dançarem" (Morais 2015: 55), ou a beleza da neve que caía sem cessar (Morais 2015: 56).

Expõe, igualmente, o escritor as suas preocupações com a família – "A minha mãezinha deve chorar tanto por mim" (Morais 2015: 56) –, relata bombardeamentos e a motivação superior em salvar os seus homens – "Hoje o bombardeamento foi horrível, os estilhaços em sementeira – um horror. Salvei todos os meus homens" (Morais 2015: 57) –, e as suas próprias imprevidências que Lídia, qual anjo da guarda, defende:

> A neve! Levei às trincheiras o meu casaco de pele escura – os observadores perseguiram-me, uma bala chamuscou-me o agasalho. Mas não tenho receio, estás comigo (...) Adormeci pesadamente. A minha ordenança acorda-me – mais granadas, mais inferno.
> Chama-me, se puderes, quando caírem mais perto! Beijei o teu cordão e adormeci ao som diabólico das granadas (Morais 2015: 58; 59).

Lídia está omnipresente e 'acompanha' Pina de Morais na revista que fez aos heróis sobrantes após a batalha de La Lys, onde perdeu as cartas da amada e o retrato da mãe. Nessa Alcácer Kibir, "(...) foram as tuas mãos e as de minha mãe que me salvaram" (Morais 2015: 75); no final, registou para Lídia uma sentida homenagem aos companheiros de luta: "Ordenei hoje a formatura da minha companhia – quero passar os heróis em revista, tu vais comigo" (Morais 2015: 72).

As consequências e marcas de La Lys mostrou-as ele a Lídia cruamente, em missiva de 15/4/918:

> Lídia, não imaginas como estão os meus homens – descem-lhes grandes vincos nas faces, o olhar vago, inútil. O sargento chama os números que não respondem...\ Quantos faltam?
> 58 meu tenente (...)
> Os homens que me faltam ando a vê-los sempre, a recordá-los – meus rapazes (Morais 2015: 72)

bem como as críticas às altas patentes que designa ironicamente como "(...) o estúpido alto, ou altamente estúpido comando" (Morais 2015: 73).

Em conclusão, *Ao Parapeito*, livro celebrado pelos seus contemporâneos, pela desmistificação que faz da guerra, pelo seu superrrealismo, no dizer de João Araújo Correia, e pelo humanismo exemplar do seu autor, continuará sendo uma obra de referência obrigatória sobre a participação do Corpo Expedicionário Português na Primeira Guerra Mundial; contudo, a leitura do diário de guerra de Pina de Morais recentemente publicado vem acrescentar novos e significativos elementos nessa visão que do conflito o autor nos deixa. Por isso, não há qualquer dúvida em afirmar que a narrativa crua e intimista deste diário contribui, de forma decisiva, para o estabelecimento de um retrato mais fiel – e realista – da presença portuguesa na grande guerra, do soldado português, e , sobretudo, da condição humana em cenário de guerra.

Referências Bibliográficas

Cortesão, Jaime (1925): "A Literatura da Grande Guerra – Portugal e o Estrangeiro". In: *A Guerra*. Lisboa.

Ferreira, José Gomes (1979): *A Memória das Palavras*. Lisboa: Moraes Editores.

Leal, Ernesto Castro (2000): "'O Soldado Saudade' português nos 'nevoeiros da morte'". In: *Revista de História das Ideias*, vol. 21. Coimbra: FLUC.

Lopes, Óscar & Marinho, Maria de Fátima (s.d.): História da Literatura Portuguesa, vol. 7. Porto: Publicações ALFA.

Morais, João Pina de Morais (1924); *Ao Parapeito* (2ª ed.). Porto: Edição da Renascença Portuguesa.

Morais, João Pina de (1917): "Longe da vista". In: jornal *A Democracia*, 22 de abril. Vila Real.

Morais, João Pina de (1917): "Longe da vista". In: jornal *A Democracia*, 15 de abril. Vila Real.

Morais, João Pina de (1917): "Da Frente Portuguesa – Carta ao Marão". In: *A Democracia*, 24 de junho. Vila Real.

Rodrigues, João Luís Sequeira (org.) (2015): *A quem encontrar este livro... João Pina de Morais – Diário de Guerra (1917-1918)*. Lisboa: âncora Editora.

Na Grande Guerra de Américo Olavo: Méritos e deméritos de uma campanha militar falhada

José Barbosa Machado
CEL / UTAD

Na Grande Guerra (1919), de Américo Olavo, é um dos livros autobiográficos mais interessantes que se escreveram sobre a participação dos portugueses no cenário europeu da Primeira Grande Guerra. Com um estilo certamente influenciado por Eça de Queirós, o autor descreve em pormenor as atividades a que se dedicavam soldados e sobretudo oficiais nas trincheiras da Flandres, sempre com um aguçado espírito crítico, tendo a ironia um papel fundamental na caracterização de tipos humanos e de situações caricatas. Não é porém um livro a puxar para o cómico, como *A Malta das Trincheiras* de André Brun, nem uma vindicta contra a nossa participação da guerra, como muitas outras obras que se escreveram e publicaram. Bem pelo contrário, é uma apologia da dita participação, politicamente próxima da do Partido Democrático de Afonso Costa.

Américo Olavo, de seu nome completo Américo Olavo Correia de Azevedo, nasceu no Funchal a 16 de Dezembro de 1882. Ingressou no curso de Infantaria na Escola do Exército e formou-se depois em Direito. Maçon desde 1901, foi membro do grupo dos Jovens Turcos, defendendo desde então os ideais republicanos. Esteve envolvido nas conspirações republicanas de 1906 a 1910 que contribuíram para o derrube da Monarquia. A sua dedicação à causa valeu-lhe a eleição, em 1911, como deputado da constituinte, cargo para o qual foi sendo eleito até 1925.

Apoiou a entrada de Portugal na Grande Guerra e defendeu o envio de tropas para o teatro europeu. Para dar o exemplo, ofereceu-se como oficial voluntário. Fez parte, como capitão de infantaria, das tropas portuguesas que se bateram em França ao lado dos aliados. Tendo sido feito prisioneiro pelos alemães na Batalha de *La Lys* (9 de Abril de 1918), só voltou a Portugal nos princípios de 1919. Foi condecorado com a Cruz de Guerra e com a 3.ª classe da ordem da Torre e Espada por atos de bravura praticados durante a campanha.

Regressa de imediato à vida política e é eleito deputado pelo Funchal nas eleições que se realizaram em 11 de Maio de 1919. Entre 8 de Março e 6 de Julho de 1924 foi ministro da Guerra, num governo composto por democráticos, seareiros e independentes. A sua passagem por esta pasta ficou marcada pela revolta dos oficiais aviadores, ocorrida em junho. Foi morto no dia 8 de Fevereiro de 1927, durante o golpe republicano contra a ditadura militar instituída em 28 de Maio de 1926.

Como atrás foi dito, escreveu a obra memorialista *Na Grande Guerra* (Guimarães & C.ª Editores 1919), que relata a sua experiência nas trincheiras da Flandres. Em coautoria com Chagas Franco, publicou a coletânea *Centro da Vida*. Publicou ainda as seguintes obras: *Os Preconceitos da Viscondessa*; *Suzana*; *Rebelde*; *Cartão de uma Noiva*; *O Pequeno Cantor*; *Estéril*; e *Uma Tragédia* (Liv. Guimarães, 1909), todas elas atualmente esgotadas e de difícil acesso.

O projeto inicial da obra *Na Grande Guerra* incluía dois volumes, tal como vem referido na edição de 1919: o primeiro, publicado, vai até à batalha de 9 de abril de 1918; no segundo, Américo Olavo relataria a sua experiência como prisioneiro de guerra na Alemanha. Pensamos que abandonou a ideia de escrever o segundo quando o irmão, Carlos Olavo (1881-1958), que foi seu camarada de infortúnio, publicou em 1919 o *Jornal d'um Prisioneiro de Guerra na Alemanha*. Tornava-se redundante escrever um livro sobre o mesmo tema.

No primeiro capítulo da obra, intitulado "A declaração", Américo Olavo procura justificar a necessidade de Portugal entrar na guerra. Estava a defender a posição que o seu partido tomou em 1916:

> Quando em 7 de agosto o ministério a que presidia o Dr. Bernardino Machado apresentou às Câmaras a proposta para que Portugal acompanhasse a sua velha e fiel aliada, não fez mais do

que pedir-lhe uma sanção, um assentimento que as disposições constitucionais tornavam obrigatório para adotarmos uma conduta nacional, a que de facto, por circunstância alguma poderíamos eximir-nos. Nessa data a nossa atitude futura estava já fatalmente determinada e o nosso lugar entre as nações em luta rigorosamente marcado, por forma tão clara, tão evidente, que só cegos de entendimento poderiam deixar de ver (*NGG*: 7).[1]

A justificação da entrada de Portugal na guerra é, ou parece ser, constitucional e legal, e portanto aquilo que o governo fez foi apenas cumprir os tratados que assinara com a Inglaterra. A entrada na guerra era necessária e irremediável. Esta posição sabemos agora que é tendenciosa e demagógica. Mas Américo Olavo era um político comprometido com a fação belicista e dificilmente teria uma opinião diferente desta.

O desaire dos portugueses na Flandres, segundo o autor, não foi da responsabilidade do governo de 1916, que tomou a decisão de enviar o Corpo Expedicionário. Era, em primeiro lugar, do governo ilegítimo e germanófilo de Sidónio Pais, que deixou de apoiar o CEP em 1918 e o entregou à sua sorte; e em segundo lugar dos oficiais cobardes e incompetentes que estavam à frente das tropas.

Américo Olavo, como oficial de carreira, lamentava a repulsa que os seus colegas tinham em ir para a Flandres. Tudo servia de desculpas para fugir ao dever e não embarcar:

> (...) sendo o exército uma instituição especialmente criada para fazer a guerra, seria uma obra criminosa deixar que oficiais aproveitassem o tempo de paz para colherem os benefícios e proventos que as respetivas situações lhes facultaram para, uma vez chegado o momento de guerra, do sacrifício e risco, deporem o encargo das suas obrigações sobre os ombros daqueles que, tendo tido sempre o sentimento delas, se tinham disposto ao integral desempenho da sua função de soldados, por mais amarga que fosse a hora e por mais duras e violentas que fossem as situações a atravessar (*NGG*: 17).

Ele próprio, capitão do Exército, para dar o exemplo, se disponibilizou mal a guerra eclodiu em 1914: "(...) entendi eu,

[1] Todas as citações de *Na Grande Guerra* são da edição de 2015.

votante e militar, ter obrigação moral de apresentar requerimento para ser incorporado em qualquer das unidades que para efeitos de guerra fossem mobilizadas" (*NGG*: 18).

Aquilo que Américo Olavo tinha previsto acabou por acontecer e em 1917 o Corpo Expedicionário Português, já organizado, recebe ordens de embarcar para a Flandres, apesar de todas as polémicas e com a opinião pública, tirando alguns jornais afetos ao regime, unanimemente contra: "Nesta má, desastrosa situação moral", conta o autor, "se fez o embarque do primeiro contingente para França, seguindo-se os outros sem perturbações, sem lutas e direi mesmo dalguns, com confiança, quase com alegria" (*NGG*: 18).

A partir do segundo capítulo, o autor passa a descrever a sua experiência pessoal como expedicionário na Flandres.

A viagem de barco até Brest dá-lhe ensejo para expor algumas das idiossincrasias dos portugueses que menos lhe agradam e que são pormenores grosseiros do retrato de um povo decadente e sem rumo, que esqueceu os seus tempos gloriosos.

Os soldados, atirados para os porões do navio, enjoavam:

> Fui ver os meus soldados. Alguns apenas, sobre o convés naquela manhã de bordo. Capotes vestidos, cachecóis até aos olhos, não parecem os descendentes dos antigos navegadores que deslumbraram o mundo com a audácia maravilhosa dos seus empreendimentos. Caras pálidas, expressões de enjoo e de fadiga, indicavam uma noite mal dormida, no constante balouçar sobre a água. Muitos dos rapazes viam o mar pela primeira vez (*NGG*: 22).

Começando a habituar-se ao balanço do barco e graças à ação do ar no convés, "refazem-se do mal-estar". Cantam ao desafio, dançam ou olham o mar para passar o tempo:

> Que podem eles fazer mais, pobres *laparotos*, trazidos dos campos, onde a sua instrução foi descurada e até, noutros tempos, contrariada? Não podem ler qualquer coisa que os divirta, os instrua ou os eduque. Não podem escrever às famílias de quem trazem amargas, inapagáveis saudades. Não podem, como eles dizem, espairecer, a não ser a vista pela imensidão rasa e azul da água (*NGG*: 25).

Os oficiais, mais bem instalados no navio, com camarotes confortáveis e uma mesa farta, passam boa parte do seu tempo a fumar, a jogar, a beber, a falar de mulheres e a maldizer o governo que os enviou para a guerra:

> Fazem má-língua, falam de política interna e externa, agridem ministros, desfazem-lhes em duas palavras de crítica fácil, inconsciente mas pretensiosa, obras que levavam muitos dias a delinear e a executar, e em que se empenharam inteligências e esforços notáveis, agindo em conjunto. E como toda a conversa entre portugueses tem fatalmente de descambar em assunto mulheres, lá vai um estadear de aventuras, cada qual, procurando esconder a vaidade que o leva a contar as suas. E detalham a coisa, condimentando-a com frutos da imaginação própria, para a tornarem mais viva, mais picante, mais sugestiva, mais animal. Daqui ao palavrão, à pornografia, à obscenidade soez, nem vai um passo, de forma que insensivelmente e com gáudio ali caem todos (*NGG*: 23)

A visão que os oficiais tinham da política não difere muito da que hoje é comum entre os cidadãos:

> Ninguém se dá ao trabalho de dizer ou de pensar como se faz melhor, mas todos estão de acordo, por um vício nacional inveterado, em que a coisa feita é uma imbecilidade, uma grandíssima pouca vergonha. Sim, que em Portugal, a pessoa que desempenhar uma alta função, tem de ser uma besta, um malandro, ou um ladrão (*NGG*: 28).

Por vezes havia fado na sala de convívio dos oficiais durante a viagem de barco:

> Um rapaz alto, esguio, entra, gingão, melena a sair por debaixo do boné que descai para o outro lado sobre a orelha. Veio de Coimbra onde no tempo de estudante *esmifrou* longas e enternecidas borracheiras no Magrinho e na Joaquina Cardosa. Dizem que canta bem, e parece que assim é, porque na extravagante assembleia de obscenidade se faz um silêncio respeitoso. (...)
> Soam os primeiros acordes confirmadores da afinação. Depois

é a voz que começa, arrastando-se, plangente, chorosa, soluçando as desditas duma rameira sentimental, apaixonada. E a voz sobe docemente como uma prece, implorando a piedade e a admiração para a infeliz e amargurada criatura cujo termo é o hospital. Há expressões comovidas, emoções vivas, que eu leio naqueles rostos onde há olhos que se humedecem. Lá do fundo um arriscou esta heresia: até parece um rouxinol. Logo outro protesta, grosseiro: cala a boca, bruto. E num instante armaram uma discussão em voz gritada que começou no canto do rouxinol e já ia, não sei por que estranha sequência, no tecido dos novos fardamentos. (...)

E lá recomeçou a voz pastosa, agarrando-se às inflexões do fado, gemendo quadras desgarradas, soltas, que faziam a delícia dos auditores. Houve um que pediu aquele fadinho – mais abaixo mais abaixo –, havendo murmúrio da aprovação na reunião. E lá veio o fado, bem garganteado, muito estranho de sentimento e de depravação, que acariciou a lascívia daqueles companheiros. Em resposta ao pedido que depois foi feito, respondeu com ar de segurança: "Ná; hoje não vai mais que já estou estafado e amanhã também é dia". E, a beata pendente do hábito de ter as mãos ocupadas com a guitarra, e o olho pisco por causa do fumo, começou: aquela gaja... Mas nisto um outro assomou à porta dizendo: Oh!, rapazes! Está-se a ver a terra e parece que vamos em frente do Porto (*NGG*: 24-25).

Aqueles oficiais na sala de convívio, à volta das mesas de batota, eram "(...) a síntese da vida portuguesa. Ralacice, má-língua, vaidade, ignorância e pretensão de inteligência e fado, e jogo" (*NGG*: 29).

Chegados a França, os batalhões portugueses são instalados em aldeias da retaguarda, a alguns quilómetros do *front*, para receberem instrução especializada. Os soldados eram acomodados em celeiros das *fermes* e os oficiais em casas de família. Os dias eram passados em longas marchas, atividades de preparação física e instrução intensiva sobre a guerra de trincheiras.

A instrução na retaguarda, enquanto as companhias aguardavam a ordem de marcha para as trincheiras, poderia, diz Américo Olavo, ser mais adequada e útil se tivesse sido distribuído previamente o novo material de guerra. De facto, o material com que os militares foram instruídos em Portugal era totalmente diferente daquele que usariam nas trincheiras: a espingarda, as munições, as granadas, os morteiros, as máscaras de gás, etc. era material desconhecido e havia a necessidade de instrução no seu manejo. Na falta do material, entretinham-se os homens na ginástica e nas marchas. Assim se perderam semanas que teriam sido mais proveitosas se as companhias tivessem sido devidamente equipadas:

> Uma vez no campo, a instrução tinha de limitar-se, reduzir-se, praticando-se a ginástica que desembaraçasse os movimentos e treinasse os homens, para colocá-los em condições de dar o máximo de intensidade e de resistência. Depois ensinava-se a construção da arma inglesa que vinha de ser distribuída, *Lee Enfields,* e o seu manejo simples cuja descrição à última hora aparecera em separata. A mais, havia pela tarde umas marchas, longas, estiradas, destinadas a preparar o soldado para grandes deslocamentos que porventura fossem necessários (*NGG*: 52).

Chegados ao final do dia, e findo o trabalho de instrução, o expedicionário, longe dos amigos, das comodidades e do conforto de casa, procurava "(...) arranjar um pouco de distração na qual o espírito descansasse e se alheasse das recordações saudosas que fatalmente o entristeceriam" (*NGG*: 47). Os passeios à vila mais próxima ou a um estaminé para beber com os camaradas e conhecer uma bela rapariga de fácil sorriso eram algumas das distrações. Sobretudo nas vilas e pequenas cidades próximas,

> (...) eram verdadeiras tentações umas criaturas que na nossa terra, em tempo de paz e mesmo na mais modesta vila, nem mereceriam um só olhar de interesse. A quase dois meses de civilização, perdidos naquelas pequeninas aldeias, arejando apenas de longe em longe às cidadezitas próximas, condenados a viver numa região onde havia milhares de homens e apenas duas dúzias de mulheres, filhas de Eva bem mais feias do que noutros tempos desprezávamos, são origem de perturbação das noites e dos dias, do sossego, da tranquilidade, da paz do coração (*NGG*: 58).

A companhia de Américo Olavo é aboletada em Avroult. Os oficiais, relativamente bem instalados em casas de família, com cama, cozinha e sala de jantar, a que chamam *messe*, tinham alguns confortos negados aos soldados. O jantar era geralmente "(...) farto, bem regado de vinho e de cerveja, o café saboreado com alguns licores" (*NGG*: 61). Conversava-se, contavam-se aventuras amorosas, comentavam-se as misérias políticas do país, falava-se mal.

É a propósito desses jantares que Américo Olavo se refere, mais uma vez, aos maus oficiais, seus camaradas:

> Alguns fizeram da profissão militar apenas um meio de vida, uma forma de receber alguns escudos em cada mês que sirvam para alimentar uma modéstia preguiçosa, uma existência vegetativa, apagada. Nunca tinham pressentido a possibilidade do Estado reclamar deles, em serviço de risco e em sacrifício, a contra prestação correspondente às importâncias que o Estado em cada mês depunha nas suas mãos (...).
> Oficiais há aqui em França que mesmo diante dos seus soldados dizem que foram mandados para o matadouro, que vieram para a guerra exclusivamente para servir intenções do sr. Afonso Costa, baixezas do sr. Bernardino Machado ou negócios do sr. Nórton de Matos. Discussões nas *messes* abordam muitas vezes o assunto político, o ódio aos políticos que fizeram cumprir os tratados de aliança e que quiseram dar o seu esforço à admirável causa da salvação da civilização latina. Da Inglaterra, dos ingleses, dizem as piores coisas, e pelas horas calmas, para divertimento, na presença das ordenanças e quantos outros soldados, cantam à guitarra, inseparável de portugueses, fados do *cavanço* em que são achincalhados mesmo os mais altos comandos (*NGG*: 77).

Conta o caso de um oficial que dizia, "(...) numa *messe* com desplante e com raiva, na presença de outros menos graduados" (*NGG*: 78), que o Afonso Costa lhes vendeu a pele aos ingleses. Passado algum tempo, este oficial "(...) saía da unidade em que deveria caber-lhe a glória de comandar soldados, abandonava uma posição de comando, para ir esconder os seus receios no comodismo duma ajudância de brigada" (*NGG*: 78), ou seja, numa secretaria da retaguarda, bem longe do perigo das trincheiras. Alguns camaradas, a «este ato de escapanço, de fuga aos riscos da linha», a este abandono, a "(...) este *cavanço* depressor do espírito dos seus soldados", achavam-no coisa natural e lamentavam-se "de não poderem fazer a mesma coisa" (*NGG*: 77).

Um outro oficial, "(...) que um dia regressou do *front* para dizer com o queixo a deslocar-se lateralmente por virtude de contração nervosa, que a vida nas linhas era simplesmente definível pela palavra *horror*, assegurava aos demais que não seria ele que ali voltaria" (*NGG*: 78). Alguns dias depois, abandonava os soldados sob o seu comando e conseguia "(...) uma colocação, um *cachapinato*", que o eximiria aos riscos e aos perigos que receava; "E achava o ato normal, corrente, correto, não tendo pudor de que os seus homens vissem o seu receio ou o seu nenhum espírito de sacrifício pelo país que aqui ajudava a representar" (*NGG*: 78).

Outros, que o autor ouviu em Portugal a falarem contra a participação na guerra, via-os em França obcecados em "(...) conseguirem uma colocação qualquer fora da unidade ou ao menos no comando dum batalhão, onde os perigos são menores." Militares oportunistas, "(...) apenas para atos de paz", preferiam "(...) lugares onde não tenham que praticar a guerra" (*NGG*: 79). Por isso,

> A febre de fugir, de escapar-se, contagiou o exército e muitos querem a guerra mas simplesmente à retaguarda, com *messe* cómoda e farta, instalação confortável e pingue subvenção. A ponto que alguns deles diziam mais talvez com amoralidade que cinismo: *se a guerra é isto, chega-ma.*
> Mas há pior ainda. Militares profissionais vi eu acorrendo às juntas, pejando os hospitais, sujeitando-se à baixeza de implorar aos médicos uns dias de permanência nas ambulâncias, uns dias de licença, uma baixa, uma reforma, que fosse a salvação do corpo embora trouxesse a morte moral (*NGG*: 79).

É natural que os militares que se opunham à participação de Portugal na guerra, sobretudo no cenário europeu, procurassem por todos os meios afastar-se o mais possível dela. A crítica cerrada de Américo Olavo, um apoiante convicto dessa participação, perde pois bastante da sua força.

Depois de Avroult, a companhia segue para Enguinegattes e aí se instala. Mais uma vez, os oficiais são aboletados em casas particulares. Três dias depois, tinham já entrado no caminho da intimidade das mulheres que habitavam a casa, "(...) que leva às pequenas concessões" (*NGG*: 84), e que eles aproveitavam para preparar um interior com mais conforto:

> A velha, a filha, as netas, todas queriam ser agradáveis, mostrando-se reconhecidas por pequenos serviços que em casa lhes conseguira, com a habilidade de profissão dalguns dos meus soldados. E queriam também corresponder à afabilidade com que eram tratadas, às atenções que até à nossa chegada não tinham recebido (*NGG*: 84).

Conseguiram na casa "(...) uma regular instalação, ampla – um grande quarto para dormir, uma sala espaçosa para jantar e ler e o direito de cozinhar naquele fogão que alastrava pela cozinha a sua imensa superfície" (*NGG*: 85).

Depois do jantar, quando ainda era cedo, davam um passeio pela estrada,

> (...) a ver as raparigas, as crianças e os velhos trabalhando nas terras que as mãos vigorosas dos novos se haviam resignado a abandonar, para que elas continuassem, livremente, a produzir para as famílias que lá deixavam. Enquanto era dia claro, distraíamo-nos também a ver os aeroplanos da escola de Estrée Blanche fazerem arriscados exercícios de *looping-loop,* de queda em *feuille morte,* de *piquer* de grandes alturas, como se se viessem esmagar de encontro ao solo (*NGG*: 88).

Ribeiro Gomes, um oficial que era bom pianista, foi aboletado na mesma casa de Enguinegattes e os camaradas receberam-no com grande entusiasmo:

> Assim que o Ribeiro Gomes chegou, começaram de afluir as visitas que vinham fazer-lhe os cumprimentos de boas vindas, por um lado, cada qual não querendo ficar em falta, e por outro, no desejo de bisbilhotar sobre novidades de Lisboa, da política, da Brasileira e

do Martinho, como se todas estas instituições alfacinhas devessem ter-se modificado com a lamentável ausência de S. Ex.as (*NGG*: 85).

Na casa havia um velho piano desafinado e cheio de pó. Ribeiro Gomes, "(...) sempre em procura de melhorias no interior, de comodidades e elementos de distração, começou de inspecionar com vagar e com rigor o velho piano, que havia quarenta e tantos anos não tocava – depois da invasão dos prussianos, segundo contava a velha" (*NGG*: 87). Quando o piano ficou operacional, passaram a ter mais uma ocupação para os serões:

> Assim que o jantar terminava, cada qual ainda no seu lugar, com um repetido café na frente que o cuidado amigo dos impedidos trazia, já o Ribeiro Gomes a pedido de nós todos se encontrava ao piano passando docemente os dedos sobre as teclas na procura de qualquer coisa que ele sentia lá dentro e esperava definir, exteriorizar em notas. Começava em geral pelos clássicos cujos detalhes saíam pouco a pouco da sua vida latente, para uma existência real, expressa. Tínhamos primeiro os seus compositores preferidos, Beethoven, Schubert, entrava depois pelas óperas e acabava sempre por tocar umas coisas infalíveis em cada dia, requeridas pela predileção exigente dum ou outro companheiro (*NGG*: 88).

Quando o pianista ficava cansado, saíam para o passeio "(...) de longada pela estrada, a consumir o tempo e cansar os músculos, para que eles pedissem um repouso, que levasse uma noite de sono reparador" (*NGG*: 88).

O conforto dos oficiais contrastava enormemente com a falta deste nos locais onde os soldados eram instalados. O autor não dá grandes pormenores sobre eles, mas sabemo-lo por outros relatos. Os soldados dormiam na palha dos celeiros, onde abundavam pulgas, piolhos e outros parasitas, comiam do rancho comunitário, nem sempre farto e variado, a higiene era superficial, a roupa, sobretudo quando chovia e estava frio, desadequada. Ou seja, mais de 90% do Exército passava necessidades. Os oficiais eram uma classe privilegiada. Desconhecemos a situação da classe dos sargentos.

Os soldados, nas horas livres, ajudavam os agricultores nos

trabalhos do campo. Além de se ocuparem num trabalho útil, ganhavam a estima dos habitantes e a oferta de alguns bens de consumo que serviam para melhor a sua dieta:

> E todos eles gostosamente se lançaram àquela ocupação que a muitos trazia mais que a forte evocação da vida de outrora, a realidade, o regresso ao trabalho pacífico dos campos em que o esforço do homem se casa à terra que se lhe oferece, para haver da sua fertilidade os bens que necessita (*NGG*: 90).

Américo Olavo, comandante de uma companhia, por vezes dignava-se conversar com os seus soldados, coisa rara num capitão, que, por hábito, se mantinha distante da soldadesca, lidando mais de perto com os oficiais seus subalternos, sargentos e ordenanças:

> Às vezes entretenho-me com eles conversando da nossa terra, fazendo-lhes ver como é por ela que, neste canto da França, trabalhamos e lutamos. E tenho ao menos a consolação de sentir nas suas palavras que muitas amizades ali me cercam, a despeito da mão que neles tenho e que pretendo ser firme. Mas converso com eles, largamente, às vezes; e quantas outras nos intervalos das instruções os tenho sentado em volta de mim, ouvindo o que lhes conto da história do nosso país, das épocas em que fomos ricos, fortes, poderosos e nas quais maravilhámos o mundo, com o arrojo das nossas empresas! (*NGG*: 109-110).

Da convivência dos oficiais com os habitantes da região, que eram sobretudo mulheres, uma vez que os homens, tirando alguns velhos, estavam ausentes, "(...) resultou o hábito do *collage* com *o nouveau arrivé,* a que poucas destas mulheres se escapam, e antes procuram com interesse, talvez mesmo com ânsia, com vício" (*NGG*: 90). Era raro algum oficial não ter o seu arranjinho, a sua francesa afeiçoada:

> Diz-se que esta terra é imoral, porque as mulheres, abando-nadas, se entregam àqueles que as interessam, ao fim dalguns dias de estada aqui. Mesmo as raparigas casadoiras, com os noivos no *front,*

se acostumaram à vida, à intimidade amorosa com estes homens que agora lhes estão próximos (*NGG*: 90).

A população, "(...) pela simples afeição, pelo reconhecimento, pelo amor, pelos desejos da carne, por distração mesmo se quiserem" (*NGG*: 90-91), tinha um excelente relacionamento com os portugueses, "(...) os últimos intrusos aqui aparecidos na sua aldeia, instalados no interior das suas casas, estabelecidos na sua intimidade (*NGG*: 91).

Américo Olavo e os companheiros de boleto de Enguinegattes decidem um dia oferecer um jantar ao comandante do batalhão e a outros oficiais do mesmo. Na cidade de Aire compram champanhe, licores, frutas e doces para complementar a ementa:

> Os *menus* são feitos de colaboração, na véspera ao fim do jantar em bilhetes-postais com a bandeira portuguesa em seda. São feitos em gracejo perfeitamente de harmonia com os pobres e pouco variados manjares que aqui podemos oferecer, mas também de acordo com o prazer que todos temos de ver os demais camaradas sentados à nossa mesa. Naturalmente, ao alto da coluna, figuram as palavras – *ab introibo* – vindo depois – segundo a frase da revista – o Ele... é canja. Como o comandante tem o hábito de dizer; ora viva o nosso amigo e nós devemos servir aqui em França um portuguesíssimo prato de bacalhau, entra naturalmente com a designação: – Ora viva o nosso *fiel* amigo... (*NGG*: 92).

> Com muitas flores, muita luz e uma toalha bem branca, come-se com gosto, mesmo um mau jantar (*NGG*: 95).

> Os rostos começam de corar, os olhos de adquirir brilho, a conversa de ganhar vivacidade. Neste jantar mais de amigos que de militares, o comandante sabe pôr os seus oficiais inteiramente à vontade, correndo apenas dentro daquelas praxes, que a boa educação e o bom gosto estabelecem.
> (...)
> Começam então os numerosos brindes, ao camarada A, ao amigo B, ao companheiro C, até que a certa altura já todos os presentes estão brindados e mais rebrindados.

(...)
Fala-se já de mulheres, de prazeres, de viagens, por *épater* os menos cultos, falam alguns de coisas de arte, de literatura, mas na altura do café, dos licores, recaímos na infalível má-língua a propósito de questões militares (*NGG*: 96).

Américo Olavo parte para Le Thouret e é integrado durante alguns dias numa companhia inglesa, para se aclimatar ao serviço das trincheiras. É-lhe apresentado Johnstone, um oficial escocês, que arranha um pouco de português por ter estado algum tempo em Cabo Verde e no Brasil, e adora o *wisky*. "Fala constantemente, cita os portugueses que já conhece, desentranha-se na descrição de jantares, de tardes de *estaminet*, de borracheiras" (*NGG*: 101). O autor come com ele os biscoitos e o *corned-beef*. Bebem água na falta de melhor e conversam sobre as virtudes do *wisky*, de que o português mandou vir uma caixa do estado-maior do batalhão. Quando a caixa chega, abrem a primeira garrafa e começam a beber. A palavra corre e os ingleses vão-se juntando na barraca onde ambos se encontravam. "Creio que o olfato lhes acusa a presença do líquido miraculoso, que agora só adquirem com grande dificuldade. Ou então é Johnstone que os atrai. Ao fim dalgum tempo a garrafa tem o fundo exposto ao ar" (*NGG*: 103). O álcool era a única forma de manter os homens alheados da guerra e com ânimo para aguentar as agruras das trincheiras. Os ingleses, talvez por estarem há mais tempo ali, eram os que mais bebiam. O vinho distribuído pelos soldados portugueses era mau, "(...) bem pior do que aquele a que em Portugal chamamos desprezivelmente *carrascão* (*NGG*: 120). Mas para os ingleses era *very good*:

> Johnstone, porém, resignado e heroico, quer partilhar a dura sorte dos companheiros, quer que ali todos sofram o mesmo martírio de trocar um pouco de reconfortante, tentador *wisky* por aquela horrível escura mistela avinagrada. Com a mão sempre trémula, avançou pressuroso o copo, e, transportando-o cautelosamente aos lábios, esvaziou-o dum trago. Piscou um olho em sinal de regalo, arriscou um *very good* e estendeu de novo a mão trémula, em busca dum suplemento (*NGG*: 120-121).

Johnstone está no meio deles, a face glabra, um ar de sapo amarelo, mas a sua animação não emparelha com a dos outros. Falta o elixir que aviva a chama do seu pensamento e para ali está entorpecido, embrutecido, quase indiferente, abandonado da graça que habitualmente o visita e tantas vezes nos distrai. As propriedades diluídas dum *Torres* falsificado antes do embarque, durante a viagem e depois desta, não tinham ainda conseguido sacudi-lo do sou torpor a despeito das repetidas libações (*NGG*: 122).

A companhia instala-se entretanto em Fosse, uma aldeia mais próxima do *front*, e aí os oficiais procuram manter o conforto a que estavam habituados. Instalam a *messe* numa *ferme* e, sempre que é possível, oferecem jantares aos camaradas de batalhão. "O jantar é alegre, animado, às vezes mesmo barulhento. Procuramos sempre prolongá-lo, dominados pelo terror das horas aborrecidas que se lhe devem suceder" (*NGG*: 110). Como lhes faltava o piano que em Enguinegatties tanto os distraíra, decidem tentar alugar um em Béthune, "(...) cidadezita situada a dez quilómetros de distância"; é a essa cidade que o autor vai sempre que pode de passeio, para "(...) fugir ao aborrecimento" (*NGG*: 110).

Américo Olavo e alguns camaradas partem em demanda do piano e conhecem uma *mademoiselle* Froissart, dona de um estabelecimento de instrumentos musicais. A francesa recebe-os com deferência e, porque de momento não tivesse nenhum piano disponível, fica de lhes arranjar um:

> *Mademoiselle* surpreende-se da facilidade com que todos falamos o francês, mesmo melhor do que a gente daquela região em que a pronúncia se ressente da proximidade, do contágio do *patois*. E alarga-se, espraia-se numa longa palestra, terminada por um champanhe pago bem caro, num café ao lado, também de sua propriedade (*NGG*: 111).

A francesa, durante a conversa, declara que "(...) tinha feito o curso do Conservatório de Lille e que a sua única distração era o piano" (*NGG*: 111). E foi com prazer que tocou para eles:

Fora uma tarde de arte, verdadeira arte, aquela que a simples procura dum piano nos havia proporcionado. Mas fora, sobretudo, um alargamento de relações que nos atrairia mais vezes a Béthune, dado que ali conhecíamos agora desde a senhoril, perfeita beleza plástica da minha fornecedora de jornais, até àquela encantadora *mademoiselle* Froissart, que gentilmente nos pedia que ali voltássemos, sempre que à cidade fôssemos (*NGG*: 112).

O convívio com as senhoras de Béthune aprofunda-se e são frequentes as tardes de convívio, em que os oficiais levam vinho e bolos que compram nas cantinas portuguesas. "Passamos uns momentos agradáveis, de intimidade. E isto é quase a felicidade, um oásis neste deserto de aborrecimento, de isolamento, de tristeza". (...) "Como o *flirt* discreto é permitido, o tempo passa rápido, voa, dando-nos a ilusão da vida de outrora, longe dali, na independência, na liberdade, sem trabalhos fatigantes, sem cuidados que inquietam, sem nostálgicas tristezas que esmagam" (*NGG*: 113).

O piano finalmente aparece e é "(...) acondicionado em fofos cobertores, num sólido e espaçoso carro de esquadrão" (*NGG*: 113), que o leva de Béthune até Fosse. Já na época os transportes militares, para uso exclusivo do serviço do Exército, eram desviados para trabalhos que nada tinham a ver com a guerra:

> Temos enfim a almejada distração, mas o vício daquelas idas pela tarde determina que só seja o encanto das nossas noites. A nossa *messe*, porém, arranjando divertimentos, começa de perder o caráter de estreita intimidade, atraindo muitos outros camaradas que até o momento de nós haviam vivido arredados (*NGG*: 113-114).

A companhia parte definitivamente para o *front*, estabelecendo-se em Fauquissart e por fim em Neuve-Chapelle, onde inicia o serviço efetivo nas trincheiras. Até àquele momento, foram breves visitas, para os homens ganharem experiência. O conforto que até ao momento gozaram é drasticamente reduzido:

> E agora, adeus noites sossegadas, de repouso consolador na comodidade acariciadora duns colchões em que eram um requinte

uns velhos lençóis de algodão mal lavado; adeus horas suaves de intimidade no canto afastado da nossa *messe,* momentos inesquecíveis, já saudosos, em que nos juntávamos em torno da nossa mesa, junto do piano que nos fazia ouvir com emoção sentida Beethoven, Schubert, Debussy e Grieg; adeus tardes alegres de Merville e de Béthune, amável prazer do convívio, com acolhedoras relações, que nesta zona nos dão a ilusão, a evocação dos tempos de paz, nos lugares onde tantas afeições nos cercavam (*NGG*: 130).

Américo Olavo tem uma visão contraditória do serviço nas trincheiras. Reconhece por um lado que a vida é bastante tranquila: os expedicionários são mais guardas do parapeito do que combatentes, raramente se ouvindo um tiro ou uma explosão perto. Mas por outro considera que não deixa de ser uma vida dura, devido sobretudo à falta dos confortos a que estava habituado:

> A despeito, porém, desta quase tranquilidade, a vida é fatigante, esgota mesmo o mais resistente ao fim dalguns dias. Desde a hora do *a postos* da tarde, quando o sol vem de se esconder, até o *a postos* da manhã seguinte, é impossível dormir um instante (...). Ao fim de seis ou sete dias deste regímen violento, os mais fortes têm uma indispensável necessidade de descanso, os mais fracos adoecem (...). A vida torna-se monótona, arrastada, estirada. Não há uma hora de prazer, de quietação, de alegria. As únicas distrações que nos ajudam a passar o tempo são o trabalho por um lado, as aventuras no terreno em frente do nosso parapeito durante a noite, e durante o dia, a observação do voo dos aeroplanos de exploração e ligação com a artilharia (*NGG*: 136).

Neste contexto, recrudesce a inveja e o despeito para com aqueles que se encontram no aconchego da retaguarda, nos quartéis-generais, em serviços burocráticos, ou para com os que foram a Portugal passar uns dias de licença e não voltaram. Na Flandres passa a haver dois grupos antagónicos e que se detestam: os combatentes e os cachapins. "Nesta guerra parada, de posição, que alguém justamente classificou de guerra de baterias, de companhias e de pelotões, toda a gente procura estar precisamente onde ela se não faz" (*NGG*: 140), desabafa o autor.

Em pouco mais de um mês nas trincheiras, Américo Olavo constata que os efetivos se encontram reduzidos, "(...) faltos de renovação, de substituições, dos poucos que a luta tem posto fora de combate, dos muitos que o trabalho e os frios levaram ao termo da resistência" (*NGG*: 139). Mas a falta de pessoal nas trincheiras deve-se sobretudo ao *cachapinato*, uma colocação na retaguarda, seja no comando do batalhão, seja no da brigada, no da divisão, ou no do quartel-general do CEP:

> Há num batalhão, além dum comandante e dum segundo comandante, um ajudante, um observador, um oficial das ligações, um especialista dos gases, de granadas, um especialista de metralhadoras, que sei eu toda uma série de nichos, onde uma quantidade de felizes ou de protegidos vai esperar quase em segurança e em conforto que esta crua guerra chegue ao seu fim. Assim que um destes lugares vaga imediatamente, se recorre às companhias para que forneçam o escolhido, o beneficiado, com evidente prejuízo do serviço destas. A quase totalidade, porém, destes oficiais não passou nunca um só dia nas linhas, não contou nunca os minutos duma noite de constante vigilância, não se atreveu aos trabalhos de além trincheiras, nem sofreu o risco constante da granada, do morteiro, da traiçoeira metralhadora.
>
> Dormem quase sempre as suas noites em sossego, fiados no serviço e na coragem dos que estão na frente, comem a horas regulares um almoço e um jantar sempre quentes, conversam com calma, leem mesmo por vezes o seu romance para matar o tempo e não irei além da verdade, se afirmar que, uma ou outra vez, se permitem o luxo e o prazer de deixar regalar a pele com a carícia fresca duns lençóis lavados (*NGG*: 140-141).

Nos comandos das brigadas, o número de cachapins é ainda maior e o luxo e a lassidão em que vivem quase escandaloso:

> Quando atingimos as brigadas, encontramos ali todo um luzido, brilhante estado maior, comodamente instado nalgum *chateau* ainda conservado, vivendo com regalo, vestindo com cuidado e com gosto, passeando com prazer e por via de regra com pose e dormindo com tranquilidade.
>
> Ali há já numerosos oficiais, capitães, tenentes, alferes que, pela

quantidade e pela boa disposição, tornam a vida agradável, a guerra uma ocupação quase desejável e segura. Entre eles todos, que são 18 ou 20, apenas dois ou três trabalham verdadeiramente, talvez por feitio, talvez por desejo de coonestar aquela situação (*NGG*: 142).

Muito mais escandalosa é a vida no quartel-general da divisão e do CEP:

> Ali, nalguma pequena cidade ou importante vila, populosa e a recato das contingências que não sejam de bombardeamentos a grande distância, existe o quartel-general, colmeia ruidosa, populosa, numerosa, de muitas dezenas de oficiais. Ali tem moradia feliz, sossegada e cómoda, o que eu chamarei uma parte da aristocracia desta tropa em operações.
>
> Fardas vistosas, peliças deslumbrantes, braçais acusadores da sua jerarquia militar, entram e saem em bandos gárrulos uns, trabalham silenciosamente à secretária outros, dispõem-se ainda outros a passeios longos nas zonas da retaguarda, agradável e pomposamente instalados na comodidade rápida dos numerosos automóveis constantemente em movimento.
>
> Dormem na vastidão fofa duns bons colchões, em quartos espaçosos e claros onde as mais vezes merecem os carinhosos cuidados de mãos femininas, que lhes sugerem impressões de vida familiar que todos abandonámos.
>
> Comem em *messes* que para nós são luxuosas, alegres, direi mesmo opulentas, vestem com cuidado, com esmero e têm para nós – pobres, apagados, inglórios operários da trincheira – pelos nossos fatos manchados, pelas nossas botas, com cardas e com lama, um soberano, repulsivo desprezo. Para eles nós somos a maltrapilhagem das linhas, da qual é necessário passar de largo e com cuidado (*NGG*: 146-147).

A diferença de situações "(...) contribuiu para estabelecer uma funda cisão entre o oficial das linhas e o feliz do comando a quem foi dado o nome de *cachapim*" (NGG: 141); "Os benefícios são para os que descansam; para os que sacrificam há apenas... mais sacrifícios" (NGG: 142), desabafa o autor. Os cachapins, na sua quase totalidade,

(...) são para brilhar, para gozar, para mandar. Nós para obedecer, para trabalhar, para lutar, para sofrer, para morrer (*NGG*: 147).

(...)

E estes, os que compóem a corte dos inúteis, já não são contados por dezenas, mas por centenas, dispersos por secretarias onde pouco fazem mais do que um decorativo ato de corpo presente. Pertencem às repartições das informações, os serviços das reclamações, da instrução, dos enterros, dos boletos – que sei eu! – desempenham as funções mais estranhas, mais disparatadas (*NGG*: 148).

A indignação do autor contra aqueles que tiveram a sorte de arranjar um bom lugar longe das trincheiras e têm na guerra uma vida tranquila, prazerosa e pingue é enorme:

Oficiais, que de Portugal partiram antes de mim para preencherem lugares vagos nas unidades da frente, por ali pairam ainda, como almas que pela sua pureza devessem planar junto de Deus, e não descer nunca a este inferno de juízo final. Por ali vagueiam não sei com que sorte de pretexto ou de emprego, de forma que, escoados muitos meses de estada em França, ainda não aportaram a este destino que logicamente os deveria aguardar (...). Os meses passam-lhes rápidos, rolam uns sobre os outros e não há forças que os arranquem às delícias em que se deixaram mergulhar. Conquanto sintam suspensa constantemente sobre as cabeças a ameaça, a possibilidade de serem um dia remetidos aos seus necessários lugares, aos seus devidos destinos, vão saboreando a comodidade, o prazer, e alimentando a grata esperança de que o fim da guerra os encontre ali ainda (...) Vivem na alegria descuidosa das praias e das cidades, instalados em bons hotéis, em excelentes *appartements,* tendo alguns preparado ali uma confortável, agradável existência familiar. Dizem que há mesmo quem tenha conseguido uma situação para esposa e filhos, tudo dentro da organização da Base (*NGG*: 152-153-154).

No entanto, Américo Olavo reconhece que há exceções, ou seja, oficiais que, estando nas linhas, não se querem afastar delas, tal como ele próprio, e oficiais que, estando no resguardo da retaguarda, se oferecem para o serviço nas mesmas:

Há quem receie a permanência aqui, quem se abandone, quem se desmoralize. Mas aparece também quem não deseje partir das linhas, mais, quem deixe cómodos, agradáveis, representativos lugares à retaguarda, para vir ocupar aqui postos de sacrifício e talvez de morte.

Aqui mesmo, encontro o capitão Jaime Batista que saiu dum lugar no quartel-general da Divisão para vir comandar uma companhia (NGG: 158)

Quando dezenas de oficiais se servem de pretextos, recorrem a hospitais no intuito de se eximirem ao serviço nas trincheiras, quando muitos outros se agarram a situações as mais injustificáveis, este oficial abandona comodidades, segurança, prazeres da retaguarda para vir jogar a vida junto de soldados (*NGG*: 158-159).

As visitas de amigos tornam-se uma das principais distrações nas trincheiras: "(...) estas horas que sucedem ao almoço podem ser consumidas com prazer, gozadas com descanso, quando temos a felicidade de rever amigos dos quais há tanto andamos afastados" (*NGG*: 160). Sá Cardoso e o pintor Sousa Lopes são dois dos ilustres visitantes.

Alfredo Ernesto de Sá Cardoso, militar de carreira da arma de Artilharia, maçon e republicano, era amigo pessoal de Américo Olavo. No final da guerra, esteve à frente do governo entre 29 de junho de 1919 e 21 de janeiro de 1920. É pois com prazer que o autor o recebe:

Falamos com orgulho, com desvanecimento, deste admirável gesto que foi a nossa participação na guerra. Quaisquer que sejam os trabalhos que tenhamos que passar, as amarguras que tenhamos de viver, e os perigos que na nossa frente se levantem, nós bendizemos a hora em que nos lançámos no caminho da luta, por um lado correspondendo às obrigações da nossa aliança com a Inglaterra, por outro colocando-nos ao lado da França e da Itália, nossas irmãs latinas, que se batem por uma civilização que é também nossa pela Liberdade e pelo Direito (...).
Lamentamos com desgosto a atitude de muitos, que não compreendendo todo o alcance e todo o império das suas obrigações

para com a Pátria, deprimem o nosso esforço, malsinam os atos dos homens que foram intérpretes da vontade e dos interesses do país (...).

Que oficiais murmurem por lhes não terem deixado avocar funções que lhes não pertenciam, que aqui e além fujam ao cumprimento dos seus deveres, que políticos se lancem numa campanha antipatriótica de perturbação da nossa ação militar, que se façam movimentos revolucionários, que se caluniem e persigam mesmo os homens que nos conduziram a esta aventura guerreira, a fidelidade à sua palavra, às disposições dos seus tratados, o socorro à sua aliada, o concurso para o triunfo da civilização latina, ficarão para sempre na história do mundo, testemunhos eternos e fúlgidos do espírito de sacrifício, da honra, do cavalheirismo dum pequeno povo (*NGG*: 160-161).

O pintor Sousa Lopes desloca-se às trincheiras para desenhar pormenores de que se servirá para futuras pinturas tendo como tema a ação do CEP, que atualmente se encontram no Museu Militar de Lisboa. Américo Olavo acompanha-o, mostra-lhe o parapeito, a terra de ninguém, os postos de vigia, os *dug-outs*:

> Mal rompe a manhã, acordo Sousa Lopes e dou-lhe a boa nova que o pintor dificilmente acredita. Sob a minha afirmativa, porém, arranca-se pressurosamente à confortável temperatura das mantas com que se cobria, faz rapidamente a sua *toilette* sempre cuidadosa, e assoma deslumbrado à porta do posto de socorros onde lhe arranjei um alojamento de campanha. O tempo admirável que faz promete-lhe desta vez uma larga duração à paisagem estranha que aqui o atraiu.
>
> Por isso resolvemos perder algum tempo a reconfortar-nos com um matinal café e umas torradas que as ordenanças cuidadosas servem com asseio e com abundância, no interior do meu abrigo, onde um fogão nos envolve também numa temperatura morna, beata (*NGG*: 169).
>
> Ao atingirmos a primeira linha, voltamos sobre a direita. O pintor aproveita todas as minhas demoras para riscar no seu caderno notas, impressões. Saio o parapeito, entro num ou noutro abrigo e à volta dou com ele empunhando o lápis e trabalhando. Cenas de trincheira, minas, uma ponte sobre um dreno, sepulturas de desconhecidos que a piedade dos vivos em cada dia vai cuidar, tudo serve para a sua documentação. De vez em quando, pede uma espera para completar este ou aquele apontamento (*NGG*: 171-172).

Após uma semana de serviço nas trincheiras, as companhias passam outra nas aldeias próximas a refazer as forças. Mesmo aí, onde os perigosos continuam a espreitar devido aos bombardeamentos constantes, os expedicionários procuravam manter o mínimo de conforto. Esses dias de descanso porém não são suficientes e "(...) nos começos de fevereiro, a fadiga, o quase esgotamento em que os homens se encontravam e a redução que haviam sofrido os efetivos, tornaram urgente, indispensável, à rendição da Brigada a que pertenço" (*NGG*: 175). Partem para Paradis, a alguns quilómetros das linhas, e aí "(...) os soldados ocupam como sempre os *grainiers* das *fermes,* os oficiais quartos pobres, acanhados" (*NGG*: 175). Têm porém o prazer das "(...) noites sossegadas, na frescura quase esquecida duns lençóis lavados, às vezes mergulhados na vastidão duma velha cama francesa de molas gastas, relaxadas" (*NGG*: 175). Procuram repor algumas das comodidades a que se habituaram noutros boletos: a *messe* e o piano, que mandaram vir de Fosse. Ali passam um mês de descanso, a refazer forças.

> As tardes e as noites porém são livres e sossegadas. E uma vez ou outra percorremos as estradas que levam a Béthune – a sempre desejada – onde tantas afeições nos esperam, a Merville, a Lestrem onde habita Sá Cardoso, vamos um pouco por toda a parte onde velhas e fortes amizades nos atraem, onde podemos sentir a consoladora alegria de nos encontrarmos junto daqueles que foram companheiros de horas de paz e de felicidade, que nós agora lembramos saudosamente e que sentimos já tão longe, para além dum longo ano de trabalho, de luta, de sacrifícios, de sofrimentos (*NGG*: 176).

> Outras tardes, ficamos na quietação do nosso pequenino interior ouvindo, com encanto e com exigência, Ribeiro Gomes ao piano. Por vezes aparece Sousa Lopes para uma ida a Merville ou a Béthune instalado na comodidade vasta dum caleche que me permite o luxo de adquirir (*NGG*: 177).

Nos serões ainda frios de fevereiro, ora escutam sentados na *messe* Ribeiro Gomes ao piano, ora, à volta do fogão da cozinha, escutam as histórias que conta a velha proprietária da casa "(...) e que vêm desde os dias mais distantes, da sua mocidade" (*NGG*: 178).

A companhia comandada por Américo Olavo, depauperada de homens, como todas as outras, regressa às trincheiras e é apanhada na ofensiva alemã de 9 de abril de 1918, onde ele acabaria por ser capturado e enviado para um campo de prisioneiros na Alemanha:

> Um dilúvio de ferro abate-se constantemente sobre nós, os canhões e morteiros inimigos são tão numerosos, os tiros tão repetidos que todos os seus sons se juntam, se confundem formando um único, contínuo, pavoroso, rolando constantemente, interminavelmente por sobre a terra, que estremece e vibra, sacudida. Tenho a impressão de que uma tempestade monstruosa se desencadeia sobre nós, que ao meu ouvido ecoa constantemente o ribombar próximo de mil trovões a que outros mil se sucedem imediatamente, e outros e outros, continuadamente (*NGG*: 220).

> Desarmados, extenuados de meia hora de corrida ao longo de trincheiras derruídas e atulhadas, e sobre o terreno removido e lamacento frente a frente de numerosos homens, armados até aos dentes, toda a resistência seria inútil, todo o propósito de luta uma impossível loucura. Cercaram-nos, aos seis homens que nós éramos então, e a partir desse momento toda a esperança de salvação nos abandonou e nós não fomos mais lutadores decididos, mas *vencidos* caminhando sob escolta, sucumbidos ao peso da derrota, para o cativeiro, para vivermos por tempo incerto sob o jugo da brutal e bárbara Alemanha (*NGG*: 226).

Para Américo Olavo a guerra terminava. O desconforto, o sofrimento, a miséria e a saudade, aguardavam-no na prisão, tema do livro *Jornal d'um Prisioneiro de Guerra na Alemanha*, de Carlos Olavo, seu irmão.

A obra memorialística de Américo Olavo dá-nos uma visão bastante amena da vida dos expedicionários portugueses na Flandres, especialmente a classe dos oficiais. Quem ler o livro fica com a sensação de que a guerra, tirando a batalha de 9 de abril, não era assim tão má como muitos outros a pintaram. Sabemos, por outras fontes, quer autobiográficas, quer históricas, que a guerra, para além da referida batalha, teve um impacto muito negativo no moral dos homens, no seu bem-estar e na sua saúde. Tentar desvalorizar isso, como o tenta fazer Américo Olavo, para defender opções políticas e personalidades que pertenciam ao partido de que ele próprio era membro e que decidiram enviar os homens para as trincheiras, embora compreensível, não deixa todavia de causar alguma má impressão ao leitor atual.

Referências Bibliográficas

Martins, Ferreira (1934): *Portugal na Grande Guerra*, Vol. I. Lisboa: Empresa Editorial Ática.
Martins, Ferreira (1934): *Portugal na Grande Guerra*, Vol. II. Lisboa: Empresa Editorial Ática.
Olavo, Américo (1919): *Na Grande Guerra*. Lisboa: Guimarães & C.ª Editores.
Olavo, Américo (2015): *Na Grande Guerra*. Braga: Edições Vercial. Edição atualizada de José Barbosa Machado.

O capitão-médico miliciano Pedro Vitorino: um humanista deambulando pela Europa em guerra

Luís Alberto Alves
FLUP-CITCEM
Francisco Miguel Araújo
FLUP-CITCEM-IHC

> Parti satisfeito. Com serenidade e altivez, meu irmão só me disse: Adeus e sê feliz! Minha família também não esboçou o menor gesto para que eu deixasse de cumprir o meu dever. (...). Uns felizardos; que só conheceram a guerra pelo nome, o que não obsta a que contem façanhas... que se passaram com os outros. Fazer a guerra sem ter habitado no meio de ruína; sem conforto nem sossego, é, na verdade, ser herói...
>
> da desvergonha! (Daciano 1956: 26).

Joaquim Pedro Vitorino Ribeiro (1882-1944)[1], oficial médico miliciano do Exército português no período da Grande Guerra, poderia constar apenas como um entre os milhares de nomes dos militares mobilizados para a defesa nacional à época. Isto se, considerando a sua multifacetada personalidade – médico, arqueólogo, bombeiro, etnógrafo, soldado, historiador da arte, museólogo e outras mais[2] – não tivesse legado como parte da sua

---

[1] Pedro Vitorino, como comummente conhecido, era natural do Porto (20.01.1882) e primogénito do pintor Joaquim Vitorino Ribeiro e de D. Lucrécia de Freitas Ribeiro, também ela oriunda de uma família de reputados artesãos do burgo. Diplomado em Medicina e Cirurgia pela Escola Médico-Cirúrgica do Porto, em 1910, especializou-se em Radiologia, acabando por integrar os quadros de pessoal técnico da Faculdade de Medicina da Universidade do Porto. Aos 62 anos foi vítima de um trágico acidente na Linha do Norte quando o automóvel, conduzido pelo amigo Dr. Joaquim Ferreira Alves, foi trucidado por um comboio no apeadeiro de Francelos (10.11.1944).

[2] Em regime de acumulação com o cargo de chefe do Laboratório de Radiologia e Fotografia (desde 1919), Pedro Vitorino exerceu ainda como médico radiologista no

herança um valioso conjunto de testemunhos escritos e materiais da sua incursão pelo Corpo Expedicionário Português (C.E.P.) ao longo de pouco mais de um ano[1].

Neste sentido, as experiências vividas e transmitidas por Pedro Vitorino sobre os tempos bélicos de 1914-1918, inscrevem-se como um paradigma de transfiguração da memória na civilização ocidental, rumo a uma modernidade marcada pelo "declínio da experiência transmitida" (Traverso 2010: 13), em que as vivências pessoais passaram a ganhar um papel significativo na construção do conhecimento histórico nas sociedades acossadas por um conflito sem precedentes na história da Humanidade. Ao lermos nas entrelinhas dos seus escritos pessoais ou nas dos seus familiares e amigos[2], a 'voz' de Pedro Vitorino militar é frequentemente suplantada pela do cidadão e intelectual, sem esquivo a observações críticas e catárticas, por vezes contundentes, outras cruas e até amarguradas...

Fosse pela sua educação esmerada e orientada para as Letras e as Artes, fosse pela sua experiência de vida cosmopolita e círculos sociais categorizados em que se movia, é inegável destacar o peso que a predileção intelectual pelos temas da História se concentrava em Pedro Vitorino, influindo na escrita das suas memórias e na apreciação da evolução da conflagração mundial. Nelas as sensibilidades pessoais

---

Sanatório Marítimo do Norte e na Clínica Heliântia, de clínico nos Bombeiros Voluntários do Porto e na delegação local da Cruz Vermelha Portuguesa, conservador (1922-1933 e 1938) e subdiretor (1933-1938) do Museu Municipal do Porto, etc. À data do falecimento, encontrava-se a organizar o futuro Museu de Etnografia e História da Junta de Província do Douro-Litoral.

[1] Ainda em vida, os irmãos Pedro Vitorino e o arqt. Emanuel Ribeiro, doaram todo o seu património familiar à Câmara Municipal do Porto, com a cláusula desse espólio se conservar na casa de família em Contumil, então instituída como "Casa-Museu Vitorino Ribeiro". Devido à deterioração do edifício, a edilidade encerrou o espaço e a maioria do seu fundo museológico encontra-se condicionado nas Reservas Municipais, aguardando-se a abertura de novo espaço para a sua exposição pública. Parte desse espólio foi sendo integrado, atendendo às suas especificidades, no património de vários organismos culturais portuenses.

[2] Assinale-se, por exemplo, um caderno de notas manuscrito por Pedro Vitorino no regresso a Portugal, intitulado «Notas da Guerra. O que vi e ouvi na Flandres. 1918», ao qual se encontrava apenso vária documentação pessoal e oficial do serviço militar no C.E.P. Perante o desconhecimento atual desta fonte histórica, eventualmente no seu arquivo pessoal entre as Reservas Municipais, fazemo-nos valer de alguns excertos transcritos em escritos de homenagem, como no caso particular de Bertino Daciano.

e patrióticas entrosaram-se com os formalismos oficiais e científicos, gerando uma narrativa bem mais ampla e matizada, do que aquela que consta na aridez factual do seu boletim individual militar enquanto capitão-médico miliciano do C.E.P. (figura 1).

Figura 1 – O capitão-médico Dr. Pedro Vitorino (provavelmente da estadia no C.E.P., c. 1918-1919).
Fonte: AHP – Fundo Foto Guedes – F-NV/FG-M/9/235;FNV/FGM/9/235(a).

Será esta a premissa que orientará este breve ensaio sobre o Portugal na Grande Guerra, uma exegese sobre a história de vida de Pedro Vitorino na frente ocidental em duas linhas diacrónicas, mas complementares no seu itinerário geomilitar – como oficial médico e como intelectual humanista – reveladora de outros olhares no que respeita ao discurso historiográfico em torno deste evento. Aliás, de forma indubitável, todo um conjunto de vivências que marcaram a sua identidade e personalidade para a posterioridade.

1. Pedro Vitorino e a Grande Guerra

> O ideal pacifista não passaria de uma utopia, nêste século racionalista, decretado singularmente «a idade clássica da guerra» pelo autoritarismo teutónico. Aquilo a que se convenciou chamar o direito da guerra, isto é, como o definiu um notável escritor francês setecentista, «a injustiça na injustiça ou o interêsse dos reis no massacre dos povos», fazia delirar ainda, açoradamente, uma parcela da Humanidade! (Vitorino 1914: 1).

Mal foi conhecida a notícia da eclosão da Grande Guerra entre as principais alianças europeias, mesmo que perante uma pretensa neutralidade definida pela 1.ª República, os meios políticos, intelectuais e académicos não se deixaram de pronunciar sobre os funestos destinos que os ventos europeus poderiam trazer para Portugal e o seu Império colonial. Os receios sensatos perante as colónias africanas, em perigo latente nas fronteiras com as suas vizinhas do Império Alemão, ditaram a que expedições coloniais militares fossem enviadas desde logo e anualmente para Angola e Moçambique, para as quais a classe médica foi mobilizada compulsivamente para reforçar esses quadros deficitários de oficiais no Exército português.

Pedro Vitorino, no posto de tenente-médico miliciano, porém, não seria abrangido por tais disposições oficiais por se encontrar incapaz para o serviço militar desde 1914, após ter-lhe sido diagnosticado um eczema que o impediu de frequentar a Escola de Repetição nesse ano[1]. Mas, quiçá, vendo os colegas e finalistas de Medicina partirem em comissões de serviço militar, ou instigado pelas suas amizades com reputados elementos do Partido Democrático que pautavam por uma política intervencionista (Adriano Gomes

---

[1] Note-se que a ligação de Pedro Vitorino com o Exército era anterior à Grande Guerra, como a muitos dos diplomados em Medicina em inícios do século XX, iniciada com o seu ingresso no ensino superior ou universitário: voluntário no 1.º Batalhão do Regimento de Infantaria n.º 6 (1901), soldado condutor reservista no mesmo e no Regimento de Artilharia n.º 5, alferes-médico de reserva (1911), oficial miliciano do 3.º Grupo de Companhias de Saúde (1912) e tenente-médico miliciano por decreto de 25.10.1913 (Lima 1945: 196).

Pimenta, Jaime Cortesão, Joaquim Ferreira Alves, entre outros), acabaria por secundar essa mesma perspetiva, não totalmente popular junto da opinião pública.

Nesse verão, em artigo intitulado "O delírio da guerra" publicado no periódico *Fôlha de Viana,* o oficial miliciano expressava o seu pendor pró-guerra fundamentado num expressivo sentimento antigermânico, a quem imputava a responsabilidade direta no levantar das armas entre as potências europeias. Esmiuçando a propaganda vinculada pelo II Reich, fundamentada em argumentos de filósofos e historiadores alemães, condenava a perspetiva sociológica da guerra como meio de satisfazer e valorizar os nacionalismos, alertando até para o perigo veiculado das teorias eugénicas de aperfeiçoamento da sociedade.

Aversão potenciada pelo conhecimento do bombardeamento alemão da catedral de Reims (figura 2), tratado numa série de artigos nesse periódico vianense e depois convertido em livro no final de 1915, na qual o historiador da arte se insurgia perante um dos maiores crimes contra o património artístico e cultural da civilização medieval ocidental.

Figura 2 – A Catedral de Reims durante a Grande Guerra.
Fonte: AHP – Fundo Foto Guedes – F-NV/FG-M/7/262(22).

Convém realçar, não obstante, outros motivos pessoais para tal imagem tão negativa das Potências Centrais, desde logo liderada pelo império de Guilherme II, relacionada com a invasão e ocupação do território francês e o consequente início da guerra das trincheiras nessa frente. A França para Pedro Vitorino era um destino bem conhecido, senão mesmo uma espécie de segunda pátria, na qual vivera parte da sua infância enquanto o pai ultimara a sua formação artística e à qual regressou depois para a sua especialização científica em Radiologia. A participação portuguesa justificava-se, deste modo, não só pelos interesses estratégicos político-militares, mas também na salvaguarda das sociabilidades académicas, culturais e científicas que ligavam intimamente as duas nações.

Não será por isso surpreendente que, com a oficialização da entrada portuguesa na Grande Guerra em 1916, tenha sido novamente chamado a prestar serviço militar, embora colocado como médico radiologista no Hospital Militar do Porto. Nem que depois de diagnosticado com uma icterícia, que lhe teria garantido a permanência nas linhas da retaguarda em território português, Pedro Vitorino se tenha voluntariado para integrar as Companhias de Saúde do C.E.P. em 1918. Como o próprio recordaria, além de um dever patriótico a que não se furtaria, era uma opção plenamente consciente "(...) visto temer ter de seguir para a África, onde o clima me seria prejudicial à pele" (Daciano 1956: 25).

Uma decisão que seria prontamente validada pelo Exército por-tuguês à míngua de oficiais médicos, tanto militares como milicianos, agravada com a inflexão na política de guerra durante o Sidonismo que então vigorava, na qual muitos destes tinham sido desmobilizados ou eximidos de regressar às linhas de guerra europeia e africanas. No primeiro dia de fevereiro de 1918, o tenente-médico miliciano partia para Lisboa onde recebeu a instrução preparatória do C.E.P., sendo no final do mesmo promovido a capitão-médico miliciano.

Só que a partida para a França foi sendo adiada por várias semanas, acabando por coincidir com o momento decisivo da presença portuguesa na Flandres – a trágica ofensiva de La Lys, a 9 de abril – recebendo onze dias depois a ordem de marcha para se juntar à malograda 2.ª Divisão. Destacado para as unidades expedicionárias das brigadas de infantaria, como oficial do 2.º Grupo das Companhias de Saúde, preparava-se para viver *in loco* os efeitos da Grande Guerra numa Europa devastada.

2. Pedro Vitorino no C.E.P.

> O dever chamava-me. Sabia que me tocaria a vez e isso só me enchia de orgulho. Pensando na minha partida, minha tia e madrinha adoeceu, falecendo em breve. Dez dias depois era eu chamado. Morreu a tempo, coitada, pois morreria de desgosto, se me visse partir, ela que tanto me estimava!... (Daciano 1956: 25).

A chegada a Paris por via terrestre a 24 de abril de 1918, atravessando os territórios espanhóis e franceses pelas linhas do *Sud Expresso*, terá sido um momento agridoce para o miliciano portuense pelas recordações antigas que detinha da capital. O ambiente soturno e desmoralizador em que encontrava a cidade terá sido, eventualmente, o primeiro impacto da gravidade dos tempos de guerra que teria de enfrentar: a maioria da população refugiada, trajes de luto a pautar a paisagem pelas ruas, lojas convertidas em abrigos, iluminação pública camuflada com tinta azul, etc; e o medo quotidiano dos bombardeamentos pela aviação alemã que a todos deixava em constante alerta.

Entretanto, promulgada ordem do Exército, Pedro Vitorino rumaria para a linha das trincheiras no nordeste, na região do Pas-de-Calais, para se juntar à unidade do 1.º Batalhão do regimento de infantaria n.º 5, que se instalara na aldeia de La Turne. Peculiarmente, aí encontraria o alferes Armando Vitorino Ribeiro (figura 3), seu primo com o qual há muito não contactava, cimentando uma amizade que perdurou até ao seu falecimento. Passadas algumas semanas, depois do batalhão ter sido encaminhado para se reorganizar em Ambleteuse, Pedro Vitorino foi transferido para o regimento de infantaria n.º 28 sediado em Steenbecque, entre finais de junho e princípios de outubro, interrompida por uma diligência por dez dias no Corpo de Artilharia Pesada Independente (C.A.P.I.) em meados de julho.

Figura 3 – O capitão-médico Dr. Pedro Vitorino e o alferes-médico Dr. Armando Vitorino Ribeiro. Fonte: Lima 1955: estampa avulsa.

Data na passagem por esse batalhão de infantaria um louvor público pelo socorro que prestara nos bombardeamentos em Epinette, a 6 de setembro de 1918, «mostrando no cumprimento do seu dever muito sangue frio e abnegação» (AHM – *Boletim Individual do C.E.P.*). Sendo que o périplo pela região de Pas-de-Calais continuaria com a transferência para o regimento de infantaria n.º 14, em outubro, ocasião em que participou nas operações militares pela reconquista da cidade de Lille às tropas alemã, unidade na qual permaneceu até ao armistício de Compiègne que pôs fim à conflagração mundial na frente ocidental.

Em inícios de 1919, enquanto se aguardava a desmobilização militar dos Aliados, Pedro Vitorino regressou a Ambleteuse, tendo sido convocado a prestar serviço no Hospital de Base n.º 1, sendo-lhe concedida a desejada dispensa em fim de abril. Em fevereiro recebera a medalha comemorativa da campanha da França e, em meados do mês seguinte, foi-lhe autorizada uma licença de 10 dias para gozar em Paris. Finalmente, a 7 de maio, o capitão-médico embarcou em Paris, uma vez mais a bordo do *Sud Expresso*, para chegar a Lisboa, após cerca de seis dias, e daí dirigindo-se à sua cidade natal para reencontrar a família e retomar a sua vida profissional e científica.

Licenciado oficialmente do C.E.P., a 15 de setembro de 1919, Pedro Vitorino cumpriu um total de 388 dias de serviço militar efetivo na frente ocidental, com uma licença única de 10 dias de descanso durante todo esse período, dos quais 183 dias foram já após a assinatura do Armistício de 11 de novembro de 1918[1].

3. Pedro Vitorino e as memórias da Grande Guerra

> A marcha do 14 até á fronteira belga foi, póde dizer-se, verdadeiramente triunfal. Contornando Lille, cujos adites tinham sido destruídos e os nossos soldados em grande parte repararam, tomou-se caminho pelo cantão de Lille-Norte (...) A população, ás janelas, ás portas e na rua, acolhia com provas de reconhecimento e manifesto entusiasmo os soldados portugueses. (...) Um bocado em que me apeei, fui de pronto abraçado com alma; *Bonjour, monsieur le capitaine*, saudavam; beijei uma criança que uma mãe tinha ao colo, e, quando o fiz, tive tão somente em mira prestar homenagem á França de amanhã, que garantirá a Vitoria (Vitorino 1919: 3).

Na inexequibilidade de uma análise extensiva ao discurso memorialístico e narrativo de Pedro Vitorino sobre as reminiscências pessoais relativas à Grande Guerra, para a qual a dispersão de fontes históricas conhecidas e inéditas concorre, apresentaremos um pequeno conjunto de informações que nos parecem mais relevantes e nessa dupla aceção das dimensões e ações, não forçosamente contraditórias, entre a do militar e a do intelectual.

---

[1] Somente em janeiro de 1938, Pedro Vitorino passaria à situação de reserva no Exército português, ao atingir o limite de idade legal então promulgado.

Como oficial médico miliciano, Pedro Vitorino apresenta, geralmente, um tom contundente, que tanto colocava em causa a autoridade militar como a própria sociedade portuguesa. Desde logo, aquando do deflagrar do conflito em 1914, anunciando a sua posição pró-beligerante, depois com a entrada de Portugal na Grande Guerra tomando parte ativa na intervenção militar do C.E.P., demonstrando uma incompreensão pela passividade e resistência que muitos dos seus conterrâneos insistiam em manter, olvidando os interesses patrióticos e ideológicos em jogo. Desagravo ainda mais profundo no pós-guerra, com todos aqueles que se vangloriavam com a vitória dos Aliados – os heróis "da desvergonha!" (Daciano 1956: 26) – e sem pudor se apoderavam e contavam estórias e episódios na Flandres que jamais tinham vivido…

Ou então perante as fragilidades e incongruências da operacionalidade do Exército português em França, nomeadamente uma certa desorganização após La Lys e a falta de oficiais militares nas diferentes unidades militares, motivos que terão justificado as suas sucessivas transferências entre as linhas de retaguarda na região de Pas-de-Calais. A isto acresciam as suscetibilidades na escolha dos locais de estacionamento, como na zona costeira de Ambleteuse, em que graças aos ventos marítimos nas suas refeições "(…) dava por paus e por pedras, invectivando a areia, os cozinheiros e a sua pouca sorte" (Ribeiro 1946: 15).

E culminado com um pretenso olvidamento da ação militar portuguesa, nesses últimos meses já subordinada às instruções provindas do Exército britânico, em particular no caso da tomada da cidade de Lille[1]: "É bem do domínio público em Lille, que os primeiros a chegar aos muros foram os soldados sapadores portugueses" (Vitorino 1919: 3). Momento surpreendente e caricato, como posteriormente relatou, quando nessa entrada triunfal:

> Contava que o povo os aclamava e que as mulheres os abraça-
> vam e beijavam, com os olhos marejados de lágrimas e dizendo-lhes

---

[1] Este reconhecimento e calorosa receção das tropas portuguesas após a rendição alemã, em outubro de 1918, estarão na atribuição à localidade do grau de dama da Ordem Militar da Torre e Espada, do Valor, Lealdade e Mérito, logo a 31 de dezembro de 1920.

as maiores obscenidades em português, com grande espanto dos recém-chegados, que já não sabiam se haviam de rir ou de chorar. Fora o caso que alguns brejeiros da vanguarda lhes tinham ensinado aqueles palavrões, que elas inconscientemente repetiam, como sendo as maiores gentilezas que podiam dirigir aos nossos patrícios (Oliveira 1969: 354).

Mas, por ventura, muito mais possante são as memórias do intelectual humanista, que não esquecendo a sua faceta cultural e o gosto pelas investigações históricas e etnológicas, soube as recolher e refletir nos parcos tempos de acalmia, ante as exigências e horrores da guerra:

> Pedro Vitorino aproveitou a sua participação na guerra para ampliar a sua própria cultura, para reunir certo número de elementos a publicar algum dia, e, sem desprezar uma arraigada paixão de coleccionador, para reunir também, com destino à «Casa Vitorino Ribeiro», tudo quanto pudesse contribuir para o enriquecimento e valorização da mesma (Daciano 1956: 24).

Entre os camaradas de armas no C.E.P. eram sobejamente conhecidas as suas pequenas viagens pelas localidades do Pas-de-Calais, tanto a pé como a cavalo, em visita aos monumentos e património artístico francês ou na compra de antiguidades e curiosidades para a sua coleção privativa. O historiador da arte aproveitava esses passeios para observar e compilar notas sobre essas igrejas românico-góticas e fortificações militares, um dos eixos centrais da sua obra historiográfica, estabelecendo comparações com a realidade portuguesa. O etnógrafo recolhia todo o tipo de objetos materiais dos exércitos em luta – capacetes, uniformes, bilhetes de livre trânsito, postais ilustrados, cartas particulares, fotografias e estampas, etc. – e imateriais, como adágios e canções em voga entre as diferentes tropas das forças aliadas, espelhando as sociabilidades e camaradagens entre as nações aliadas e inimigas.

Esta preocupação omnipresente de Pedro Vitorino em documentar o presente vivido, objetivamente com horizontes de indagações históricas futuras, constitui-se como um precioso património iconográfico e historiográfico sobre o fenómeno da Grande Guerra. Isso mesmo compreendeu a sua família ao doar, em novembro de 1955, uma importante parte deste espólio à Liga dos Combatentes da Grande Guerra, que ainda hoje mantém em exposição no museu da sua delegação do Porto. Contudo, o restante permanece inédito e por investigar, caso da sua correspondência, agendas e notas manuscritas, que devem constar entre o seu arquivo pessoal transferido da "Casa-Museu Vitorino Ribeiro" e cuja inventariação e consulta se encontram atualmente suspensas.

Relativamente a este ponto, uma questão que nos parece igualmente de aprofundar será a da coleção de fotografias e negativos deste médico portuense, paixão transmitida pelo pai Joaquim Vitorino Ribeiro, viabilizando o forte pressuposto de poder ter captado os seus próprios instantâneos na passagem pelo C.E.P. De facto, no Arquivo Histórico do Porto – Casa do Infante, integradas no fundo documental da antiga casa 'Photographia Guedes', a autoria de algumas fotos da frente europeia da Grande Guerra são lhe plausivelmente atribuídas, prováveis cópias das revelações aí encomendadas, mas para as quais, em abono da verdade, não conhecemos os critérios que ditaram tal catalogação (figuras 4 e 5).

Figura 4 – Près d'Albert: fosse
commune allemande.
Fonte: AHP – Fundo Foto Guedes
– F-NV/FG-M/7/262(13).

Figura 5 – Douaumont: nettoyeurs
de tranchées.
Fonte: AHP – Fundo Foto Guedes
– F-NV/FG-M/7/262(12).

Já outras tantas fotografias com tipologias, paisagens e cenários similares pecam por falta de identificação segura (figuras 6 e 7), mas pelas suas semelhanças apontam para uma proveniência idêntica: serão elas originais de Pedro Vitorino ou negativos de coleções compradas por si, ou até mesmo por outro militar em Paris, atendendo às legendas em francês com que a maioria surge? A incógnita subsistirá até que outros eruditos intentem em se pronunciar sobre o assunto.

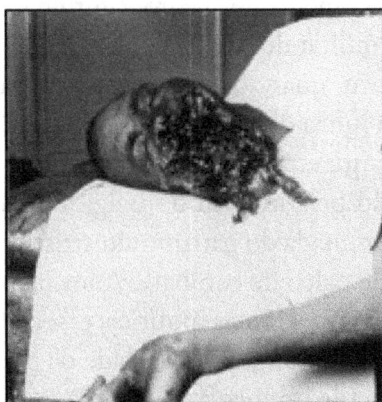

Figura 6 – Les horreurs de la guerre.
Fonte: AHP – Fundo Foto Guedes – F-NV/FG-M/7/262(16).

Figura 7 – Verdun: premiere ligne.
Fonte: AHP – Fundo Foto Guedes – F-NV/FG-M/7/262(2).

4. Conclusões

Escravo da lógica, da coerência e da probidade, julgou-se no dever de ir voluntàriamente para França. (...) Em França. como era radiologista e radiologista antigo, e não especialista de ocasião, *ad hoc*, o que lhe garantia um lugar na retaguarda, abdicou dessa regalia, e quis ir ocupar um lugar na frente. Não há, para salientar a grandeza moral de certas atitudes, como estabelecer paralelos, em que o claro escuro sobressai de maneira esmagadora (Lima 1955: 440).

Encerramos este ensaio com um sentimento de insatisfação, cientes do muito mais que há para descobrir e analisar sobre Pedro

Vitorino e as suas vivências na Grande Guerra, principalmente num futuro acesso aos manuscritos constantes no seu arquivo pessoal. Evidentemente, algumas reflexões finais devem ser referenciadas no entrosamento entre a história de vida de um combatente e a história do primeiro confronto bélico mundial, partindo das conceções, visões e apontamentos pessoais no devir dos acontecimentos históricos.

Em primeiro lugar, uma progressiva dicotomia deste capitão-médico do Porto face às suas memórias da conflagração de 1914-1918. Pela sua pena deduz-se categoricamente que Pedro Vitorino foi um claro partidário da participação militar de Portugal, oferecendo-se até para partir para o *front* europeu, quando facilmente poderia tê-lo evitado, para defender a pátria junto dos camaradas do C.E.P. Também expressivo é o seu pendor antigermânico pelas atrocidades e crimes cometidos, quer tenha sido pela invasão da Bélgica e da França, quer pela destruição indiscriminada do património artístico e cultural nas nações que serviram de palco de combate. Anos mais tarde, sem descurar o real valor e importância política e social desta guerra, não deixará depois de lamentar a precariedade da paz conseguida e, com maior mágoa, a perda irremediável de uma parte da herança civilizacional europeia para as futuras gerações.

Numa mesma linha, a sua postura crítica enquanto oficial médico miliciano sobre a organização e funcionamento do C.E.P. na Flandres. Tanto podendo ser elas abonatórias, como a ingerência das autoridades britânicas no comando das brigadas portuguesas, como mais adversas, à qual a condição de miliciano lhe permitira uma maior maleabilidade no apontar de falhas operacionais: a falta de oficiais médicos, a escolha imprudente dos locais de estacionamento, a questionável qualidade da alimentação, o esgotamento físico e mental nas movimentações ininterruptas entre as linhas das trincheiras, etc.

Consonâncias que encontramos em narrativas memorialísticas de outros oficiais médicos milicianos que serviram no C.E.P., com menos pudor e medo de represálias perante as autoridades máximas do Exército português, retratadas em opúsculos, artigos noticiosos, romances, trabalhos académicos ou tratados científicos. Vozes críticas que se foram avolumando gradualmente no pós-guerra, perante uma certa desconsideração sentida por parte de algumas autoridades militares e civis, no acolhimento e auxílio a militares que tinham de superar traumas físicos e psicológicos, enquanto procuravam retomar as suas vidas anteriores a um evento tão marcante.

E, por fim, as curiosidades, os episódios pitorescos, as notas pertinentes registadas por Pedro Vitorino, às quais se torna irresistível não esboçar um sorriso ou partilhar da desilusão na evocação desses tempos difíceis. Memórias da "experiência vivida" que, a exemplo de paradigmas de outros tantos casos de militares do C.E.P. ou das expedições africanas, congregam em si uma pertinência e valor histórico, artístico, cultural ou sociológico para uma compreensão mais abrangente da Grande Guerra.

Assim como de um melhor conhecimento do seu acervo museológico que foi constituindo ao longo da vida, legado de um humanista deambulando pela Europa em guerra, que esperamos que as comemorações deste centenário possam vir a cooperar no que se encontra já preservado e no que persiste ainda desconhecido em Pedro Vitorino, seguramente elementares para a construção da História nacional e mundial na contemporaneidade.

Referências documentais

Arquivo Histórico Militar (AHM) – *Boletins Individuais de militares do C.E.P.: Joaquim Pedro Vitorino Ribeiro, capitão médico miliciano* (PT/ AHM/DIV/1/35A/1/09/2786).

Arquivo Municipal do Porto – Arquivo Histórico (AHP) – *Fundo Foto Guedes: Dr. Pedro Vitorino* (F-NV/FG).

Referências bibliográficas

Araújo, Francisco M. (2014): "'Método, autoridade e sangue-frio': o pragmatismo médico no Corpo Expedicionário Português". In: *IDN- Nação e Defesa*, n.º 139, 84-99.

Araújo, Francisco Miguel (2015): "Aliados versus Inimigos da Nação: sociabilidades no Porto da Grande Guerra". *CEM: Cultura, Espaço e Memória*, n.º 6, 145-159.

Cazals, Rémy; LOEZ, André (2012): *Vivre et mourir dans les tranchées*. Paris: Tallandier.

Cassiano, Bertino (1956): "O dr. Pedro Vitorino e a Grande Guerra [1918]: pormenores da vida do ilustre portuense". In: *O Tripeiro*, V série, ano XX, n.º 1, 24-26.

Gomes, Afonso; Gomes, Carlos de Matos, *coord.* (2010) – *Portugal e a Grande Guerra: 1914-1918*. Lisboa: Diário de Notícias.

Lima, Américo Pires de (1955): "O Dr. Pedro Vitorino: discurso pronunciado na sessão solene de homenagem à memória do Dr. Pedro Vitorino Ribeiro, realizada na Delegação do Porto da Liga dos Combatentes da Grande Guerra, no dia 25 de Novembro de 1955". In: *Boletim Cultural da Câmara Municipal do Porto*, vol. XVIII, fasc. 3-4, 431-441.

Lima, Henrique C. Ferreira de (1945): "Carreira militar do Dr. Pedro Vitorino". In: *Boletim Cultural da Câmara Municipal do Porto*, vol. VIII, fasc. 3-4, 196-197.

Marques, Isabel Pestana (2008): *Das Trincheiras, com Saudade: a vida quotidiana dos militares portugueses na Primeira Guerra Mundial*. Lisboa: A Esfera dos Livros.

Meira, Alberto (1945): "Pedro Vitorino: noticia bio-bibliográfica e de iconografia". In: *Boletim Cultural da Câmara Municipal do Porto*, vol. VIII, fasc. 3-4, 169-195.

Oliveira, A. de Sousa (1969): "Pedro Vitorino e a Arqueologia Românica: 1 – notas de convívio". In: *O Tripeiro*, VI série, ano IX, n.º 12, 353-356.

Pereira, Gaspar Martins; Alves, Jorge Fernandes; Alves, Luís Alberto; Meireles, Maria Conceição, *(coord.)* (2015): *A Grande Guerra (1914-1918): problemáticas e representações*. Porto: CITCEM.

Ribeiro, Armando Vitorino (1946): "Um pequeno episódio do C.E.P.". In: *Polícia Portuguesa*, n.º 54: 1-15.

Traverso, Enzo (2012): *O passado, modos de usar*. Lisboa: UNIPOP.

Vitorino, Pedro (1914) : "O delírio da guerra". In: *Fôlha de Viana*, ano III, n.º 416, 1.

Vitorino, Pedro (1915): *A Catedral de Reims: no primeiro aniversário do maior vandalismo de todos os tempos*. Porto: Livraria Portuense.

Vitorino, Pedro (1919): "Ás portas de Lille – os portugueses em França". In: *A Manhã: diário republicano*, ano III, n.º 753, 3.

"*Em cada soldado – um fantasma*": memórias da Grande Guerra em *Pão Vermelho*

Maria do Carmo Mendes
Universidade do Minho

1. *Pão Vermelho. Sombras da Grande Guerra* é uma breve narrativa publicada na *Renascença Portuguesa* pelo escritor português Bento de Oliveira Cardoso e Castro Guedes de Carvalho Lobo (1877-1935), mais conhecido pelo pseudónimo literário de Visconde de Vila Moura.

Este ensaio pretende: em primeiro lugar, reconstruir o percurso de uma personagem na Primeira Guerra Mundial (um soldado do Batalhão nº 13 de Vila Real), criada pelo narrador para representar a condição de "bichos" a que são reduzidos todos os soldados e o papel desempenhado por Portugal neste conflito bélico; em segundo lugar, revisitar as posições críticas do narrador sobre a Grande Guerra enquanto "romance sem personagens", desumanizando o ser humano e convertendo-o em fantasma; em terceiro lugar, sublinhar o relevante contributo de um escritor português para a representação da Primeira Guerra Mundial.

Todavia, uma reflexão sobre a narrativa do Visconde de Vila Moura impõe uma análise prévia do movimento cultural e literário *Renascença Portuguesa*, na medida em que ele teve um papel primordial na publicação de obras literárias sobre a Primeira Guerra Mundial. De facto,

> Das muitas edições literárias da época no nosso país, destacam-se as patrocinadas pela 'Renascença Portuguesa', num hiato temporal de oito anos e de 18 títulos, que desde 1916 assumiria as responsabilidades de publicação desses volumes inscritos na sua própria coleção: a 'Biblioteca da Renascença Portuguesa' (Araújo

2014: 85).

A partir de 1912, a *Renascença Portuguesa* desempenhou um papel crucial na vida artística, cultural e literária nacional. Ela constituiu "a agremiação de maior significado e de maior alcance na evolução intelectual e literária de Portugal dos primeiros anos da época republicana" (Monteiro 1997: 122-123). Neste movimento se congregam intelectuais maioritariamente "animados por anseios patrióticos e democráticos" (Monteiro 1997: 124). Tais ideais traduzem-se na adesão à participação portuguesa na Primeira Guerra Mundial.

Na *Renascença Portuguesa* foram publicadas, entre outras, obras como *Da Flandres ao Hanover e Mecklenburg (notas dum prisioneiro)* do tenente-coronel Alexandre Malheiro, ele próprio feito prisioneiro de guerra em Breesen, *Memórias da Grande Guerra (1916-1919)* do médico miliciano Jaime Cortesão, *A Ferro e Fogo na Grande Guerra (1917-1918)* do coronel-médico Eduardo Pimenta, um testemunho autobiográfico da sua passagem pela Flandres, *Tropa d'África* de Carlos Selvagem (pseudónimo de Carlos Tavares de Andrade Afonso dos Santos), o único texto que "foca a experiência da Grande Guerra nas colónias africanas" (Monteiro 1997: 95), *Calvários da Flandres (1918)* de Augusto Casimiro, *Soldado-Saudade na Guerra-Grande*, um conjunto de vinte e dois contos escrito pelo tenente Pina de Morais e *Pão Vermelho. Sombras da Grande Guerra* de Bento de Carvalho Lobo.

Vila Moura foi um assíduo colaborador da revista *Águia* e uma figura de relevo no movimento da *Renascença Portuguesa*, onde editaria *Pão Vermelho*.

Nesta novela, o autor discorre sobre as causas e as consequências da Primeira Guerra Mundial, tomando como pretexto a narrativa de um tal "Avantesma", um soldado integrado no Batalhão de Infantaria nº 13 de Vila Real. É a partir dessa experiência individual ficcionalizada e centrada em dois espaços e em duas temporalidades distintas – a partida para as trincheiras e o regresso a casa – que o escritor se debruça sobre uma experiência de extrema violência que, em última instância, metaforiza o sofrimento dos soldados portugueses que participaram na Primeira Guerra Mundial.

2. Muito embora a maior parte da obra do Visconde de Vila Moura tenha sido publicada pela *Renascença Portuguesa*, as tendências literárias do escritor são marcadamente decadentistas.

A notoriedade de Vila Moura ficou a dever-se em grande medida à publicação da novela *Nova Safo (Tragédia Estranha)* em 1921, onde se manifestam tendências estéticas *fin-de-siècle:* o culto da nudez, o erotismo mórbido da protagonista e a exaltação da homossexualidade feminina.

Pão Vermelho constitui uma representação analéptica da história de um jovem, apelidado como "avantesma". O sentido do apelido aponta para a monstruosidade da personagem, plasmada sobretudo na brutalidade exercida sobre a mulher e o filho precocemente falecido. Trata-se de um homem agressivo, cujo olhar lembra o de animais selvagens. Este retrato de práticas violentas em casa e em público fazia supor uma existência trágica e breve; todavia, a notícia da eclosão da Grande Guerra opera uma radical transformação na atitude de Avantesma.

Esta breve introdução dá lugar a um discurso apologético do narrador sobre o poder da Alemanha e a fraqueza de Portugal: a primeira é caracterizada como um "mundo de ferro", ao passo que o segundo é retratado como um país de "milhares de almas apodrecidas o lixo das repartições, vivendo como cogumelos" (Vila Moura 1924: 2)[1], e do qual o patriotismo está absolutamente ausente.

Observa-se assim que o narrador encara a participação portuguesa na Primeira Guerra Mundial como um imperativo patriótico. Ao mesmo tempo, estabelece um confronto entre a inércia do poder dirigente e o espírito combativo e militante do povo:

> A guerra fora declarada, embora o grande número da oficialidade portuguesa não acreditasse nela. (...) Se o povo português se não constitui da gente do Terreiro do Paço, nem dos oficiais que engordam na paz, queriam morrer em paz. (...) O Povo é aquela

---

[1] A ortografia do texto é atualizada neste ensaio.

peça misteriosamente obscura, estranha, íntima, e formidável, que determina a consciência da Nação e se exprime menos por palavras do que por actos – constituindo-se da gente que nunca falta, e que sempre vai, como obedecendo às suas fatalidades, aos seus fantasmas, que falam, em seus prolóquios a linguagem longínqua da Pátria (Vila Moura 1924: 18-19).

A oposição entre o povo e as classes dirigentes lê-se já na obra de Jaime Cortesão, *Memórias da Grande Guerra*, igualmente editada pela *Renascença Portuguesa*. Num capítulo intitulado "O Génio do Povo", afirma:

> Foi essa parte da nação – poucos chefes e muito povo –, que, ao estalar a grande guerra, encarnou *genialmente* esta ideia (Cortesão, 1919: 16).
> O Povo (...) é ainda e sempre a maior esperança, porque havendo conservado muitos dos velhos e nobres instintos, tem nas horas graves as mais elevadas intuições (Cortesão 1919: 222).

Tal imperativo patriótico é indissociável de um ideal associado a um nacionalismo sebastianista.

Importa sublinhar, a este propósito, que a revista *Águia*, cuja publicação foi iniciada em 1 de dezembro de 1910, suspensa em julho de 1911 e reaparecida em janeiro de 1912, se assumiu como porta-voz da *Renascença Portuguesa*. Ora o saudosismo e o neossebastianismo são marcas da identidade do movimento da *Águia* e, por consequência, da *Nova Renascença*, onde o texto de Vila Moura foi publicado.

Atentem-se nas seguintes passagens da narrativa *Pão Vermelho*:

> (...) A alma portuguesa tem um curso de guerra de séculos – em que todas as contrariedades se tornam forças. (...) Em sua alma, a vitória antiga que sempre iluminara os passados (Vila Moura 1924: 25).
> (...)
> O corpo português tem só carácter – é Portugal em marcha; Portugal que caminha de novo para Alcácer.
> No fundo, quem governa e manda os soldados é ainda o

Encoberto. Em suas máscaras, o valor antigo. Na alma, as forças obscuras da Nacionalidade – a adversidade feita valor, e valor extremo, máximo! (Vila Moura 1924: 28-29).

Estamos, portanto, em presença de um discurso que faz a exaltação do povo, de heróis anónimos cuja história, segundo o autor, ninguém conta. Foram eles todos os que se alistaram e constituíram uma massa de "Voluntários da Morte" (Vila Moura 1924: 21). Entre eles, destaca o narrador o batalhão 13 de Vila Real, constituído por "homens terrosos, duma olaria primitiva, de linhas severas, envasando alma antiga, rica de reservas belicosas, como guardadas do tempo entre os panos fortes do Marão, *atelier* supremo do génio duro dum Portugal Maior" (Vila Moura 1924: 22).

O Avantesma é um desses homens que representam o que o narrador defende como os valores intrínsecos, genuínos e mais fortes do espírito do Povo. A guerra representa para o protagonista de *Pão Vermelho* uma completa reconfiguração da identidade e este aspeto deve também ser sublinhado no elogio do escritor a valores que um conflito bélico faz nascer: a disciplina e a obediência.

É possível ainda considerar a presença de um mecanismo freudiano de sublimação: antes da Grande Guerra, a personagem exibe comportamentos violentos que provocam o mal nos contextos familiar e social. A partir do momento em que se alista num batalhão, que o conduz à guerra, canaliza os impulsos agressivos para o conflito bélico, ou seja, para algo socialmente aceitável – a guerra – ao contrário do que antes se verificava com a violência doméstica, um comportamento que a sociedade não consente.

A descrição das vivências dos soldados nas trincheiras reforça a heroicização dos portugueses. As trincheiras conduzem à bestialização do ser humano – em expressões como "os homens tomam ali os jeitos sórdidos dos ursos" (Vila Moura 1924: 30) – e à sua desumanização – "Os homens são espantalhos. O contacto permanente com a Morte dá-lhes uma existência de sombras" (Vila Moura 1924: 32), num ambiente em que se torna impossível distinguir espaço físico e seres humanos – conduzindo à imagem do "homem-lama" (Vila Moura 1924: 34).

Sublinhe-se, todavia, que a visão do autor sobre as trincheiras se revela um pouco superficial. De facto, a descrição subestima o conceito, na medida em que as trincheiras não são apenas buracos; são um dispositivo técnico-militar bastante sofisticado, uma espécie de extensão do corpo do soldado que nelas deixa de estar visível, mas que delas tem também uma enorme dificuldade de sair. É também esta semântica que pode ler-se noutros autores da época.

Mais uma vez, torna-se pertinente uma aproximação inter-textual às autobiográficas *Memórias da Grande Guerra* de Jaime Cortesão, onde a descrição das trincheiras concorre igualmente para a representação da desumanização:

> (...) mergulhamos no chão: estamos nas trincheiras. (...)
> Um sistema de fossos rasga o chão até à altura dum homem e sucede-se em três linhas paralelas, ziguezagueando e entreunindo-se até aos parapeitos sobre a *terra de ninguém*. Nesses fossos abriram-se lateralmente algumas cavernas, espécie de silos escuros para vegetar. (...)
> Tudo ali é lodo e miséria. A esperança da vida assenta apenas sobre o acaso. (...)
> Quando se anda pela primeira linha, surdem, a espaços, dos buracos do chão, rastejando e erguendo-se a custo, ou circulando nos traveses, uns espectros lamacentos.
> Às vezes esses fantasmas mostram os dentes num riso sinistro (Cortesão 1919: 85).

O anúncio do fim da Guerra e o regresso do Avantesma à sua terra natal confirmam a reconfiguração da identidade do protagonista e esclarecem o sentido metafórico do título da narrativa: cada soldado transformou-se em fantasma, mesmo que ainda com vida, porque na Guerra se alimentou de "pão vermelho", "o pão amassado com o suor, o sangue dos mortos" (Vila Moura 1924: 60).

3. As considerações feitas conduzem-me a duas notas finais:

Primeira nota: a personagem do Avantesma na narrativa *Pão Vermelho* subsume, em última análise, traços que o narrador identifica no povo português – reiteradamente qualificado como "massa obscura" – e, mais incisivamente, nos transmontanos.

Pelas suas ligações ao grupo da *Renascença Portuguesa* – ao qual se ligou também o escritor transmontano João Pina de Morais, autor de *O Soldado-Saudade* (1921) e partidário, tal como Vila Moura, da intervenção portuguesa na Grande Guerra – o escritor revela "o ambiente mental de uma época" (Lopes 1987: 418).

O nome atribuído ao protagonista – Avantesma – remete para algo que já não é humano, como se depreende do conceito canónico de avantesma: figura espectral, que a perceção comum vê, ouve, mas não toca; o avantesma / o fantasma reporta-se à aparência, não à substância. O termo tem um duplo significado: criatura disforme e figura espectral. A segunda aceção – que o autor associa no texto à figura do soldado e que tomei de empréstimo para título deste ensaio: "Em cada soldado – um fantasma" – comporta essa dimensão fantasmática da guerra.

Segunda nota: *Pão Vermelho* é sobretudo a transmissão dos ideais nacionalistas que orientaram a *Renascença Portuguesa*. Neste sentido, o valor da narrativa situa-se essencialmente no plano ideológico, encarando a guerra como a exaltação do heroísmo da massa anónima e celebrando a participação de um ser humano, aparentemente perdido, enquanto integrante numa "escola de virtudes".

Referências Bibliográficas

Araújo, Francisco Miguel (2014): "Reminiscências nacionais da Grande Guerra: as edições literárias da 'Renascença Portuguesa' (1916-1924)". In: *Cadernos de Literatura Comparada*, 31-12, 83-110.

Cortesão, Jaime (1919): *Memórias da Grande Guerra (1916-1919)*. Porto: Edição de "A Renascença Portuguesa".

Lopes, Óscar (1987): *Entre Fialho e Nemésio. Ensaios de Literatura Portuguesa Contemporânea*. Lisboa: Imprensa Nacional-Casa da Moeda.

Monteiro, Américo Enes (1997): *A recepção da obra de Friedrich Nietzsche na vida intelectual portuguesa (1882-1939)*. Tese de Doutoramento. Universidade do Porto: Faculdade de Letras.

Visconde de Vila Moura, Bento de Oliveira Carvalho Lobo (1924): *Pão Vermelho. Sombras da Grande Guerra*. Porto: Edição de "A Renascença Portuguesa".

Memórias da terra e da guerra: o Corpo Expedicionário Português e a frente, os bombardeamentos de Paris e a vida

Maria João de Castro Soares
CECH/UC

Início da Primeira Grande Guerra

A 28 de junho de 1914, o arquiduque Francisco Fernando, herdeiro do trono Austro-Húngaro e a sua mulher, foram assassinados em Sarajevo, pelo sérvio Gavrilo Princip, que pertencia ao grupo nacionalista-terrorista Mão Negra (Clark 2018: 18-23). Este atentado "confrontou as autoridades Austro-húngaras com um desafio que não podiam ignorar" (Clark 2018: 23) e, a 29 de julho de 1914, declararam guerra à Sérvia, tendo o apoio da Alemanha. A Rússia decidiu apoiar a Sérvia e entrar em guerra. A Alemanha, aliada da Áustria-Hungria atacou a França, que, por sua vez, era aliada da Rússia. A Alemanha declarou guerra à França, a 3 de agosto de 1914 e o exército alemão tenta invadir este país, iniciando a entrada pela Bélgica. O governo belga não aceitou que estas tropas atravessassem o seu território e a Bélgica entrou no conflito, seguindo-se, no dia seguinte, a Grã-Bretanha e a França. Assim, a 4 de agosto, de 1914, cerca de um mês após o referido atentado, teve início a I Grande Guerra, que durou até às 11 horas do dia 11 de novembro de 1918. O conflito envolveu a Tríplice Entente [liderada pelo império britânico, pelo império francês e, até 1917, pela Rússia e, a partir deste ano, também pelos Estados Unidos da América (EUA)] e a Tríplice Aliança (liderada pelo império Alemão, pelo império austro-húngaro e pelo império turco-otomano), que combateram particularmente em três teatros de operações: na Frente Ocidental (que ia da Bélgica, a norte, até à Suíça, a sul), a Frente Oriental [que envolveu as batalhas a

Este entre os Aliados (incluindo a Rússia) e a Alemanha e a Austro-Hungria (e seus aliados búlgaros e Turcos)] e, mais tarde, a Frente Italiana, com a entrada no conflito da Itália ao lado dos Aliados, a 23 de maio de 1915 (que envolveu os combates na fronteira entre a Itália e a Áustria) (Caddick-Adams 2018: 13, 49; Cardoso, s./a.: 35, 47; MacMillan 2014: 25-26). Apesar das maiores batalhas ocorreram nas Frentes Ocidental e Oriental, também aconteceram no Norte de Itália, e nos teatros de guerra imperiais, nomeadamente no Médio Oriente (e.g., Jordânia, Mesoptâmia e Palestina), no Extremo Oriente (Tsingtao, na China), no Pacífico (Samoa; Papua Nova Guiné) e em África (e.g., Quénia, Rodésia do Norte, Tanganica, Niassalândia, Angola, Moçambique) (MacMillan 2014: 20; Jackson 2018: 28-29). O teatro de guerra foi também naval, observando-se batalhas navais, como a de Jutlândia (maio-junho de 1916) e, particularmente, a partir de fevereiro de 1917, ataques de submarinos e de superfície, visando o bloqueio das rotas comerciais dos Aliados (Jackson 2018: 28-29).

Vários fatores contribuíram para que o atentado daquele monarca precipitasse um conflito mundial. Refiram-se as pressões internas de cada nação (e.g., os nacionalismos étnicos; propagação do socialismo), a política de Alianças entre países, que levava também a assumir as rivalidades, a concorrência económica, as guerras comerciais, o imperialismo e os interesses geoestratégicos, os planos militares rígidos, entre outros fatores (MacMillan 2014: 22-23). As grandes potências e os seus povos mediam a sua importância no mundo em função do número de nações/colónias que possuíam e a Exposição Mundial de Paris (1900) mostrou que estas tinham também forte poder militar (MacMillan 2014: 59). A nível das mentalidades destaca-se a influência do Darwinismo social, que fomentava a crença de que a competição entre as nações fazia parte da natureza, de que a luta pela sobrevivência era inevitável e de que os mais fortes sobreviveriam (MacMillan 2014: 26-27). Na Exposição Mundial de Paris, o catálogo oficial referia que a guerra fazia *"parte da natureza da humanidade"* (MacMillan 2014: 59) e muitos intelectuais da altura, consideraram-na um fator de renovação.

Participação de Portugal na Frente Ocidental

Interesses nacionais, coloniais e políticos fundamentaram a decisão de Portugal participar na I Grande Guerra, ao lado dos Aliados. Numa Europa predominantemente conservadora e monárquica, a participação portuguesa acompanhava-se de um reconhecimento externo da jovem República e de prestígio para a mesma. Para além disso, permitiria reduzir a possibilidade da perda das colónias, sobre as quais a Alemanha mantinha interesse de domínio, pois eram conhecidas as negociações secretas mantidas com a Inglaterra (1898; 1912). Tornou-se então necessário defender as colónias, desde o início da guerra[1]. No entanto, ficava ainda em aberto a decisão quanto à participação de Portugal no conflito mundial, ao lado dos Aliados. A posição dos portugueses quanto a isso estava muito ligada à afiliação política partidária, sendo que os monárquicos e o clero se opunham à intervenção. Entre os republicanos também se opuseram os partidários da União Republicana (liderado por Brito Camacho), mas os Democratas (partido liderado por Afonso Costa) e os Evolucionistas (partido liderado por António José de Almeida) eram amplamente a favor da intervenção portuguesa. O povo, na sua maioria, não entendia as motivações, nacionais e partidárias, subjacentes à participação portuguesa na Guerra e os socialistas e os anarquistas eram pacifistas (Marques 2018: 565; Cardoso, s./d., 38). No governo de Bernardino Machado (fevereiro de 1914 – janeiro de 1915) ficou decidida a intervenção de Portugal no conflito, ao lado dos Aliados, que seria efetivada caso e quando a Inglaterra o desejasse e considerasse necessário (Marques 2018: 565-566).[2]

Pouco depois do início da guerra (10 de outubro de 1914) a

---

[1] Em agosto-setembro de 1914 foram organizadas e partiram as primeiras expedições para Angola e Moçambique, às quais se seguiram outras. Mo final de 1915, tinham sido mobilizados 10.000 soldados para a sua defesa (Marques 2018: 565; Cardoso, s.d.: 36, 38, 47).

[2] Esta decisão foi alvo de críticas, dos que consideravam que a intervenção Portuguesa não era desejável e dos que consideravam que esta deveria efetivar-se sem deixar a resolução final à Inglaterra.

Inglaterra pediu a Portugal lhe fossem cedidas 56 bocas de fogo e munições, solicitação a que correspondeu (Cardoso, s./d.: 47). Mais tarde, em inícios de 1916, a falta de transportes marítimos levou a Inglaterra a propor a Portugal a requisição dos navios mercantes inimigos aportados e refugiados, desde o início da guerra, nas águas neutrais portuguesas, continentais, insulares e ultramarinas. Assim, a 23 de fevereiro de 1916, o governo português, estando consciente de que o ato que iria realizar teria como consequência o seu envolvimento no conflito mundial, ordenou fossem aprisionadas as embarcações, alemãs e austríacas, aportadas no rio Tejo, o que foi realizado por forças da Marinha, com honras militares. Na sequência deste acontecimento, a Alemanha declarou guerra a Portugal, a 9 março de 1916 e dias depois, a 11 de março, a Áustria cortou as relações diplomáticas (Marques 2018: 567, 600; Cardoso, s./d.: 40).

Preparação e treino militar dos soldados do C. E. P.

Coube ao governo da União Sagrada (de 15 de março de 1916 a 25 de abril de 1917) reorganizar o exército português de forma a que, rapidamente, constituísse um corpo expedicionário que combatesse na Frente Ocidental e continuasse as várias expedições militares, em Angola e Moçambique. O governo organizou vários comícios para fazer propaganda da guerra (Jaime Cortesão 2016: 34) e a 24 de maio de 1916 um Diploma do Ministro da Guerra, Norton de Matos, decretou o recenseamento militar dos cidadãos, com idades entre os 20-45 anos. A 22 de julho 1916 foi constituído o Corpo Expedicionário Português (C. E. P.), composto por mais de 30 000 homens (Cardoso, s./d.: 41). Mais tarde, foi também constituído o Corpo Expedicionário de Artilharia Pesada Independente (C. A. P. I.), formado por 25 baterias de artilharia pesada, sob um Comando Superior Português (Presidência da República 1917: s./p.).

Alguns homens alistaram-se no C. E. P. como voluntários. Entre estes encontravam-se alguns intelectuais e republicanos, que entendiam a participação na guerra era um dever, uma missão. Outros foram para a guerra, apenas porque foram mobilizados, como, por exemplo,

José Maria Folgadinho [que] é da comarca de Arganil, como podia ser de Freixo de Espada à Cinta ou de Vila Real de Santo António. Não fez para isso a menor diligência. (...) Foi para o regimento, andou lá alguns meses na instrução e, quando tinha aprendido algumas artes militares e artimanhas de caserna, licenciaram-no. Na aldeia falava-se em que iam portugueses para a guerra, falava-se em que não iam...(...). Para Folgadinho (...) de repente, chegou a ordem de mobilização e partida. (...) Deram-lhe uma porção de equipamentos, enfiaram-no num comboio. Ele dormiu e chegou a Lisboa, que (...) ele nunca tinha visto. Também não lha deixaram ver, porque o puseram a bordo dum grande navio e este abalou. Folgadinho (...) dormiu duas noites (...) até que o barco chegou a um porto.
    – Isto aqui é que é França, meu sargento? – perguntou ele ao "primeiro".
    – É – respondeu este (Brun 2015: 57).

A maioria dos soldados do C. E. P. tinha proveniência rural, era analfabeta ou tinha baixa instrução (Brun 2015: 83), uma vez que o analfabetismo em Portugal era elevado1. O corpo expedicionário recebeu instrução e treino em Tancos, durante 3 meses (maio-julho 1916), preparação que envolveu um elevado esforço e organização, numa missão que foi designada por – "Milagre de Tancos" (Cardoso, s./d., 41). No entanto, os soldados do C. E. P. partiram para Flandres francesa mal treinados, para a guerra que iriam encontrar (Cardoso, s./d.: 42). Uma vez aí, os soldados não participavam de imediato nos combates das trincheiras, continuando a ter treinos militares, primeiramente realizados em localidades a vários quilómetros da linha da Frente e, posteriormente, nas próprias trincheiras, revestindo-se estes últimos de maior perigosidade, uma vez que havia probabilidade de morrer no seu decurso (Brun 2015: 59-60).

Participação de Portugal na Frente Ocidental

No dia 3 de janeiro de 1917, uma convenção com a Grã-Bretanha regulamentou a participação de Portugal na Frente

---

[1] Em 1911, 69.7% da população, com mais de 7 anos, era analfabeta (Marques 2018: 615).

Ocidental, ficando definido que o C. E. P. ficaria subordinado ao "British Expeditionary Force" (Presidência da República 1917: s./p). A 30 de janeiro de 1917 saiu do rio Tejo a 1ª Brigada do C. E. P., a bordo de 3 vapores britânicos que, a 8 do mesmo mês, chegaram à Flandres francesa, zona onde as tropas portuguesas ficaram concentradas (12 km de Frente, entre Armentières e Béthune) (Cortesão 2016: 63). A deslocação marítima das tropas portuguesas para a Frente Ocidental decorreu até 20 de novembro de 1917 (Cardoso, s./d.: 48), sendo a via-férrea também usada (e.g., Cortesão 2016: 51-52).

Em abril de 1917 as primeiras tropas portuguesas entraram nas trincheiras, para se familiarizarem com as suas condições. Entre maio e setembro de 1917 as quatro Divisões do C. E. P. ocuparam o sector na Frente de batalha. O C. E. P. participou no conflito como Corpo independente até à batalha de La Lys, ficando dizimado no decurso da mesma, no dia 9 de abril de 1918 (Presidência da República 1917: s./p.). A partir daí, duas Brigadas de Infantaria do C. E. P. (1ª e 2ª) tornaram-se unidades operacionais, agregadas à 14ª e 16ª Divisão Britânica (Cardoso, s./d.: 50). O quadro 1 descreve, cronologicamente, as principais batalhas na Frente Ocidental, ocorridas entre 1914 e 1918, incluindo a batalha de La Lys.

Até 18 de Julho de 2018 a guerra sofreu um impasse, sendo difícil prever o vencedor. Nos confrontos as perdas materiais, os feridos e as baixas foram imensas e os avanços e recuos territoriais das tropas diminutos, sem que nenhum dos intervenientes conseguisse quebrar as linhas inimigas, de forma decisiva. A partir desta data começaram as vitórias dos Aliados, passando a vislumbrar-se que seria os vencedores (Gilbert 2017).

Quadro 1: Cronologia das principais batalhas de 1914-1918, na Frente Ocidental:

Data		Batalha
1914	4 -10 setembro	1ª Batalha de Marne
	13-28 setembro	1ª Batalha de Aisne
	16 – 31 outubro	Batalha de Yser
	19 outubro – 10 novembro	1ª Batalha de Ypres

1915	20 dezembro 1914-17 março 1915	1ª Batalha de Champanhe
	10 -13 março	Batalha de Neuve Chapelle
	22 abril – 25 maio	2ª Batalha de Ypres
	3 maio – 18 junho	2ª Batalha de Artois
	15 setembro – 4 novembro	3ª Batalha de Artois ∫
	25 setembro – 6 novembro	2ª Batalha de Champanhe.
1916	21 fevereiro – 18 dezembro	Batalha de Verdun
	01 julho – 18 novembro	Batalha de Somme
	13 setembro	Batalha de Ancre
1917	01 fevereiro	Início da guerra marítima sem restrições ‡
	16 abril – 9 junho	2ª Batalha de Aisne
	9 abril – 16 maio	Batalha de Arras
	7-17 julho	3ª Batalha de Ypres
	31 julho – 6 novembro	Batalha de Passchendaele
	20 novembro – 7 dezembro	Batalha de Cambrai
1918	21 março – 18 julho	Batalha do Kaiser ł
	7-29 abril	Batalha de La Lys ł ł
	28 março	Batalha de Arras
	27 maio – 06 junho	3ª Batalha do Aisne
	18 julho – 6 agosto	2ª Batalha de Marne
	08 – 15 agosto	1ª Batalha de Amiens
	26 setembro – 11 novembro	Ofensiva Neuse-Argonne
	29 setembro 1918	Rutura da Linha de Hindenburg
	16 outubro – 11 novembro	Retirada Total

∫ Ofensiva Loos-Artois; ł Ofensiva Imperial ou Ofensiva Kaiserschlacht ou Ofensiva Ludendorff; ‡ A Alemanha afundou um navio dos EUA nessa data; ł ł Operação Georgette. Fontes: Caddick-Adams 2018: 17, 45, 50, 58; Cardoso s./d.: 69-70; Duffy, s./d.; Gilbert 2017: 100, 104; Sheffield 2018b: 88-89; Reinolds 2018: 56-63.

Os soldados do C. E. P. integraram a Frente Ocidental na fase da guerra de trincheiras. As trincheiras consistiam em labirintos de muros, construídos com sacos de areia e madeira na superfície e túneis que formavam pequenas cidades no subsolo. O seu desenho, em ziguezague, minimizava o efeito da explosão de granadas e limitava a invasão inimiga. Em alguns locais, devido às características alagadiças da terra, as trincheiras eram construídas com sacos de terra, dispostos em altura.

A I Grande Guerra foi o maior conflito militar da história (McFarlane 2015). A nível bélico, refletiu o desenvolvimento tecnológico, envolvendo armamento novo e o aperfeiçoamento do já existente. O arame farpado provocava baixas. Foi a primeira vez que foram usadas as armas químicas numa guerra[1] e o lança-chamas (Caddick-Adams 2018: 46). A nível naval foram usados navios de guerra e submarinos, que, particularmente a partir de 1 fevereiro 1917, data em que a Alemanha inicia a guerra submarina sem restrições, atacavam também navios mercantes e de passageiros (e.g., Lusitânia) (Ashley 2018: 28). A metralhadora automática, inventada em 1884, sofreu inovações, uma vez que as trincheiras apertadas obrigaram a um desenho mais leve (Lewis; MG-08/15) (Caddick-Adams, 2018; 45). Os tanques (ingleses) apareceram pela primeira vez numa guerra (Caddick-Adams, 2018; 14). A artilharia pesada incluía a artilharia antiaérea; o obus francês e o obuseiro superpesado alemão "Big Bertha". O canhão de Paris (ou canhão do Kaiser Guilherme), pretendia bombardear um alvo a cem quilómetros de distância da frente alemã, tendo sido construído e usado para bombardear Paris (New York Times 1918: 3; Chagas 1931: 59, 159). Também foi a primeira vez que se combateu no ar. Os meios aéreos, como os zepelins, as aeronaves e os bombardeiros Handley-Pages e Gothas, foram aplicados nos bombardeamentos, nas batalhas e nos ataques às grandes cidades e arredor (Caddick-Adams 2018: 14; *O Século,* 2 de janeiro de1918).

Grande parte da Sérvia, do império russo e austro-húngaro ficou devastada. Muitas cidades e aldeias da França e Bélgica "iam morrendo aos poucos", outras ficaram destruídas, em escombros, como por exemplo Reims (Marne), Zelobes, Lillers, Argonne, La Couture, Vieille Chapelle, Neuve Chapelle, Le Touret, Lens, Ypres, Armentières e Béthune, entre outras (e.g., Cortesão 2016:

---

[1] Em abril de 1915, os alemães usaram pela primeira vez o gás cloro; em setembro, os britânicos usaram o gás venenoso e em fevereiro de 1916, os alemães usaram o gás fosgênio. O lança-chamas foi usado nas trincheiras, pela primeira vez, em fevereiro de 1915.

121; Brun 2015: 141, 169). Só na Batalha de Verdun, nove aldeias desapareceram (Caddick-Adams, 2018; 45). Mais distantes da linha da frente, as grandes cidades e seu arredor foram também alvo de ataques, como, por exemplo, Lovaina, que foi incendiada e Londres e arredores que foram bombardeados. O jornal *O Século* noticia um desses ataques, da seguinte forma:

Os Aviadores alemães voltam a atacar a Inglaterra
Londres, 29. – Os aeroplanos alemães atravessaram as costas de Kent e Essex pouco antes das 20 horas e prosseguiram até Londres. Alguns aparelhos voaram sobre a capital, onde lançaram bombas, entre as 21 e 22 horas (...) Um outro despacho oficial noticia um novo ataque depois da meia noite".
As vítimas do ataque de hontem.
Londres, 29. – Oficial: "As perdas no "raid aereo de hontem elevam-se a 14 homens, 17 mulheres e 16 crianças feridos. Os prejuízos foram ligeiros. – H (*O Século* 31 de janeiro de 1918).

Bombardeamentos de Paris e a vida

Paris, foi alvo dos ataques frequentes do inimigo. Em setembro de 1914 as tropas alemãs foram impedidas pelos Aliados de chegar a Paris, atravessando a Bélgica, tendo, no entanto, ficado perto da capital francesa (1ª Batalha de Marne). Entre 31 de maio e 9 de junho de 2018 a população temeu que os alemães chegassem a Paris (Chagas, 140-144), sendo que, a 10 de junho de 2018, o exército alemão se encontrava a cerca de 70 Km desta cidade (Gilbert 2017: 109; 1914-1918. A Primeira Guerra Mundial: 2018: 153). Os bombardeamentos da cidade foram também frequentes (e.g., Chagas 1930: 17-28). O jornal *O Século* noticiou da seguinte forma um desses bombardeamentos:

Importantes estragos materiais – numerosas vítimas – Dois hospitais atingidos
Paris, 31. – Oficial: "Quatro esquadrilhas inimigas transpuzeram as linhas do norte de Complégne, dirigindo-se para

Paris (...), lançando sucessivamente projeteis sobre algumas comunas da cintura. Depois voaram por cima de Paris, principalmente sobre a margem direita do Sena, onde em alguns instantes largaram a quasi totalidade das bombas, fazendo numerosas vítimas, principalmente mulheres e crianças. Foram atingidos dois hospitais e houve incêndio em alguns prédios (...). O número de mortos atinge uns 20 e os feridos anda por uns 50 (...)"– H. (*O Século* 2 de fevereiro de 1918).

João Chagas encontrava-se exilado em Paris e é com base nas suas memórias, que vamos fundamentar a descrição da experiência de um bombardeamento e a vida nessa cidade. Os bombardeamentos de Paris ocorriam particularmente durante a noite. No seu diário, no dia 14 de março 1918 refere que "(...) Todos os dias se anuncia que os Gothas virão à noite (...) o que cria na população um estado permanente de sobressalto" (Chagas 1930: 27). Estes eram anunciados pelo som da sirene e a população preparava-se prontamente para os mesmos. Na rua, procurava de imediato os abrigos, o túnel do metro e, nas habitações, os andares inferiores ou a cave. As janelas eram fechadas e as pessoas evitavam ficar perto delas (Chagas 1930: 17-28). Algumas pessoas procuravam os bens, facilmente transportáveis e com valor de troca (e.g., dinheiro, joias), para o caso de terem de sair precipitadamente do local onde residiam.

O estado psicológico das pessoas sob bombardeamento era de alerta, de apreensão e ansiedade. A atenção concentrava-se no bombardeamento, no som e no silêncio e a audição, o sentido que era particularmente usado. O tempo/ritmo – indicador da frequência dos bombardeamentos e intervalo entre eles, a intensidade – indicadora da distância do bombardeamento, e o tipo de som – indicador do armamento usado, eram constantemente perscrutados, com vista a avaliar o grau de ameaça e de perigo da situação. João Chagas descreve-o da seguinte forma:

> Como tivesse cessado o fragor das bombas, em toda a casa se fez um longo silencio na cidade silenciosa. A'quella hora, a população de Paris, encafuada nas caves, refugiada nos tunneis do Metropolitano, aguardava o fim d'aquelle horror. O silêncio prolongou-se por tanto tempo que acabamos por pensar que era realmente o fim. Mais

tranquillos, respirando melhor, acabamos mesmo por nos levantar, saccudimos o torpor que há tantas horas nos prendia os movimentos (...). Interrogamos o pequeno Montegudet. Nove anos. O que pensava elle d'aquillo tudo. – *Je pense*, respondeu a creança, *q'ils viennent un peu souvent!* (...). Então, Madame Montegudet declarou (...) que no dia seguinte partiria fôsse para onde fôsse com as creanças, e já aguardavamos o toque alegre do berloque quando o canhão se fez ouvir de novo. O mesmo suspiro de angustia, de aborrecimento, de desespero nos sahiu dos peitos. (...) Aquilo não tinha acabado ainda e ainda durante meia hora, de ouvido inquieta, escutamos o canhão, primeiro longínquo, depois próximo outra vez, como se procurasse embargar a passagem a novas esquadrilhas de bombardeamento. O canhão rouco entrou outra vez em seena, tão perto de nós, que dir-se-ia estar em bateria na nossa rua (...). D'ahi a momentos, o canhoneio foi abrandando, foi-se tornando distante, e finalmente cessou. (...). Era meia noite. Passou um longo quarto de hora, depois outro, sem que o silencio da noite trágica fôsse outra vez perturbado (Chagas 1930: 23).

As descrições de João Chagas sobre os bombardeamentos de Paris mostram que o stresse psicológico, o "estado contínuo de sobressalto" e a angústia/ansiedade também eram comuns na população civil sujeita aos mesmos (Chagas 1930: 17-28). A população civil de Paris e de outros agregados populacionais próximas da Frente, que estavam "na linha de passagem dos aeroplanos" e ao "ao alcance dos canhões" e da fúria destruidora do inimigo viveram, como os combatentes, a destruição, a morte e a probabilidade de morrer na guerra (Brun 2015: 141-142). Desta forma, a adversidade e trauma provocado pela guerra podem também afetar a qualidade de vida e saúde mental da população civil da zona do conflito (Pols e Oak 2007).

A guerra fez-se acompanhar da falta de mão-de-obra em Paris e nos campos (particularmente masculina, devido à sua mobilização para a guerra) (*e.g.* Cortesão 2016: 63), da escassez de alimentos básicos, de especulação de preços e do nível de vida caro (Chagas 1930: 45-46). A falta de géneros em Paris e algumas das suas consequências são assim noticiadas pelo jornal *O Século*: "Falta de Géneros: Paris

30. – Dizem de Genebra que a falta de géneros obriga quasi todos os hotéis a fechar, o que farão em breve, se modificações urgentes não se efetuarem" (*O Século* 31 de janeiro de 1918). Estes aspetos socioeconómicos, descritos por João Chagas, estão relacionados com a guerra à escala mundial e eram comuns a outros países, incluindo a Portugal. Por exemplo, o jornal *O Século*, de 5 de janeiro de 1918, também noticia a "falta de braços para os trabalhos agrícolas" em Portugal, a elevação dos salários, e publica a tabela de preços dos géneros de primeira necessidade, para evitar a especulação dos mesmos (*O Século* 5 de janeiro de 1918: 3). Mas uma característica específica de Paris sob bombardeamentos (*e.g.* Chagas 1930: 30, 36) e de outros aglomerados populacionais próximos da Frente nas mesmas circunstâncias (*e.g.* Cortesão 2016: 119, 121; Brun 2015: 169-172) consiste no êxodo dos habitantes, que fugiam com poucos bens e se tornavam refugiados em outros locais. A diminuição da população em Paris traduziu-se na diminuição dos transeuntes nas ruas. Também devido à guerra, a maioria da população masculina da cidade de Paris era militar, de passagem ou de licença, e a sua diversidade étnica/cultural era enorme, correspondendo à dos vários países aliados e suas colónias. Devido ao recrutamento dos homens para a guerra, a população não militar de Paris, de outras zonas de França e os refugiados da guerra, eram mulheres, crianças e idosos.

A vida nas trincheiras

A primeira linha de trincheiras estava mais próxima do inimigo. Esta tinha uma rede de arame farpado ao longo do seu exterior, para aumentar a segurança e impedir as incursões inimigas. Na sua retaguarda, existiam várias linhas de trincheiras, ligadas, perpendicularmente, por trincheiras de comunicação. O seu desenho era tão labiríntico que eram necessárias placas, para indicar as direções (*e.g.* "To the front line") (Brun 2015: 77). Mas, como afirma André Brun, "O que há de verdadeiramente heroico nas trincheiras é viver nelas" (Brun 2015: 145). O perigo de vida é uma constante, diminuindo sucessivamente, com o aumento do afastamento da primeira linha (Brun 2015: 77; Cortesão 2016: 64).

Entre a primeira linha de trincheiras e o inimigo encontrava-se a "terra de ninguém", a "no man´s land" ou "le billard", que, como refere André Brun, é onde, "nos intervalos das ofensivas, nos meses intermináveis de guerra puramente de trincheiras, (...) se trava toda a luta de infantaria" (Brun 2015: 77).

A atividade militar na terra de ninguém era mais serena durante o dia do que à noite. Era durante a noite, que os soldados do C. E. P. reparavam e reforçavam os arames de proteção das trincheiras, atividade coberta pelas patrulhas de proteção e que era executada sob ataque do inimigo:

> (...) Rasando as ervas, batendo o arame, cortando a aresta do parapeito, começam a passar as rajadas das metralhadoras "boches". Ao primeiro tiro todos se deitam, se acachapam. (...) Colam-se à lama do chão e cobrem a cabeça com as mãos. A metralhadora cala-se e, lentamente, evitando o menor ruído que fixe a atenção do vizinho defronte, todos se erguem e o trabalho recomeça, para cessar dali a pouco interrompido por outra metralhadora que estala mais acima e cujo leque mortífero se abre e se aproxima (Brun 2015: 77-78).

Era também durante a noite que as patrulhas de reconhecimento do C. E. P. iam para a terra de ninguém, analisar a atividade do inimigo, algum ponto frágil na sua defesa (ex: no seu arame de proteção), por onde fosse possível realizar uma incursão.

> De repente, entre as sombras que trabalham e as sombras que espreitam, outras sombras se insinuam, deslizam, rastejam. É uma patrulha de reconhecimento (...). Os homens seguem em linha ou em bicha, parando de vez em quando para manterem a ligação por meio de sinais quase impercetíveis. Têm o itinerário marcado e pontos de referência para a sua marcha; um dreno, uma velha trincheira desmantelada, os restos de árvores derrubadas. À medida que se afastam da nossa linha e se aproximam do boche, as sensações aumentam. Fritz também deve andar por fora (Brun 2015: 78).

Podiam dar-se encontros frontais entre as patrulhas, uma luta "corpo-a-corpo, feroz e sem quartel". Mas, o inimigo podia também aproximar-se do arame de proteção do C. E. P., com o objetivo de entrar na trincheira, "surpreender uma sentinela, e era o alarme correndo a linha toda, as Lewis fazendo um fogo infernal, as granadas de espingarda silvando e estoirando" (Brun 2015:79).

Alguns soldados não voltavam da "terra de ninguém", ou porque eram mortos, feitos prisioneiros, ou porque se perdiam dos outros soldados e se desorientavam, não conseguindo encontrar o caminho de regresso às trincheiras (Brun 2015: 77-79).

Na Flandres, os soldados do C. E. P. enfrentaram um terreno húmido/pantanoso e condições climáticas rigorosas, como o frio, a neve, a chuva e a lama, que perturbavam os deslocamentos. O uniforme que usavam era pouco apropriado a essas condições. As botas de couro e o capote comprido ficavam encharcados de água e lama, tornando-se húmidos e muito pesados.

Nas trincheiras,

> (...) abriam-se lateralmente algumas cavernas, espécie de silos escuros para vegetar. As granadas, e a chuva, aqui e ali revolvem, abrem, obstruem, encharcam em lama e água. Todavia, nesses fossos e cavernas, sujos e viscosos, alguns homens habitavam. (...) Tudo ali é lodo e miséria. A esperança da vida assenta apenas sobre o acaso. E a inquietação devora o peito nas horas lentas.
>
> Estes homens, que aqui vivem dum modo nunca visto, ganharam com o tempo uma fisionomia especial, tanto mais acusada, quanto mais próxima do inimigo. (...) A vizinhança da morte, as vigílias continuadas, os longos alertas de olhos apunhalando o escuro, à cata de perigos, as soalheiras, as friagens e as lufadas do tempo, acabam por tatuar e curtir a pele sobre a caveira. (...). Há crianças com caras de velhos. (...) Moços de 20 anos possuem a sabedoria de séculos (Cortesão 2016: 67-68).

Entre as doenças físicas, que afetavam os combatentes, relacionadas com as condições de vida nas trincheiras, encontram-se o "pé de trincheira", a "febre da trincheira" e doenças pulmonares, como a pleurisia ou ainda outras, como as sequelas dos gazeamentos (Caddick-Adams 2018: 45; Cortesão 2016: 117, 127-128, 133-137). A guerra também matava, feria e mutilava. Quando os combatentes eram feridos nas trincheiras, eram tratados nos postos de socorros avançados, pelos médicos do C. E. P. e, quando necessário, orientados para serviços médicos na retaguarda.

Os corpos eram recolhidos das trincheiras e enterrados, mas isso nem sempre ocorria. Devido à violência dos combates, "os vivos tinham de viver em promiscuidade com os mortos" (Cortesão 2016: 70). Às vezes, os cadáveres apodreciam, presos na cerca de arame farpado, à vista de todos. Outras vezes os cadáveres ficavam mutilados, desventrados ou totalmente desfeitos, estilhaçados, pelo que o chão da trincheira era "meio humus, meio carne" (Cortesão 2016: 70).

Nas trincheiras era impossível tomar banho e o estado das latrinas era lastimoso. O cheiro nauseabundo da decomposição dos corpos incomodava os vivos, principalmente na linha de frente, a que se juntava o cheiro das excreções e dos corpos sujos (Cortesão 2016: 70; Caddick-Adams 2018: 45). E era também neste ambiente sujo e com mau cheiro, que os soldados das trincheiras faziam as suas refeições, faziam a sua higiene, dormiam, viviam. Como afirma André Brum: "Perdemos o hábito dos lençóis, das louças lavadas. Comemos e bebemos, em pratos e canecas de lata, sólidos e líquidos, que em latas nos vêm trazer todas as noites" (Brun, 2015: 97). Nos refúgios, os ratos coabitavam com o homem, passeavam livremente, alimentando-se do que encontravam, da porcaria e dos mortos (Brun 2015: 73, 118). Os piolhos e as moscas eram um tormento (Caddick-Adams 2018: 45; Brun 2015 :73, 98).

Nos soldados do C. E. P., ao desgaste físico adicionava-se o moral. Eles sentiram-se e foram abandonados pelo governo Português, particularmente pelo governo de Sidónio Pais, que diminuiu o esforço de guerra e que João Chagas considerava reacionário, pró-Alemanha, germanófilo e monárquico/"D. Miguel laico" (*e.g.* Chagas 1930: 30, 32, 34, 49, 51; 75-76, 112-113, 117, 123, 135, 199-200; Cortesão 2016: 84, 87, 104-105, 121; Marques 2018: 569, 571). Os soldados do C. E. P. não eram substituídos, as licenças dos que vinham a Portugal prolongavam-se e, desgastados, alguns soldados e oficiais recusavam-se a ir combater (Marques 2018: 571; Chagas 1930: 49, 74-76; 123, 240-241).

Alguns combatentes da I Grande Guerra descompensaram mentalmente. Como afirmou o médico do C. E. P, Jaime Cortesão, "Às vezes as pessoas nas trincheiras endoidecem" (Cortesão 2016: 103). Nas linhas da frente o ambiente era insalubre, ameaçador, perigoso, violento e imprevisível, a vida ou a morte resultavam do acaso. As situações geradoras de stresse grave na guerra eram frequentes, assim como a exposição a experiências traumáticas (isto é, situações que envolvem ameaça ou perigo para a vida ou para a integridade física) (APA; DSM-III 1980: 236), o que podia precipitar a perturbação mental, particularmente nas pessoas com maior vulnerabilidade ou quando a situação geradora de stresse é de extrema gravidade (APA; DSM-IV 1994: 426-427). Com efeito, fatores individuais (e.g., fatores genéticos, neurobiológicos, características pessoais, história prévia de psicopatologia), fatores relativos à experiência de exposição à guerra (e.g., exposição ao combate, atrocidades testemunhadas, gravidade do acontecimento traumático, sua duração e proximidade) e fatores relativos ao pós-combate (e.g., apoio social, acontecimentos de vida negativos após a guerra) contribuem para o risco de desenvolvimento de psicopatologia nos combatentes e veteranos de guerra (Brewin *et al.* 2000; Sareen *et al.* 2007; Solomon *et al.* 2008; Xue *et al.* 2015: 1-21). Estudos recentes indicam que os comportamentos suicidários, a reação aguda ao stresse de combate, a perturbação de stresse pós-traumático, a perturbação de adaptação, a perturbação depressiva, as perturbações de ansiedade generalizada, a fobia social, a perturbação de pânico e a dependência de álcool são perturbações mentais frequentes nos combatentes, nos militares em missões de paz e nos veteranos de guerra (Sareen *et al.* 2007; Solomon *et al.* 2008; Ramchand *et al.* 2008; Maia *et al.* 2011: 309-325).

Em 1914-1918 pouco se conhecia sobre o impacto da guerra na saúde física e psicológica/mental, sendo que a psiquiatria militar estava no seu início. Algumas categorias diagnósticas, como as perturbações relacionadas com o stresse e as experiências traumáticas em combate ainda não tinham sido reconhecidas. Por exemplo, a perturbação de stresse pós-traumático, só foi introduzida no

Diagnostic and Statistical Manual of Mental Disorders – III em 1980 (APA 1980). As designações das categorias diagnósticas e os sintomas que incluem sofreram alterações ao longo dos tempos.

No entanto, conheciam-se as descrições de perturbações psicológicas/mentais nos soldados espanhóis do séc. XVII (*e.g.* nostalgia), nos das guerras napoleónicas (e.g., coração irritável), da guerra civil americana (e.g., traumatismo cérebroespinal). Nos soldados da I Grande Guerra foi particularmente descrita a perturbação "shell chock" (trauma de guerra ou neurose de guerra), responsável por 15% das licenças militares dos soldados ingleses, em maio de 1917 (Pols *et al.* 2007). A perturbação é uma reação à intensidade do bombardeamento, que se caracterizava por desespero, pânico, medo, fuga, incapacidade de raciocinar, andar, falar, dificuldades de sono e pesadelos. A vigília pode ser perturbada por revivência desses acontecimentos. Um sintoma frequente é o olhar distante, vazio e vago. Segundo Macload (2004) a perturbação "shell chock" incluiria um espectro de perturbações neuropsiquiátricas como traumatismo cerebral por concussão, estados confusionais, neurose de conversão (com sintomas de mutismo, fuga, paraplegia, astasia-abasia), neurastenia (neurose de guerra), exaustão e a simulação de doença. Uma situação clínica descrita pelo médico e oficial do C.E.P, Jaime Cortesão, parece corresponder aos sintomas desta perturbação:

> Há pouco tempo trouxeram aqui um soldado que tinha caído na neve. Não dizia palavra. Nem se tinha de pé. Parecia um farrapo. Na cara branca, macerada pela dor os olhos fitavam-me para além, seguiam qualquer coisa, agudamente, sem despegar. Sentavam-no e ficava para ali, sem mexer, curvado, os braços caídos, muito branco e os olhos sempre fixos, inalteravelmente fixos e pregados. Reanimado por todos os meios, começou então a falar numa voz sumida, muito queixosa, em retalhos, de incoerências (Cortesão 2016:105).

André Brum também descreve uma possível reação de stresse ou de ansiedade na "terra de ninguém", da seguinte forma:

(...) Num grupo que lá andava, notou-se que faltava um soldado. Perdera-se, sem dúvida, e tratou-se de o procurar. (...) O homem desaparecera. Era preciso voltar e tornaram para trás. De súbito, da linha lançaram um foguetão iluminante e todos se lançam, barriga no chão, imóveis à beira de uma cratera bastante funda. À luz do *very-light*, que hão-de descobrir os da patrulha no fundo do buraco? O desaparecido, transido de pavor, que ao ver surgir à beira do esconderijo aquelas cabeças e tomando-as por boches, (...), já ia erguendo os braços e balbuciava uma voz molhada e no *patois* da guerra: *"Camarade portugais bonne!* (Brun 2015: 79).

Jaime Cortesão (Cortesão 2016: 104-106) refere ainda que a tristeza e a melancolia eram sintomas frequentes dos combatentes, considerando como fatores determinantes o abandono/desprezo da pátria e a saudade da terra. Descreve também um caso de suicídio e a situação clínica do soldado Matias, que considera corresponder a melancolia:

> Aqui recolhemos ao posto um soldado do batalhão atacado de melancolia (...). Passa horas inteiras sentado e sem dizer palavra, brincando, distraído com objetos ao acaso; como as crianças doentes. Leva noites a fio em branco, a cantar (...) as cantigas da sua terra. (...). E quando a gente lhe fala e pergunta o que tem, crispa a cara num momento lastimoso e fala, mastigando e enovelando as palavras, de saudades da terra, das cartas da mãe, dum testamento…
> Medo ao fogo e à morte? Mas não. Há uns tempos apareceu aqui um projéctil de forma desconhecida. Os entendidos afirmaram que era uma bomba de aeroplano. Eu e os dois soldados examinávamos e um dos dois lembrou-se de o chamar e de lhe pedir a opinião. O Matias veio; arrancou do chão, com esforço o pesado corpo (...) considerou-o (...), depois (...) com riso e desprezo (...), arremessou para o lado o projéctil com toda a força, – gesto este que podia ter custado a vida aos quatro. (...) Ultrapassou todos os limites da realidade e caiu inteiro no sonho (Cortesão 2016: 105).

As consequências negativas da exposição aos combates na saúde mental são profundas. As perturbações mentais podem ter um curso longo e complexo e resultar em prejuízos a longo prazo na qualidade de vida e na saúde dos combatentes e das suas famílias (Salomon *et al.* 1992; MacFarlane 2015). Em 1914-1918 e no pós-guerra eram também escassos os recursos psicoterapêuticos, para os soldados que necessitavam deles (Hart 2018: 144). As caudas das doenças mentais eram mais atribuídas a vulnerabilidades e fraquezas individuais do que à exposição à guerra. Daí que a perturbação mental fosse estigmatizante, fonte de sofrimento adicional e motivo da sua não revelação, do seu não tratamento e da sua manutenção.

Mas, existiam também fatores externos e individuais que poderiam aumentar a resiliência do soldado contra o stresse e a psicopatologia, como, por exemplo:

i) Os períodos descanso na retaguarda. Os soldados não estavam continuamente nas trincheiras, tendo períodos de descanso na retaguarda. Como afirma André Brun: "Todos os seis dias saímos [da trincheira] para ir descansar nas aldeolas da retaguarda" (Brun 2015: 97), o que era essencial para que os soldados recuperassem energia e suportassem melhor as condições terríveis da frente. Quando os combatentes do C. E. P. deixaram de ser substituídos, foram obrigados a aumentar o tempo de permanência nas trincheiras.

ii) A sociabilidade e o apoio social. O apoio social é um fator que reduz o impacto do stresse e diminui os sentimentos de desamparo. Os soldados portugueses eram "reinadios", "simpáticos", sociáveis, tinham facilidade de adaptação e de relacionamento com as populações locais (*e.g.* Brun 2015: 59; Cortesão 2016: 64), o que poderia aumentar as oportunidades de obter apoio social. Na retaguarda frequentavam os "estaminets", o correio e eram namoradores: "Três francos de despesa, são quatro horas de conversa, é um namoro logo pegado com as pequenas que ajudam à venda" (Brun 2015: 102). No que respeita à comunicação, os soldados do C. E. P. não dominavam o francês, mas, facilmente aprenderam o indispensável da língua francesa, um pequeno conjunto de palavras, para se fazerem entender. Essas palavras eram combinadas com algumas portuguesas ou afrancesadas, em frases de uma estrutura sintática rudimentar e em que os verbos surgiam no infinitivo – "o patuá" ou a língua do "pas compris" (Brun 2015: 58; 83-85;

Cortesão 2016: 64). Também "arranhavam o inglês", i.e., diziam algumas palavras nessa língua, combinadas com outras em francês: "- Camarade! Compris? Yess?..." (Brun 2015: 60-61).

iii) As atividades ocupacionais. Os soldados da I Grande Guerra, nos momentos de ócio, dedicavam-se ao artesanato de trincheira, usando os materiais disponíveis. André Brun refere que o seu abrigo, a mobília e alguns utensílios para seu uso diário e decoração foram construídos por si, em colaboração com outros soldados, com os materiais disponíveis ou encontrados na trincheira (Brun 2015: 117-118). Alguns soldados do C. E. P., de proveniência rural, envolviam-se nas atividades agrícolas das *fermes* da retaguarda, participando da vida das populações locais (Cortesão 2016: 64). Dando continuidade à sua profissão, um marceneiro construiu móveis para uso nos abrigos da Frente (Brun 2015: 119). Jaime Cortesão também descreve que os soldados cortavam lenha, "no madeiramento das casas arruinadas", que era posteriormente usada para aquecimento (Cortesão 2016: 87).

iiii) A religiosidade/espiritualidade. A literatura sugere que a religiosidade / espiritualidade é protetora contra a doença mental, nomeadamente contra a suicidalidade, a depressão, a ansiedade e a perturbação de stresse pós-traumática (Cornah 2006: 9-16; Stack e Kposowa 2011), sendo vários os fatores mediadores nesta relação. O Cristo das trincheiras, "verdade indestrutível (...) humanidade e revelação trágica (...) vivo ainda a gotejar aflição", agonizante e martirizado, como o soldado, "estende os braços e as mãos (...) sobre toda a terra do martírio e dos combates, num gesto protetor. Era a esse Cristo, que os soldados" iam diariamente por flores, "em latas de comestíveis vazias, em frascos de pickles abandonadas" (Brun 2015: 81-82; Cortesão 2016: 70).

iiiii) A correspondência. A chegada e distribuição do correio na frente era um momento esperado, um momento de felicidade. Escrever cartas possibilitava a catarse, a sublimação, a expressão da vida interna, do afeto / "carinho". Recebê-las, ter notícias da terra, da família e da namorada era ter "a vida" entre as mãos (Cortesão 2016: 59, 106). Os conteúdos das cartas (Cortesão 2016: 59), embora fossem, por vezes, censurados, revela que eram um meio de manter a comunicação e ligação com os familiares/pessoas próximas, de dar continuidade à participação na vida familiar distante (e.g., participação nos negócios da família, recomendações, projetos para o futuro), de receber notícias da terra, de expressar conteúdos mais íntimos (*e.g.* declaração da falta que faz o ente querido e do amor sentido), de dar informação da guerra e da situação vivida:

> Sim! Tenho aqui uma carta. (...) Não é uma carta não. É uma vida palpitante nos meus braços. Que me importa que as granadas cantem cortando o ar e os aviões encham o céu do seu lento zumbido?... (...) Fechei-me dentro de mim. Corri todas as salas da memória e de lá acordei e fiz erguer as visões mais queridas e fiquei a sós com elas. Ah! Pudesse eu refazer a vida toda! Ah! Pudesse eu, que sei agora, na violência da fome, quais o frutos mais doces (...) moldar todo o passado pelo desejo de hoje!...E uma saudade tão grande como o Oceano leva o meu coração à tona... (Cortesão 2016: 106).

A correspondência permitia ainda ao combatente alcançar sentido de continuidade entre o passado (com muitos aspetos "doces", quando perspetivados pelos olhos do presente), o presente (de "violência na fome" e em que deseja "moldar todo o passado pelo desejo de hoje") e o futuro regresso (onde será realizar a mudança aspirada, concretizar o desejo do presente) (Makepeace 2013; 158-177).

As saudades da terra e da família

A memória da terra e da família e, porque amadas e ausentes/ distantes, a saudade, estão patentes nos momentos cruciais da vida do soldado do C.E.P:

– No momento da partida, em que o se despede da terra de Portugal, da terra natal (Jaime Cortesão 2016: 51) e no da chegada, em que beija a terra pátria.

– No momento da morte:

É o rancheiro da primeira. (...) Lá se vê o grande vulto pálido donde saem sangue e gritos (...). O homem tem uma larga brecha numa coxa e um braço esfacelado (...). Então o pobre levanta a cabeça: quer inteirar-se da desgraça (...) – Homem, tem coragem. Não é coisa de perigo. Tens-nos aqui ao pé. Não chores. Não esmoreças.

Mas ele adivinha talvez (...) a horrível verdade. E, pondo os olhos em mim, quase com repreensão, arranca de lá dentro numa voz, que acaba soluçando: Ah! Senhor doutor! Eu não choro por mim... É que eu tenho mulher e três filhos! ... (Cortesão 2016: 90).

– No momento de ser capturado pelo inimigo, como indica o relato de captura de Carlos Olavo Correia de Azevedo, alferes de artilharia da 2ª Bateria, do 7ª Regimento de Artilharia, no dia 9 de abril de 1918:

São 11 da manhã [9 Abril 1918] (...). Não há nada mais torturante, angustia maior do que esta incerteza (...). Uma ordenança que mandei ao 1º obus com uma ordem de fogo não voltou mais; dois homens que mandei a um paiol para trazerem umas granadas não voltaram mais! Tenho a certeza de que ficaram pelo caminho feridos ou mortos! (...) Os momentos que se seguiram foram de absoluto recolhimento. Tinha a certeza de que ia morrer. Pensei naqueles que longe chorariam a minha perda: a minha família, alguns amigos seguros, todos os que sofriam a minha ausência (...) Um soldado que tinha saído veio-me dizer que há alemães (...) à retaguarda da nossa posição, vindos dos lados de Laventie. Estamos perdidos, cercados, prisioneiros! (Olavo 1918: 11-22).

– No abrigo

Deixa despedir-me com um olhar do meu oratório – Três retratos: o da minha mãe, o da minha mulher e o da minha filha – que está sempre florido, nestas regiões "insalubres" (...). Tomemos esta trincheira à direita. (Brun 1915: 73)

– Nas trincheiras, como indica o seguinte excerto do poema de Joaquim da Silva Matos, alferes miliciano de Infantaria 23 do C. E. P.:

(...) Vou passando, a sonhar, a ronda habitual/ Sofrendo a
nostalgia ardente que me invade;/ Uma sentinela fita-me e, brutal /
Na esplêndida eclosão da sua mocidade, /Pergunta:- Quem vem lá?
a senha? – Portugal! /E o nosso olhar sorri, brilhando de saudade
(Matos 1917: 314).

A ligação aos familiares (Makepeace 2013: 158-177), às
pessoas próximas, as memórias da terra, da casa e da família,
a correspondência, as fotos dos entes queridos, promoviam a
sobrevivência emocional do combatente face à violência da Frente.

Em suma, a I Grande Guerra foi um conflito catastrófico, que
teve como consequência a morte de milhares de homens, enfraqueceu
e empobreceu a Europa e comprometeu a "ascensão da superpotência
ocidental". Os grandes impérios russo, alemão e austro-húngaro
desmoronaram-se; surgiram novas potências, como o Japão e os EUA;
a revolução bolchevique desencadeou outras revoluções em vários
países; apareceram novos nacionalismos (comunismo e fascismo) e
agitações de extremistas de esquerda e de direita. Surgiram problemas
socioeconómicos, a inflação e o descontentamento. O mundo teve
de fazer face à epidemia da gripe espanhola, calamidade que também
matou milhões de pessoas, à febre tifoide e à fome, pois não havia
mão-de-obra suficiente para cultivar a terra nem redes de transportes
para abastecer os mercados de consumo (MacMillan 2014: 20-25;
Marques 2018: 57- 594).

As perdas humanas foram imensas e as mortes em combate
não cessaram até minutos antes do armistício (Brown 2018: 139-
140). As Potências Centrais perderam 3 milhões de homens em
combate, os Aliados perderam mais de 5 milhões (Gilbert 2017).
Portugal, um país pequeno[1], só na metrópole teve 10 000 mortos e
incapacitados por ferimentos de guerra (Marques 2018: 593-594).
A guerra teve também custos psicológicos. Muitas famílias ficaram
de luto e muitos combatentes com consequências físicas e mentais
a longo prazo. No final da guerra não foram realizados esforços
políticos que visassem facilitar a reintegração dos combatentes na vida

---

[1] No censo de dezembro de 1916, os habitantes no Continente, Açores e Madeira
eram 5 960 056 (Marques 2018: 593-594).

civil. Alguns combatentes regressaram da guerra e conseguiram ter qualidade de vida, outros sentiram-se sozinhos e viram o seu esforço na guerra pouco reconhecido (Hart 2018: 144).

Mas, qualquer que seja o balanço atual da I Grande Guerra, não deixaríamos de concordar com Jaime Cortesão, quando afirma – "Ah! Rapazes como vocês são grandes!..." (Cortesão 2016: 16). Passados 100 anos, compete-nos ainda vincar e divulgar internacionalmente a participação Portuguesa na I Grande Guerra, muitas vezes esquecida nos textos histórico-científicos ou considerada uma contribuição *minor*, de forma a efetivar a seguinte aspiração de João Chagas:

> Quando mais tarde se der o balanço do esforço feito para defender a liberdade do mundo (...) quanto ao mais formidável ataque que ella soffreu, a humanidade encontrará que três povos lhe oppozeram a barreira dos seus peitos: os francêses, os inglêses e os portuguesês (Chagas 1930: 53).

Referências Bibliográficas

_____ "Paris again shelled by long-range gun" (1918): In: *The New York Times*. Edição do dia 6 de Agosto: 3.

_____ "1914-1918. A Primeira Guerra Mundial" (2018): *National Geographic. Atlas Histórico. Idade Média e Tempos Modernos* 17. Lisboa: National Geoghraphic Partners: 152-153.

_____ (1918): "A falta de Géneros". In: *O Século*, 31 de janeiro.

APA, American Psychiatric Association (1980): *Diagnostic and Statistical Manual of Mental Disorders III, DSM-III*. Washington, DC: American Psychiatric Association.

APA, American Psychiatric Association (1994): *Diagnostic and Statistical Manual of Mental Disorders IV, DSM-IV*. Washington, DC: American Psychiatric Association.

Brewin, Chris R; Andrews, Bernice; Valentine, John D (2000): "Meta-analysis of risk factors for posttraumatic stress disorder in trauma-exposed adults". In: *Journal of Consulting and Clinical Psychology* 68(5): 748-766.

Brown, Malcolm (2018): "O dia em que as armas se silenciaram" In: *BBC História. A história da I Guerra Mundial*. Lisboa: Goody Editor.

Brun, André (2015): *A malta das trincheiras. Migalhas da grande guerra 1917-1918*. Lisboa: Quartzo Editora-Direcção da História e Cultura Militar.

Caddick-Adams, Peter (2018): "A História da Guerra". In: *BBC História. A história da I Guerra Mundial*. Lisboa: Goody editor.

Cardoso, Rui (s./d.): "Introdução. Nós e a guerra dos outros". In: Rui Cardoso, Margarida Magalhães Ramalho & Ricardo Marques (Eds). *A primeira Guerra Mundial.* Vol. 7. Paço de Arcos: Imprensa Publishing / Expresso.

Clark, Chistopher (2018): "Os Disparos que Ecoaram por Todo o Mundo". In: *BBC História. A história da I Guerra Mundial*, 18-23. Lisboa: Goody editor.

Chagas, João (1930): *Diário de João Chagas 1918*. Lisboa: Livraria Editora.

Cornah, Deborah (2006): *The impact of spirituality on mental health. A review of literature*. London, UK: Mental Health Foundation

Cortesão, Jaime (2016): *Memórias da grande guerra (1916-1919)*. Viseu: Quartzo Editora, Direcção da História e Cultura Militar.

Duffy, Michael: "Batles- The Western Front". A multimedia history of world war one. Disponível em http://www.firstworldwar.com/battles/wf.htm (consultado em março 2018).

Hart, Peter (2018): "Acabou a Guerra". In: *BBC História.A história da I Guerra Mundial*. Lisboa: Goody editor: 142-144.

Gilbert, Martin (2017): *História do século XX*. Alfragide: Editorial D. Quixote

Jackson, Ashley (2018): "O Império em Guerra". In: *BBC História.A história da I Guerra Mundial*. Lisboa: Goody editor: 27-31.

MacFarlane, Alexander C. (2015): "The impact of war on mental health: Lest we Forget". In: *World Psychiatry*, 14(3): 351-353.

MacMillan, Margaret (2014): *A Guerra que Acabou com a Paz. Como a Europa Trocou a Paz pela Primeira Guerra Mundial*. Lisboa: Círculo de Leitores.

Maia, A.; McIntyre, T., Pereira. M. G., Ribeiro, E. (2011): "War exposure and post-traumatic stress as predictors of Portuguese colonial war veterans' physical health". In: *Anxiety Stress Coping*. 24(3): 309-25.

Matos, Joaquim da Silva (1917): "Ronda da Manhã". In: *Ilustração Portuguesa* 608: 314.

Marques, A. H. de Oliveira (2018): *Breve História de Portugal*. Lisboa: Editorial Presença.

Makepeace, Claire (2013): "Living beyond the barbed wire: The familial ties of British prisioners of war held in Europe during the Second

World War". In: *Historical Research* 86(231): 158-177.

"Notícias Agrícolas. Provezende" (1918). In: *O Século*. Edição do dia 5 de janeiro: 3.

Olavo, Carlos (1918): *„Jornal d'um Prisioneiro de Guerra na Alemanha"*. Lisboa: Guimarães & C.ª Editores. Disponível em http://www.momentosdehistoria.com/MH_04_03_Coragem.htm (consultado em março de 2018).

Pols, Hans; Oak, Stephanie (2007): "War & militar mental health. The US psychiatric response in the 20th Century". In: *American Journal of Public Health* 97(12): 2132-2142.

Presidência da República (1917): "Autoriza o Presidente da República a ausentar-se do país, em visita ao Corpo Expedicionário Português, em França". Disponível em http://arquivo.presidencia.pt/report/?p=%2FArcheevo4_DSDA%2FFrontOffice%2FPublic%2FMiscellaneous%2FDescriptionItemPublicReport&f=3&ID=10172&Locale=pt. (consultado em: 30/07/2018).

Ramchand, Rajeevi; Karney, Benjamin R.; Osilla, Karen Chan; Burns, Raquel M.; Caldarone, Leah Burns (2008): "Prevalence of PTSD, depression and TBI among returning servicemans". In: Terri Tenielian & Lisa H. Jaycox (Eds.). *Invisible wounds of war. Psychological and cognitive injuries, their consequences, and services to assist recovery.* Santa Monica, CA: Center for Military Health Policy Research. Rand Corporation.

Reinolds, David (2018): "Verdun. O inferno na terra". In: *BBC História. A história da I Guerra Mundial.* Lisboa: Goody editor.

Sareen, Jitender; Cox, Brian J.; Afifi, Tracie O.; Stein, Murray B.; Belik, Shay-Lee; Meadows, Grahan; Amundson, Gordon J. G. (2007). "Combat and peacekeeping operations in relation to prevalence of mental disorders and perceived need for mental health care". In: *Arch. Gen Psychiatry* 64(7): 843-854

Sheffield, Gary (2018a): "1918. Da retirada à vitória". In: *BBC História. A história da I Guerra Mundial.* Lisboa: Goody editor.

Sheffield, Gary (2018b): "Somme. Uma terrível curva de aprendizagem". In: *BBC História A história da I Guerra Mundial.* Lisboa: Goody editor.

Solomon Z, Waysman M,Levy G,Fried B,Mikulincer M,Benbenishty R,Florian V,Bleich A. (1992): "From front line to home front: a study of secondary traumatization". In: *Fam Process* 31(3):289-302.

Solomon, Zahava; Zur-Noah, Shlomit; Housh, D.; Zerach, Gadi; Keinan, Giora (2008): "The contribution of stressful life events throughout the life cycle to combat-induced psychopathology". In: *Journal of traumatic stress* 21(3), 318-325.

Stack, S.; Kposowa, A. J (2011): "Religion and suicide acceptability: a cross-national analysis." In: *J Sci Study Relig.* 50(2): 289-306.

Xue, Chen; Ge,Yang; Tang, Bihan; Liu, Yuan; Kang, Peng; Wang, Meng; Zhang, Lulu (2015): "A meta-analysis of risk factors related PTSD among military personnel and veterans". In: *PLOS ONE* 10 (3): 1-21.

Cultura e memória em representações textuais da I Grande Guerra: história, propaganda e realidade de facto

Maria Luísa de Castro Soares
UTAD/CECH-UC

Uma reflexão em torno das relações entre literatura e sociedade numa determinada época histórica – designadamente, o tempo da I Grande Guerra – exige o conhecimento dos textos e de realidades contextuais e subtextuais. Quanto aos textos – literários ou não – são memória firmada, resultado do *mito* pessoal do indivíduo que os produz, logo, são expressão de um universo individual, mas ainda da memória coletiva, sendo que a "memória individual não é nada mais do que a memória formada pela vivência de uma pessoa em diversos grupos ao mesmo tempo" (Halbwachs *apud* Casadei s/d: 153). Deste modo, as lembranças não são unicamente do indivíduo mas ainda inerentes ao campo social, a referências culturais e circunstanciais, podendo a memória ser definida como "uma corrente de pensamento contínuo que retém o passado que ainda está vivo" (Halbwachs *apud* Casadei s/d: 157). Cada indivíduo armazena e crê naquilo que para ele é verdadeiro ou adequado e, a partir dessa decisão, molda a sua memória individual, sempre inserida na memória coletiva.

Tendo em conta o quadro sociocultural e histórico, o objetivo deste estudo é, assim, a análise do I conflito mundial à luz de alguns textos que pertencem ao jornalismo e à literatura e que enformam, no seu conjunto, uma memória capaz de configurar, no tempo, uma identidade nacional. Sobre a questão de saber o que é a identidade, deve dizer-se que é algo inerente ao indivíduo e à história de uma comunidade humana marcada por elementos de diferenciação material e simbólica, é algo "amalgamado a um tempo e espaço próprios, homogeneizado pela língua, pela história, pela cultura, pela religião enquanto habitus sociológico" (Lourenço 1988:13). E os textos escritos – literários ou não – são, efetivamente, "uma das armas mais eficientes contra a segunda morte social, o esquecimento" (Assmann 2011:195).

Através dos textos, tem-se a uma visão do contexto, logo, urge fazer uma pequena resenha da situação da Europa no dealbar do século XX, um período que ficou marcado pelo primeiro conflito à escala mundial.

A I Guerra Mundial (1914-1918) resultou de uma alteração, ao longo do século XIX, da ordem institucional vigente. De entre os vários motivos desta alteração destaca-se a unificação da Alemanha e os conflitos entre as potências, suscitados pela anexação de áreas coloniais na Ásia e na África. Outras causas houve contudo, designadamente, a questão balcânica que pode ser associada ao interesse russo em abrir os estreitos de Bósforo e Dardanelos; o nacionalismo eslavo e o temor austríaco relativamente à possibilidade de formação da Grande Sérvia. É neste contexto que, no princípio do séc. XX, se formam dois blocos antagónicos, a *Tríplice Aliança* (Alemanha, Itália, Áustria) e a *Tríplice Entente* (França, Rússia, Inglaterra). Uma tal organização teve, com evidência, razões políticas e estratégicas de cada país na disputa pela hegemonia e pelo poder: a França estava ainda ressentida das consequências da guerra franco-prussiana, com a perda de Alsace e de Lorraine (Caddick-Adams 2018: 9); a Áustria via-se importunada pela expansão da Sérvia; a Itália ansiava alargar a sua influência nos Balcãs; a Alemanha, baseada no princípio do pangermanismo, desejava expandir-se e regenerar o mundo. Porém, a causa do agravamento das relações, que veio dar origem ao conflito, foi a rivalidade económica, sobretudo entre a Inglaterra e a Alemanha (Caddick-Adams 2018: 8-17).

Como causa próxima da I Grande Guerra pode assinalar-se o assassinato de Francisco Fernando e sua mulher, príncipes herdeiros da Áustria, em Sarajevo (1914), por um bósnio (Clark 2018: 18-23). Na sequência deste episódio, e tendo-se confirmado após investigações a cumplicidade de oficiais sérvios, a Áustria enviou à Sérvia um violento ultimato, cuja rejeição propiciou uma declaração de guerra por parte da Áustria. Do lado da Áustria ficaram a Alemanha, a Bulgária e a Turquia (desejosas de expansão territorial nos Balcãs). Do lado da Sérvia ficou a Rússia, Montenegro, o Japão, a Itália, a Grécia, os Estados Unidos e Portugal, como aliado da Grã-Bretanha.

No que diz respeito às operações militares, os alemães chegaram às margens do Marne na intenção de avançarem sobre Paris, sendo que o general francês Joffre os fez retroceder até ao Aisne. Contudo, "apesar de Paris estar a salvo, dez *départements* no nordeste francês ficaram sob ocupação alemã" (Reynolds 2018: 58). Os russos invadiram a Áustria, mas foram bloqueados pelos alemães, começando então a guerra das trincheiras. A Roménia viu-se ocupada pelos alemães, e a Itália foi repelida nos Alpes. Entraram os Estados Unidos, enviando divisões para a França (Cart 2018:102) e, também, Portugal, ao lado da Inglaterra.

Em 1918, a Rússia, agitada por lutas internas, fez acordo de paz com a Alemanha, seguindo-se o pedido de paz da Bulgária, da Turquia, da Áustria e, por fim, da Alemanha, assinalando-se nesse ano a vitória dos Aliados, baseada "em métodos militares que levaram à derrota alemã" (Sheffield 2018: 127).

Como pode verificar-se, no contexto das grandes coligações políticas europeias de inícios do século XX, Portugal, país e neutro em 1914, associa-se aos Aliados, em 1916 e intervém na guerra, que foi defendida por vários setores da sociedade portuguesa. O intuito de legitimar o governo republicano no âmbito nacional e internacional, associado ao desejo de preservação do império colonial português foram os argumentos do governo pró-beligerante de Afonso Costa e as circunstâncias que estiveram na base da entrada de Portugal na I Grande Guerra que foi, contudo, polémica (Cruz 2014: 23). Alguns intelectuais viam na guerra um fator de renovação. Eram apologistas de um certo darwinismo social, ao acreditarem que a disputa entre os Estados e a supremacia do mais forte é parte integrante da natureza. Do ponto de vista político, primavam interesses geoestratégicos e imperialistas sobre as colónias portuguesas, irmanando-se a vontade política com os meios de comunicação no incentivo bélico (MacMillan 2014).

A entrada de Portugal na Guerra, a que a imprensa aderiu como voz do poder, foi, na verdade, determinada por intuitos políticos e pragmáticos do governo de *União Sagrada* que reunia *democráticos e evolucionistas*. Se assim se passou no campo político, no âmbito literário, nos inícios do século XX – a confirmar a voz do poder, ou não – afirmou-se uma multiplicidade de movimentos que, imbuídos de ideologias diferentes, procuraram na sua generalidade o ressurgimento nacional, a *ressurreição espiritual* do povo português. Esta pluralidade de movimentos brotou – no dizer de António Quadros – da *Renascença Portuguesa* que, no ano de 1915, dimana "em diversas direcções (...) afins no essencial, mas diferentes quanto à prática, ao método e direcção político-cultural" (Quadros 1989: 84). Assim se explica a coexistência, nos alvores do século XX, da *Renascença Portuguesa*, do *Integralismo Lusitano*, do *Orpheu*, do *Portugal Futurista*, da *Seara Nova*... e de alguns "profetas" isolados como Raul Leal (Soares 2007:13-19).

Os vários autores assumem múltiplas tendências literárias que vão "do sebastianismo ao socialismo" (Serrão 1973). Entre os diversos autores, sobressai António Sérgio, num alinhamento positivista, António Sardinha, num alinhamento integralista (Soares 2007: 59-80) e, num alinhamento idealista e neorromântico, uma das faces de Fernando Pessoa, Augusto Casimiro, Jaime Cortesão e, acima de todos, Teixeira de Pascoaes, "em cuja mundividência se diria que o romantismo se excede a si mesmo" (Serrão 1965:108).

Ora tendo em mente um passado tido como paradigma (neorromantismo concretizado literariamente pela nostalgia nacionalista), ora optando por um projeto de atualização e de europeização (linha positivista), os intelectuais portugueses, na diversidade de tendências filosófico-doutrinais, todos confluem no desejo de *ressurgimento*, o que "não é mais, em última instância, que um aspecto da percepção do desajustamento entre o tempo português e o europeu" (Serrão 1973: 36).

Sobre a participação portuguesa na I Grande Guerra ao lado dos Aliados, é indubitável que a imprensa e a literatura tiveram um papel crucial na construção da imagem místico-nacionalista, em conformidade com a propaganda política oficial da I República1. A propósito, deve evidenciar-se, a título de exemplo, o jornal *O Século*, de 1916, onde se enuncia uma espécie de euforia nacional, uma *fábrica de opinião* a favor da entrada de Portugal na guerra contra a Alemanha, como aliado do Inglês.

Sobre a situação de Portugal no conflito, pode ler-se o seguinte, no título de uma notícia, datada de 9 de janeiro de 1916: "O conflito internacional. A atitude de Portugal e a imprensa britânica". E, no *lead*, constata-se o irrealismo de Portugal sobre o seu relevo e poder: "Jamais em toda a sua história a aliança anglo-portuguesa foi mais cordial e poderosa – diz o *Times*" (*O Século* 1916: s/p). Uma semana depois, n'*O Século*, de 18 de janeiro de 1916, mais uma vez, é posta a tónica sobre a importância de Portugal ao olhar do inglês: "Carta de Paris. O que se diz de nós. [...] As palavras claras e eloquentes do grande jornal inglês. Ele classifica de «ingrata» e «penosa» a nossa situação internacional" (*O Século* 1916: s/p).

É um facto (que a imprensa destaca e a literatura confirma) que do ponto de vista político havia interesse na entrada de Portugal no teatro de guerra em África (em defesa das colónias ameaçadas) e na Europa.

Da entrada e manutenção em combate na Frente Ocidental do Corpo Expedicionário Português (CEP) dão conta várias representações textuais, testemunhos vividos, relatos de guerra de militares e intelectuais portugueses como o de André Brun, na obra *A Malta das Trincheiras. Migalhas da Grande Guerra (1917-1918)*, o *Diário* de João Chagas, o *Calvário na Flandres* e *Nas Trincheiras da Flandres*, de Augusto Casimiro, e as *Memórias da Grande Guerra (1916-1919)*, de Jaime Cortesão. Nesta obra, em texto datado de Setembro de 1916, o escritor refere-se e comenta a existência de propaganda governamental para convencer o povo português:

> (...) *a propaganda pelo facto é sempre a melhor*, tinha-me respondido o Snr. Dr. António José de Almeida, a quando o interpelara. Há dois homens, um dos quais pertence ao governo,

---

1 A importância do papel imprensa e de uma vertente da literatura na construção da imagem místico-nacionalista é um facto que serviu os ideais da I República e, depois, da Ditadura Militar e do Estado Novo.

que encarnaram esta ideia: o ministro da guerra Norton de Matos e o comandante da Divisão Naval, Leote do Rego. São duas forças. Duas tremendas vontades. Devido a eles a nossa participação tem já teatro, o que é indispensável para a multidão. O Povo só aprende olhando (Cortesão 2016: 33).

Mais adiante, o escritor acrescenta que "o próprio governo, reconhecendo a necessidade urgente de fazer propaganda da guerra, resolve iniciar uma série de comícios junto aos grandes monumentos nacionais" (Cortesão 2016: 34). E sabe-se que, apesar de algumas oposições ou recrudescimentos de uma visão contrária, em "resultado: o povo aplaude" (Cortesão 2016: 34).

O hastear da bandeira portuguesa nos barcos alemães ancorados no Tejo é, além disso, noticiado pelo jornal *O Século*, de 24 de fevereiro de 1916, como um feito digno de referência:

> Um grande acontecimento. Arvora-se a bandeira nacional nos 36 navios alemães surtos no Tejo. Um gesto rápido e simples. Os barcos ficaram com praças e oficiais portugueses a bordo, tendo sido desembarcados os seus tripulantes (*O Século* 1916: s/p).

O mesmo jornal, no dia da declaração de guerra da Alemanha, em 9 de março de 1916, noticia o "Rompimento (...). A Alemanha empurra-nos para a beligerância" (*O Século* 1916: s/p).

Na revista *A Águia* – órgão de expressão de muitos intelectuais do tempo que aderiram ao movimento da *Renascença Portuguesa* – é o próprio Teixeira de Pascoaes, na qualidade de diretor, que afirma a adesão do movimento "de fins patrióticos" à beligerância de Portugal com a Alemanha, nos seguintes termos:

> A atitude da *Águia*, como órgão da «Renascença Portuguesa», sociedade de exclusivos fins patrióticos, tem de ser fatalmente favorável à nossa beligerância.
> Se os que provocam uma guerra injusta ou desnecessária são os maiores criminosos do mundo, não é criminoso defender uma guerra defensora da nossa Pátria e libertadora dos outros Povos (Pascoaes 1916:111).

Por meio de representações textuais da imprensa e da literatura nas mais diversas modalidades genológicas e discursivas foram, na verdade, criadas as condições políticas para a participação de Portugal no conflito, acelerando-se, a partir de então, o processo de mobilização de soldados e a criação, em 22 Julho de 1916, do Corpo Expedicionário Português (CEP), num processo liderado por Norton de Matos. No ano seguinte, em 1917, é regulamentada a participação de Portugal na Frente Europeia, através de uma convenção com a Grã-Bretanha. O facto é que, após um treino rápido e pouco eficiente, os soldados portugueses foram enviados para a Flandres francesa, sendo que a manutenção em combate do Corpo Expedicionário Português em França foi difícil. Sobre um "Episódio de Batalha em Lacouture" e o abandono a que foram votados os soldados portugueses do CEP, o poeta e capitão Augusto Casimiro escreve um capítulo do livro *Calvários da Flandres*, onde revela que

> Os batalhões estão cansados, exaustos.- As rendições sucessivas dos últimos dias, as promessas, as esperanças, as desilusões de um descanso que não chega, a visão próxima ainda dos horrores de Março, *o desprêso a que Portugal parece ter votado os seus homens*, a ausência de reforços, o sofrimento e a saudade, trazem o moral das unidades diminuído e leso. Os efectivos andam reduzidíssimos (Casimiro 1918: 34 (itálicos nossos))

Deve dizer-se que esta situação de abandono dos soldados à sua sorte pelo governo Português aconteceu efetivamente (Cortesão 2016: 70) e piorou gradualmente (Cruz 2014: 3) até à derrota da Batalha de La Lys, em 9 Abril de 1918 (Meneses 2018; Cruz 2014: 42-53). Nos soldados do CEP, o desgaste físico e psicológico fez-se acompanhar de alguma revolta, como pode verificar-se no *Diário de João Chagas (1918-1921)*, que sublinha, nas cartas dos soldados apreendidas pela censura, "as expressões de ódio com que se referiam aos homens públicos que os haviam levado à guerra" (Chagas 1918: 277). Efetivamente, após batalha de La Lys, o contingente militar português, vencido pelo exército alemão, sem força autónoma de combate, sofre, na realidade de facto, a penúria e a morte, de que dá conta o livro de *Memórias* de Jaime Cortesão, em texto de 1918, intitulado "Os mortos" (Cortesão 2016:107-111), onde pode ler-se o seguinte:

> Isto para as bandas da Guerra é uma estrada única ladeada de cemitérios. Nem sei para que puseram aí esses postes vermelhos à entrada dos últimos caminhos como letreiro: – *Danger.* Tolice! Aquelas cruzes falam melhor. [...] Logo os cemitérios militares, – um mar de campas rasas, com pequenas cruzes todas iguais. Campas e cruzes em linhas, e as linhas em fila até ao fundo. Ali mesmo na morte os soldados estão debaixo de forma, prontos para voltar à luta (Cortesão 2016: 107).

Sobre a perceção e a tomada de posição de escritores relativamente à I Grande Guerra, há que distinguir a visão dos que integraram as fileiras do CEP como combatentes, designadamente, Augusto Casimiro, André Brun e Jaime Cortesão, que exprimem pelo texto o *real vivido*, e os que permaneceram em Portugal, cujas representações textuais enunciam o *ideal sonhado*.

Como o reconhece Augusto Casimiro, no livro escrito pelo poeta *Nas Trincheiras da Flandres*, quem viveu a guerra não pode ter dela uma visão heroica:

> Aí vai este livro. Amontoado de notas sem linha geral ou intenção precisa, marca-o a sinceridade das coisas vividas. No meu abrigo, nas horas de calma, nas longas noites brancas, o escrevi aos pedaços, esquecido da literatura e de mim. Ninguém procure nele visões teatrais de epopeia. Não as vi na guerra. Só as vê quem nunca fez a guerra, esta guerra, senhores! (Casimiro 1918ª:7)

Se nas trincheiras da Flandres o sofrimento é real, em Portugal predomina, entre jornalistas e intelectuais, a perspetiva apologética da guerra e as "visões teatrais de epopeia" em torno da prestação CEP no conflito.

O relato epopeico que se pratica em Portugal merece até a indignação dos soldados, que Augusto Casimiro, na qualidade de capitão, também regista:

E não quero merecer-me, e aos meus camaradas de França, a indignação com que na trincheira lemos *os lugares comuns dos cronistas ausentes, palavrosos escrivães* que não sabem o que seja a austera severidade dos que cumprem o seu dever na lama, no sangue, em luta consigo e com todas as forças tumultuosas e miseráveis... Perto da Morte,- essa que nos ensinou graves silêncios... (Casimiro 1918ª: 7 (itálicos nossos)).

Na literatura e na imprensa portuguesas não faltam edições especiais consagradas à visão apologética do conflito, tradutores do cultivo e elevação do sentimento patriótico. Disso é exemplo *A Águia,* revista mensal que congrega três números (52, 53, 54), relativa a abril, maio e junho de 1916, que é uma edição especial intitulada *Portugal e a Guerra.* Nela, Jaime Cortesão escreve o poema de exaltação heróica "Cântico Lusíada", iniciando-o com um verso que é intertexto de Camões: "Esta é a ditosa Pátria, minha amada", mas logo se segue um novo contexto, referente à adesão à Guerra:

> *Esta é a ditosa Pátria, minha amada*
> Tende lá, dai ouvido, hostes guerreiras,
> Poetas, marinheiros na abalada:
> Ide e levai esta legenda alçada
> À Proa, sobre as liras, nas bandeiras.
>
> Pátria, perdida ao largo, terra extrema,
> Junto do Céu no longe ocidental,
> – Oh! lusíadas môços, flôr suprema,
> Oh! heróis doutro Poema,
> Vá...orai de mãos postas: – Portugal!
>
> (Cortesão 1916:127)

Deve dizer-se que este poema, de feição neorromântica saudosista, de incitamento à beligerância e de orgulho nacional, foi escrito em abril de 1916, antes de Jaime Cortesão seguir para a Frente Ocidental como médico do CEP, tendo o registo e o tom mudado nas suas *Memórias da Grande Guerra.* Também Pascoaes, um neorromântico na tripla aceção vitalista, saudosista e lusitanista

(Pereira1983: 845-873; Soares 2007: 59) defende a guerra sem ter participado nela, estando os seus textos em conformidade com os ideais políticos da I República e com a imagem que passa em jornais e revistas do tempo, ao enveredar pelo belicismo heroico e nacionalista.

No longo poema "Aos Lusíadas" (1916), escrito com o propósito de incentivar Portugal à participação na guerra mundial ao lado dos Aliados, Teixeira de Pascoaes insurge-se contra "o Bárbaro.../ destruidor,/ monstruoso Satá que endoideceu!" (Pascoaes 1916: 188).

Revela-se o poeta em defesa da "civilização de nossos Pais" (Pascoaes 1916:189) que "o Bárbaro despreza, / tentando edificar um mundo novo / contrário ao sonho nosso de Beleza!" (Pascoaes 1916: 189); em defesa da "herança que já vem da velha idade" (Pascoaes 1916 189). E, em tom inflamado, exorta os Portugueses ao belicismo aventureiro. Eis as palavras do poeta, na incitação inicial de "Aos Lusíadas":

> Ó Portugal, ó terra do meu berço
> do meu corpo e da minha sepultura,
> quisera-te cantar em alto Verso!
>
> Cantar novas proezas da Aventura
> grandes feitos da nova Tentação,
> que se elevem, ó Pátria, a imensa altura!
>
> Trémulo de divina comoção
> e de divino orgulho, eu bem quisera
> ver a espada fulgir na tua mão!
>
> (Pascoaes 1916: 188).

E, em apoteose, no final do poema, assiste-se a nova incitação guerreira. Pascoaes imprime, em síntese, aquela ideia de que o sacrifício heróico pela guerra equivale à glória eterna, à santificação:

> Sacrificai-vos!
> Lançai-vos, sem temer, à grande chama!
> Que o vosso sangue brilhe em rubros laivos!
> Correi à Guerra Santa, heróica gente!

Sede novos heróis! Santificai-vos!
Vivei na pura glória eternamente!

(Pascoaes 1916:192)

A mesma perspetiva apologética, centrada numa mística patriótica é ainda visível em determinadas tipologias textuais como as marchas de guerra, mesmo de autores que integraram a frente de batalha no CEP, designadamente, o capitão André Brun, que compôs a letra de *Marcha do Batalhão de Infantaria 23*, musicada por Edmond Lassailly, de que se cita um excerto:

Na nossa linda terra,
A terra da alegria,
Alguém nos disse um dia:
«Soldado! Vai para a guerra!»
E sem hesitação
Nosso dever
Com alma e coração
Viemos fazer.
E, na hora da rascada,
A nossa rapaziada Há-de vencer
– Vocês vão ver! –
(...)
Que a gente do vinte e três
Má figura nunca fez...
Vocês verão
Que Batalhão!
Vocês hão-de ver
Como ele há-de vencer.

(Brun 2015: 199)

Se esta é uma canção apologética, uma marcha de guerra, de tom heroico e incentivo bélico, como convém a um capitão de tropas, a maior parte da obra *A Malta das Trincheiras*, de André Brun, não descura a visão da realidade, própria do jornalista que também foi.

Em dado passo das suas memórias, o capitão revela que, tendo obtido licença para vir a Portugal, verifica algum ciúme por parte de soldados que, doentes, ficam na trincheira: "Os que ficam continuam no mesmo problema, dentro do mesmo mistério, encerrados no mesmo cárcere. Grande parte deles doentes, anemiados, roídos da tristeza da ausência" (Brun 2015: 100). Ao falar da sua situação, e no privilégio da licença, reconhece:

> Ia poder enfim matar a ânsia do meu coração expressa na quadra que eu pregara na lona da minha barraca:

> – Minha tenda de soldado,
> És como a cela de um frade:
> Lá fora o mundo agitado
> Cá dentro a paz da saudade.
>
> (Brun 2015: 100)

De acordo com os relatos de memórias, que traduzem a visão da realidade, a vida nas trincheiras era penosa. No dizer de André Brun, "o que há de principalmente heroico na *Trincha* é viver nela" (Brum 2015:145). O soldado sobrevivia afundado em "lodo e miséria" (Cortesão 2016: 67). Segundo Jaime Cortesão, "a esperança da vida assenta apenas sobre o acaso. E a inquietação devora o peito nas horas lentas" (Cortesão 2016: 67) dos "moços de 20 anos [que] possuem a sabedoria de séculos" (Cortesão 2016: 68), porque amargurados e amadurecidos pelo sofrimento. Mais adiante no texto, o poeta refere-se à vida das trincheiras como uma aprendizagem da morte e à primeira linha de combate como uma verdadeira "vala comum":

> Depois vêm então as trincheiras. Essas são já a grande cova, onde se aprende o ofício de morto. Sim, uma cova muito longa, tão longa que nem se mede com a fita. A unidade métrica das trincheiras são os sete palmos de terra. A primeira linha, com muitos soldados, é uma espécie de vala comum (Cortesão 2016: 107).

A guerra feria, mutilava e matava. Como observa Jaime Cortesão, os corpos eram recolhidos das trincheiras e enterrados, quando isso era possível, pois devido à permanência e violência dos combates, o solo da trincheira era "meio húmus, meio carne"

(Cortesão 2016: 70), um chão onde viviam em promiscuidade os soldados vivos e os mortos, uma espécie de antecâmara dos cemitérios. Nestes,

> As campas distinguem-se uma a uma. Estão ali os camaradas d'ontem. Acolá naquela campa dorme um médico do batalhão, o Sanches. E outros lá estão, com quem a gente falou e riu. Não verão mais a sua terra! Nunca mais! Nunca mais! (Cortesão 2016: 110).

Jaime Cortesão, na qualidade de médico do CEP na Frente Ocidental, refere a melancolia e a angústia como sintomas frequentes nos soldados, levando-os, não raras vezes, à loucura. Em capítulo das *Memórias*, datado de fevereiro de 1918, dedica-se a referir "os que endoidecem" (Cortesão 2016: 103-106), constatando que "às vezes nas trincheiras os homens endoidecem. Uns de todo. Outros, de quando em quando, algum rebate de loucura" (Cortesão 2016: 103). Apenas as cartas dos familiares queridos, as lembranças e as saudades da terra figuram como fatores retemperantes. Na lógica deste contexto, o escritor lamenta aqueles que não puderam regressar e considera-os o "batalhão dos eleitos", cuja Cruz de Pau é a mais alta Cruz de Guerra:

> Sim! Eles estão ali, os mortos belos, formados também em linha. Os mortos, não! Os que caíram a combater não morrem. É o batalhão dos Eleitos. Dominam a vida. Ocupam ali as trincheiras eternas. As suas feridas sangram ainda e eles continuam a bater-se, batem-se ali para sempre, além da morte, pela sua Pátria. (...) Sobre Eles poisa o grande beijo de fogo dos seus irmãos que passam. Qual de vocês, rapazes, não teve os olhos rasos de água?! Qual de vocês, já longe, não sentiu a garganta ainda atada e não engoliu as lágrimas em silêncio?! (...) a sua Cruz de Pau, que é a mais alta Cruz de Guerra, que um soldado pode ganhar (Cortesão 2016: 111).

Das saudades da terra, da penúria, da melancolia e da morte dão conta memórias, relatos, poemas e desabafos dos que viveram ou de algum modo sentiram a guerra, que o poema cantado posteriormente por Fernando Farinha ilustra:

O soldado na trincheira, não passa duma toupeira
Vive debaixo do chão.
Só pode ter a alegria de espreitar a luz do dia
Pela boca de um canhão.
Mas quando chegar a hora dele arrancar por aí fora
Ao som da marcha de guerra,
Seus olhos são duas brasas e as toupeiras ganham asas
Como as águias lá da serra.

Refrão

Rastejando como sapos, com as fardas em farrapos
Pela terra de ninguém
Mas cá dentro o pensamento,
corre mais alto que o vento
Voando pr'a nossa mãe.
E se eu morrer na batalha,
 só quero ter por mortalha
A bandeira nacional.
E na campa de soldado, só quero um nome gravado
O nome de Portugal.

(Farinha s/dhttps://www.youtube.com/
watch?v=01Q8b5NKDH0)

A autora deste estudo cresceu a ouvir a canção supracitada pela voz emocionada da sua mãe. O seu tio avô – Cesário Duarte de Abreu – participou e combateu na I Guerra Mundial, no CEP, em França (1917-1918), sobreviveu à batalha de La Lys, mas morreu em combate, em 23 de outubro de 1918, conforme consta do seu boletim de soldado. O seu corpo encontra-se sepultado, ao lado de outros 1830 soldados portugueses, no Cemitério de Richebourg l'Avoué, como consta das imagens que se seguem, a primeira ilustrativa do seu mausoléu e a seguinte extraída do livro de *Relação dos Militares Portugueses sepultados nos Cemitérios de Richebourg L'Avoué, Boulogne Sur Mer e Antuérpia*.

Imagem 1-Túmulo de Cesário Duarte de Abreu – Cemitério de
Richebourg L'Avoué In *Arquivos do Exército* https://arqhist.exercito.pt/
viewer?id=252036&FileID=1967521

Relação dos militares portugueses sepultados no cemitério de Richebourg l'Avoué

N.º de ordem	NOMES	Posto	N.º da placa	UNIDADE Territorial	C. E. P.	Causa da morte	Data da morte	Talhão	Fila	Coval
1	Abelum — José Joaquim	Sold.	59.308	Inf. 1		Combate	13/ 4/918	A	7	14
2	Abreu — Cesário Duarte	Sold.	71.668	D. M.		»	23/10/918	B	8	18
3	Abreu — Domingos de	Sold.	59.049	Inf. 23		»	9/ 4/918	D	4	16
4	Abreu — Germano Martins	1.º Cabo	39.983	5.º G. B. A.	»	9/ 4/918	A	15	14
5	Abreu — Serafim	Sold.	13.808	Inf. 23	»	1/ 6/917	B	12	6
6	Acates — António	Sold.	7.557	Inf. 22	»	13/ 6/917	C	2	11
7	Adelino — Manoel	Sold.	8.248	Inf. 22	»	3/ 7/917	D	10	5
8	Adriano — José	Sold.	59.310	Inf. 1	—	23/ 3/919	D	21	8
9	Afonso — José	Sold.	50.025	Inf. 3	Combate	9/ 4/918	C	10	10
10	Afonso — José	1.º Cabo	71.963	B. S. C. F.	»	14/ 4/918	C	17	7
11	Afonso — José	Sold.	28.147	C. M. 2	»	27/ 2/918	D	18	2
12	Agra — Ricardo Gomes	Sold.	62.176	2.º G. M.	»	3/11/917	A	13	12
13	Água — Joaquim dos Santos Borda de	Sold.	67.863	Inf. 5	»	4/ 2/918	A	1	5
14	Água — Manoel dos Santos Poça de	Sold.	2.783	Inf. 28	»	9/ 1/918	A	14	21
15	Aguiar — António de	Sold.	10.067	Inf. 34	—	20/ 5/919	C	19	4

Imagem 2 – Excerto da página sobre a *Relação dos Militares Portugueses
sepultados nos Cemitérios de Richebourg L'Avoué, Boulogne Sur Mer e
Antuérpia* (s/a1937: s/p).

Como é possível verificar, grande parte da literatura portuguesa
sobre (e no tempo) da Grande Guerra tem motivações afetivas,
num estilo pautado pela vibração emocional, desde as memórias
de guerra, aos textos da imprensa, aos poemas imbuídos de um
nacionalismo novi-romântico e saudosista, de que são exemplos os
textos de Teixeira de Pascoaes, o poema "Cântico Lusíada", de Jaime
Cortesão, ou o fado canção de Fernando Farinha "O Soldado da
Trincheira". Todos confluem no apreço da coragem e a bravura do

soldado português, na apologia do profetismo cívico, do patriotismo e de um nacionalismo ôntico, não raro com a exploração de grandes figuras da história e da cultura portuguesas[1].

Apesar destas confluências, nas primeiras décadas do século XX, com autores tão diversificados, uns que experienciaram a guerra, outros que a vivenciaram à distância, de proveniências ideológicas distintas, só poderiam resultar também representações textuais sobre a I Grande Guerra com focalizações diferentes. Uns vislumbraram a guerra como ideia e de modo ideal, outros relataram-na, interpretando-a ao serviço de uma propaganda política, outros viveram-na como realidade de facto.

Permanecem, assim, na literatura e na cultura portuguesas, textos de índole diversa, sejam políticos, propagandísticos, memoriais, poéticos ou jornalísticos sobre a Grande Guerra que, no seu conjunto, são representações da identidade e da memória coletiva do povo português, tradutores da existência, no tempo, de uma consciência nacional e de uma cidadania ativa e imperativamente interveniente.

Resta dizer, em suma, que todos os textos verbais (poesia ou prosa) e não verbais (imagens, sons) sobre a guerra são fixação imorredoura da realidade histórica sonhada, sentida e vivida em Portugal, sobretudo nos anos da sua participação no conflito (1916-1918). São representações da memória coletiva ou, no caso da literatura, assumem-se duplamente como testemunhos da realidade e reelaborações pela imaginação do enunciador. São narrativas, poemas, imagens de grande riqueza cultural, porque perpetuam matrizes históricas. No seu conjunto, resumem as preocupações essenciais da sociedade portuguesa no tempo da guerra e o mito pessoal de cada poeta ou sujeito de enunciação: recriam-se factos históricos; revelam-se medos, desejos humanos, atos heróicos, aspirações, transmitem-se sentimentos, ânsias, amores, saudades, através de um registo que se pauta entre o documental e o ficcional, num encontro final da história literária com a memória cultural e a sociologia.

---

[1] A exploração galvanizante de figuras históricas ou de poetas geniais tornados mitos identitários é uma constante na literatura neorromântica do século XX. Entre essas figuras sobressai a de Camões (Soares 2007a).

Referências Bibliográficas

A Águia. Portugal e a Guerra. 2.ª Série, nos 52,53,54 (Abril, Maio, Junho de 1916). Porto: Ed. Renascença Portuguesa.

Arquivos do Exército https://arqhist.exercito.pt/viewer? id=252036&FileID=1967521 (Consultado em 13-4-2018)

Assmann, Aleida (2011): E*spaços da Recordação formas e transformações da memória cultural.* Unicamp. (trad. Paulo Soethe) Universidade Estadual de Campinas

Brun, André (2015): *A Malta das Trincheiras. Migalhas da Grande Guerra (1917-1918).* Viseu: Quartzo editora / Direcção de História e Cultura Militar.

Caddick-Adams, Peter (2018): "Primeira parte. A História da Guerra". In: *História da I Guerra Mundial.* BBC História. Lisboa: Goody editor: 8-17.

Cart, Doran L (2018): "Uma guerra contra todas as nações". In: *História da I Guerra Mundial.* BBC História. Lisboa: Goody editor:102-105.

Casadei, Eliza Bachega (2010): "Maurice Halbwachs e Marc Bloch em torno do conceito de memória coletiva". In: *Revista Espaço Académico.* Internet. Disponível em http://www.periodicos.uem.br/ojs/index.php/ EspacoAcademico/article/view/9678 (consultado a 9-04-2018).

Casimiro, Augusto (1918a): *Nas trincheiras da Flandres.* Porto: Ed. Renascença Portuguesa.

Casimiro, Augusto (1918): *Calvários da Flandres (1918).* Porto/Rio de Janeiro: Ed. Renascença Portuguesa & Luso Brasiliana.

Chagas, João (1932): *Diário de João Chagas 1918-1921.* Lisboa: Parceria de António Maria Pereira, Livraria Editora.

Clark, Christopher (2018): "Os disparos que ecoaram por todo o mundo". In: *História da I Guerra Mundial.* BBC História. Lisboa: Goody editor: 18-23

Cortesão, Jaime (2016): *Memórias da Grande Guerra (1916-1919).* Viseu: Quartzo Editora – Direcção da História e Cultura Militar.

Cortesão, Jaime (2016): "Cântico Lusíada". In: *A Águia. Portugal e a Guerra.* 2.ª Série, nos 52,53,54 (Abril, Maio, Junho de 1916). Porto: Ed. Renascença Portuguesa:127-130.

Cruz, Henrique Manuel Gomes da (2014): *Portugal na Grande Guerra: a construção do «mito» de La Lys na imprensa escrita entre 1918 e 1940.* (Dissertação de Mestrado). Lisboa: Universidade Nova.

Farinha, Fernando (s/d): "O soldado das Trincheiras". In https://

www.youtube.com/watch?v=01Q8b5NKDH0 (Consultado em 13-4-2018).

MacMillan, Margaret (2014): *A guerra que acabou com a paz. Como a Europa trocou a paz pela primeira guerra mundial.* Lisboa: Círculo de Leitores.

Lourenço, Eduardo (1988): "Identidade e Memória". In: *Nós e a Europa – as duas razões.* Lisboa: INCM: 9-13

Meneses, Filipe Ribeiro (2018): *De Lisboa a La Lys.* Lisboa: Dom Quixote.

Ministério de Guerra (1937): *Relação dos militares Portugueses sepultados no cemitério de Richebourg L'Avoué, Boulogne-sur-Mer e Antuérpia.* Lisboa: 3ª Direcção Geral/Estado-Maior do Exército.

Pascoaes, Teixeira de (1916): "A Guerra". In: *A Águia. Portugal e a Guerra.* 2.ª Série, nºs 52,53,54 (Abril, Maio, Junho de 1916). Porto: Ed. Renascença Portuguesa: 109-111.

Pascoaes, Teixeira de (1916): "Aos Lusíadas", In: *A Águia,* 2.ª Série, vol. X, n.º 56-57, Agosto-Setembro de 1916, pp. 57-61. Coligido em "Dispersos". In: *Obras completas,* vol VI. Lisboa: Bertrand: 188-192. Citamos desta obra, p. 189.

Pau, Béatrix (2018): "Rien ne sera plus comme avant. Cérémonies macabres". In: *L'Histoire, Comment la guerre nous a changé.,* nº 449-450, Juillet-Aôut 2018: 76-77.

Pereira, José Carlos Seabra (1983): "Tempo Neo-Românctico – Contributo para o estudo das relações entre literatura e sociedade no primeiro quartel do século XX". In: *Análise Social,* 3.ª Série, Vol. XIX, n.º 77-78-79: 845-873.

Pereira, José Carlos Seabra (1995): *História Crítica da Literatura Portuguesa Vol. VII – Do Fim-de-Século ao Modernismo.* Lisboa: Verbo

Quadros, António (1989): *A ideia de Portugal na Literatura Portuguesa dos últimos 100 anos.* Lisboa: Fundação Lusíada.

Reynolds, David (2018): "Verdun. O inferno na terra". In: *História da I Guerra Mundial.* BBC História. Lisboa: Goody editor: 56-63.

Serrão, Joel (1973): *Do Sebastianismo ao Socialismo em Portugal.* Lisboa: Livros Horizonte.

Sheffield, Gary (2018): "1918. Da retirada à vitória". In: *História da I Guerra Mundial.* BBC História. Lisboa: Goody editor: 126-133.

S/A (1916): "O conflito internacional. A atitude de Portugal e a imprensa britânica". In: *O Século* de 9/01/1916. Lisboa: s/p.

S/A (1916): "Carta de Paris. O que se diz de nós". In: *O Século* de 18/01/1916. Lisboa: s/p.

S/A (1937): *Relação dos Militares Portugueses sepultados nos Cemitérios de Richebourg L'Avoué, Boulogne Sur Mer e Antuérpia.* Lisboa: Ministério

de Guerra. Estado-Maior do Exército, s/p. In http://www.richebourg62.
com/sites/richebourg62.com/files/uploads/pieces_jointes/Livre%20%20
des%20victimes%20portugaises%20de%20la%20guerre%2014-18b.pdf
(Consultado em 17-04-2018).

Soares, Maria Luísa de Castro (2007): *Nas Encruzilhadas do Século
XX. António Sardinha e Teixeira de Pascoaes.* Vila Real: CEL/ UTAD.

Soares, Maria Luísa de Castro (2007a): *Profetismo e Espiritualidade
de Camões a Pascoaes.* Coimbra: Imprensa da Universidade.

Durante a Guerra, "Memórias" de Raul Brandão: a participação de Portugal na Grande Guerra (1914-1918). Aproximação a uma alegorização da história

Maria Otília Pereira Lage
CITCEM / FLUP

Introdução

Este estudo propõe-se abordar a participação de Portugal na Grande Guerra, através da análise interdisciplinar entre literatura e história – áreas de complexa articulação – da prosa narrativa "Durante a Guerra" (in *Memórias de Raul Brandão* (2017)), clássico e mestre de gerações sucessivas de grandes nomes da nossa literatura, militar[1], pintor, artista, escritor genial e polifacetado (prosador, ficcionista, dramaturgo…) publicista, memorialista e jornalista[2].

Raul Brandão sem nunca deixar de ser guiado pelo sentir, e o sentir mais intratável que poderíamos conceber (a dor, o grito), revela uma enorme preocupação com a articulação e com a ordenação do texto, a partir de uma consciência agudíssima das suas possibilidades expressivas. E não apenas do que há a exprimir, mas do movimento da expressão (Coelho 2001: s/p).

[1] Raul Brandão (1867-1930) concluiu o curso de Infantaria, na Escola do Exército (1891-1892), onde foi colega de Sidónio Pais (diplomata, professor universitário, ministro republicano e Presidente da I República, em 1911), Óscar F. Carmona (líder do Golpe Militar de 28 de Maio de 1926, ministro da Ditadura e Presidente da República no Estado Novo) e Ivens Ferraz (general, ministro e presidente num dos governos da Ditadura Nacional).

[2] Escreveu, entre outros jornais e revistas, no *Correio da Manhã*, *Revista de Hoje*, *Revista de Portugal*, e foi chefe de redação de *O Dia* e *A República*. Colaborou na revista *Águia* e no movimento **Renascença Portuguesa**. Fez parte do **Grupo da Biblioteca**, quando **Jaime Cortesão** era diretor da Biblioteca Nacional de Lisboa e do grupo fundador da Revista Seara Nova, em 1921, que se propunha reformar a mentalidade portuguesa através de intensa ação pedagógica e política.

Este texto literário memorialístico e autobiográfico assaz expressivo, a nível policromático, sinestésico e factual da percepção nacional colectiva da I Guerra Mundial, representa numa trama narrativa modernista, dialogicamente fragmentada e performativa, comportamentos e reações político-sociais e culturais quer quanto à participação de Portugal na Grande Guerra (1914-1918), quer quanto a posições públicas nacionais face a este conflito mundial. A sintonia do escritor com sua época histórica possibilita um olhar perscrutador e crítico sobre este dramático acontecimento histórico que mobilizou mais de 65 milhões de homens, onde figuravam muitos escritores e poetas, tendo provocado mais de 10 milhões de mortos, inúmeros feridos e mutilados.

O texto "Durante a guerra", reportagem escrita à época, na retaguarda, anuncia premonitoriamente o balanço negativo que se veio a fazer da participação portuguesa como força aliada neste conflito, quer na frente militar na Europa (a 1ª brigada do CEP[1] com cerca de 60.000 homens partiu para França, a 30 de Janeiro de 1917) quer nas expedições militares saídas de Lisboa em 1914, para as colónias de Angola e Moçambique que confinavam com colónias da Alemanha que esta ameaçara.

Procura-se refletir sobre o impacto da literatura no historiador e o papel das "representações", através do diálogo entre história e literatura na prosa ficcional e histórica de Raul Brandão e da sua intuitiva obsessão por uma história distanciada das concepções positivistas ao colocar-se do lado dos anónimos, indefesos ou vencidos, tendo sempre presente a situação do país, a condição humana e solidariedade com o trabalho da gente humilde.

Raul Brandão, "um intelectual no entre séculos" (Rios 2014), foi um dos escritores portugueses que, numa escrita intemporal, em géneros e estilos diversos, atenta à paisagem material, social e humana e crítica dos valores materialistas burgueses dominantes, melhor representou a história profunda e anónima de Portugal no período conturbado da viragem de oitocentos para o séc. XX e as grandes

---

[1] O General Norton de Matos, Ministro da Guerra (1915 - 1917), organizou, com a colaboração do General Tamagnini, o Corpo Expedicionário Português (CEP) em Tancos.

mudanças políticas, sociais, culturais, ideológicas, literárias e estéticas da sociedade portuguesa do seu tempo (Pierini 2011: 53). A questão social, marcada por expressões estéticas e uma ética existencialista, atravessa toda a sua obra, universal e atual, expressando-se em insaciável busca de verdade e justiça contra os esquecimentos da história e a favor do fim da "exploração humana" (Brandão s/d.).

A sua obra traz consigo códigos e referências de mundos e tempos que a ficção, urdida em memórias, notas e testemunhos autobiográficos, abarca e evidencia, mesmo quando sem compromisso explícito com a verdade dos factos e do real: "O confronto com uma realidade desconhecida, e por vezes brutal, leva-o a refugiar-se no sonho, espaço de resistência inexpugnável que se tornará um tema maior na sua obra" (Reynaud s/d.: s/p).

A análise não linear que se procura fazer, assenta nas "representações sociais", conceito teórico-metodológico da história cultural (Chartier 2001), que nos faz ver uma ausência e a distinção entre o que representa e é representado, permitindo atender aos lugares e instituições sociais em que um autor produz sua obra. O estudo que o historiador faz da obra literária supõe distinguir entre "ficção" e "verdade", elementos centrais da análise histórica da criação ficcional sem destruir a condição literária. Esta compreensão permite identificar como em diferentes lugares e momentos uma dada realidade social é construída, pensada e dada a ler e observar como as sociedades deixam sua marca no mundo, o que exige da história um retorno interpelativo sobre o seu estatuto vinculado a fórmulas literárias e supõe considerar o processo e referenciais socioculturais da criação do autor. Pode-se ainda percecionar o tempo histórico enquanto representação intelectual (Reis 2011) um tempo "que não decorre com regularidade" – como sublinhou Raul Brandão nas suas "Memórias" onde o tempo cronológico se afirma ou se suspende. Este enfoque permite uma inteligibilidade mais densa, complexa e rica do texto possibilitando ampliar o significado e alcance da fonte histórica e um entendimento mais amplo e complexo dos acontecimentos.

1. As memórias de Raul Brandão

Na escrita destas memórias, Brandão deixa transparecer uma noção perfeita dos factos e impressões que permanecem relevantes para além das circunstâncias do seu tempo, e assim estas são (...) um poderoso ensaio sobre o que existe de intemporal nos acontecimentos, nas coisas e nos seres, e sobre o drama nuclear à existência. Por isso, esta é uma peça fundamental da sua obra (Pinto 2017: s/p).

Até à década de 1920, o prestígio de Raul Brandão deve-se menos à sua obra ficcional do que a um conjunto de ensaios sobre temas históricos, dentro de uma linha reflexiva que se prolonga nas "Memórias", obra de consabida complexidade onde se entrelaçam "a narrativa histórica, o discurso memorialístico e a autobiografia" (Reynaud s/d.: 330) devendo por isso ser lidas salvaguardando o valor estético e literário e a preocupação histórica inscritos na escrita brandoniana (Portela 2012: 166).

A bibliografia brandoniana mais explicitamente de natureza historiográfica: *El-Rei Junot* (1912); *1817 – A Conspiração de Gomes Freire* (1914) e o prefácio e notas a *O Cerco do Porto do Coronel Owen* (1915), obras de natureza historiográfica que requerem aprofundamento de estudos, designadamente na fronteira História e Literatura, configura, segundo alguns autores, uma compulsão do escritor pela História enquanto que para outros se não trataria nem de história nem de romance (Marinho 2003). Foi publicada após um intervalo de 9 anos na sua biografia literária. Este período de inatividade criadora e/ou editorial coincidiu com a sua intensa ação de jornalista e publicista na capital, vivendo como cidadão consciente e emotivo a tumultuada conjuntura de grande significado histórico que o país atravessou entre o desabar da Monarquia, a implantação da I República e o deflagrar da I Guerra Mundial marcada por revoluções, desilusões e sequelas de tudo isso. É sobre esta fase de profunda mudança e viragem da história portuguesa que se centra a escrita dos 3 volumes de *Memórias* publicados em 1919 -1923 -1933.

Para Guilherme de Castilho, autor de referência no estudo de vida e obra Raul Brandão, a História é neste escritor "uma diferente dimensão do humano" configuradora de uma "teoria metafísica" desta disciplina (Castilho 2006: 315-17). Já o ensaísta literário Álvaro Manuel Machado, fala-nos, a propósito de Memórias, de uma visão alegorizada da História, enquanto que o académico brasileiro Rios Portela considera esta, "(...) uma revolução (...) dos que foram emudecidos no processo histórico de dominação escrito pelos vencedores", argumentando que a obra brandoniana ao articular a literatura com a matéria histórica provoca "uma ruptura no cânone literário português" (Portela 2012b: s/p):

> (...) é nas Memórias que essa revolução pôr-se-á nas ruas, seja na forma das personagens que experimentam os anos finais da monarquia portuguesa e saem às ruas para tornar possível a proclamação da República a 5 de outubro de 1910, seja na forma com que o escritor também modifica o tratamento até aqui dispensado ao conteúdo histórico no âmbito da literatura portuguesa (Portela 2012a: 101-118).

Obra que, por sua vez, outros autores consideram inscrever-se

> (...) num compromisso entre o testemunho e a crónica, com a análise informada do jornalista, e a fulgurante meditação do escritor. Assim, ao valor documental alia-se o alcance dos juízos formulados por Brandão, não apenas quando relata episódios mas também quando revela aspectos mais e menos íntimos, que aproveitam o privilégio da sua convivência com figuras marcantes de há um século, sobretudo os escritores que lhe mereceram admiração, mas também essas figuras raríssimas que são a matéria inspiradora dos seus livros (Pinto s/d: s/p).

Raul Brandão começou a escrever o prefácio ao I Volume das Memórias, na Foz do Douro em 1918, coincidindo com o final da I Guerra Mundial. De acordo com Machado, esse volume, prolongado nos dois seguintes, "(...) vem concretizar em fragmentação da memória histórica aquilo que em Húmus (1917) [obra prima da Modernidade em Portugal] fora abstracta e apolítica visão alegorizada da História, dada através de uma fragmentação narrativa sem espaço nem tempo concretos" (Machado 2004: 338). Ou seja, na obra *Memórias*, o que antes fora essa sua visão da história, torna-se aqui "(...) alegorização da História através de uma memória referencial precisa, projectada em acontecimentos e pessoas reais" (Machado 2004: 339).

Muitos dos elementos do domínio ficcional brandoniano, estudados por especialistas dos Estudos Literários, são transpostos, "(...) em termos confessionais e de alegorização da História, através da memória" (Machado 2004: 339) para as suas

> Memórias que cobrem períodos históricos diferentes: finais da monarquia e regicídio; processo de implantação da República; período da I República, "em que as evocações (...) são envolvidas por uma memória errante que a si própria se interroga, interrogando o sentido daquilo a que Raul Brandão chama "lixo da história" cujo significado último (...) é o esquecimento, ou seja a morte (Machado 2004: 338).

Com uma estrutura não habitual de "diário ou ainda outra que assumisse a posição de uma novelística linear, livre de lacunas, silêncios" emergem nesta sua obra resíduos da essência dos vencidos numa "metáfora alegórica que a palavra escrita representa", em "diálogo esfarrapado". Numa estética suportada por uma série de figurações de cunho visionário, de pendor filosófico, Raul Brandão "(...) para poder resgatar o passado, fixá-lo momentaneamente na escrita memorialística (...) precisa acolher o descontínuo da história, proceder à interrupção desse tempo cronológico sem asperezas" (Portela 2012: 180).

2. "Durante a Guerra", testemunho no limite entre memória, história e ficção.

> O cronista que narra os acontecimentos, sem distinguir entre os grandes e os pequenos, leva em conta a verdade de que nada do que um dia aconteceu pode ser considerado perdido para a história (Benjamin 1987: 223)

É com os "Preparativos para a entrada das nossas tropas na Guerra" que se inicia *Durante a Guerra* de Raul Brandão, texto datado de Dezembro de 1914, com destaque espacial em Lisboa, evocativo de factos e acontecimentos ocorridos em vários pontos do país, até para lá de Junho de 1916, o qual vamos aqui analisar no plano da narrativa documental, entrelaçada na ficção literária.

A escrita deste diário memorialístico acentuadamente polifónico, acontece num momento de profunda crise política e social e reflete em grande medida as circunstâncias complexas da participação portuguesa na Grande Guerra, bem como a sociabilidade intelectual que caracteriza o seu autor e que contribui para conferir à efabulação narrativa e montagem textual, uma estrutura fragmentada, um plurivocalismo social e histórico exemplares.

Raul Brandão escreve este documentário histórico, memorialístico e ficcional, de modo nada linear e sempre pontuado de reflexões dubitativas, interpelativas e de observação crítica social, referindo com notável realismo, as tensões políticas sociais e existenciais que antecederam e acompanharam a decisão da entrada de Portugal neste grande conflito bélico mundial:

> Os oficiais, na sua maioria, vão como quem vai para o açougue. Os jacobinos chamam-lhes por aí, *cabides de farda*. A ida de forças para França salvará a república? Ainda hoje Junqueiro me dizia, no Porto, que depois da vinda ao Tejo dos navios ingleses e franceses a situação internacional da república é melhor. – Vou passar alguns meses na Barca de Alva, a escrever um manifesto sobre a república. Desde o dia 5 de Outubro que está tudo errado (Brandão 2017: 469).

Assim em modo coloquial e de debate com seu amigo, o escritor Guerra Junqueiro, Raul Brandão delineia a ação das forças navais aliadas em presença no território nacional, deixando sugerido quer a generalizada resistência militar à adesão bélica quer o empenhamento político, entre utópico e crítico, com a república de escritores nacionais ao mesmo tempo que se interroga e nos interroga sobre os efeitos políticos da partida de contingentes militares portugueses para a *front*:

(...) esses sujeitos retratados pelo memorialista destacam-se pela forma como os descreve, partindo, quase sempre, de um detalhe físico para, na sequência, concentrar-se numa descrição psicológica e do comportamento, que reforça uma vocação expressionista plasmada pelo pictórico.(...) O escritor confere às figuras expressionistas que cria o tom dramático, ao destacar o "ar solene" com que se apresentam (Portela 2012b: 189-190).

Percebem-se os laços estreitos entre narração e história, sob o signo da explosão ao vivo do "continuum da história" (Benjamin 1987: 232) e o seu compromisso com o material de estudo a que remonta "(...) configurando-o em mosaico, enovelando-lhe o tempo" (Portela 2012b: 107-108), e assim deixando no leitor interrogações reflexivas e contraditórias, designadamente sobre relações, interferências e impactos entre o papel da República e a decisão, efeitos e consequências de participação de Portugal na Grande Guerra – nas colónias e na frente de batalha

A montagem escrita deste testemunho conciso, denso e rico de alusões a factos e acontecimentos a par dos mais profundos sentires face à guerra, obedece a uma estrutura sucessiva de micro quadros traçados num movimento polifacetado e inter-escalar, em que o autor não abre mão de formular seus posicionamentos interpretativos e críticos, a partir do contributo de uma diversidade de notas jornalísticas e documentos com que se supõe ter-se deparado no decurso das suas pesquisas históricas:

> O efeito quase cinematográfico, de imagens em preto e branco que passam pela retina, expressando-se dramaticamente a fim de pactuar com o expectador o roteiro e, sobretudo, a psicologia das personagens que se apresentam, vê-se não apenas na escrita memorialística mas no conjunto da obra de Raul Brandão, contemporâneo do surgimento do cinema em Portugal (Portela 2012b: 191).

Nessa sucessão encadeada de *flashes* movimenta-se expressivamente uma multiplicidade de comportamentos, sensibilidades políticas e sociais, nomes de figuras destacadas da política nacional, chefias governamentais, forças do exército e patentes militares em diversas posições, soldados e famílias, ricos e poderosos, simples e humildes, a sociedade portuguesa em geral. Pontuados por notas reflexivas éticas e estéticas do autor, neles perpassam as hesitações, as ambiguidades táticas, as atuações e decisões descoordenadas de governos e políticos da República, as diferenças e semelhanças entre forças intervencionistas e não intervencionistas, sublevações e movimentos refratários, as posições sociais e políticas contraditórias e ou afins de monárquicos, republicanos e liberais.

O escritor constrói assim com olhar irónico e fina sensibilidade uma plurivocalidade diferenciadora, expressiva e representativa da sociedade da época onde "(...) sob as aparências se vê o jogo incessante de interesses e paixões, o medo da morte, e a teia emaranhada da vida" (Portela 2012b: 191).

A sua escrita desdobra-se na figuração de diferentes espaços político-sociais, em que dominam os simples, a pequena burguesia (comerciantes, profissionais liberais, funcionários públicos), soldados, militares de baixa patente e artistas (sobretudo escritores), e ganham relevo os vencidos como legítimos sujeitos da própria existência e da história.

Os seguintes micro-quadros considerados mais expressivos desta narrativa, onde a matéria historiográfica se entrelaça com impressivas pinceladas literárias, memórias pessoais, reflexões éticas, impressões estéticas, compõem uma verdadeira alegoria da história da participação portuguesa na I Guerra Mundial. As reflexões pessoais de Raul Brandão que pontuam cada quadro narrativo em que vai (des)construindo a montagem alternada e recursiva de momentos fortes, confusos e conflituais da participação nacional nesta guerra, traduzem o seu profundo e arreigado sentir que, como em toda a sua vida-obra, aqui se manifesta:

> Quadro nº 1 – Com a guerra poucos se importam . A grande maioria do país vive alheada. Ao lado da camada indiferente há outra – como hei-de dizê-lo? – que rejubila com o triunfo dos alemães e até com o último desastre de África. São os monárquicos, com algumas exceções. Há-os que, a propósito do bombardeamento do Funchal exclamam: – Foi uma boa ensinadela; era preciso fazer o mesmo a

Lisboa!...E damas talassas rezam pela vitória dos alemães enchendo as igrejas de Lisboa, à hora da missa, o que as não impede de dizer: – Ó meu Deus: estamos : mortas que venha a monarquia, para acabar com esta maçada de ir à missa aos domingos! (Brandão 2017: 473).

Esta a representação do clima de apatia face à Guerra que em Portugal se vivia numa latente e difusa permeabilidade à demagogia populista, em que ressaltava a germanofilia monárquica perante que de forma 'explosiva' caracterizaram o período de 1914-16. A percepção do ambiente ideológico nacional em que a questão religiosa se agudiza é assim traduzida pelo escritor, em clímax dramatúrgico: "Os boatos não cessam" (Brandão 2017: 474); e "O verdadeiro e o falso corre de boca em boca para ouvido neste cenário de fealdade que é a república" (Brandão 2017: 473).

Quadro nº 2 – A república, que depois da visita dos navios estrangeiros, depois de se ver livre dos seus inimigos internos, a república que estava caída e se levantou agora com a guerra – tem porventura mais vida ?...
(...) A nossa situação interna é péssima, a externa é um pavor. A Inglaterra olha para nós como uma pescada podre. A questão da guerra tem sido dirigida por maus ou por tolos. (...) Os homens falharam. Os melhores, talvez, estão de há muito, afastados, como Bruno na sua biblioteca, ou o Basílio Teles, em Matosinhos (Brandão 2017: 470-471).

Sobre os sentimentos mais generalizados face à Guerra e às políticas da República, Raul Brandão interroga-se e interroga, céptico quanto à sustentabilidade do regime político vigente, para a seguir constatar sobre a situação internacional do país, modos e papéis de protagonistas políticos (Freire de Andrade, Bernardino Machado, Afonso Costa, António José de Almeida, Brito Camacho) e suas orientações confusas, contraditórias e criticáveis sobre a direção da questão da guerra:

Quadro nº 3 – O que se sente de real é a tendência da grande parte do exército contra a guerra na front. Os oficiais querem combater na África – e os democráticos exigem-lhes que vão para a França.

Os soldados dizem (junho de 1916) – O que não temos é quem nos dirija. – Mas a parte de Lisboa e Porto, esta população irrequieta, sempre pronta para todos os sacrifícios, e que, inconscientemente, talvez, concebe uma pátria – essa impõe a guerra na França. Querem-na também os democráticos. Mas os outros, os que antes querem que isto se perca do que se salve com a república? Às escondidas distribuem- versos, papelada, e o boato, que se não sabe donde parte, revolve toda a lama corrosiva. – O que eles querem é salvar a dinastia do Afonso Costa.- Os mandões estão ricos. – Fulano ganha 40 contos por cada carregamento de vapor ex-alemão.- sicrano já comprou a casa onde vivia. A lama sobe. De Norton de Matos, que vive com a maior simplicidade, diz-se que tem centenas de contos... e que o Antonio Maria da Silva está riquíssimo. (...) – Mas vê-los enriquecer à nossa vista não se tolera (Brandão 2017: 472).

Realce para o ambiente de desnorte político e posições contraditórias face à participação portuguesa no conflito bélico mundial interrogadas pelo escritor, pondo-as na voz interventiva dos soldados anónimos relutantes em ir para a frente da batalha, defendida pelas "forças vivas de Lisboa e Porto", em nome "da Pátria". Revolta e denúncia social contra os negócios da guerra e os "mandões" que com eles enriquecem. Não falta a referência implícita à singularidade e função ideológica dos panfletos, face à censura de guerra e à propaganda política, máquina montada no pais por Norton de Matos, à semelhança dos restantes países beligerantes (Novais 2013: s/p).

Quadro nº 4 – As tropas lá vão embarcando para a guerra, quase em segredo, e com as garantias restabelecidas. Parece que em Santarém alguns oficiais se recusaram a marchar.- mas, soldados, cabos, sargentos, o major Magalhães e um oficial miliciano, quase todo o regimento – desfilou, enquanto as mulheres do povo atiravam com esterco à cara dos oficiais do 34, que vieram sob prisão para Lisboa, defendidos por uma escolta da Guarda Republicana . (...) – A cidade quase às escuras vive na eminência de um saque. (...) – Toda a noite se joga. (...) – O ponto de interrogação é este: consegue-se meter a bordo as forças destinadas à Flandres? Um nada e tudo pode cair por terra...Estes dias mais próximos são dramáticos – para republicanos – para monárquicos e até para quem, como eu, sob as aparências, vê o jogo incessante de interesses e paixões, o medo da morte, e a teia emaranhada da vida (Brandão 2017: 473-474).

Eis-nos agora perante traços da conjuntura político-social, ambiente deletério e representações culturais das reações populares e do que se vivia na capital, entrecruzadas com notícia de resistência à partida de tropas do CEP para a frente bélica europeia, em 1917, evidência da declaração de guerra da Alemanha a Portugal com afundamento de vapores nacionais e 'boatos' de insubordinação militar.

Também aqui, a original escrita brandoniana da matéria historiográfica surge fragmentada e entrecortada de "rastros" por onde se entrevê o desconjuntado 'real' como fica sugerido em idioma expressivo envolto numa referenciação constante e interligada à reflexividade ética e ficcionalidade estética que combina história e literatura.

Pode constatar-se ainda no final deste testemunho memorialístico onde Raul Brandão, detentor de singular preocupação histórica e genial acuidade literária, satiriza os que reclamando-se da república como espaço de escrita de futuros dramas, viram deputados e prebendados, uma ficcionada e presentificada alegoria da história dos vencedores a que subjaz latente o outro lado da história, a dos humildes e vencidos que nesta escrita autêntica se ficam a remoer o drama "que farte" (Brandão 2017: 475).

Por outro lado, "(...) cumprindo momentaneamente uma historiografia dramática, em que a escrita da história não pode ser pontual por ser rede textual" (Portela 2012a: 101-118), Raul Brandão não deixa de incluir também passagens de reflexivo valor estético-literário: "– e o drama, o drama que farte, roemo-lo nós..."

Assim termina em denúncia humana, metaforicamente, alusiva a um romance ou drama, este notável testemunho documental e literário, continuando o escritor a manter os leitores em suspensão: "No entanto, como pensar o drama histórico? Ou seria mais propício apontar a história como drama, a história como teatro de um mundo em crise?" (Portela 2012a: 101-118).

Como se vê continua a predominar a matéria histórica sobre a expressão literária, pois é o impacto e repercussões nacionais da I Guerra Mundial que se plasmam neste texto de Raul Brandão onde bem se entrevê a historicidade do quotidiano, do vivido (Pomian 1984) e do escrito no nosso país nesta conjuntura histórica.

Considerações finais

Uma leitura da matéria histórica em sentido estrito, na escrita memorialística de Raul Brandão, deve sublinhar o percurso histórico do próprio livro *Memórias* a que pertence o depoimento analisado que cede, com frequência, a voz narrativa ao *outro*, assim suscitando polémica sobre a veracidade dos acontecimentos narrados e a pertinência das falas. O artifício da autoria anónima é assim explorado e justificado pelo escritor: "Poderão objectar-me: Então com que destino publico tantas páginas desalinhadas, de que eu próprio sou o primeiro a duvidar? É que elas ajudam a reconstituir a atmosfera duma época; são, como dizia um grande espírito, o lixo da história" (Brandão 1998: 37-38). Mas ao formular a estruturação desta sua obra, Raul Brandão deixa transparecer o seu interesse pela história com a sensibilidade da expressão literária, reconhecendo: "Só o historiador poderá criar mais tarde, com documentos e memórias, e certa aparência de verdade, o romance da nossa vida" (Brandão 1998: 233).

Ficam assim sublinhados dois tópicos recorrentes nos historiadores da contemporaneidade e ensaístas literários: o distanciamento da análise histórica e a perspectiva de uma escrita da história que implica que o narrador ao debruçar-se sobre o texto do passado, se aproxima do género romanesco, já que ambos tratam da vida dos homens e da relação com as sociedades.

O presente testemunho sobre a sociedade portuguesa durante a I Guerra Mundial que se tentou analisar nas camadas rizomáticas do veio dialógico cruzando narrativa histórico-memorialística e modelo ficcional de Raul Brandão, está para além do significado linear do documento de arquivo, fonte histórica. A escrita brandoniana, articulando registo documental e expressão literária, num discurso (des)construtivo, molda em movimento, protagonistas anónimos e figuras oficiais, comportamentos individuais e colectivos apropriáveis em *flashes* político-sociais e culturais da época: em suma, traços e marcas persistentes na história nacional da e na Grande Guerra.

Referências Bibliográficas

Benjamim, Walter (1987): *Obras escolhidas. Vol. 1. Magia e técnica, arte e política. Ensaios sobre literatura e história da cultura.* São Paulo: Brasiliense, 222-232.

Brandão, Raul (1998): *Memórias*, Vol.I. Lisboa: Ed. Relógio de Água.

Brandão, Raul (2017): *Memórias*. Lisboa: Quetzal.

Brandão, Raul (s.d.). "O escritor que sonhava com o fim da exploração do homem". In *Porto 24*. Disponivel em http://www.porto24. pt/cultura/raul-brandao-o-escritor-que-sonhava-com-o-fim-da-exploracao-do-homem/.

Castilho, Guilherme de (2006): *Vida e Obra de Raul Brandão*. Lisboa: Imprensa Nacional Casa da Moeda.

Chartier, Roger (2001): *Cultura Escrita, Literatura e História*. Porto Alegre: ARTMED Editora.

Coelho, Eduardo Prado (2001): "Um novo paradigma ficcional". In: jornal *Público*, 10 fev.

Machado, Álvaro Manuel (1984): *Raul Brandão entre o romantismo e o modernismo*. Lisboa: Instituto de Cultura e Língua Portuguesa/Ministério da Educação.

Machado, Álvaro Manuel (2004): "Literatura e Memória: a alegorização da história em Raul Brandão". In: *Actas do Colóquio Internacional Literatura e História*, vol. I, Porto: 337-342.

Marinho, Maria de Fátima (2003): "El-rei Junot e Vida e Morte de Gomes Freire de Raul Brandão: Nem história nem romance". In: *Revista da Faculdade de Letras. "Línguas e Literaturas"*. XX, 91-103.

Novais, Noémia da Encarnação Padilha Malva (2013): *A Imprensa Portuguesa e a Guerra. 1914-1918. Os jornais intervencionistas e anti-intervencionistas. A acção da censura e da propaganda..* Tese de doutoramento. Lisboa: Universidade Nova de Lisboa – FCSH. Disponível em https://run.

unl.pt/bitstream/10362/10797/1/TeseDoutoramentoNo%C3%A9miaMa
lvaNovais.pdf.

Paes, Graziela Ramos, Rios Otávio (2014): *História de um Palhaço:*
a narração como procedimento alegórico. In: Rios, Otávio, (Org.). *Raul
Brandão: Um intelectual no entre –séculos (Estudos para Luci Ruas).*Rio de
Janeiro: Letra Capital, 275-246.

Pierini, Mágna Tânia Secchi (2011): "Romance português à deriva:
Raul Brandão e os operários". In: *Olho d'água,* 3 (1): 1-190.

Pinto, Diogo Vaz (2017): *Memórias Póstumas de Raul Brandão.* "Sol"
– Cultura, 24 Abr. 2017. Disponível em https://sol.sapo.pt/artigo/559779/
memorias-postumas-de-raul-brandao.

Pomian, K. (1984): *L'Ordre du Temps.* Paris: Gallimard.

Portela, Otávio Rios (2012a). "Raul Brandão e a tentação histórica:
para uma leitura de El-Rei Junot". In: *Via Atlântica,* São Paulo, n. 21,
101-118, Julho.

Portela, Otávio Rios (2012b): *De Trapeiros e Vencidos: efabulação e
história em Raúl Brandão.* Tese de doutoramento. Rio de Janeiro: UFRJ.

Reis, José Carlos (2011): "O tempo histórico como "representação
intelectual". In: *Fénix-Revista de Historia e Estudos culturais.*Vol.8, Ano
VIII, Nº 2, 1-21.

Reynaud, Maria João (2000): *Metamorfoses da escrita: Húmus de
Raúl Brandão.* Porto: Campo das Letras.

Reynaud, Maria João (s.d.): *Modernismo. Arquivo virtual da geração
de Orfeu. Raul Brandão (1867–1930).* Disponível em https://modernismo.
pt/index.php/r/raul-brandao.

O diário de um alferes médico na frente moçambicana: Joaquim Alves Correia de Araújo

Teresa Araújo
C. M. Póvoa de Varzim

Um ano e um mês depois da declaração de guerra a Portugal pelo governo alemão, surgido na sequência do pedido inglês para a requisição dos navios mercantes alemães e austríacos, que desde o início do conflito na europa estavam estacionados nos portos portugueses, o jovem Joaquim partiu para a guerra em abril de 1917. Mais concretamente, para a frente moçambicana. Uma guerra bastante diferente daquela que se desenrolava paralelamente na Europa, uma guerra de movimento comandada por um génio militar, de seu nome Paul Emil von Lettow Vorbeck, que energicamente liderava as tropas alemãs. E partiu para uma guerra que desconhecia, a não ser pelas páginas dos jornais, sobretudo do *Estrela do Minho*, jornal famalicense que seu pai Manuel Alves Correia de Araújo, antigo vereador na Câmara de Vila Nova de Famalicão assinava, e pelas conversas que travava em casa com a família, onde sempre se discutiram os assuntos da política local e nacional.

Ainda que recente a condição da beligerância portuguesa, já desde o início das hostilidades na europa em julho de 1914 e mesmo antes do ataque alemão ao posto fronteiriço português de Maziúa no norte de Moçambique, em agosto de 1914, que o governo português havia decidido organizar, e enviar, duas colunas expedicionárias para as colónias africanas. Foi esse o propósito do decreto de 18 de agosto de 1914. O objetivo era simplesmente guarnecer e reforçar os vários postos de fronteira, quer no norte de Moçambique, quer no sul de Angola, segundo o governo, em risco e à mercê da cobiça das potências coloniais europeias, nomeadamente da Alemanha, que administrava um vasto território na África Oriental, e que fazia fronteira com Moçambique.

Por isso, quando a Alemanha declarou oficial e unilateralmente guerra a Portugal, a 9 de março de 1916, já tínhamos em solo africano milhares de homens. Nada de novo para o governo português que, de certa forma, já esperava essa declaração de guerra ao decretar a requisição dos navios. Mas tudo de novo para esses milhares de homens, a grande parte deles jovens, que embarcavam numa aventura, sem retorno para alguns, através de um oceano que nunca viram, alguns nem sequer conheciam o mar, pegando em armas, muitos pela primeira vez, não obstante as curtas semanas de preparação em Tancos, dispostos, ou não, a lutar e a matar, ou a morrer, em nome da pátria.

Durante o ano de 1917, e depois de três expedições a Moçambique, foi enviada uma nova expedição. Inicialmente sob o comando do governador de Moçambique, Álvaro de Castro, ele próprio um militar, capitão, que assumiu o comando até à chegada do comandante da quarta expedição, Sousa Rosa. Um oficial enérgico mas sem qualquer experiência colonial, que liderou o comando das operações a partir de Setembro desse ano.

Foi nesta quarta expedição, que desde janeiro enviava da metrópole forças para Moçambique, que o recém-médico Joaquim partiu a bordo do vapor *Portugal,* juntamente com o batalhão de infantaria nº31 do Porto (*A Gazeta de Famalicão* nº150 1917: 2). Havia deixado a casa dos pais, a *Casa da Ribeira,* em Requião, Vila Nova de Famalicão, uma semana antes, no dia 23 de abril, logo pela manhã, para apanhar na cidade do Porto o comboio rápido das dezoito horas e trinta e oito minutos com destino a Lisboa.

Fazia precisamente nesse dia, 23 de abril, dois meses que tinha defendido e apresentado na Faculdade de Medicina do Porto a sua dissertação inaugural intitulada *O método de Carrel e o soluto de Dakin no tratamento das feridas infetadas*: "Segue para Moçambique na próxima expedição o alferes médico miliciano Joaquim Alves, filho de Manuel Alves C. Araújo que ontem defendeu tese na escola médica do Porto" (*A Gazeta de Famalicão* nº 135 1917: 2). Uma dissertação pertinente, que ia de encontro à sua situação de mobilizado e que considerava dever orientar-se *no sentido de uma utilidade,* tanto mais que aguardava a qualquer momento o embarque para a linha da frente. Tratava-se de um tema inovador e recente, criado por Alexis Carrel[1], fundamental no tratamento e prevenção da infeção de feridas de guerra provocadas nos combates, numa época em que não existiam grandes alternativas.

Não deixam de ser curiosas as breves palavras que escreveu no preâmbulo da sua dissertação, respeitantes à mobilização de jovens médicos, que mesmo sem defenderem a tese de final do curso, sem a qual não podiam exercer clínica médica civilmente, não constituía, paradoxalmente, impedimento para o exercício de clínica militar. Apelidou essa prática de *extravagante*, para não fazer outro comentário menos próprio, segundo as suas próprias palavras. Mas Joaquim sentia-se pronto para exercer a sua clínica militar, neste caso no teatro de guerra em Moçambique.

Por isso, foi com o método de Carrel na mente e nas mãos, que havia já experimentado em cinco pacientes no Hospital de Santo António do Porto, com cento e cinco mil reis no bolso, que embarcou no vapor *Portugal* à uma e um quarto da tarde do dia 30 de abril de 1917. Além disso levava consigo a sua bolsa de médico[2], o relógio de pulso que lhe haviam oferecido aquando da partida, e o caderninho de capa preta, praticamente por estrear, onde fazia tensões de registar os seus apontamentos desta nova etapa que o esperava.

O primeiro dia de Joaquim no oceano não foi fácil: enjoos, vómitos, má disposição constante, insónias. Como acontecia a tantos outros, o enjoo inicial acabou por dar lugar a alguma serenidade, e no

---

[1] Alexis Carrel (1873 -1944). Nasceu em Lyon e licenciou-se em medicina em 1900 na Universidade de Lyon. Logo depois emigra para os Estados Unidos da América, trabalhando e dedicando-se à pesquisa no Instituto Rockefeller. Em 1912 recebe o Nobel de Fisiologia ou Medicina pelas suas investigações e contributos para a medicina, nomeadamente para a cirurgia. Durante a Primeira Guerra Mundial Carrel serviu como um major do Corpo Médico da Marinha Francesa, onde criou juntamente com Henry Dakin a solução Carrel-Dakin, um tipo de antisséptico, que utilizou com grande êxito para a limpeza e prevenção da infeção de feridas abertas causadas pela guerra. Solução eficaz que mostrou ter grande atividade bactericida, sem lesionar os tecidos ou causar dificuldade na cicatrização das feridas.Centró su actividad en buscar un antiséptico eficaz, dado que los métodos disponibles para evitar la gangrena no eran los adecuados.

[2] Bolsa em couro comprada em Lisboa no seleiro/correeiro *Marcelino Serra*, situado na rua de Entremuros nº 181.

dia seguinte já conseguiu almoçar na sala de jantar juntamente com os outros oficiais. Às três da tarde viu pela primeira vez terra desde que tinha saído de Lisboa, a ilha de Porto Santo, deslumbrando-se com a sua beleza. Durante a escala na Madeira, que dura cerca de dia e meio, chegou a comportar-se como um verdadeiro turista, esquecendo mesmo qual o propósito da sua paragem no Funchal: almoçou no Terreiro da Luta, desceu nos cestos típicos da ilha, escreveu vários postais, foi ao teatro, passeou-se de automóvel.

Mas o regresso à realidade foi logo sentido quando abandonou a ilha; ao anoitecer, a embarcação seguia de luzes apagadas face ao receio dos submarinos alemães, que não eram uma novidade por essas bandas desde que haviam atacado o Funchal a 3 de dezembro de 1916.

Durante os vinte longos dias que passou no mar até à paragem seguinte, na cidade do Cabo, Joaquim sem grandes entusiasmos de escrita, limitou-se a registar no seu diário a presença de peixes voadores, a passagem por Cabo Verde e pelo Equador, que sabemos ser sempre motivo de brinde entre os oficiais, ou ainda, os receios do comandante do navio avisado por radiograma da presença de corsários.

A 24 de maio anotou a chegada à cidade do Cabo para uma escala de apenas vinte e quatro horas, que já vinha sendo anunciada pelas inúmeras aves que acompanhavam o barco, indicativas da proximidade de terra.

Quatro dias depois, Lourenço Marques. A cidade surpreendeu-o pela dimensão, pela maior parte da população ser negra e pela carestia da vida: "Tudo nesta cidade é caríssimo: um café custa 150 reis, um jornal 100 reis", escreveu (Araújo 2015: 52). Aproveitou ainda para mandar um telegrama ao pai, dando-lhe notícias de ter chegado de saúde e sem incómodos de viagem.

A 4 de junho, sem sobressaltos de maior, e com um mar calmo e um tempo ótimo, a expedição chegou a Mocímboa da Praia, a nova base de operações, depois de Porto Amélia e Palma, da primeira, segunda e terceiras expedições, respetivamente. No entanto, a preocupação surge mal chegados à baía de Mocímboa. Enquanto esperava pelo desembarque e à medida que iam recebendo visitas de terra, "(...) que cognominavam (isto) de cemitério de europeus", era confrontado com a dura realidade que o esperava: "Os dirigentes nada tinham preparado para nos receber, ficamos admirados com o modo como fomos recebidos, é uma miséria" desabafava Joaquim para as páginas do seu diário (Araújo 2015: 53-54). Nada de novo relativamente às expedições anteriores, onde o improviso e a falta de preparação para receber os contingentes que chegavam continuavam, expedição atrás de expedição. Ainda a bordo, e "(...) debaixo de uma má impressão de tudo isto", o contingente do vapor *Portugal* teve obrigatoriamente de esperar que se fizessem barracões para os receber, pois em terra nada se havia preparado para a sua chegada (Araújo 2015: 55). Confrontados com a realidade, indicativa dos primeiros sinais da desorganização da expedição, "(...) rapidamente a moral de todos os militares caía consideravelmente, quase todos se lastimavam", registava, desolado, no seu caderninho (Araújo 2015: 55).

Dois dias depois, chegou a ordem de desembarque, às seis horas da manhã do dia 7 de junho. Certamente, pensamos nós, pacífica, pois às oito horas, isto é duas horas depois Joaquim apresentou-se no quartel-general, para depois tratar de montar barraca visto nada terem preparado. Terá tido sorte? Ou seria por ser oficial-médico que teve um desembarque tão pacífico? As grandes obras memorialísticas desta época falam-nos sistematicamente em desembarques de características verdadeiramente traumáticas, como consequência, previsível, da ausência de infraestruturas portuárias. Referem-se frequentemente a solípedes que, muitas vezes assustados, saltavam fora das lanchas ou que chegados à praia se lançavam em loucas e desvairadas corridas pelo areal para deleite dos soldados que riam à gargalhada com tal espetáculo. Ou mesmo ao espetáculo dos soldados, que saídos do navio para as lanchas de carga eram depostos, ainda em água alta para evitar o encalhe destas embarcações, ao ombro de soldados negros que os carregavam ao areal seco da praia.

Também no que diz respeito à comida aquando da chegada, e se chegavam à noite, eram comuns os relatos de nada encontrar para comer, nem uma simples sopa ou um chá, que lhes aquecesse a alma, pois o corpo, esse, rapidamente se ia habituando às agruras que se perfilavam no horizonte.

Não foi esse o caso de Joaquim pois escreveu no diário que após montar barraca foi comer para junto dos oficiais do quartel-general. Dois mundos, duas realidades distintas, a dos oficiais e a dos soldados que desde logo no embarque, a bordo dos navios de transporte, se faziam sentir. Ainda que nada refira a esse propósito nos seus registos, Joaquim era um jovem oficial, filho de um proprietário rural abastado e de algumas posses. Uma situação visível no dinheiro que levou para esta jornada da sua vida para que nada lhe faltasse, até às compras de roupas que efetuou (luvas, chapéu e camisas coloniais) para tornar condigna a sua passagem por África, passando pelos serviços de moleques que contratou, ou mesmo das galinhas que mandou comprar e comeu para ajudar no seu restabelecimento aquando das vezes que esteve com febres. De facto, enquanto oficial, e médico, a sua vivência a bordo, quer do vapor *Portugal* quando embarcou para Moçambique, quer do vapor *Quelimane* aquando do seu regresso em 1918 à metrópole, foi geralmente de grande tranquilidade, saindo a terra sempre que havia paragens (o que nem sempre era permitido à soldadesca), passeando-se pelo convés, ao mesmo tempo que admirava a paisagem, apostando em jogos desportivos, tomando refeições na sala de jantar, não esquecendo de deixar gorjeta aos criados que o serviam, ou bebendo champanhe e vinho do Porto sempre que tal se justificava.

Pelo contrário, a vivência dos soldados a bordo, a quem eram destinados os porões do navio, de dimensões sempre reduzidas face ao número de homens que alojavam, era bem mais difícil. O espaço do porão, por si só uma área de pouca luz, rapidamente se tornava uma zona insalubre, não só pela quantidade de homens que amontoados lá se instalavam, mas também, e sobretudo, pela falta de higiene dos soldados, já que muitos se recusavam a tomar banho mesmo sendo depois ameaçados com o corte no café. A isto juntava-se, além do vomitado daqueles que tinham um estômago mais sensível ao balanço das ondas, a urina de alguns soldados que não se coibiam mesmo de o fazer em pleno porão. Era neste espaço escuro e nauseabundo, com frequentes rixas à mistura a propósito de tudo e de nada, que viajavam os soldados expedicionários durante cerca de um mês. Uma realidade bem diferente dos andares superiores do vapor, destinada aos oficiais e sargentos.

Mal chegado, e logo depois de se apresentar ao chefe dos serviços de saúde, que estava instalado na base de operações em Mocímboa da Praia e onde também estava construído o hospital principal com a maior parte dos médicos, foi-lhe comunicado, por ser o médico mais novo e por isso, com menos tempo de expedição, a sua ida para o posto de Nacature. Um posto, no interior, a cerca de setenta e cinco quilómetros de Mocímboa. Aí dizem-lhe que seria montado um posto de socorros e uma enfermaria, destinada sobretudo a socorrer os soldados feridos nos confrontos com os macondes que, sistematicamente, atacavam a coluna que andava a abrir a estrada para Chomba, o novo local para onde seria transferido o quartel-general. Mocímboa da Praia ficaria como base das operações para o desembarque marítimo. De facto, Mocímboa da Praia, escolhida pelo governador Álvaro de Castro quando este assume o comando das operações militares nos inícios de 1917, não tinha as condições ideais para a localização do quartel-general. Conhecida como a Sintra do Niassa por causa da sua luxuriante vegetação, Mocímboa ficava sobre um pântano subterrâneo, o que potencializava uma série de doenças infeciosas em virtude das imensas moscas e mosquitos, quase todos infetados.

Mas para se estabelecer a base no planalto de Chomba, a cento e quarenta quilómetros do litoral e situada a oitocentos metros de altitude, era necessário abrir e rasgar estradas no mato denso para passarem as tropas e os camiões. Por vezes, para desbastar apenas setecentos metros de mato eram precisas dez horas.

Entretanto, e depois de um dia de cama em virtude de uma infeção intestinal, Joaquim foi confrontado com a alteração de posto. Em vez de Nacature foi-lhe indicado que passaria a fazer serviço na *Coluna Maconde,* substituindo o médico Eduardo d'Almeida Eça que estava gravemente doente com malária.

A coluna dos Macondes, comandada pelo Major Cunha e

pelo lendário Neutel de Abreu estava encarregue de abrir o itinerário Mocímboa da Praia-Chomba em terreno hostil, sistematicamente debaixo do fogo e ciladas constantes do povo maconde, ainda insubmissos e instigados à revolta pelos alemães. Durante cerca de mês e meio, de finais de abril a meados de junho de 1917, a coluna abriu os cento e quarenta e três quilómetros de estrada, avançando devagar ao mesmo tempo que se envolvia em confrontos com as populações indígenas e destruía os seus chengos, as habitações indígenas. Era nesta coluna onde iria fazer o seu trabalho de médico.

Após uma marcha de quatro dias através de mato cerrado, Joaquim acompanhado do moleque Moçambique que havia contratado em Mocímboa da Praia logo após a sua chegada, encontrou-se finalmente com a Coluna, bem próximo de Chomba. Regista no seu diário, na entrada do dia 17 junho, a seguinte nota: "Apresentei a guia ao Sr. Major Cunha, jantei com os oficiais e fiquei na barraca do Eça que se encontrava com febres" (Araújo 2015: 60). O médico dessa coluna, Eduardo Celestino d'Almeida Eça, acabaria por falecer um mês depois vítima de anemia palustre, deixando Joaquim muito incomodado.

Ao acompanhar a coluna nas suas saídas diárias a fim de bater os macondes, a maior parte das vezes percorrendo dezenas de quilómetros, Joaquim vai tomando contacto com a realidade dura e sangrenta da guerra, registando no seu diário alguns episódios violentos que assistiu no combate entre as tropas e os indígenas, arrancados à força dos seus chengos. Habitações essas que quando tomadas pelas tropas ou mesmo abandonadas pelos macondes por vezes serviam de zonas de bivaque às tropas. Foi o caso do grande chengo de Mahunda onde se acabou por montar o 4º posto de *etapes*. Estes postos militares, onde assentava grande parte da estratégia militar das duas últimas expedições, eram, segundo o comando, fundamentais, pois poderiam rapidamente possibilitar um reforço rápido no caso de ataque, uma vez que estavam separados uns dos outros por escassas dezenas de quilómetros.

Enquanto médico da coluna Maconde o serviço de Joaquim passava essencialmente por assistir os soldados feridos nos confrontos e armadilhas dos macondes e pela visita de saúde que diariamente efetuava, às vezes, a mais de cem doentes. Entretanto, a partir de outubro, e visto a coluna ter recebido ordens para não continuar a estrada de Negomano e recolher a Chomba, passou a ter ainda mais serviço, uma vez que foi nomeado para fazer serviço noutras unidades.

Estabelecido em Chomba, foi aí que conheceu Sousa Rosa, o comandante da quarta expedição, a 23 de setembro, desembarcado dias antes em Mocímboa da Praia, que ali estava para avaliar a situação do terreno e das suas tropas.

Entretanto, e devido ao aumento da pressão aliada, que empurrou as tropas alemãs em direção a sul, os homens de Lettow Vorbeck tinham decidido atravessar o enorme rio Rovuma, divisão natural da África Oriental Alemã e Moçambique, e sem grandes dificuldades, introduziram-se, e pela primeira vez, em território moçambicano. Desde logo, e dentro da estratégia de guerrilha, de ataca e foge, atacam os postos portugueses para assegurar o abastecimento de munições e víveres de que necessitavam. Começou com o pequeno posto de Nangar, atacado por uma coluna alemã logo a 2 de novembro, seguindo-se outros postos depois.

A 21 de novembro, Lettow Vorbeck marcha com o grosso das forças, de Nevala, no lado alemão, seguindo para oeste pela margem norte do Rovuma, atravessando e sem grande dificuldade, o rio a vau perto do posto português de Negomano. Rapidamente a notícia da marcha das tropas alemãs chegou a Chomba. Eram onze horas da noite quando foi recebido um telegrama inglês que dizia: "(...) grossas colunas alemãs atravessaram o Rovuma e parece dirigirem-se para Chomba", escreveu Joaquim no seu diário, na entrada desse dia fatídico (Araújo 2015: 82).

O pânico instalou-se. Tudo batia em debandada; automóveis e carregadores transportavam continuadamente pessoal e bagagens, não esquecendo os penicos, conta Joaquim, mostrando o seu sentido de humor que era apanágio da sua personalidade. E continuou a descrição pormenorizada com a ironia que o caraterizava:

(...) os lugares [nos carros] eram disputados; o Messias foi no primeiro automóvel; o Coimbra nem avisou o chefe e pegou ao soco com o alferes Guerra por causa do lugar. Um tal advogado Santos, propagandista da guerra, disse que não podia perder um minuto e houve outros casos interessantes (Araújo 2015: 83).

A debandada era geral e o quartel-general fora simplesmente abandonado. "Todos os serviços ficaram abandonados" (Araújo 2015: 84), registou Joaquim, por supor-se que os alemães iriam atacar Chomba. Apesar de escrever que a confusão não se descrevia, Joaquim contou, com pormenor, a debandada que continuou nos dias seguintes, a ponto de um tal médico Rosas pedir um automóvel para evacuar doentes e fugir nele com o chefe do hospital. Escreveu ainda como o diretor do hospital "(...) pôs-se na alheta e deixou os doentes" (Araújo 2015: 85), e como os médicos dos Serviços de Saúde, Caeiro Serra e Beleza dos Santos, que tal como ele ficaram em Chomba, entregaram-lhe a responsabilidade da direção do hospital e da evacuação dos doentes.

Entretanto, os dias foram passando e já com o quartel-general em Nacature, mais a sul, Chomba foi lentamente voltando à normalidade, desconhecendo-se, no entanto, a posição das forças inimigas, das quais começam a aparecer notícias contraditórias. No entanto a 29 de novembro, e depois de uma série de boatos no dia anterior que davam o major Teixeira Pinto morto, e um ataque das colunas portuguesas em Negomano, soube-se que o ataque tinha sido a 25 de novembro. Eram os soldados e carregadores que conseguiram fugir de Negomano, que "(...) esfomeados, sujos e rotos" (Araújo 2015: 86), contavam os pormenores desse combate que durou das dez horas da manhã até às cinco da tarde. E que apesar da defesa heroica, a guarnição portuguesa acabou por sucumbir aos alemães que entraram no posto e se apoderaram dos víveres e das munições, ao mesmo tempo que os *askaris* dedicavam-se à pilhagem, trocando alegremente as suas *Mauser*[1] antigas, pelas de 1904 que capturaram aos soldados portugueses.

---

[1] A arma individual dos alemães era a Mauser de 1877 de pólvora de fumo enquanto os portugueses, e os aliados, estavam tecnologicamente mais avançados com as suas Mauser de 1904, uma espingarda de repetição, que utilizava pólvora sem fumo com todas as vantagens que daí advinham.

Contam também da morte do major Teixeira Pinto, inicialmente ferido num braço e depois numa perna, mas que acabou por morrer atingido por uma bala na cabeça que lhe tirou a vida. E que o comando passou para o major Quaresma, acabando este por ser feito prisioneiro. Foi com estas informações de Negomano que Joaquim registou no seu caderninho a morte de cinco oficiais, incluindo o comandante da guarnição Teixeira Pinto, vinte e sete presos, entre os quais três médicos, quatro oficiais feridos e um grande número de praças.

No dia 4 de dezembro registou uma boa notícia: refere saber ter sido promovido ao posto de tenente, o que o levaria a ganhar cento e oitenta e oito mil réis mensais, mais do dobro do soldo de alferes. Por isso, logo no dia seguinte colocou, e pela primeira vez, os galões de tenente.

Entretanto, os dias vão passando e até Chomba vão chegando poucas novidades. Mas mesmo assim Joaquim anotou nas folhas do seu caderninho tudo o que conseguia, com as informações que ia tendo. Desde os boatos que iam surgindo sobre a posição dos alemães, trazidas pelos últimos feridos de Negomano, passando pelas notícias dos aviadores que haviam chegado juntamente com mais e novos efetivos da quarta expedição, com destino a Mahunda e que haviam desembarcado, em novembro último, em Mocímboa da Praia, até ao violento incêndio que tinha destruído por completo as oficinas de automóveis em Chomba, onde arderam dez autocarros e duas motocicletas.

No dia 10 de dezembro registou que o posto de Nanguar havia caído em poder dos alemães e que se constava que a coluna do capitão Curado teve um combate de cinco horas com o inimigo. De facto, e sem tempo sequer para refletir sobre os acontecimentos de Negomano, as forças portuguesas divididas por Muirite, Nanguar, Negomano, Serra Mécula, Montes Mocolos, Oizulos, haviam-se tornado incapazes de suster a ofensiva alemã que Lettow Vorbeck decidiu com mestria dividir em diversos destacamentos. Foi o caso do destacamento do tenente Kempner, que comandava a décima primeira companhia alemã, que logo em inícios de dezembro conseguiu apoderar-se do pequeno mas importante depósito de Nanguar: armas, munições, rações de combate passariam para as mãos dos alemães. Era o capitão Curado que comandava essa força, mas ao saber da aproximação do inimigo, deixou no comando do posto um oficial com indicações expressas para destruir os abastecimentos caso os alemães aparecessem, ao mesmo tempo que ele próprio avançava com um reduzido número de homens para tentar deter o inimigo. O primeiro contacto com os alemães deu-se na Serra Mécula às cinco horas da manhã do dia 3 de dezembro. Depois de sete horas de combates os alemães retiravam-se com bastantes baixas, mas tendo voltando dias depois, com mais homens e metralhadoras, acabariam por decidir o combate a seu favor. Nesse combate morreu o jovem tenente Viriato de Lacerda, ao qual os alemães prestaram todas as homenagens militares. Tendo tido no seu enterro direito às descargas do estilo acompanhado pelos seus camaradas de armas, amigos e adversários, até à cova, ali feita. Por seu turno, o capitão Curado e os restantes oficiais sobreviventes ficaram prisioneiros. No entanto, foi tal a impressão de valentia que causaram junto dos generais alemães, quer de Lettow Vorbeck quer do general Whale, que estes, e sem qualquer condição, concederam-lhes a liberdade, saudando, inclusive, o destemido capitão Curado pela sua energia na direção do combate e pelo valor das tropas a seu comando. Uma história relatada pelo próprio Curado que, entretanto, chegado a Chomba na véspera de Natal, conta a Joaquim e aos restantes oficiais da messe as peripécias dos combates por que passou na Serra Mécula à volta da mesa (eram sete ao todo), numa ceia de Natal improvisada em tempo de guerra.

Entre o bacalhau cozido com couves, o presunto, o chouriço, a conversa decorreu sem pressas, ao mesmo tempo que era regada pelo vinho verde do norte de Portugal. No final a marmelada adoçou a boca dos mais gulosos, juntamente com o *cognac* e vinho do Porto que remataram uma ceia de festa que durou das onze horas da noite até às três da manhã do dia vinte e cinco de dezembro de 1917, onde se tocou guitarra e cantou.

Houve ainda tempo para saber dos "(...) rasgados elogios do

procedimento correto dos alemães", traçados pelo Capitão Curado, que por eles foi liberto "(...) gozando todas as regalias do inimigo", estando agora ali na véspera de Natal em Chomba (Araújo 2015: 91-92). Acrescentou ainda no diário que "(...) segundo dizem os alemães todas as operações agora serão em território português" (Araújo 2015: 92). De facto, e até ao final da guerra no ano seguinte, as forças de Lettow Vorbeck embrenharam-se pelo território de Moçambique sem dar descanso às tropas portuguesas.

À semelhança do Natal, a passagem do ano foi também comemorada com uma ceia, ainda que, e infelizmente para nós, nada tenha especificado para além do registo do acontecimento.

O mês de janeiro trazia consigo a época das chuvas em Moçambique, por isso não estranhamos as referências constantes que fez no diário há muita chuva, o que não impediu, no entanto, o avanço dos alemães e a travessia de zonas consideradas intransitáveis nessa época de precipitação, ao mesmo tempo que a oposição ao seu avanço era praticamente reduzida.

Era através das notícias da tomada de diferentes postos portugueses que as tropas iam sabendo da posição do inimigo, escrevendo na entrada do seu diário do dia 15 de janeiro de 1918: "Soube-se que os alemães tinham matado o alferes Almada Negreiros e que tinham ocupado vários postos nossos no concelho de Metarica e foz do Lúrio" (Araújo 2015: 95). Tratou-se do posto de Muíte, alvo de um ataque surpresa alemão, onde o alferes Almada Negreiros, que comandava um pelotão de auxiliares indígenas, foi morto em combate a 7 de janeiro de 1918, acabando o comandante do posto, o tenente Aníbal Bessa, por se retirar face à superioridade numérica das forças invasoras. Sem qualquer tipo de juízo de valor, fazendo apenas o registo, referiu no dia 9 de fevereiro, o facto das forças portuguesas passarem a ser comandadas por um general inglês. Tratou-se do general *boer* Van Daventer que assumiu o comando das forças aliadas enquanto Sousa Rosa ficava como comandante das forças portuguesas de Moçambique e do Niassa.

Joaquim Alves Correia de Araújo sempre foi muito cético relativamente aos ingleses, deixando por vezes entender a sua desconfiança face a eles, a ponto de considerar a demissão do governador Álvaro de Castro como resultado da recusa deste em cumprir as ordens dos britânicos. Na entrada de 21 de agosto de 1918, escreveu o seguinte: "O governador do distrito de Moçambique não querendo entregar os postos ao nosso verdadeiro inimigo foi demitido" (Araújo 2015: 118). Era o comando aliado que decidia a formação de várias colunas no sentido de cercar os alemães, contando claro está com o apoio português. Por isso, em finais de fevereiro, e em obediência às instruções aliadas foi formada uma coluna móvel, para a qual foram chamados alguns oficiais como foi o caso do seu colega e amigo, o médico Beleza dos Santos que recebeu um "(...) telegrama para se apresentar na nova coluna que se está a organizar" (Araújo 2015: 102). Ou o caso do capitão Cardoso que a 13 de março seguiu para Mocímboa da Praia a fim de tomar parte na coluna e "(...) fez várias fitas a ver se escapava" (Araújo 2015: 102).

A partir do mês de março, passada a época das chuvas e com um tempo já mais regular, foi superiormente decidido a ida de um médico semanalmente a Mahunda ver os doentes. Joaquim fê-lo algumas vezes, conduzindo ele mesmo o automóvel de Chomba até Mahunda, já que desde dezembro último tinha tido lições de condução.

Durante o mês de abril continuou em Chomba assistindo os doentes e registando o que vai sabendo dos combates que se iam fazendo entre os alemães e as tropas aliadas. De facto, e apesar do cerco das tropas aliadas, os alemães tinham conseguido fugir para o alto Lúrio, atravessando o rio em junho em diversos vaus, na direção de Quelimane. Face a estas movimentações do inimigo, as tropas aliadas temiam um ataque dos alemães ao importante porto de Quelimane, pelo que o comandante Sousa Rosa decidiu mudar para este local o seu quartel-general e concentrar aí as suas forças.

Já em Mocímboa da Praia, para onde tinha seguido com vista à sua possível evacuação depois de ter completado um ano de expedição, Joaquim referiu, no dia 16 de junho, o embarque do "(...)1º Grupo das Companhias Indígenas para Quelimane a fim de impedir a invasão da cidade pelos alemães" (Araújo 2015: 112).

Cinco dias depois foi a vez do vapor *Manico* levar mais forças para Quelimane a fim de travar a suposta invasão alemã, acrescentando mesmo que "(...) tem ido muitos médicos e oficiais para Quelimane" (Araújo 2015: 113).

Ao contrário do que queria fazer crer aos aliados, Lettow Vorbeck não tencionava atacar uma cidade tão bem defendida como era Quelimane. O objetivo era Nhamacurra, um posto carregado de mantimentos e munições, a quarenta quilómetros de Quelimane, nas margens do rio Licungo. Um rio que o comando inglês considerava não ser vadeável, isto é, que não podia ser atravessado a vau. A ponto de dizer, no dia anterior ao ataque, e sossegando as hostes, de que não havia notícias do inimigo! No entanto, o inimigo mesmo com água pelo pescoço, numa difícil travessia de quase trezentos e cinquenta metros, passou o Licungo e atacou o posto de Nhamacurra defendido por tropas anglo- portuguesas, composta por três companhias portuguesas e duas inglesas. Embora o comando do posto pertencesse, por antiguidade, ao tenente português Humberto de Ataíde Ramos Oliveira, quem tinha o comando da força era o então tenente-coronel inglês, Gore Brown. Pois tal como acontecia frequentemente, para o comando ser inglês rapidamente o oficial inglês era promovido a tenente-coronel e assim chefiar o dispositivo com cerca de três quilómetros de trincheiras. Daí o comentário de Joaquim quando escreveu:

> Os ingleses (...) obrigaram os comandantes dos postos a saírem com as guarnições e ocuparam eles militarmente os referidos postos. Os piratas estendem cada vez mais os seus tentáculos. Continuam a desconsiderar-nos e a apoucar os nossos feitos. E continuou: são tão bestas e tão cobardes que à aproximação dos alemães fogem imediatamente (Araújo 2015: 118).

Referia-se ao caos gerado face à ofensiva alemã em Nhamacurra, da madrugada de 3 de julho, em que as tropas portuguesas e inglesas fugiram desalmadamente em direção ao rio, onde alguns soldados morreram afogados devido à forte corrente, entre os quais o tenente-coronel inglês. Dizia ainda a este respeito:

(...) e o valente e brioso capitão Ataíde estando num posto conjuntamente com forças inglesas. Estas pela aproximação dos alemães abandonaram-no dando com os calcanhares no rabo, como de costume, e o capitão português deles depois de incendiar o posto e para não cair nas mãos dos alemães deu um tiro no coração morrendo logo (Araújo 2015: 118-119).

De facto, e apesar das tropas portuguesas terem heroicamente resistido durante as primeiras horas ao intenso combate alemão, a ponto de serem elogiadas pelo general Van Daventer no seu relatório, Nhamacurra caiu em poder do inimigo, que se apoderou para além de toneladas de víveres, de medicamentos, armas e munições, que lhes permitiriam continuar a guerra.

Nestes três dias, entre 1 e 3 de julho, em que "(...) os oficiais e soldados mostraram maior sangue frio" (Araújo 2015: 119) a força anglo portuguesa acabou por sucumbir, e os que não foram mortos, acabaram prisioneiros, quase todos feridos, como foi o caso do tenente Lemonde que, "(...) foi logo pensado e transportado pelos alemães à nossa ambulância" (Araújo 2015: 119). Conta Joaquim que todos os feridos portugueses foram muito bem tratados pelos alemães a ponto de distribuírem *cognac*, cigarros e bolachas. Mas já aos ingleses o procedimento não é o mesmo. Diz também: "Eles encontraram um major inglês ferido e com os sabres acabaram-no de matar. Aos prisioneiros não os soltam e liquidam muitos" (Araújo 2015: 120).

Teve conhecimento deste acontecimento, que ficou conhecido como o desastre de Nhamacurra, na cidade de Moçambique, onde tinha entretanto chegado vindo de Mocímboa da Praia, no vapor *Beira*, provavelmente à mesa, com o capitão Neutel com quem almoçou a 9 de julho. Soube também que "(...) o comandante [Sousa] Rosa pediu a demissão e o governo nomeou comandante o tenente-coronel Salgado" (Araújo 2015: 114). Tratava-se de Alberto Salgado que passou a assumir o comando da expedição até que o general Gomes da Costa, recentemente regressado de França, chegasse a Moçambique o que será já depois do armistício, a 21 de dezembro de 1918.

Foi a bordo do *Beira*, que regista levar quinhentos doentes a bordo, que Joaquim deixou a cidade de Moçambique em direção a Lourenço Marques onde chegou a 21 de julho, "com muito calor", às dez horas da manhã. Mal chegou hospedou-se no Hotel Paris, cuja diária custava três mil reis. Ao contrário de outros colegas e oficiais que tinham recebido ordem para regressar à metrópole, depois de um ano de expedição, a Junta de Saúde considerou-o apto para o serviço. Talvez fosse provável que esta situação resultasse do rescaldo de Nhamacurra, já que corria o boato que os alemães iriam atacar Quelimane, por isso todos os homens válidos seriam necessários ao esforço da guerra.

Ainda que nada desabafe ou refira face à sua situação, escreve que o "Sr. Tenente Mendonça depois de ser apurado numa Junta de saúde lançou-se aos pés dos médicos e chorava como uma criança para o mandarem embora", rematando com o comentário: "Há muitos oficiais que têm feito uma figura tristíssima" (Araújo 2015: 117).

A sua nova missão passou a ser entretanto no hospital da ilha de Xefina, localizada a nordeste de Lourenço Marques, para onde foi a partir de 14 de agosto substituir o médico Padrão que seguiria entretanto para a metrópole. Infelizmente, escreveu pouco sobre a sua passagem por este hospital, onde diz estarem quinhentos doentes em convalescença. Sabemos no entanto, por informações familiares, que aí desenvolveu um importante medicamento no combate às febres biliosa com resultados muito positivos e que se revelaram eficazes na diminuição do número doentes e de mortes.

O seu grande dia acabou finalmente por chegar a 13 de setembro de 1918, quando vai novamente a uma Junta de Saúde que lhe comunicou o regresso a Portugal. Onze dias depois, em Lourenço Marques, embarcou a bordo do *Quelimane* com outros oficiais "(...) e para cima de 500 praças e alguns civis" (Araújo 2015: 121).

Depois da tempestade dos primeiros dias no mar, receando mesmo que o vapor não se aguentasse com o temporal, da febre e de umas dores de "dentes formidáveis" que não o deixaram dormir, seguidas de uma amidalite, os primeiros dias de novembro trouxeram a acalmia, com um mar sempre bom e até calor. Prenúncios, talvez, da boa notícia que chegou por um comunicado da *Reuter*, a 11 de novembro: "Haviam principiado as negociações para a paz" (Araújo 2015: 123). Tinham chegado de manhã a *Freetown*, onde uma epidemia de febre-amarela e espanhola grassavam com intensidade, para uma escala de dois dias. E a 13 de novembro de 1918, à tarde, o *Quelimane* saiu da Serra Leoa e já "(...) sem comboio pelo Kaiser ter aceite todas as condições pelo general Foch" (Araújo 2015: 123).

Uma nova vida o esperava...

Referências Bibliográficas

_____ (1917): *A Gazeta de Famalicão: semanario monarchico*. Vila Nova de Famalicão. 3º anno, nº 150, 2.

_____ (1917): *A Gazeta de Famalicão: semanario monarchico*. Vila Nova de Famalicão. 3º anno, nº 135, 2.

Araújo, Joaquim Alves Corrêa de (1917): *O método de Carrel e o soluto de Dakin no tratamento das feridas infetadas*. http://repositorioaberto. up.pt/handle/10216/16899?mode=full&submit_simple=Mostrar+registo+ em+formato+completo.

Araújo, Teresa (2015): *Moçambique na I Guerra Mundial. Diário de um alferes-médico Joaquim Alves Correia de Araújo. 1917-1918*. Vila Nova de Famalicão: Edições Húmus.

A Publicidade no período da Primeira Guerra Mundial

Daniela Esperança Monteiro da Fonseca
UTAD/LabCom-UBI

Introdução

O principal objetivo deste trabalho materializa-se na necessidade de refletir sobre a publicidade que se fazia há cem anos em Portugal, numa vertente exploratória. Para além desse objetivo central, procura-se compreender também que modalidades, intervenientes e formas publicitárias ocorriam nos jornais da época, sendo necessário não descurar a relação entre os *outputs* publicitários e os contextos em que o conflito mundial se manifestou em solo português.

A estrutura deste texto segue, por isso, o percurso que se elucida: a) numa primeira fase, efetua-se um enquadramento teórico sobre os contextos publicitários da primeira guerra; b) num segundo momento, apresenta-se o *corpus* em destaque, caracterizando a *Ilustração Portugueza*, como periódico privilegiado de recolha dos anúncios publicitários; c) num terceiro momento, analisa-se e discute-se as questões suscitadas pela leitura do *corpus*; d) definindo-se, finalmente, uma conclusão geral do trabalho.

Trata-se, portanto, de um estudo exploratório, que segue um paradigma compreensivo (Guerra 2006: 13), visando compreender um lado da vida social portuguesa do início do século XX. Procurar-se-á, dessa maneira, evitar uma interpretação linear e determinista do tema, procurando, pelo contrário, uma leitura capaz de ver a multiplicidade dos fenómenos sociais dentro dos seus contextos.

Assim descrito, sintetiza-se agora a pergunta inicial que orienta este trabalho: Quais as principais características da publicidade portuguesa impressa em 1918?. Associada a essa questão, emerge uma segunda interpelação à qual se procura também responder nesta pesquisa: Que sentidos ocultos revelam essas publicidades sobre o conflito e os seus contextos?

1. A Publicidade de há 100 anos

Refletir sobre a publicidade, a partir do século passado, é abordar, ainda que ao de leve, a primeira fase da sociedade de consumo, que emerge por volta de 1880 e termina com a Segunda Guerra Mundial (Lipovetsky 2007). É, pois, nessa ocasião, que surge o *marketing* e que se dá início à conceção de consumidor moderno, nascido, criado e educado pela publicidade.

Bauman (1999: 77) evidencia duas fases da sociedade moderna, a partir de dois conceitos fundamentais, o de *sociedade produtora* e o de *sociedade de consumo*. Na primeira fase, em plena era industrial, a sociedade incitava os indivíduos a que cumprissem dois papéis, o de produtor e o de soldado. Na verdade, a questão que se colocava, à época, era se o homem trabalhava para viver ou se vivia para trabalhar. Com o aparecimento da sociedade de consumo, esse paradigma muda radicalmente, os indivíduos passam a ser moldados para um papel, o de consumidor. Assim o define o autor: "A maneira como a sociedade atual molda seus membros é ditada primeiro e acima de tudo pelo dever de desempenhar o papel de consumidor" (Bauman 1999: 78).

Na primeira década do século XX, os produtos começam, então, a satisfazer cada vez mais os consumidores, levando as marcas a apostar na *diferenciação*. O *anúncio impresso* evidencia-se como o suporte de comunicação mais utilizado, havendo, apesar disso, outras experiências distintas a assinalar, como o caso da *Mellin's Food*, responsável pelo primeiro anúncio publicitário aéreo, utilizando, para o efeito, um balão de ar.

De forma a controlar a veracidade dos anúncios, sobretudo em medicamentos e comida, o Governo dos EUA define, em 1906, o *Pure food and drugs act*, que visava controlar a verdade nos produtos vendidos de modo a evitar os efeitos indesejados nos consumidores, se mal publicitados, nascendo assim a primeira legislação relativa à prática da publicidade (Leitzel 2015).

É ainda nesta fase que surge o primeiro anúncio a utilizar a sensualidade como argumento publicitário, sendo também a primeira vez em que uma publicidade se foca nas necessidades do consumidor em vez da empresa. Em 1914 é posto em prática o *Federal Trade Commission Act* que visava a um controlo ainda mais apertado da veracidade dos anúncios publicitários. Assim nomeado, poder-se-ia afirmar que os EUA se apresentavam como o lugar mais óbvio de dinamização do mercado publicitário, por vários fatores, destacando-se o forte crescimento citadino, a proliferação de mão-de-obra emigrante, e a forte industrialização do início do século.

Aqui chegados, torna-se relevante compreender o que determina a publicidade americana das primeiras décadas do século XX e verificar se isso também se aplica em Portugal.

1.1. Publicidade em tempos de guerra: *once upon a time in America*

Uma das características mais evidentes na publicidade da época reflete-se no facto de esta não ser feita para vender mas para ajudar a comprar: em vez do apelo direto à compra, era utilizada a estratégia da recomendação. Estar-se-ia no momento áureo do passa-palavra como estratégia de divulgação dos produtos.

Não é com estranheza, também, que se observa uma certa ingenuidade associada à realização de alguns anúncios: estar-se-ia no *ground zero* da maleficência publicitária. Apesar de os recursos fazerem já um certo apelo a componentes emocionais e/ou persuasivas, é também visível um certo amadorismo nos argumentos usados nas campanhas e muito respeito pela verdade do produto, ocasionado, este último, pela legislação mencionada previamente.

Amanda-Jane Doran, especialista em publicações da época, considera que a publicidade era sobretudo naïf, como se lê nas suas palavras: "(...) this was a more naïve, more innocent time. Although advertisers were working hard to get people to part with their money, the whole science of sales and psychology wasn't as advanced or as manipulative as it is now" (Doran *apud* Hughes 2014).

Grande parte das agências de publicidade que existiam eram propriedade dos grandes jornais; e os anúncios, além de tipicamente pequenos, raramente incluíam fotografias, como propõe Leitzel (2015: 70):

> Prior to the Great War, advertising specialists were a relatively new component within the long tradition of print. Advertising companies were as numerous as carnival barkers. They were part and parcel of every newspaper, but were also involved with posters for fences, painting the signs on buildings and roadside barns, billboards and placard printers and sandwich board makers just to name a few. Local ads were typically small, rarely included pictures, and made no mention of the larger world around them – the equivalent of present day Wanted ads.

Outro facto de relevo, no que respeita à publicidade, relaciona-se com a distinção que podia, ou não, haver dos textos publicitários em relação às publicações jornalísticas. No período considerado, nem sempre era fácil compreender onde começava um anúncio publicitário e acabava uma peça jornalística.

Apesar de tudo, o mercado publicitário vivia já uma época dourada, muito por conta da ilustração e do cuidado estético colocado nesses trabalhos publicados. Uma outra marca da Publicidade da altura relacionava-se com a importância cada vez mais crescente que os produtos de higienização oral estavam a obter na opinião pública, tratando-se, portanto, de um conjunto de novos produtos que precisavam de ser explicados, inseridos nos hábitos dos cidadãos.

Finalmente, um último fator de interesse para este artigo prende-se com o facto de a publicidade espelhar os acontecimentos mundiais, evidenciando conteúdos bélicos e patrióticos, como se poderá confirmar nas imagens que se seguem.

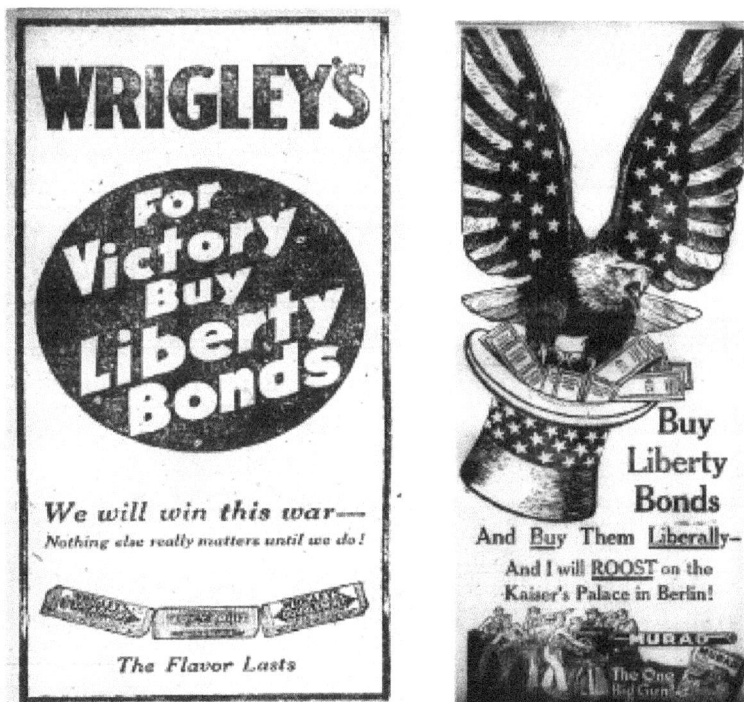

Ilustração 1: Anúncios impressos de dois anunciantes
produtores de pastilhas elásticas: a *Wrigley* e a *Murad*.
Fonte: Leitzel (2015: 84).

"*We will win this war*" era o *slogan* da *Wrigley* e "*Buy liberty Bonds. And buy them liberally. And I will Roost on the Kaiser's Palace in Berlin*" era o texto curto da *Murad*, ambos com alusões diretas à guerra, como se visualizou nos anúncios supracitados.

Se estas eram, à partida, as grandes características da publicidade na América, em Portugal seria diferente? Assim colocada a questão, esta reflete basicamente sobre o que é pretendido para este artigo e que coincide com a pergunta inicial aqui novamente recordada: Quais as principais características da publicidade portuguesa impressa em 1918?

2. Pressupostos Metodológicos

Esta pesquisa baseia-se maioritariamente em dados secundários, recolhidos a partir da análise de um *corpus* composto por todas as edições da revista *Ilustração Portugueza*, do ano de 1918 (52 edições). Cada uma das edições tem entre 26 a 28 páginas, sendo que apresentam apenas 2 páginas de publicidade por edição (exceção feita para alguns encartes isolados).

No que se refere aos instrumentos de recolha de dados, este trabalho procurou dois caminhos: uma análise estatística simplificada sobre os anúncios colocados e as suas principais particularidades; e uma análise descritiva dos impressos publicitários recolhidos na *Ilustração Portugueza*, fazendo cruzar essa análise com aquilo que é designado na práxis publicitária por *copy strategy*, ou carta de criação.

No que respeita às unidades de *espaço* e de *tempo* evidenciadas no trabalho, considera-se que esta proposta intercepta várias escalas: nacional e internacional, tendo em conta não apenas que os anunciantes presentes no trabalho são nacionais e internacionais, mesmo sendo uma revista portuguesa, mas entendendo também que este estudo procura compreender, precisamente, se Portugal seguia, ou não, as tendências da época. O tempo focaliza-se, em exclusivo, no ano de 1918, a partir das publicidades colocadas no jornal *Ilustração Portugueza*.

2.1. Definição do *corpus*

De periodicidade semanal, a *Ilustração Portugueza* aposta principalmente na imagem, como se lê no seu primeiro editorial e onde se sublinha que o periódico seria o "álbum das grandes festas e dos casos triviais" (Silva Graça 1978 cit. por Correia 2009: 1). Em 1906, essa descrição é reformulada, dando lugar a um excerto mais completo que se propõe: "**magazine** semanal onde ficarão archivados, pela photographia, pelo desenho, pelo interviеu e pela descrição e reportage literárias, todos os aspectos da vida portuguesa contemporânea" (Silva Graça 1978 cit. por Correia 2009: 1).

Com uma série de rubricas fixas no jornal, é particularmente relevante destacar as seguintes: "*na frente portuguesa*" (com fotografias da zona de conflito e fotografias *tipo passe* dos homens portugueses na guerra, desde altas patentes a soldados comuns), "*figuras e factos*" (tipo de crónica social onde figuras eminentes da sociedade portuguesa seriam evidenciadas por algum tipo de evento, ou situação), "*A guerra*" (reportagem fotográfica mais alargada sobre o conflito, mas a partir dos países europeus e no campo de batalha), "*cartas a uma leitora*" (uma peça tipo *crónica*, em estilo missiva, onde se tecem considerações sobre a guerra e as suas idiossincrasias, sempre enquadrada na realidade portuguesa, assinada por Paulo Osório). A respeito desta última rubrica, veja-se, a título de curiosidade, um fragmento de uma das cartas:

> E eu não posso pensar sem magua em que a própria tranquila Suissa não escapa ao gigantesco tumulto que n'esta hora perturba a Europa inteira. (...) Como Genebra e Lausana são francezas, Berne suissa, Lucerna cosmopolita, Zurich é alemã. Nos seus jardins públicos passeiram grotescos que são típicos na classe media de Munich ou de Berlim: os homens ruivos esgrouviados ou obesos, com as suas peninhas no chapeu, as mulheres cor de fiambre cobrindo-se sem graça com os trapos multicolores que elas sinceramente pensam que metem no chinelo as modas de Paris. Toda esssa multidão abanca durante uma parte do dia, em estabelecimentos imensos como oficinas, em torno de mesas ou barris onde se acumulam gigantescos potes de cerveja (Osório 1918: 13).

Com a emergência do governo de Bernardino Machado passará a haver um maior controlo sobre a imprensa nacional, através da publicação do Decreto n.º 1:117, de 28 de Novembro (1914) 94. E este fator não é especialmente irrelevante, porque, numa primeira fase do conflito, entre 1914 e 1916, a imprensa portuguesa foi, de algum modo, condicionada pelo poder político. A liberdade de expressão estaria à mercê da possibilidade de suspensão, apreensão, e aplicação de penas de prisão aos diretores de jornais, aos jornalistas e aos proprietários das tipografias, assim como da aplicação de multas pecuniárias (Novais 2013: 117), em especial se se tratasse de jornais oposicionistas.

Os jornais intervencionistas, defensores da participação de Portugal na guerra – como *O Mundo, o República* e *O Século* (que seria o jornal proprietário da *Ilustração Portugueza*) – teriam, não obstante, uma maior liberdade de ação do que os anti -intervencionistas opositores da política de guerra portuguesa, como *A Luta, O País,* e *o Portugal* (Novais 2013: 117). E, de facto, a *Ilustração Portugueza* exprime essa apologia do conflito, não havendo editoriais ou peças jornalísticas de maior oposição ao conflito. Por outro lado, a haver uma imagem negativa da guerra, esta seria transmitida pelos jornais e/ou fotógrafos internacionais. As que se referiam apenas ao espaço nacional eram sempre de teor ameno e algo conivente com a situação. Veja-se o exemplo retirado da edição n. 622, de 21 de janeiro de 1918:

> As nossas trincheiras, ao que dizem, ocupam o centro das linhas visadas, preparando-se ali tudo para receber condignamente o inimigo, que o soldado portuguez espera com impaciencia e ha de certamente repelir, como tem feito até hoje. A ameaça não o intimidou. Continua alegre e despreocupado, com a confiança absoluta na vitoria. A vida nas trincheiras decorre-lhe sem outra alteração do que haver-se redobrado de vigilância. Quando o canhão deixa de troar já os soldados acham falta de alguma coisa. Taes são as ultimas impressões que nos chegam da frente portugueza (*Ilustração Portugueza* 1918: 46-47).

Assim exposto, procurar-se-á compreender então que primeiras impressões podem ser retiradas pela observação estatística do *corpus*.

3. Apresentação de discussão de dados

Uma das primeiras descobertas relativamente à publicidade em Portugal, a partir da *Ilustração Portugueza*, relaciona-se com o facto de prevalecer um leque peculiar de *anunciantes*, a saber: em primeiro lugar, videntes e cartomantes; em segundo lugar, perfumarias e indústria da cosmética; e, em terceiro lugar, medicamentos, como se poderá confirmar no gráfico n.º 1:

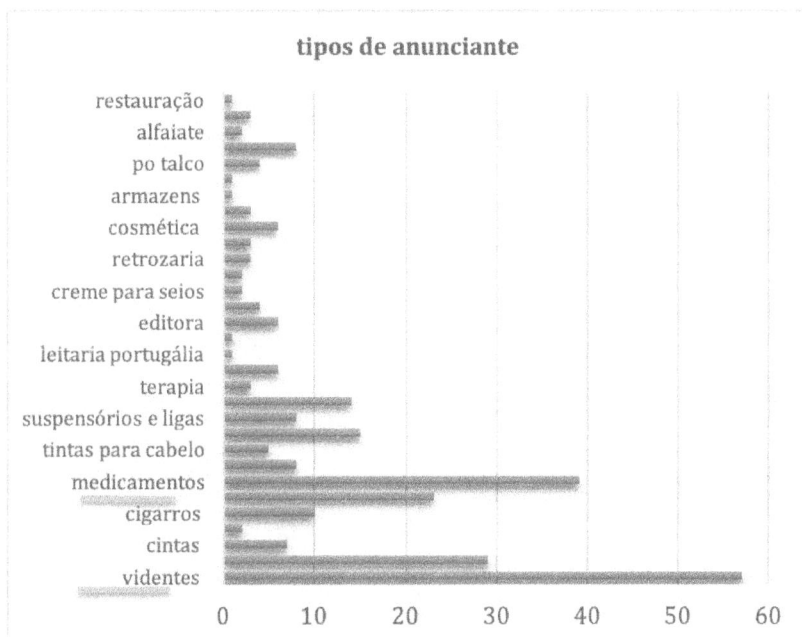

tipos de anunciante

Gráfico 1: *Tipo de anunciante nos anúncios*
da Ilustração Portugueza *em 1918*

Em termos de setores de atividades, destaca-se a presença de profissões diferenciadas, ligadas à indústria da cosmética e beleza e à indústria dos medicamentos, sugerindo, à partida, a necessidade de apresentar algumas profissões à opinião pública e de fazer proliferar os produtos de beleza e os medicamentos numa sociedade ainda apreensiva com o desenrolar do conflito bélico, apesar de este estar praticamente no seu término.

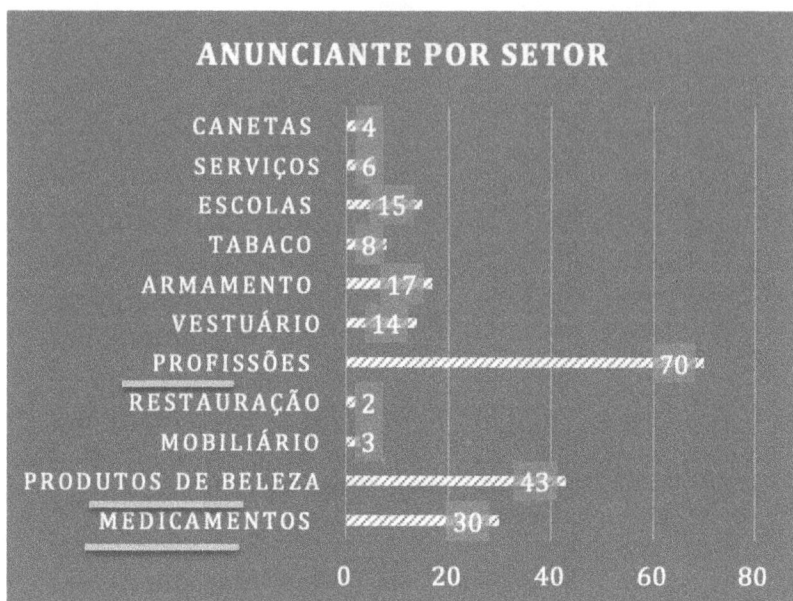

ANUNCIANTE POR SETOR

Setor	Valor
CANETAS	4
SERVIÇOS	6
ESCOLAS	15
TABACO	8
ARMAMENTO	17
VESTUÁRIO	14
PROFISSÕES	70
RESTAURAÇÃO	2
MOBILIÁRIO	3
PRODUTOS DE BELEZA	43
MEDICAMENTOS	30

Gráfico 2: Anunciantes mais importantes por setor de atividade

É também com curiosidade que se atesta a presença de anúncios ligados ao armamento, partilhando aqui as preocupações internacionais que existiam na altura acerca da guerra, como se verificou no *gráfico n.º2*, apesar disso, essa presença não é tão expressiva em Portugal como noutros países, com exceção para as marcas *Remington* (empresa internacional fabricante de balas) e *Conklin* (fabricante internacional de canetas). Em relação ao último caso, veja-se um excerto do texto longo que acompanha o anúncio e posterior publicidade na ilustração que se segue: *"do mesmo modo que os soldados e os marinheiros acham mais efficiente escrever com uma penna-tinteiro, também os civis precisam dessa penna"* (*Ilustração Portugueza* 1918: 540).

Ilustração 2: Exemplo da marca Conklin.
Fonte: *Ilustração Portugueza* (1918: 540).

Explorando um pouco mais as profissões em causa, destaca-se a presença de videntes, médicos e terapeutas, muito para curar os males do corpo e da alma de que padeciam os presentes e os ausentes da guerra. Atente-se, a respeito, o *gráfico n.º 3.*

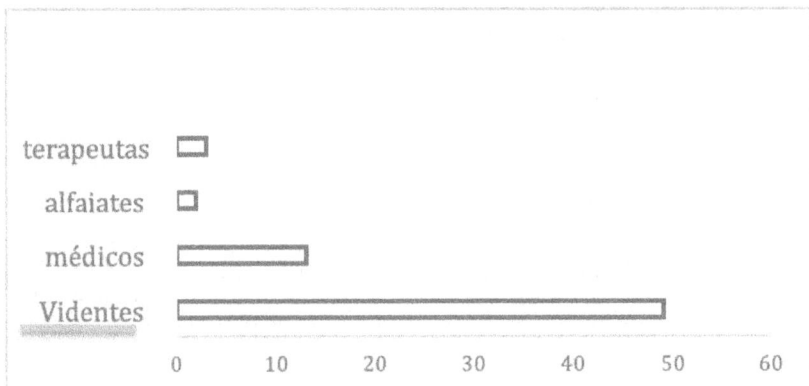

Gráfico 2: Profissões mais publicitadas em 1918

Veja-se, ainda a propósito, a *ilustração n.º3*, sendo, de todos os anúncios contabilizados no *corpus*, o mais repetido em 1918 (a única publicidade que se repete em todas as edições daquele ano). Trata-se do anúncio da *Madame Brouillard*, famosa cartomante e vidente da época, a quem se juntaria, dentro do mesmo setor de atividade, a *Madame Virginia, M.elle Roland, Madame Tula*, entre outras. Para além das referidas, de registo era também a presença da *Madame Campos*, desta feita da área da beleza, apresentando-se como uma figura tão famosa ao ponto de ter um espaço na publicação humorística do jornal, com um anúncio igual àquele que se apresentava na *Ilustração Portugueza* (*vide* ilustração n.º 4 e 5).

Ilustração 3: Anúncio mais frequente em 1918

Ilustração 4: Sátira à Madame
Campos no suplemento Século
Cómico

Ilustração 5: Anúncio da Madame
Campos

No que se refere aos produtos de beleza, destaca-se uma preocupação maior com a indústria da perfumaria e com os cremes de aplicação no rosto, logo seguidos de tintura para o cabelo, como se observa no gráfico n.º 4:

Gráfico 3: Produtos de Beleza

Veja-se alguns exemplos das publicidades citadas, com as ilustrações n.º 6 e 7:

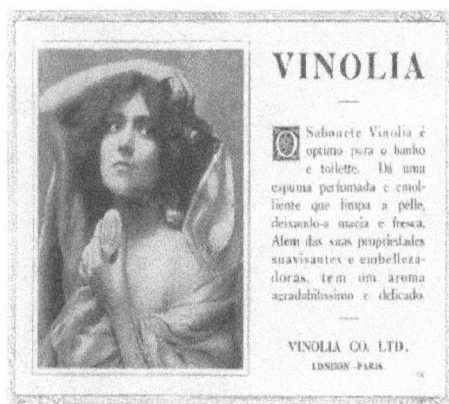

Ilustração 6: Publicidade   Ilustração 7: Exemplo
da *Vinolia*   do *Heno de Pravia*

Ainda a propósito da indústria da tinturaria, veja-se, a título ilustrativo, o texto de apoio à imagem:

> O essencial para que o cabelo não caia é trazê-lo bem limpo. Ora o cabelo não pode ser bem limpo com os shampoos apenas de sabão que vendem geralmente. É necessário que seja um preparo do destinado especialmente para esse efeito e organizado SCIENTIFICAMENTE para atender ás varias causas da queda do cabelo.
> Para preencher essa lacuna foi estudado longamente e organizada uma sabia formula por especialistas francezes, completada por um notável medico alemão, que durante toda a sua vida não tem tratado d'outro ramo de sciencia. Compreada esta formula, foi sim creado o "shampoo MARIA", que é a ultima palavra da sciencia, sendo ao mesmo tempo de preço egual aos mais baratos, isto é 50 réis, (pelo correio mais 20 réis)
> Pedidos a casa "au bonheur des dames".

Ilustração 8: Anúncio do *Shampoo Maria*

Para além das características mais gerais das publicidades da época, este artigo procura introduzir também, na pesquisa, uma ferramenta elementar do dia-a-dia do publicitário: a *copy strategy* composta de 7 elementos essenciais. Este recurso dar-nos-á algumas informações/respostas para uma questão aqui também proposta em estado latente: se existisse uma carta de criação publicitária para os produtos de 1918, como é que essa seria, com base nas publicidades da *Ilustração Portugueza*?

Para que o trabalho seja mais completo, introduz-se uma definição breve das principais componentes da *copy strategy*, mesmo sob pena de parecer exagerado ou simplista esse cuidado.

COPY STRATEGY = CARTA DE CRIAÇÃO	
FACTO	Os factos correspondem a um resumo dos dados que figuram no briefing a respeito do produto, do mercado, da concorrência e da estratégia de marketing do anunciante. Existe também uma seleção, feita pela agência, dos elementos que lhe parecem essenciais para orientar o trabalho dos criativos, tais como: – os elementos do contexto produto/mercado que constituem a razão principal pela qual o anunciante decidiu fazer a campanha; – as informações importantes respeitantes aos comportamentos ou às atitudes dos consumidores ou compradores, e sobre a qual a publicidade se poderá apoiar.

OBJETIVOS	Os objetivos correspondem, geralmente, uma síntese dos objetivos formulados no briefing. Todavia, em certos casos, a agência pode concluir que estes objetivos são numerosos ou demasiado vagos, pelo que poderá reformulá-los de uma forma mais restritiva no plano de trabalho criativo. Os objetivos traduzem-se em: Fazer saber (LEARN) Fazer gostar (LIKE) Fazer agir (DO)

PÚBLICOS-ALVO = TARGET	Caracterização dos segmentos-alvo a quem se procura dirigir a campanha de publicidade, a partir de um conjunto de características: a) sociodemográficas; b) psicográficas.
	
	A) Características sociodemográficas
	   i. Idade
	  ii. Localização
	 iii. Género
	 iv. Classe social
	  v. Escalão remuneratório
	
	B) Características psicográficas
	   i. Motivações
	  ii. Expectativas
	 iii. Atitudes
	 iv. Comportamentos

PROMESSA	A Promessa refere-se à principal vantagem que o cliente retirará pelo consumo e/ou compra do produto/serviço. Distinguem-se três níveis de promessa: – Promessa de atributo produto; – Promessa de benefício do consumidor; – Promessa de identificação valorizadora ou gratificante.
APOIOS DE PROMESSA = REASONS WHY = ARGUMENTOS	As provas, ou suportes da campanha, são os argumentos que se utilizam para justificar a veracidade da promessa, através de três ferramentas essenciais: a) A *performance* espetacular de um produto; b) O testemunho de uma pessoa ou de uma entidade reputadamente competente; c) Elementos de execução publicitária – quando a promessa é um sentimento de identificação valorizadora, que nenhuma prova objetiva possa suportar, são os elementos de execução publicitária que o conseguem (Imagem, som, vídeo; ou seja, criação da máquina de sonhos).

CONSTRANGI-MENTOS	Refere-se a diversas instruções que devem ser respeitadas: – *Media* a utilizar ou formato do anúncio – Forma de apresentação do produto, formatos do produto – Questões ligadas ao logotipo – Regras legais – Regras ligadas aos "códigos de expressão da marca" – Questão cultural
TOM	O tom de uma campanha ou de um anúncio é o registo geral da expressão utilizada.

Quadro 1: Elementos da *copy strategy*

Começando pelos ***objetivos publicitários***, sintetizados pelas expressões *to learn, to like, to do*, compreende-se que a publicidade portuguesa do início do século privilegia particularmente o objetivo *to learn* (Fazer Saber), embora também seja dada importância ao *to do* (Fazer Agir). Para configurar um exemplo do primeiro caso, veja-se o argumento usado pelo *Heno de Pravia*: "*Todos os que usam o sabão Heno de Pravia teem a epiderme fina e suave como a de uma creança*". Ou seja o *Heno de Pravia faz saber* ao consumidor que o seu produto que deixa a pele suave e fina. No segundo caso, veja-se o *fazer agir*, a partir do texto que se segue: "*Querem especialidades em vinhos muito antigos vão lá. QUEREM o genuíno vinho de Colares e Bucelas mandem lá. A casa mais antiga n'este género, fundada em 1870 ?*". A utilização do imperativo, do apelativo e da interrogação na marca *Colares e Bucelas* incitam o consumidor à ação; há um *fazer-agir* predisposto, de forma explícita, na publicidade da marca supracitada.

Leia-se, a respeito, o *gráfico n.º 5* onde se referem as preferências pelos objetivos publicitários da época, evidenciando o "fazer-saber" alguma coisa.

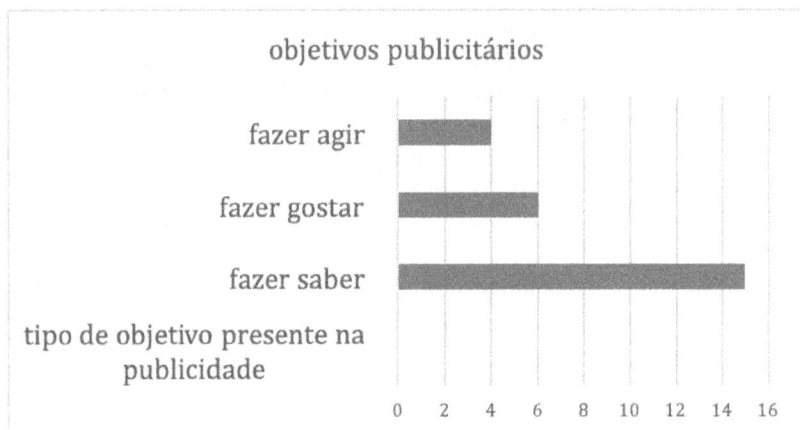

objetivos publicitários

fazer agir

fazer gostar

fazer saber

tipo de objetivo presente na
publicidade

0   2   4   6   8   10   12   14   16

Gráfico 4: Objetivos publicitários em 1918

Se se falasse do tipo de **público-alvo**, verificar-se-ia que, em termos sociodemográficos, haveria uma certa igualdade nas questões de género, não se verificando também nenhuma preferência específica em termos de escalão etário, embora seja visível uma presença mais acentuada de anunciantes e discursos mais aproximados dos interesses de classes etárias mais adultas (jovens adultos, pais e mães de família); em termos profissionais, crê-se que se tratará, maioritariamente, de pessoas da sociedade, com uma educação acima da média, por via da alfabetização, embora, os produtos publicitados não fossem exclusivamente para as classes A e B; na verdade, há uma série de marcas que privilegiariam as classes B e C, evidenciando isso mesmo nos argumentos usados em texto, com afirmações do género: "acessível a todas as carteiras". Também se considera que em termos de localização, seriam as grandes cidades e os grandes centros a merecer o maior interesse dos anunciantes, consequência, certamente, dos sistemas de distribuição do próprio jornal. Por outro lado, é bastante revelador pensar que a *Ilustração Portugueza* teria conteúdos literários e jornalísticos muito descentralizados, em especial se comparados com os dias de hoje. Não raro, surgem notícias e/ou cadernos especiais de Lamego, Régua, Tabuaço, Marinha Grande, Madeira, Açores, e de um vasto conjunto de localidades, do norte ao sul do país. Se atentarmos aos perfis *psicográficos*, na observação dos anunciantes mais frequentes, dir-se-ia que o público-alvo se caracteriza por pessoas que se preocupavam com a beleza, com a educação e com os males da guerra, tendo em conta a importância que o misticismo e o oculto tinham no jornal, bem como a questão das doenças. O português ou portuguesa da época preocupava-se com os males do corpo, da beleza, da guerra e sobretudo do espírito.

Em termos de **promessa**, é possível verificar uma prevalência da *promessa de atributo-produto*, sendo mais frequente a divulgação das vantagens objetivas, materiais, e reais que o produto e/ou serviço poderiam oferecer ao consumidor; de qualquer forma não é incomum a presença, já em 1918, de outros tipos de promessa. Veja-se, a respeito, alguns textos que materializam as promessas utilizadas na publicidade da época. A promessa de *atributo-produto* era muito frequente em novos produtos, como a caneta *Conklin*, por exemplo: *"Caneta de fonte não precisa conservá-la em posição vertical a conklin pode levar-se na bolsa ou no saquinho da mão"*. – O argumento usado evidenciará, então, as vantagens reais da caneta *Conklin*, em termos de mobilidade e conforto. O foco estará, pois, colocado na caneta e não no cliente.

Em termos de *benefício de consumidor*, veja-se o *slogan* que se segue: *"Com ella achareis que escrever cartas é um **prazer verdadeiro**, porque a conklin nunca arranca nem mancha e durará por muitos annos"*. – Para além dos atributos de produto, claramente expressos na publicidade, *"nunca arranca nem mancha e durará por muitos anos"*, a Conklin dá também *"um prazer verdadeiro"*, tendo-se agora deslocado o foco da caneta para o benefício concreto que o consumidor obtém. É o consumidor o centro da publicidade.

A promessa *por identificação valorizadora e/ou gratificante* surge mais em produtos ligados à cosmética e higiene pessoal. Começa, de facto, a ser utilizado um tipo de publicidade que valoriza a promessa *imaterial*, mas em muito menor escala, se comparada com as promessas usadas na publicidade de hoje; relevância para anúncios de empresas internacionais, como a COLGATE, ou sectores tradicionalmente ligados à beleza e que ainda hoje são reconhecidamente adeptos de promessas imateriais: perfumes e perfumarias.

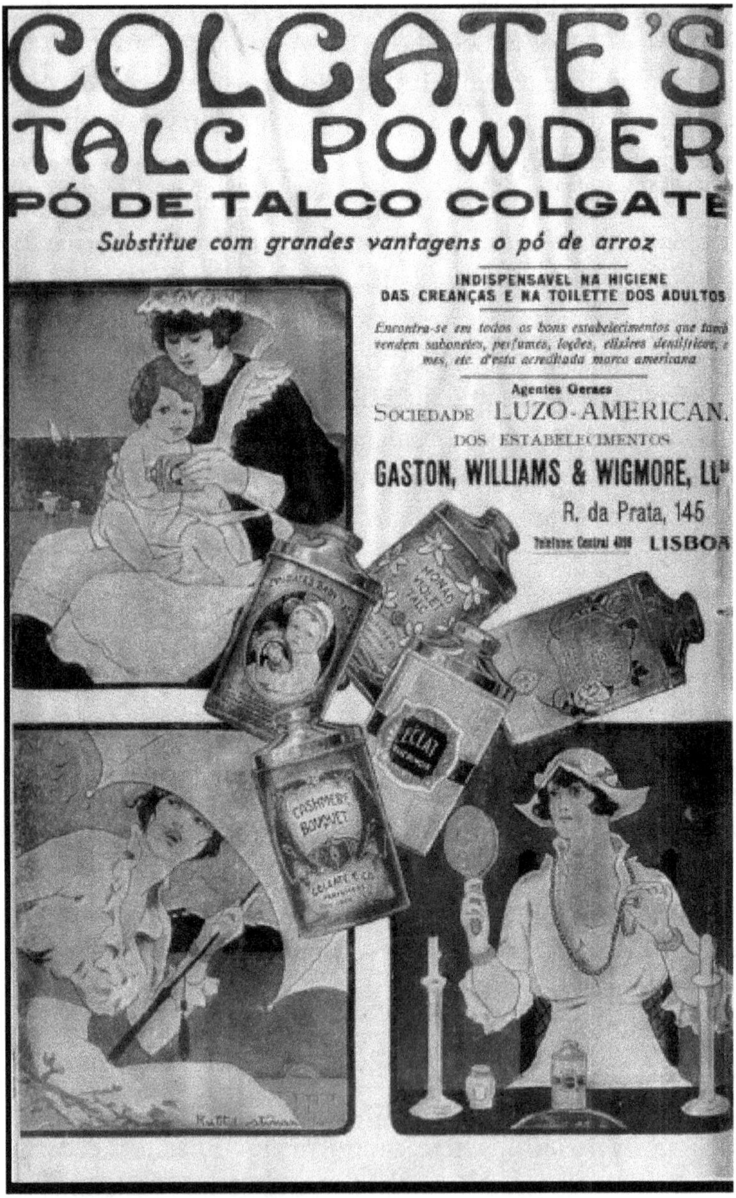

Ilustração 9: Anúncio da Colgate em 1918
No que se indica em termos de *argumentos de promessa*

(*reasons why*), salvaguarde-se o seguinte: os argumentos apoiados na *extraordinária performance do produto/serviço* surgem, por exemplo, na apresentação do trabalho da Madame Brouillard, afirmando-se que esta sabe cinco línguas, "*descobrindo o passado, o presente e o futuro*", – *performance* mais extraordinária não há, seguramente.

O *recurso a testemunhos* é já uma arma usada pelos publicitários do início do século, neste caso muito associados a cremes e cosmética, a partir das opiniões de especialistas e figuras públicas da área da representação. O uso do depoimento da famosa atriz Etelvina Serra sobre o creme de rosas é um desses exemplos: "Ex. Mo Senhor, experimentei alguns dos mais afamados cremes estrangeiros e nenhum de satisfez por completo. O seu creme de rosas realiza o meu ideal".

No terceiro tipo de argumento, é pouco comum a utilização dos recursos de execução publicitária para compreender as promessas imateriais, mas, ainda assim, visível sobretudo em anúncios a cores que preenchem toda a página (o exemplo supracitado da Colgate é uma boa referência).

No que se refere aos *constrangimentos*, percebe-se que, a haver preocupações na *copy* com constrangimentos, estes residiriam nos códigos de execução da marca e nota-se um certo perfeccionismo em alguns anunciantes e a necessidade de terem sempre o mesmo *slogan* e uma marca de continuidade.

Há também uma tentativa de explorar alguns conceitos comuns à cultura portuguesa, como fator diferenciador, como acontece no caso da *Leitaria Portugália* em que se apela a um certo patriotismo associado ao tema dos descobrimentos. Veja-se, a respeito, a ilustração que se segue:

Ilustração 10: exemplo do cuidado estético colocado
no anúncio da Leitaria Portugália

Em termos de ***tom***, há várias opções no início do século, das quais se destaca alguns exemplos:

O tom ***Demonstrativo:*** *"O essencial para que o cabelo não caia é trazê-lo bem limpo. Ora o cabelo não pode ser bem limpo com os shampoos apenas de sabão que vendem geralmente. É necessário que seja um preparo do destinado especialmente para esse efeito e organizado SCI-ENTIFICAMENTE para atender ás varias causas da queda do cabelo".*

O tom ***Informativo:*** *"Pires d' Almeida (morada), tecidos chics de novidade para homens e senhoras. Brevemente abertura da estação o inverno".*

O tom **Humorístico** e o **Estético** são conseguidos sobretudo através da imagem, como se verifica com as ilustrações que se seguem:

Ilustração 11: Exemplo de tom humorístico

Ilustração 12: Exemplo de tom estético

Ilustração 13: Exemplo de tom estético

O apelo do estético seria também uma das tendências da época, como se referiu noutro lugar: "It was an extraordinary time for the advertising industry, but it was an extraordinary time for illustrated magazines, as well, before photography really took over. It shows the power of graphic art" (Doran *apud* Hughes 2014).

Assim definida a *copy-strategy* imaginária do início do século XX, nos anúncios da *Ilustração Portugueza*, é hora de sintetizar os principais dados obtidos, que, não sendo matematicamente inabaláveis (não sendo essa, na verdade, a intenção deste texto), permitem ter uma imagem primária sobre o que terá sido a publicidade portuguesa no período da primeira grande guerra.

Conclusão

Partiu-se para este estudo com a necessidade de compreender o que marcaria a publicidade nacional, no período de conflito bélico que abalou a Europa e o Mundo do início do século XX. Traçar-se-ia, nesse contexto, duas questões iniciais às quais se procurou responder. Em relação à primeira questão de partida, tendo em conta a auscultação da *Ilustração Portugueza* do ano de 1918, há tendências globais que permitem identificar algumas características genéricas da publicidade em Portugal.

1 – Os anúncios eram maioritariamente a preto e branco, havendo pouca expressão da cor, exceção para a *Colgate* e outros anunciantes internacionais (em termos arredondados, os anúncios a cor corresponderiam a cerca de 15% dos anúncios totais);

2 – Alguns anunciantes já modificavam a sua imagem/texto ao longo das diferentes edições do *corpus* (empresas internacionais-*Remington* e *Conklin*);

3 – Apesar de Portugal não seguir à risca o que se faz no resto do mundo, a tendência para os produtos de higienização oral permanece;

4 – No final de 1918, há uma prevalência para o anúncio relativo a medicamentos para curar a Sífilis

5 – Alguns anunciantes já usavam 2 anúncios por página.

Tão ou mais importantes que as tendências acima descritas são as questões relativas aos sentidos ocultos que essas publicidades revelam sobre o conflito e os seus contextos.

Em primeiro lugar, contrariamente àquilo que acontece noutros países, não há uma referência direta às questões da guerra, exceção para as marcas *"Remington"* e *"Conklin"*, únicos anunciantes (internacionais) presentes cuja relação com os argumentos da guerra poderá existir, mas, mesmo assim, sem exuberância nos fundamentos bélicos usados nos seus trabalhos.

Em segundo lugar, reconhece-se que a sífilis, que é uma doença normalmente associada a países e períodos de guerra, começa a surgir nas publicidades e nas promessas de cura da doença.

Finalmente, e em terceiro lugar, uma das características mais importantes e relativa aos contextos ocultos de guerra surge a partir do momento em que os *anunciantes* mais relevantes acabam por ser videntes e cartomantes. No início do século XX eram visíveis as preocupações com a parte física mas, sobretudo, com a dimensão espiritual de quem vivia no país e de quem, de uma forma ou de outra, estava envolvido na guerra.

Um estudo mais alargado no tempo, que contemplasse todo o período da guerra e/ou outros periódicos (incluindo também os oposicionistas à participação portuguesa na guerra) traria, certamente, maior relevância ao presente trabalho, considera-se, todavia, que as primeiras tendências encontradas são, por si só, significativas e relevantes para enquadrar a publicidade que se fazia há 100 anos em Portugal.

Referências Bibliográficas

Bauman, Zygmunt (1999): *Globalização: As conseqüências humanas.* Rio de Janeiro: Jorge Zahar Editor.

Cardoso, Paulo (2002): *Estratégia Criativa Publicitária.* Porto: Ed. Universidade Fernando Pessoa.

Correia, Rita (2009): "Ilustração Portugueza". Internet. Disponível em http://hemerotecadigital.cm-lisboa.pt/OBRAS/IlustracaoPort/

IlustracaoPortuguesa.htm. (consultado em 23 de março de 2018).

Franco, Manuel Sanchez (1999): *Eficacia publicitaria – teoria y pratica*. S.l: Mcgraw Hill Interamericana.

Guerra, Isabel (2006): *Pesquisa qualitativa e análise de conteúdo. Sentidos e formas de uso*. Cascais: Principia.

Hughes, James (2014): "How Advertisers Used World War I to Sell, Sell, Sell". Internet. Disponível em https://www.theatlantic.com/business/archive/2014/08/how-advertisers-used-world-war-i-to-sell-sell-sell/375665/. (consultado em 12 de março de 2018).

Ilustração Portugueza. (21 de janeiro de 1918). Na frente portugeza. *Ilustração Portugueza* , pp. 1-59.

Joannis, Henri (1990): *O Processo de criação publicitária*. Lisboa: Edições Cetop.

Leitzel, Jared M. (2015): "Advertising the Great War: How the War Was Won on the Homefront and How Ad Men and the Government Merged". Internet. Disponível em http://www.easternct.edu/germinaveris/files/2013/07/Leitzel.pdf (consultado em 12 de março de 2018).

Lipovetsky, Gilles (2007): *A Felicidade Paradoxal: Ensaio dobre a sociedade de hiperconsumo*. Lisboa: Edições 70.

Novais, Noémia (2013): *A Imprensa Portuguesa e a Guerra. 1914-1918. Os jornais intervencionistas e anti-intervencionistas. A acção da censura e da propaganda*. Tese de Doutoramento em Ciências da Comunicação. Lisboa: Universidade Nova de Lisboa. Internet. Disponível em https://run.unl.pt/bitstream/10362/10797/1/TeseDoutoramentoNo%C3%A9miaMalvaNovais.pdf. (consultado em abril de 2018).

Osório, Paulo (7 de janeiro de 1918): "Cartas a uma leitora". In: *Ilustração Portugueza*, pp. 13-14.

Rasquilha, Luís (2009): *Publicidade – Fundamentos. Estratégias. Processos Criativos. Planeamento de Meios e outras Técnicas de Comunicação*. Lisboa: Gestão Plus.

Santos, Mário Beja (2015): *De freguês a consumidor*. Lousã: Nexo Editora.

O humor e a tentativa de superação dos conflitos. O caso da 1.ª Guerra Mundial

Fábio Ribeiro

UTAD/CECS – UMinho

A presença do humor no quotidiano: proximidades e distanciamentos

Como figura presente nos média e no registo quotidiano da sociabilidade, o humor apresenta-se frequentemente como um terreno conotado com algumas ideias que procuram reduzi-lo a uma existência pouco relevante. Em muitas ocasiões, é percecionado com uma "arte menor", envolvendo uma modesta criatividade, destinada apenas a "comunicadores natos" ou para indivíduos com um talento peculiar para uma certa interação social.

À partida, definir "humor" não parece uma tarefa propriamente complexa pelo grau de familiaridade que temos com esta realidade. Reconhece-se, facilmente, quem terá "sentido de humor", no entanto, a discussão académica sobre este tema prova que não existem propriamente consensos alargados sobre uma fórmula irremediavelmente eficaz de garantir o sucesso imaculado de uma abordagem humorística.

Numa entrevista ao jornal *The New York Times*, em 1980, o escritor norte-americano Philip Roth referia que "o sentido de humor era um sinal inequívoco de reconhecimento e de credibilidade". No mesmo ano, Milan Kundera (1980) definia o humor como a maior invenção do espírito moderno humano. Por sua vez, Freud lamentava no livro *Jokes and their relationship to the unconscious* (1960) que os comentários graciosos e humorísticos que o ser humano utiliza diariamente estivessem longe de merecer as considerações filosóficas suficientes para uma estrutura comunicativa com tamanho impacto na vida social e no quadro mental dos indivíduos.

Inspirado provavelmente por esta alguma ausência de reflexão sobre o tema, Jerry Palmer publica, em 1994, o livro *Taking Humour Seriously*, em que se propõe a abordar conceptualmente o valor do humor. Palmer questiona por que motiva e inibe o riso, mapeando inúmeras situações quotidianas onde o humor desenvolve um papel principal, incluindo nos média e, em particular, na televisão. Palmer define, assim, um paradigma reducionista do humor: "everything that is actually or potentially funny, and the processes by which this 'funniness' occurs" (Palmer 1994: 3).

O eterno problema, insolúvel porventura, reside precisamente neste ponto: afinal de contas, o que devemos considerar algo hilariante ou cómico? A subjetividade inerente ao humor não é, portanto, uma desculpabilização fácil para não se conseguir definir este conceito. Lipps (*apud* Freud 1960) explicava que a natureza humorística é subjetiva e volátil, porque está impregnada de uma ação pessoal, de um modo particular de ver o mundo, que varia de pessoa para pessoa. Embora ambos os autores não tenham abordado esta dimensão, preferindo transitar a questão sobretudo num plano psicológico ou psíquico, naturalmente a questão cultural também parece ser decisiva para o entendimento do que é ou não humorístico. Ruth Wisse (2013), no livro *No Joke*, desloca a questão até à própria religião. A autora considera que a comicidade está presente em toda a linguagem e dá o exemplo do humor judaico, responsável pela preservação da memória e das experiências do povo judeu.

No artigo "A funny thing happened on the way to the morgue", de 1985, na revista *Death Studies*, James A. Thorson recorda o trabalho de Patricia Keith-Spiegel, que encontrou 159 definições sobre humor. Allison Ross (1994) justifica a natureza do humor com a reação desencadeada, numa gargalhada ou sorriso. No entanto, como a própria admite, as definições aos conceitos apresentam sempre os riscos de esconder outras realidades associadas. A resposta, gestual ou comportamental, ao humor, nos termos de um riso ou sorriso poderá surgir na sequência de situações que nada têm que ver com abordagens humorísticas; ou seja, a resposta a um estímulo comunicativo torna-se redutora para definir o que consiste ou não o humor. Daí que o elemento decisivo seja a consolidação de um estudo sobre a linguagem inerente ao humor (Ross 1994).

A capacidade de agradabilidade do humor, em que se oferece um plano social e comunicativo de boa disposição, leva a que, de acordo com Billig (2005), a simples característica pessoal de alguém que tem "sentido de humor" se torne numa competência de interação social "desejável": "It is easy to claim that possessing a sense of humour is nowadays deemed desirable. To say that someone has no sense of humour is to utter a criticism. It may not be the worst criticism that can be offered" (Billig 2005: 11). Daniel Wickberg (1998) estudou com pormenor as raízes da integração do humor como um atributo pessoal. Para o autor, desde a Idade Média que se verificava esta utilização do humor, como por exemplo na medicina. Alguns médicos utilizavam formulações cómicas no contacto com pacientes para suavizar determinados prognósticos. Mais tarde, já perto do século XIX, assiste-se a uma certa consolidação da cultura junto de determinadas conceções humorísticas, começando a falar-se em "humor britânico" ou "humor americano", pelo facto de utilizarem frequentemente a liberdade e a política em textos cómicos (Wickberg 1998).

Billig (2005) estende a preocupação em definir o humor a diferentes abordagens científicas e os desafios que algumas áreas do conhecimento podem oferecer à compreensão alargada deste fenómeno. Por isso, refere que a psicologia experimental deveria ajudar na compreensão do que tende a ser efetivamente humorístico:

> Experimental psychology might be especially useful for helping to distinguish between the myth and reality of human laughter, its causes and its effects. This may be true up to a point. But beyond that point, which cannot be determined in advance, it is liable to be misleading. An essential part of critical theory, and possibly one of its important aspects, has been to look critically at the theories of experts, in order to see how these theories have reproduced wider assumptions of common sense (Billig 2005: 11).

O humor é ainda, do ponto científico, um objeto de estudo com pouca repercussão académica e com inevitáveis ligações a terrenos científicos tão complementares como as Ciências da Comunicação, a Sociologia, a Psicologia, entre outras. Na Europa, apenas para recortar parte deste distanciamento académico, uma das principais revistas científicas sobre matérias relacionadas com o humor intitula-se *The European Journal of Humour Research*, editada desde 2013 pela Cracow Tertium Society for the Promotion of Language Studies. Ainda que desenvolva uma trajetória recente, esta revista está já indexada na *Scopus*. No entanto, a mais antiga, desde 1988, designa-se por *"HUMOR – International Journal of Humor Research*, publicada quatro vezes por ano, pela editora De Gruyter". Ambas as publicações têm um vasto interesse na reflexão sobre a integração do humor nas práticas sociais e comunicativas correntes. Desde a implicação do humor na política, para o ativismo, a chamada "literatura do *non sense*" ou até a espaços comunicativos mais modernos como a internet e as redes sociais. A eterna questão "os limites do humor", possivelmente a questão mais *pop* sobre humor na atualidade, também já mereceu um número especial numa destas revistas.

A difícil relação entre o humor e o trauma

Independentemente da curta revisão teórica sobre o conceito de humor apresentada anteriormente, existem formas de conceptual-mente enquadrar a linguagem que serve de base à formulação hu-morística. Nestas perspetivas integra-se a perceção da sintaxe e da semântica como estruturas decisivas para a compreensão da aborda-gem feita pelo humor num dado contexto, uma vez que o contexto social, cultural e até mediático é decisivo para a compreensão da narrativa humorística.

O jornalista e historiador português José Milhazes, com uma longa trajetória pessoal e profissional na Rússia, aludiu, numa entrevista[1] ao programa *Hotel Babilónia*, da Antena 1, a 22 de abril de 2017, à utilização da anedota em ambientes repressivos como o soviético:

---

[1] https://www.rtp.pt/play/p456/e285006/hotel-babilonia

Considera-se a "anedota" uma coisa menor do ponto de vista histórico. Acho que não. Mesmo na sociedade soviética, nos tempos mais negros, em que contar uma anedota antissoviética dava direito a 10 anos de campo de concentração, as anedotas apareciam. Refletiam a sociedade soviética. Uma anedota, além de criar um certo relaxar, para não se ser maçudo, transmite-se uma forma de vivência da cultura.

O escritor Milan Kundera, em entrevista a Philip Roth, em 1980, ao jornal *New York Times*, também abordou a difícil fronteira entre o humor e o terror instalado politicamente:

Aprendi a importância do humor durante o terror estalinista. Tinha 20 anos na altura. Através do humor, conseguia identificar logo um estalinista de outra pessoa que não seguia a mesma ideologia. Tudo através do sorriso. Um sentido de humor apurado era um sinal inequívoco de confiança. Desde essa altura, fico aterrorizado com este mundo que tem vindo a perder o sentido de humor (Weeks 2005: 132)

Existem três teorias clássicas sobre o humor que procuram definir as formulações discursivas que sustentam a base da abordagem humorística. Na dissertação de mestrado de André Duarte (2012) encontram-se sistematizadas as referências mais consensuais nesta matéria: 1) teoria da hostilidade ou superioridade: encara o humor como um território de inimizade ou disputa, em que um dos elementos discursivos se coloca numa posição de superioridade perante o visado, pelo que é neste desnível entre estes dois planos que reside a abordagem cómica; 2) teoria da incongruência: remete para a concretização do humor a partir da integração de dois planos díspares e contrastantes entre si, normalmente com pouca ligação entre ambos; 3) teoria da libertação ou alívio: define-se pela capacidade de resposta a situações de conflito, de tensão, procurando diminuir a pressão ou ansiedade social.

A relação entre o humor e os conflitos pode ser polémica. O contacto com a frustração, a tristeza ou a desilusão que se seguem a um evento traumático tendem a não convidar propriamente a comentários humorísticos sobre a situação em causa. Em Portugal, um acontecimento recente comprova esta situação. Como deu conta o *Jornal de Notícias*[1], o Ministério da Saúde (SNS) publicou, no dia 11 de julho de 2018, nas redes sociais, uma imagem alusiva à campanha de divulgação da nova *app* para telemóvel daquela instituição, o "MySNS Carteira", com uma alusão explícita ao resgate dos rapazes e do treinador que ficaram presos numa gruta na Tailândia, até ao dia anterior ao lançamento desta iniciativa,. O SNS escreveu, nesse *cartoon*, o texto "Tenha o cartão de atividade física da MySNS Carteira e seja tão forte como os jovens da Tailândia", seguido de uma imagem em que os mergulhadores retiram os referidos sobreviventes. Perante os inúmeros ataques e as reclamações dos internautas, refere o jornal, o Ministério decidiu retirar a publicação porque a opinião generalizada não foi muito abonatória do cartaz e que "comunicar é um risco". Este exemplo demonstra bem a dificuldade que existe em abordar um assunto traumático, pouco depois de o mesmo ter terminado. Neste caso, nem sequer foi utilizada uma narrativa humorística.

Para contrariar esta tendência, de não se abordar determinados assuntos conflituosos na perspetiva do humor, em abril de 2016 criou-se o grupo "Feminism and Controversial Humour Working Group", na Universidade de Concordia, no Canadá, que procura refletir, humoristicamente, sobre experiências traumáticas, como abusos e violações, com pessoas que sofreram efetivamente com estas situações no passado. Emma Cooper, docente e uma das fundadoras deste grupo, referiu que "existe tanto poder na utilização do humor. Uma postura ativa perante um conflito pode ser bem trabalhada para evitar esse subterfúgio. Fico sempre cética quando alguém tenta obrigar outra pessoa a lidar com o drama"[2]. Em 2017, no *Journal of Loss and Trauma*, Michaela Boerner, Stephen Joseph, and David Murphy discutiam o papel do humor junto dos doentes com sinais de depressão ou afetados por outras doenças na sequência de

---

[1] https://www.jn.pt/nacional/interior/ministerio-da-saude-retira-campanha-polemica-que-cita-resgate-na-tailandia-9579300.html

[2] http://theconcordian.com/2017/10/confronting-trauma-with-humour/

efeitos traumáticos. Através de uma amostra, concluíram que uma margem significativa de doentes conseguia lidar positivamente com o chamado "crescimento pós-traumático", quando submetidos a experiências comunicativas utilizando o humor.

De acordo com Freud, o humor permite-nos olhar para o trauma com uma "atitude desafiante", transformando a realidade dolorosa numa convivência mais pacífica. Inúmeros estudos (Edwards & Martin 2010) têm vindo a demonstrar que um humor negativo pode sugerir situações de depressão com impacto na autoestima. Obrdlik (1942) e Larsen (1980) coincidiam no princípio do humor como arma de repressão política, um mecanismo de defesa perante a opressão perante o controlo social, com naturais compensações psicológicas e morais. O humor consistia, assim, numa resistência passiva-agressiva.

A utilização do humor pelos média: breves apontamentos

A função social e comunicativa evocada pelo humor concretiza-se em diversos formatos devidamente reconhecidos pela experiência quotidiana, como são os casos das anedotas, do humor negro, a comédia de imitação (de personagens ou figuras públicas, por exemplo) ou mesmo do registo de improvisação.

Embora se considere que a discussão sobre a relevância e pertinência do humor no espaço público tenha sido propalada na sequência do atentado à redação do *Charlie Hebdo*, em janeiro de 2015, não é certo admitir que foi apenas nos últimos anos que estas questões foram tratadas e abordadas. Conforme revelou Victor Navasky, em *The Art of Controversy: Political Cartoons and Their Enduring Power* (2013)[1], o cariz "ofensivo" das capas daquele jornal francês – na perspetiva dos atacantes – foi despoletado pela ridicularização de imagens sagradas através de *cartoons*, mas em profunda ligação com as políticas de sucessivos governos europeus que atuaram como *bullies* do povo árabe, que promovem a circulação de uma determinada imagem de uma sociedade com o apoio de inúmeras formas de

---

[1] https://www.huffingtonpost.com/travis-irvine/one-week-after-charlie-he_1_b_6465628.html?guccounter=1

expressão comunicativa na internet. Provavelmente tornou-se mais mediática a questão "quais são os limites do humor?", mas a presença da comédia nos processos comunicativos esteve desde sempre ligada à história recente da humanidade. É isso que Little (2017) constata, quando recorda os inúmeros casos de censura ao humor, desde o programa de apanhados na televisão, *Candid Camera*, em 1998, ou em *Jimmy Kimmel Live!*, do canal americano ABC, onde o comediante apresentava semanalmente em *This Week in Unnecessary Censorship*, exemplos de animosidade pública a diversas abordagens humorísticas promovidas pelos média.

Recordando o icónico livro *The Book of Laughter and Forgetting*, de Milan Kundera, de 1980, percebe-se que, nas palavras de Octavio Paz, Nobel de Literatura de 1990, "o humor é a grande invenção do espírito moderno". Para o escritor checo, que haveria de inspirar o curioso filme *A Piada*, de 1969, a estética e a história têm lugar destacado na construção discursiva do humor. Os média também utilizam o humor para as suas próprias produções. Se Bakhtin (1974) relacionava o riso com a morte ou a punição, o cinema e o teatro souberam aproveitar de forma regular esta associação semiótica para retratar situações de uma trama complexa, do suspense ou da iminência de perigo.

O humor também se apresenta como uma ferramenta indispensável para a comunicação de diversas instituições públicas, sobretudo em ambiente digital. Em várias publicações nas redes sociais, a PSP, GNR e o INEM utilizam frequentemente construções humorísticas nas suas publicações. A informação publicada refere-se sempre a aspetos concretos da atividade dos organismos mencionados, no entanto, privilegia-se sempre alguma versatilidade discursiva apoiada no humor. Recentemente o INEM publicou uma fotografia do jogador de futebol da seleção brasileira, Neymar, queixoso, agarrado à perna e deitado no chão, durante um jogo, com a legenda "75,8% das chamadas para o 112 também não são emergências"[1]. Aproveitando a circunstância da realização do Mundial de futebol de 2018, e da recente mediatização do jogador

---

[1] https://www.facebook.com/InstitutoNacionaldeEmergenciaMedica/photos/a.175550402490049.41831.153270831384673/1992587714119633/?type=3&theater

em causa – criticado pelas alegadas simulações nas faltas recebidas durante os jogos – o INEM não deixou, de facto, de transmitir uma informação factual para a entidade, sobre uma fatia considerável de chamadas telefónicas recebidas que estarão longe de configurar uma situação de emergência. Tal como o jogador, que é acusado de algum exagero nas reações que tem a determinadas faltas.

Em entrevista ao *Público*, o diretor do Gabinete de Imprensa e Relações Públicas da PSP, Paulo Ornelas Flor[1], e responsável pela dinamização das páginas nas redes sociais desta instituição, defendia a utilização do humor para tentar "tirar um pouco aquele peso que muitas vezes é característico de instituições como esta", lembrando ainda que "as pessoas precisam e têm pouco tempo para contactar connosco; o tempo que têm tem de ser aproveitado ao máximo".

Viajando até outros terrenos, igualmente comunicativos, poucas vezes um Presidente norte-americano terá sido alvo de tanta satírica, crítica e deboche humorístico. Como referia um artigo do jornal britânico *The Guardian*, Donald Trump foi visado inúmeras vezes, no período eleitoral e depois de vencer as eleições. Neste artigo de opinião, assinado pela escritora e socióloga Anne Karpf[2], percebia-se que "a sátira não nos vai dispensar de Trump, mas pelo menos vai fazer com que nos sintamos melhor", o que sugere a ideia de que a mediatização do humor, focalizado nesta personalidade, produzirá, em teoria, um efeito de relaxamento e de desdramatização perante algumas situações potencialmente polémicas ou difíceis de concordar com a administração Trump.

O Século Cómico: resultados do estudo de caso

Apesar de termos assinalado anteriormente as novas modalidades expressivas do humor, do ponto de vista da comunicação digital e *online*, o estudo que aqui desenvolvemos recupera um período e um enquadramento histórico distante da atualidade em que nos

[1] https://www.publico.pt/2013/01/23/p3/noticia/ele-gere-o-facebook-da-psp-com-formalidade-e-humor-1816115

[2] https://www.theguardian.com/commentisfree/2016/dec/26/satire-donald-trump-bigotry-prejudice-humour-escapism

encontramos. De um ponto de vista empírico, antes da apresentação do estudo de caso em particular, sinalizamos duas experiências que utilizaram a I Guerra Mundial e o humor de forma expressiva.

Em primeiro lugar, o jornal satírico *The Wipers Times* (Figura 1), escrito e distribuído por soldados ingleses, em território belga, durante o conflito. Através de um título que aludia a um certo jogo irónico de palavras – "Os tempos de choro" –, este foi um jornal de "trincheira", publicado e organizado por soldados britânicos, na zona de Ypres, na Bélgica, que ocuparam uma antiga gráfica belga abandonada. Entre fevereiro de 1916 e dezembro de 1918 foi distribuído pelo espaço franco-belga, mensalmente. O jornal trazia poemas, reflexões e piadas habituais sobre a vida nas trincheiras. Um tipo de humor que versava a desconstrução da realidade dura sentida pelos soldados.

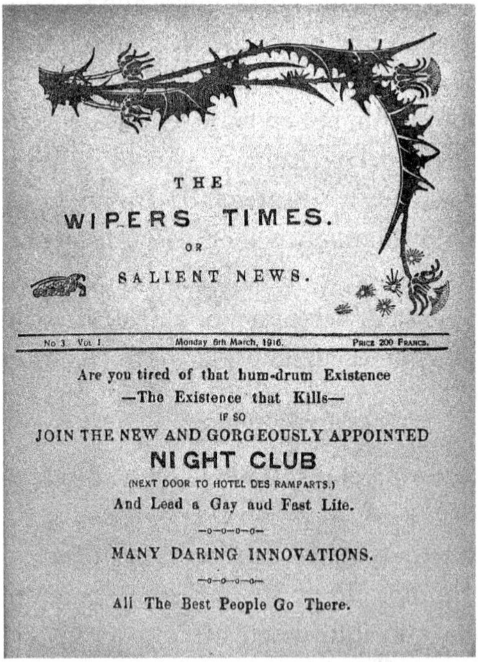

THE

WIPERS TIMES.

OR

SALIENT NEWS.

No 3. Vol I. Monday 6th March, 1916. Price 200 Francs.

Are you tired of that hum-drum Existence

—The Existence that Kills—

IF SO

JOIN THE NEW AND GORGEOUSLY APPOINTED

NIGHT CLUB

(NEXT DOOR TO HOTEL DES RAMPARTS.)

And Lead a Gay aud Fast Life.

—o—o—o—o—

MANY DARING INNOVATIONS.

—o—o—o—o—

All The Best People Go There.

Figura 1 – Capa de uma das edições do jornal *The Wipers Times* (março de 1916)[1].

[1] Fonte: https://upload.wikimedia.org/wikipedia/commons/thumb/d/de/The_Wipers_Times%2C_issue_cover_March_1916_Wellcome_L0031562.jpg/800px-The_Wipers_Times%2C_issue_cover_March_1916_Wellcome_L0031562.jpg

No final dos anos 80, a BBC exibiu a série *The Black Adder*, que esteve no ar entre junho e julho de 1983, num total de seis episódios, distribuídos por quatro temporadas. Escrita por Richard Curtis e com Rowan Atkinson no principal papel, conta a vida caricata dos soldados britânicos em diferentes épocas históricas. Numa das temporadas, aborda-se a I Guerra Mundial, em que os militares tentam desenvolver todas as estratégias possíveis para fugir do cenário do conflito, evitando a morte. Envolvia um tipo de humor mais caricatural, tomando o ambiente militar e a vida nos quartéis como pretextos de situações ridículas e inusitadas.

Em Portugal, *O Século Cómico*, um suplemento humorístico e satírico semanal do jornal *O Século*, esteve em circulação entre 1916 e 1921. Através do *site* da Hemeroteca Digital da Câmara Municipal de Lisboa, selecionou-se uma amostra de edições – entre os nºs 999 e 1501 – que corresponde à totalidade de publicações registadas em 1917.

De um ponto de vista geral, a leitura das capas destas edições – o objeto de estudo analisado – resultava de difícil interpretação. Em diversas ocasiões, percebe-se com alguma dificuldade a intenção do editor na formulação humorística, talvez por algum distanciamento temporal em relação ao momento desta análise. Assim, dir-se-ia que as capas deste suplemento envolvem, em certos casos, algum exercício apurado de interpretação e desconstrução da mensagem a veicular. O sentido de humor não parece ser, aparentemente, claro. Para esta leitura contribuem francamente as inúmeras situações em que seria necessário conhecer as últimas informações sobre o conflito para que se pudesse observar e registar algum tipo de humor. No entanto, mesmo na ausência de qualquer informação sobre a evolução da guerra, nos diversos palcos, foi possível intuir, a partir das capas, algum desenrolar dos acontecimentos. Esta acaba por ser uma característica deste tipo de abordagem humorística, suportada na atualidade: o compromisso de retratar, de modo cómico, a realidade, com o apoio na atualidade noticiosa.

Através de uma análise textual, da imagem e do contexto inerente às 53 capas de *O Século Cómico*, conclui-se que: –

– Em 31 capas, houve referências à I Guerra Mundial, ao contrário das restantes 22. Este equilíbrio sugere o posicionamento de Portugal como agente periférico durante o conflito, não obstante a entrada de tropas nacionais em pleno campo de batalha;

– A representação da atualidade procedia-se preferencialmente a partir de metáforas e analogias, envolvendo figuras, personalidades com destaque no conflito (Figura 2):

Figura 2 – Representação do entendimento sobre a paz (à esquerda). Representação sobre a posição da Suíça durante o conflito (à direita)

– As capas traduziam alguma evolução dos acontecimentos a nível temporal (Figura 3):

Figura 3 – Evolução dos acontecimentos, desde a iminência da paz (à esquerda), a concretização da derrota (meio)

e a rendição dos vencidos (à direita).

– Sempre que surgem referências aos países, em 16 ocasiões, a Alemanha surge em 10. Depois, a Rússia, com cinco (Figura 4):

Figura 4 – Exemplos da representação dos países:
Alemanha (à esquerda) e Rússia (à direita).

– Não obstante o ponto já referido da dificuldade na interpretação das capas, tentou-se aplicar uma determinada teoria clássica do humor a esses mesmos elementos visuais e textuais[1]. Deste modo, a teoria da incongruência foi a mais observada, com 26 em 53 capas. Sublinhe-se que os editores do suplemento optaram essencialmente por estruturas humorísticas em que dois planos se cruzavam, sem qualquer relação entre ambos, um entendimento próximo à referida teoria da incongruência. A manifestação da superioridade de um agente/personagem perante outro elemento também foi identificada, em 13 capas. A teoria da libertação apenas foi registada em dois casos. Este tipo de humor, que se refugia em temas mais substantivos e eventualmente polémicos, conflituosos ou tenebrosos, ficou claramente num plano de pouco destaque. Na

---

[1] Em 12 capas não foi possível identificar como clareza a abordagem humorística utilizada. Em termos analíticos, estas capas foram tratadas como integrando uma teoria "indefinida".

figura seguinte, pode observar-se exemplos da aplicação concreta das diferentes teorias:

Figura 5 – Capa da edição 1006, onde se demonstra
a aplicação da Teoria da Superioridade.

Figura 6 – Capa da edição 1013, onde se demonstra a aplicação
da Teoria da Incongruência.

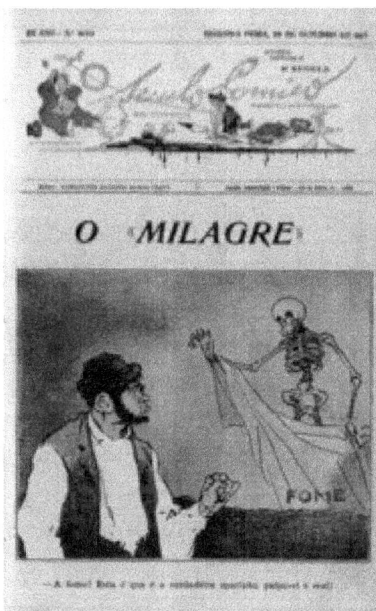

Figura 7 – Capa da edição 1042, onde se demonstra
a aplicação da Teoria da Libertação.

Notas finais

A identificação do humor com situações de conflito ou de trauma pode ser polémica. A experiência quotidiana não nos prepara possivelmente para uma postura social que nos obriga a desconstruir eventos traumáticos a partir do humor. Mesmo quando este tipo de abordagem se verifica, assiste-se à discussão sobre os limites do humor, relativamente ao que pode ou não ser servir de base a uma intervenção humorística.

Este trabalho não pretendeu, contudo, abordar esta problemática. A partir de uma amostra das capas publicadas no suplemento satírico e semanal de *O Século Cómico*, do jornal *O Século*, em circulação entre 1916 e 1921, concluiu-se que as referências humorísticas se basearam sobretudo nos conceitos de contraste e surpresa entre planos (figuras ou personalidades) distintas entre si, um dos pressupostos fundamentais da Teoria da Incongruência. Efetivamente a aproximação a temas eventualmente complexos apenas surgiu em duas das 53 capas estudadas, em que em ambas se representa a ideia de morte e de fome através de um fantasma que se dirige a um elemento comummente relacionado com o povo português, o Zé Povinho, figura criada por Rafael Bordalo Pinheiro. Nestas situações, as capas denunciam que a principal consequência ou ameaça da guerra seria eventualmente um período de maior escassez de alimentos que poderia redundar em situações de fome para a população.

Alguns dos trabalhos futuros nesta área poderiam dedicar-se à contínua exploração desta aplicação de referenciais teóricos a práticas e a discursos comunicativos. Comprovar se efetivamente a dificuldade sentida na descodificação do estudo de caso identificado se replica noutros ambientes.

Um século depois, num quadro contextual completamente oposto, com outras avenidas de expressão comunicativa assentes no digital, seria interessante compreender até que ponto outras experiências, outros atores e outros ambientes mediáticos utilizam formulações humorísticas para abordar a realidade e a atualidade. Estaremos, hoje em dia, mais libertos para uma abordagem a temas fraturantes, conflituosos, traumáticos, a partir do humor? Como é que os cidadãos reagem quando confrontados com estas situações humorísticas em que se abordam eventos dolorosos? De que forma a proximidade, nacional ou internacional, afeta a perceção que temos sobre os conflitos?

Referências bibliográficas

Bakhtin, Mikhail (1974): "The Art of the Word and the Culture of Folk Humor (Rabelais and Gogol)". In: Henryk Baran (Ed.), *Semiotics and Structuralism: Readings from the Soviet Union.* Nova Iorque: International Arts and Sciences, 284–296.

Billig, Michael (2005): *Laughter and Ridicule. Towards a Social Critique of Humour.* Londres: Sage.

Boerner Michaela, Joseph, Stephen e Murphy, David (2017): "The Association Between Sense of Humor and Trauma-Related Mental

Health Outcomes: Two Exploratory Studies". In: *Journal of Loss and Trauma* 22(5). Londres: Taylor & Francis Group, 440-452. DOI: 10.1080/15325024.2017.1310504

Duarte, André (2012): *O humor na rádio em Portugal: Modos e finalidades do humor radiofónico*. Dissertação de Mestrado. Covilhã: Universidade da Beira Interior.

Freud, Sigmund (1960): *Jokes and Their Relation to the Unconscious*. Londres: Routledge & Kegan Paul.

Kundera, Milan (1980): *The Book of Laughter and Forgetting*. Harmondsworth: Penguin.

Little, Laura (2017): "Laughing at Censorship". In: *Yale Journal of Law & the Humanities* 28(2). Yale: Yale Law School, 161-212.

Navasky, Victor (2013): *The Art of Controversy: Political Cartoons and Their Enduring Power*. Nova Iorque: Knopf Doubleday Publishing Group.

Palmer, Jerry (2004): *Taking humour seriously*. Londres e Nova Iorque: Routledge.

Ross, Alisson (1998): *The Language of Humour*. Londres e Nova Iorque: Routledge.

Thorson, James (1985): "A funny thing happened on the way to the morgue: Some thoughts on humor and death, and a taxonomy of the humor associated with death". In: *Death Studies* 9(3-4). Londres: Taylor & Francis Group, 201-216. DOI: 10.1080/07481188508252518

Weeks, Mark. (2005): "Milan Kundera: A Modern History of Humor amid the Comedy of History". In: *Journal of Modern Literature* 28(3). Baltimore: Indiana University Press, 130-148.

Wickberg, David (1998): *The Senses of Humour*. Nova Iorque: Cornell University Press.

Wisse, Ruth (2013): *No Joke: Making Jewish Humor*. Princeton: Princeton UP.

O Soldado Nobre: um filme-investigação a partir de um retrato de grupo da Grande Guerra

Jorge Vaz Gomes
Faculdade de Belas-Artes/ULisboa

Não sabemos se o estado de medo em que vive a Europa e o Mundo neste início de século XXI, com os grandes "impérios" a fazerem jogadas arriscadas no tabuleiro geopolítico, se assemelha àquele que se vivia no início do século XX. Sabemos hoje que a solução então encontrada para resolver essa insegurança, "a guerra para acabar com a guerra" como lhe chamaria Woodrow Wilson, deixou a Europa e o Mundo num estado de incerteza ainda maior, que teria o seu desfecho trágico na Segunda Guerra Mundial. Foi no ano de 1918, sobre o qual se celebra este ano o centenário do final da Primeira Guerra, que este estado de "paz podre" havia de ser atingido, e os soldados portugueses em França poderiam finalmente começar a longa viagem de regresso a Portugal.

É precisamente através das viagens entre Portugal e a França que podia definir-se a história da minha família no século XX. E é inevitável chegar à conclusão de que todas elas tiveram a ver, de forma mais ou menos direta, com a Primeira ou com a Segunda Guerra Mundial. O meu bisavô Francisco Nobre, soldado na Primeira Guerra, foi o primeiro a viajar para França.

Ainda longe estava a primeira viagem que eu faria em 1981 no avião entre Lisboa e Paris, demasiado novo para me lembrar, ou a viagem do meu avô Joaquim Vaz, em 1959, quando a França entrava nos anos dourados do crescimento económico e ainda a reconstruir-se da Segunda Guerra, e o meu avô atravessaria as fronteiras com a ajuda de um passador, até chegar ao sul de França onde arranjaria trabalho e uma *carte de séjour*, para mais tarde levar os oito filhos e a mulher (filha do soldado Francisco Nobre) também para França. Mas foi a primeira viagem, a de 1917, em que o meu bisavô embarcaria no Cais do Conde da Rocha de Óbidos rumo ao Norte de França, para depressa se enfiar nas trincheiras, que começou por exercer em mim um fascínio particular.

Lembro-me de perguntar a uma vizinha da aldeia se se recordava da Segunda Guerra, e de ela ter respondido que se lembrava bem era da Primeira Guerra, dos soldados que ela apelidou de "miúdos que saíam de casa tristes e a chorar por terem de ir para a guerra". Aquele pedaço de informação serviu como uma corrente de transmissão de memória contada, que me liga diretamente àqueles soldados e àquela altura, com uma força que nenhum documento ou história contada em segunda ou terceira mão poderia ter. Esta imagem fixou-se forte e viva, e ainda hoje se mantém, como se a vizinha fosse uma espécie de câmara de filmar e projetor, que captou aquela cena em 1917.

É também isto que reveste os acontecimentos da Primeira Guerra de um estatuto muito particular de charneira entre História e memória. Sobre acontecimentos mais recentes ainda há sobreviventes (Segunda Guerra, por exemplo), e sobre os mais antigos já não há memória, apenas História. Os anos da Primeira Guerra vivem assim numa espécie de limbo, prestes a ser perdidos para sempre, condenados a viver nos livros de História, tal como todos os acontecimentos históricos, sem qualquer memória ou emoção humana e pessoal associada.

Desde cedo foram surgindo referências ao bisavô longínquo. A primeira foi provavelmente porque a minha bisavó recebia uma pensão, supostamente do Estado Francês, por o marido ter estado na Primeira Guerra. Uma tia minha conta que até havia carne para comer em casa dela, tal era a "fartura" que a pequena pensão permitia em relação aos outros habitantes da aldeia. Uma das últimas referências ao meu bisavô, que ouvi há poucos anos, foi que a razão pela qual teria problemas de pulmões, foi por ter sido gaseado nas trincheiras.

Uma força irresistível atraía-me para todas estas questões,

quando em conversa com a minha tia Cecília Nobre Vaz, a primogénita dos irmãos da minha mãe, disse que ia pedir emprestada a uma vizinha uma fotografia onde figura o meu bisavô.

Imagem 1. Soldados do Corpo Expedicionário Português oriundos de Alfaiates e outras aldeias do Concelho do Sabugal, Distrito da Guarda.

Na imagem encontra-se um grupo de soldados do Corpo Expedicionário Português (C.E.P.), provenientes da aldeia do meu bisavô, Alfaiates, no concelho do Sabugal, incluindo o meu bisavô. A ideia de fazer um projeto documental à volta do meu bisavô, que se ia misturando a pouco e pouco com o fascínio por esta personagem e por esta época, levou um golpe sério quando me apercebi de que não havia ninguém que o conseguisse identificar na imagem pois hoje já não há ninguém vivo que o tenha conhecido.

Como fazer então um filme sobre um homem, sem uma única imagem dele? O que colocar em banda de imagem, à medida que o texto discorre sobre o que terá acontecido a este homem? A procura da imagem do meu bisavô, não é muito diferente da procura pela história e pela memória dele. É também uma investigação difícil, cheia de buracos, elipses, e que recai constantemente na impossibilidade de resgatar a história do meu bisavô. Tanto ele como a imagem dele, foram lentamente engolidos pelos cem anos que nos separam, e sobra apenas uma espécie de ruína, que nos diz mais sobre ela própria – sobre os fragmentos que a compõem – do que propriamente sobre o meu bisavô. Mas acaba por ser esse retrato incompleto do meu bisavô e dos outros soldados, o retrato mais fiel.

A imagem que dá o mote para o "Retrato de um Soldado", da fotografia de grupo dos soldados, reveste-se da ideia de ruína: é composta por pessoas que já não existem e sobre as quais pouco ou nada se sabe, e além disso, os tons da imagem, o tipo de impressão, as roupas, as caras dos soldados, remete tudo para um passado distante. Assim, com a pouca informação que esta imagem fornece, o filme agarra-se à eventual capacidade metonímica de nos poder contar histórias maiores a partir de uma parte, a partir de detalhes, a partir de comparações, a partir de ampliações (Medeiros 2017). E da mesma forma que os detalhes da imagem nos contam histórias sobre a imagem como um todo, a história de Francisco Nobre conta-nos a história de todos os soldados, conta-nos a história de um país que participou num combate mundial com poucos recursos para o fazer, conta-nos a história de uma tragédia que deixou duas mil famílias sem pais, tios, irmãos e filhos.

Começa então aqui uma luta bastante antiga entre texto e imagem, como forma de elucidar conhecimento. Para saber mais sobre Francisco Nobre, qual é a procura que faz mais sentido: as memórias de familiares, entrevistas, testemunhos, as fichas e os arquivos militares, ou as imagens daquela época, ou a(s) imagem(ns) dele? Esta questão faz sentido sobretudo numa lógica cinematográfica, em que a forma como texto e imagem se relacionam definem a forma final do filme.

A questão ressoa de querelas antigas e de outras mais recentes. Desde a premissa de Horácio de que *pictura ut poesis,* pintura (imagem) e poesia (texto) têm a mesma capacidade de dar a "ver", passando pela querela das imagens, os textos sagrados são o único contacto com o Divino e as imagens devem ser proibidas, chegando às discussões mais recentes entre Alain Resnais, Claude Lanzmann, Georges Didi-Huberman (Friedlander 2017) e outros, sobre a utilização de imagens do Holocausto no discurso sobre este, seja em forma de literatura, filme, ensaio ou outro médium. Que tipo de imagens utilizar, num filme em que praticamente não há imagens do passado, torna-se uma questão de peso. A questão aqui não se coloca tanto ao nível do pudor das imagens, muito presente na discussão em torno das imagens do Holocausto, mas sim do ponto de vista formal. Que imagens servem melhor esta história, imagens de arquivo ou imagens do presente que remetem para a história que contam?

O processo de pesquisa pela imagem de Francisco Nobre começa com um inquérito aos familiares e vizinhos da aldeia com idade mais avançada, que acaba por identificar três candidatos:

Imagem 2. Pormenor de três soldados da imagem 1.

A pesquisa em arquivos militares não permite recolher nenhuma imagem, visto que nos anos dez do séc. XX, as fichas de militares ainda não se faziam acompanhar de fotografias, muito provavelmente porque era uma técnica com uma dispersão pouco significativa.

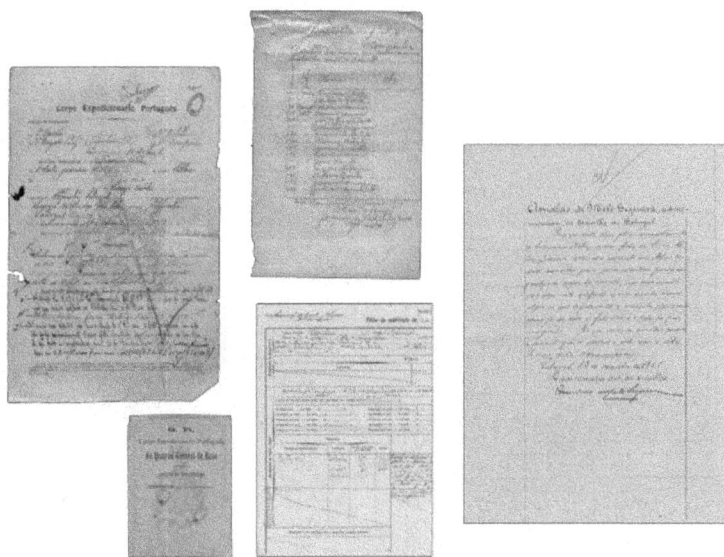

Imagem 3. Documentação recolhida das fichas de Francisco Nobre no Arquivo Histórico Militar e no Arquivo Geral do Exército, Lisboa.

A documentação permite recolher alguma informação sobre a vida de Francisco Nobre até ao final da Guerra: ficou órfão aos quinze anos de idade, vivia em dificuldades financeiras acentuadas, razão pela qual terá pedido ao Administrador do Concelho do Sabugal que o ajudasse a ser alistado no exército. Apesar disso sabia ler, contar e escrever corretamente. Outra informação interessante que consta da ficha militar é o facto de ter uma cicatriz no maxilar inferior do lado direito. Analisando os três candidatos mais fortes (Imagem 2) é difícil perceber se se tratam de cicatrizes ou de pequenas rachas que o papel vai adquirindo ao longo do tempo. A passagem do tempo elude a maior parte das pistas, até as mais visuais. Volta assim a questão, o que diferencia Francisco Nobre dos outros soldados?

Outro elemento interessante encontrando no Arquivo Histórico Militar é uma folha com uma lista de Praças que faltaram ao trabalho pouco tempo depois da Batalha de La Lys, a 5 de maio de 1918 (imagem 4).

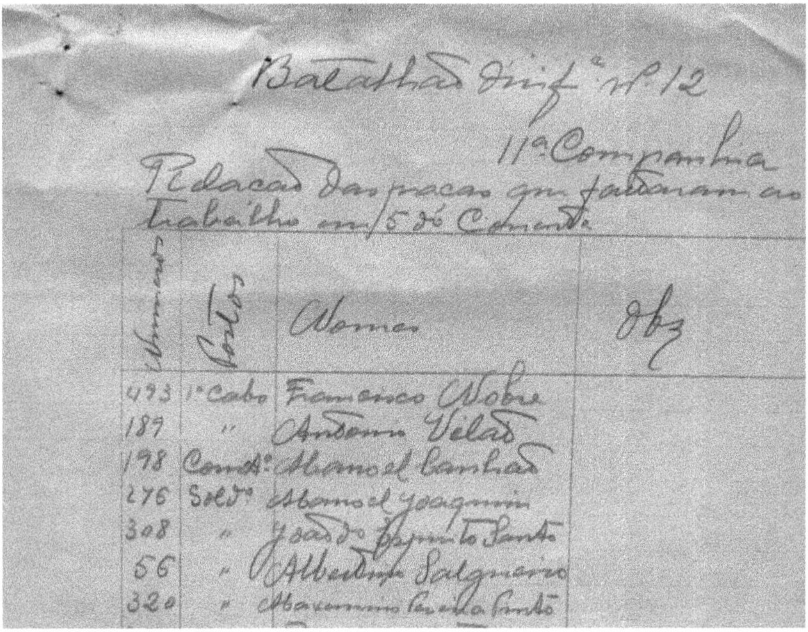
Batalhão Inf.ª nº 12
11ª Companhia
Relação das praças que faltaram ao trabalho em 5 do Corrente

Numeros	Postos	Nomes	Obs
493	1º Cabo	Francisco Nobre	
189	"	Antonio Velão	
198	Cond.º	Manoel Carrilhão	
276	Sold.º	Manoel Joaquim	
308	"	João do Espirito Santo	
56	"	Albertino Salgueiro	
320	"	Maximino Carvalho Pinto	

Imagem 4. Lista de Praças que faltaram ao trabalho a 5 de Maio de 1918, da 11ª Companhia do Batalhão de Infantaria 12, Arquivo Histórico Militar, Lisboa.

A lista é encabeçada por Francisco Nobre, o que provavelmente é até ao momento o único factor ligeiramente diferenciador deste soldado: um certo inconformismo. A Batalha de La Lys arrastou-se durante bastantes dias, e deve ter sido um esforço físico e psicológico muito elevado para soldados que tinham estado tanto tempo na frente (o Batalhão de Francisco Nobre só há dois dias tinha sido rendido quando começou a Batalha de La Lys a 9 de abril de 1918). Mas será possível ver rebeldia num rosto? Descobrir insubordinação nestes rostos tão fechados sobre si mesmos? Por esta altura, e devido ao facto de não serem rendidos e ao cansaço extremo, a insubordinação tornou-se uma constante na vida destes soldados. O exemplo mais contundente foi precisamente poucos dias antes da Batalha de La Lys, a amotinação da 2ª Brigada de Infantaria praticamente inteira (Telo & Sousa 2016). Também neste aspecto Francisco Nobre se revela então como muito pouco "único".

Um outro caminho que se revela interessante de investigar, é saber mais sobre a fotografia em si. Em que contexto foi tirada? Quem tirou? Era hábito fazerem-se este tipo de fotografias? A revista semanal *Ilustração Portugueza* fornece algumas respostas a esta questão.

Imagem 5. Fotografia de grupo de soldados de uma formação do Regimento de Infantaria 23. *Ilustração Portugueza* nº 658, de 30 de Setembro de 1918 (Fonte: http://hemerotecadigital.cm-lisboa.pt/OBRAS/IlustracaoPort/IlustracaoPortuguesa.htm).

Durante todo o período de estadia do Corpo Expedicionário Português em França, a revista *Ilustração Portugueza* publica uma secção chamada "Os Portugueses em França", em que publica fotografias individuais (oficiais geralmente) e de grupos de soldados portugueses. A imagem 5 mostra um dos casos em que se fez fotografar um grupo grande, boa parte de um pelotão provavelmente, pertencente ao Regimento de Infantaria 23. Infelizmente a fotografia dos soldados de Alfaiates nunca foi publicada, ou porque nunca foi enviada ou porque a revista não encontrou espaço para a publicar, tendo em conta que recebia destas imagens em grande número como se pode ver pela imagem 6.

que nos penalisa e para a qual solicitamos a atenção de todos os que se dignem enviar d'ali retratos : é o favor de nos enviarem sempre os nomes, bastando escrevel-os nas costas da fotografia. Dos dois mil e tantos retratos que temos recebido até hoje, cêrca de quinhentos, isto é, a 4.ª parte, não trazem nomes e já vamos desanimando de os virmos a

Imagem 6. *Ilustração Portugueza* nº 658, de 30 de Setembro de 1918 (Fonte: http://hemerotecadigital.cm-lisboa.pt/OBRAS/IlustracaoPort/ IlustracaoPortuguesa.htm).

Pelos exemplos recolhidos na revista *Ilustração Portugueza* dá para perceber que os soldados portugueses tinham o hábito de fazer retratos individuais ou de conjunto, que eram muito provavelmente feitos por fotógrafos locais, profissionais ou amadores. A Imagem 5 tem inclusive a particularidade de parecer ter sido tirada no mesmo local que a fotografia dos soldados de Alfaiates. Uma visita às aldeias da retaguarda em 2018 permite perceber que muito provavelmente é um edifício que já não existe, uma vez que parece ser um edifício grande que os próprios habitantes locais têm dificuldade em reconhecer. Pese embora o facto de praticamente todos os edifícios da região serem construídos com aquele mesmo tijolo.

Sobre o acontecimento mais marcante da presença portuguesa em França, a a 9 de abril de 1918, a ficha militar diz que Francisco Nobre "tomou parte na Batalha de La Lys". O Batalhão de Infantaria 12 a que este pertencia, encontrava-se na retaguarda, na aldeia de

La Gorgue, tendo sido rendida da frente poucos dias antes. Em caso de ataque deveria regressar à chamada Linha das Aldeias, no caso do sector Norte onde estavam, Laventie ou Esquin, mas a desorganização da manhã de 9 de abril não permitiu que esta linha fosse ocupada a tempo de conter o avanço alemão. Ainda assim elementos dispersos deste Batalhão de Infantaria protagonizaram três episódios dispersos de resistência, em que avançaram em direção ao inimigo e juntamente com elementos de outros Batalhões, defenderam durante algum tempo os postos de Le Marais, Drumez, e Bout Deville (Imagem 7), este último muito próximo de onde o Soldado Aníbal Milhais protagonizou o famoso episódio de resistência na zona de Huit Maisons.

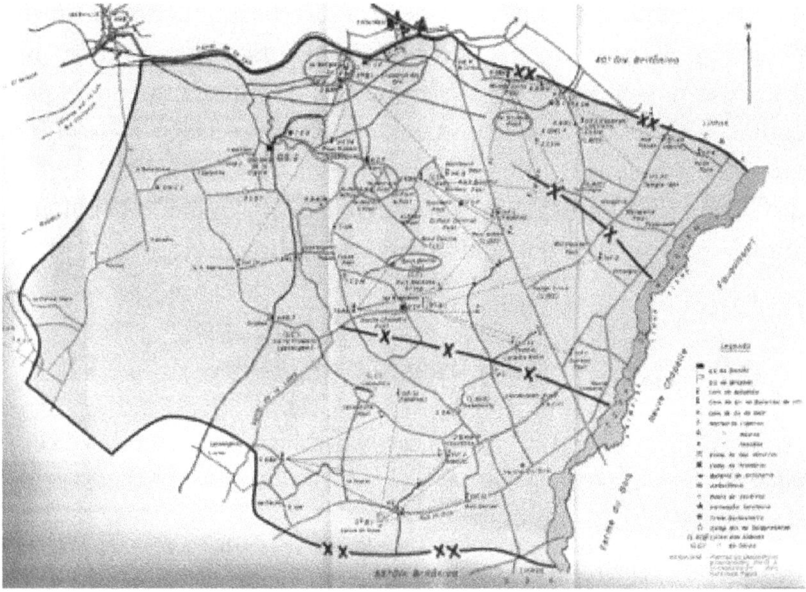

Imagem 7. Mapa do Sector Português que mostra os episódios de resistência protagonizados pelo Batalhão de Infantaria 12 que estava em *La Gorgue* e avançou até *Bout Deville, Le Marais e Drumez*.
Mapa: Oliveira (1995).

A imagem ou as imagens sobre o soldado Francisco Nobre, a sua presença e o seu percurso na Grande Guerra, parecem eludir-nos, nunca dão repostas contundentes ou satisfatórias. Assim, a resposta à questão sobre como fazer um filme sobre um homem sem o retrato dele, ou sem imagens dele, é dada pela própria pergunta, que conduz o filme. Torna-se na problemática do filme, cujo interesse não reside apenas numa mera questão de dialética entre imagem e texto, mas no interesse humano e histórico que a metáfora representa.

A procura pela imagem de Francisco Nobre é a metáfora perfeita para a investigação sobre a vida dele. Não é possível obter uma imagem: é incompleta, cheia de falhas, omissões, pouco clara, desfocada, nebulosa. Mas é também esta procura que projeta alguma luz sobre a Grande Guerra e estes soldados, tantas vezes sujeitos ao esquecimento.

Em conclusão, através da história possível de Francisco Nobre, o filme pretende contar uma história sobre os portugueses na Primeira Guerra, que mais do que meramente historicista, é também um resgate de memória. Resgate incompleto, fragmentado, emocional, contado de uma forma que as gerações futuras não o conseguirão fazer, tão longe estarão destes acontecimentos como em 2018 estamos da Guerra dos Dois Irmãos. Um exercício de pós-memória enquanto ainda é possível: em breve ficará apenas a História.

Referências Bibliográficas

Friedlander, S. (2017): "Imagens da Shoah". In: *Reflexões sobre o nazismo*. Porto: Sextante Editora.

Medeiros, M. (2017, Novembro): *Fantasmas do passado: a "casa" como metáfora e o sentimento de perda no filme Santiago de João Moreira Salles*. Comunicação na Conferência Internacional sobre Cinema e Espaço, Faculdade de Letras da Universidade de Lisboa, Lisboa.

Oliveira, R. (1995): *História do Exército Português (1910-1945) Volume III*. Lisboa: Estado Maior do Exército.

Telo, A. & Sousa, P.M. (2016): *O CEP: Os militares sacrificados pela política*. Porto: Fronteira do Caos Editores.

O teatro em tempo de guerra

Maria José Cunha
UTAD

Introdução

Na contemporaneidade, todas as manifestações são mostradas através de diferentes formas de arte, com o intuito de despertar a atenção do público, que se encontra profundamente adormecido com as constantes violências banais do quotidiano, que nos trazem conflitos e tensões e tendem a fazer aparecer caraterísticas menos favoráveis que existem em todos nós, em graus variados. Não admira, por isso, que num contexto de guerra, como foi o da 1ª Guerra Mundial, na qual Portugal participou, o teatro, como uma das principais formas de arte, através das suas diferentes representações, procurasse dar a conhecer o que se passava nos palcos da guerra, que está sempre ligada a interesses que a justificam, ainda que, por vezes, seja estimulada por quem não a faz diretamente, mas por quem com ela beneficia.

As inúmeras perdas de vida que a guerra provoca, os circuitos de subsistência das nações que sufoca e que levam à escassez de todo o tipo de bens e, por consequência, conduzam à violência, à fome e à miséria, bem como os interesses que se manifestam no meio do conflito, tais como: o patriotismo, a honra, a coragem, a nobreza dos comportamentos de um lado e do outro, a violência, o desrespeito pelas pessoas, o oportunismo da ausência da lei, o império da força, o comércio e o enriquecimento, interesses que os conflitos armados permitem aos menos escrupulosos, que, ou porque se sentem vítimas, ou porque tentam beneficiar da guerra, procuram criar formas recorrentes de que lançam mão e que representam meios de sobrevivência individual. Aspetos estes, a que o teatro recorre e através do exagero, da desproporção e da mistura entre o cómico, o trágico e o grotesco, leva à cena e, com maior ou menor grau de crítica ou comicidade, dá a conhecer.

1. Os palcos da guerra e do teatro

Numa situação de guerra, tal como salienta Dias,

> (...) a ordem é alterada, os indivíduos sentem-se sem uma verdadeira direção, já que o dever moral, ético e de família é impraticável e ainda que se apregoe a não-violência, o amor, a união da família e o dever do cidadão manter a ordem, na prática isso não acontece (2009: 93).

A Primeira Guerra Mundial, que durou de 1914 a 1918 e foi considerada por muitos dos seus contemporâneos como a mais terrível das guerras, o que levou a que fosse durante muito tempo conhecida como "A Grande Guerra", marcou, tal como refere Hobsbawn, (1994) o início da "era dos extremos" e constituiu um período complexo a nível internacional, com inevitáveis repercussões em Portugal.

A participação de Portugal na 1ª Guerra Mundial constituiu-se como um elevado esforço nacional, uma vez que o país mobilizou dezenas de milhares de militares para as três frentes de combate: Moçambique, Angola e França.

As consequências desta guerra, levaram a que o Estado tivesse de lidar nomeadamente: com um elevadíssimo número de mortos e feridos; com uma grave crise económica, motivada pelos gastos na guerra; com uma crise social, fruto da diminuição das condições de vida dos portugueses e com a enorme instabilidade política que se acentuou significativamente a seguir ao seu termo.

No período em que a guerra ocorreu, como afirma Moreira (2015), adotaram-se novas modas, costumes, hábitos, espaços sociais de convívio, assuntos que eram visados nos textos dramáticos que pretendiam uma aproximação à realidade, mimetizando-a para que a sua reprodução se aproximasse do público que, de forma crescente, procurava entretenimento e identificação e ao mesmo tempo criticava alguns costumes que se propagavam a par das inovações e inquietações que estas inovações acarretavam.

Nos palcos da guerra, para sobreviver, escrevia-se muito. A este propósito, Lyons (2002) é de opinião que o papel e a tinta ajudavam a viver, e Rodrigues e Português (2013) afirmam que era necessário escrever para não morrer.

A par do alastramento do conflito bélico na Europa, que povoava o território de várias artes, nos palcos do teatro, que quando as coisas desmoronam tem como premissa questionar a sua base e natureza, ao expor com ironia, sátira, comicidade ou de outras formas, questões presentes nas nossas vidas, que por vezes nos passam despercebidas, refletiam-se os avanços e as transformações a que a guerra conduzia.

2. O teatro de revista: espelho dos avanços e transformações da I Grande Guerra

As motivações do teatro de cada época são completamente diferentes, pois como bem salienta Dias (2009), cada tempo tem os seus acontecimentos históricos.

De gosto marcadamente popular, o Teatro de Revista surgiu em Paris, em finais do século XVIII, inserido no *vaudeville,* um espetáculo de fim de ano, que tinha como objetivo recordar e criticar os acontecimentos mais marcantes do ano que findava. Com o passar do tempo, o espetáculo começou a adquirir tons mais humorísticos e o recurso frequente a piadas dirigidas à burguesia e à sociedade capitalista.

Em Portugal, o Teatro de Revista surgiu em meados do século XIX, estimando-se que a primeira „revista" tenha sido estreada em 1850, em Lisboa. Este género de teatro acabou por se tornar num dos mais populares do país durante mais de cem anos e, como salienta Moreira (2015: 169), "(...) não obstante estar sujeita à atividade censória, nos vários períodos em que esta se intensificou, este género teatral sempre conseguiu criar mecanismos que lhe permitiram contornar algumas das imposições estabelecidas", apesar das críticas mordazes que o Teatro de Revista dirigia a personalidades políticas importantes da época.

Com a entrada de Portugal na 1ª Guerra Mundial, cada número de jornal apresentava em artigos de fundo e pequenas secções, tal como afirma Araújo,

> (...) o noticiário da guerra entre os dois lados beligerantes: situação nos países envolvidos, legislação político-militar e a evolução do próprio conflito, informando sobre movimentação de tropas, altercações e combates, personalidades e militares envolvidos, situações inéditas que se passavam, a moral das tropas e populações, etc. Por exemplo, mesmo relativo à participação portuguesa havia pequenos separadores de notícias com as diferentes situações nacionais nesse devir histórico: o impasse entre a pró e a anti intervenção, decisões das autoridades governamentais e militares, róis dos soldados mortos, desaparecidos ou prisioneiros, intervenção de certas guras de relevância social, movimentação e condição das tropas para as frentes africana e europeia (2015: 107).

Também o teatro de revista assumia especial destaque neste período de guerra, cujos efeitos, tomavam a forma de quadros populares comandados por personagens caricaturadas que referiam e criticavam os principais acontecimentos.

As salas de espetáculo, que apresentavam geralmente duas sessões diárias esgotadas, tomavam a função de espaço de confraternização, onde se iam repetindo no palco e comentando nas plateias as contradições e turbulências da época, uma vez que a questão da entrada de Portugal na I Guerra Mundial provocou um forte debate nacional, cuja temática, como salienta Catroga "(...) pisou as quarteladas dos teatros e vários espetáculos representavam o conflito europeu, apelando-se, de uma forma geral, à união e consenso interno que possibilitassem, se necessário, uma predisposição para a guerra" (*apud* Moreira 2015:). Assim aconteceu com a revista "O Diabo a Quatro", que estreou em Lisboa em 1915 e que dedicava um dos quadros à «Pátria Amada», reconhecendo que a suprema prova de amor à pátria seria morrer por ela.

As desastrosas consequências sociais da entrada de Portugal na I Guerra Mundial projetavam-se nos textos de teatro de revista que, no dizer de Moreira (2015), abordavam a inflação galopante, a fome, a crise dos valores tradicionais e a luta do movimento operário contra a carestia de vida, problemas de racionamento e o mercado negro, como era o caso da peça "No país do sol" (1915) de Avelino de Sousa e tantas outras revistas que neste período foram levadas à cena.

A atualidade impunha-se em palco, onde se espelhavam os avanços e as transformações da guerra, mascarada pelos figurinos exagerados, personagens caricaturadas, confundindo-se, o mais possível, o real com o fantástico.

3. Memórias da guerra persistem nos palcos 100 anos depois

Comemorando-se este ano o centenário da Batalha de La Lys, que ocorreu na região da Flandres, na Bélgica e na qual os portugueses foram atacados pelo exército alemão, não podíamos deixar de nos referir a ela, uma vez que que marcou para sempre o coração dos portugueses pelo sofrimento que provocou, não apenas aos combatentes portugueses da 1ª Guerra Mundial, integrados na frente de combate francesa, que durante o ano e meio em que viveram nas trincheiras cheias de lama e ratos, sem serem substituídos, como era o caso dos britânicos, seus aliados, que o faziam de três em três meses, tiveram uma vida miserável, que os debilitou e levou a que quando atacados acusassem um cansaço extremo, mas também nas famílias, que viveram o drama de verem os elementos masculinos mortos, feridos, desaparecidos e prisioneiros.

No meio de tanta desgraça, um de entre tantos portugueses salientou-se, foi ele o soldado raso Aníbal Augusto Milhais, mais conhecido por "Milhões", um epíteto que nasceu com o elogio do seu comandante, que dizia: "Tu és Milhais, mas vales milhões", uma vez que se bateu sozinho contra os alemães para ajudar à retirada das forças aliadas, o que lhe valeu a mais alta condecoração militar nacional, a Ordem de Torre e Espada.

Como forma de evocar a memória, não apenas a Batalha de La Lys, mas também deste herói nacional, nomeadamente no âmbito das artes, muitas são as iniciativas que tiveram lugar no mês de abril.

De entre essas iniciativas, destacamos aquelas que levaram aos palcos do teatro as memórias da guerra, como o caso de Murça, de onde era natural o soldado "Milhões" e onde foi apresentada, a 6 de abril, a peça de teatro "O amor na base do corpo expedicionário português", da autoria do Tenente-coronel Alexandre Malheiro e a tragicomédia em 2 tos: "Milhões", da autoria de José Leon Machado, apresentada no palco do Teatro Bento Martins, em Chaves, nos dias 10, 11 e 12 de abril, para além de muitas outras, que acreditamos tenham lugar no país, apesar de não serem do nosso conhecimento.

Conclusão

A exaltação do sentimento patriótico, a luta pela subsistência decorrente da carestia de vida e outras privações decorrentes do conflito armado foram questões que, acompanhadas por crítica mordaz de índole político-social, invadiram os palcos portugueses, levando a que o teatro de revista se tornasse cada vez mais popular. A par deste, desenvolvia-se também um género de teatro mais nobre e sério, que acompanhava a grande literatura da época, com peças de forte componente de crítica social, cujo enredo se desenvolvia em torno da degradação da sociedade burguesa e das desastrosas consequências sociais da entrada de Portugal na I Guerra Mundial.

De salientar ainda que após a batalha de La Lys, onde foram dizimados os soldados lusos, as companhias de teatro portuguesas afastaram dos seus reportórios os quadros e as rábulas que incitavam à gargalhada ou vulgarizavam a contenda; aliás, a censura, que foi instaurada a 12 de março de 1916, cortava tudo o que pudesse prejudicar a defesa nacional ou incluísse propaganda contra a guerra, até porque a ida dos portugueses para França tinha como objetivo, para além de outros, defender a República no cenário europeu, pois esta era basilar para a política europeia. Por outro lado, o facto dos portugueses evocarem, ainda hoje, a memória sentida de uma batalha desigual, como a de La Lys, contribui de certa forma para que os países europeus se lembrem e nunca mais tentem guerrear-se entre si.

Referências Bibliográficas

Araújo, Francisco Miguel (2015): "Impressões jornalísticas sobre o Porto na Grande Guerra". In: Gaspar Martins Pereira, Jorge Fernandes Alves, Luís Alberto Alves, Maria Conceição Meireles (coords). *A Grande Guerra (1914-1918): Problemáticas e Representações*. Porto: CITCEM – Centro de Investigação Transdisciplinar, Cultura, Espaço e Memória da Faculdade de Letras da Universidade do Porto.

Dias, Fabiana Rodrigues (2009): *Violência, intolerância e confronto no teatro de Martin MCDONAGH*. Dissertação de Mestrado. São Paulo: Universidade de São Paulo.

Hobsbawm, Eric (1994): Age of Extremes e Short Twentieth Century (1914-1991). Great Britain: Abacus.

Lyons, Martin (2002). "Los soldados franceses y su correspondência. Hacia una História de las práticas de la cultura escrita em la Primeira Guerra Mundial". In: Antonio Castillo Gómez, (coord). *La Conquista del Alfabeto, escritura y classes populares*. Cenero/Gijón: Ediciones Trea.

Moreira, Joana Miguel da Costa (2015): "A I Guerra Mundial (1914-1918) nos Palcos de Teatro Portuenses". In: Gaspar Martins Pereira, Jorge Fernandes Alves, Luís Alberto Alves, Maria Conceição Meireles (coords). *A Grande Guerra (1914-1918): Problemáticas e Representações*. Porto: CITCEM – Centro de Investigação Transdisciplinar, Cultura, Espaço e Memória da Faculdade de Letras da Universidade do Porto.

Rodrigues, Henrique & Português, Ernesto (2013): "Escrever para não morrer, correspondências de um soldado de Monção na Guerra Colonial". In: Henrique Rodrigues & Ernesto Português, *Escritas Privadas, da Mobilidade e da Guerra*. Viana do Castelo: Fundação da Caixa de Crédito Agrícola do Noroeste, 207-262.

Amadeo de Souza Cardoso e a Grande Guerra: "Exílio à força" – 1914-1918

Luís Pimenta de Castro Damásio
CITCEM / FLUP

Amadeo de Souza Cardoso (fig. 1), a residir em Paris desde finais de 1906, costumava visitar o nosso país e a casa dos pais em Manhufe, Mancelos (Amarante) com alguma assiduidade (fig. 2).

Fig. 1 – Amadeo de Souza Cardoso (1887-1918) (Arquivo privado).

Fig. 2 – Casa de Manhufe, Mancelos (Arquivo privado).

Numa dessas curtas visitas à família, em finais de julho de 1914, tomou conhecimento do início da Grande Guerra. Apanhado desprevenido, e por uma injunção do Governo português, o pintor amarantino fica impossibilitado de sair do país por ter ficado apurado para o serviço ativo do Exército, por processo iniciado em 12 de julho de 1907.

Devido à ausência de Amadeo, tendo sido entretanto convocado para se apresentar no distrito de recrutamento sediado no Regimento de Infantaria n.º 20 em Guimarães (AGE/processo nº 252 1907: 63), para prestar juramento de fidelidade, em 9 de novembro de 1907, o pai José Emygdio de Souza Cardoso (1856-1925) dirigiu-se ao referido Regimento e requereu o adiamento, pedido que foi deferido (AGE/processo nº 252 1907: 63).

No final do ano de 1907, em 31 de dezembro, já em Portugal, Amadeo deslocou-se com o pai ao quartel em Guimarães, para prestar o juramento de fidelidade à Pátria. Como parte integrante do Processo n.º 252, existe o formulário com os dados pessoais e características físicas: "(...) Amadeu Cardoso, estudante, solteiro, com 20 anos, com olhos, cabelo e barba pretos, nariz e boca regular, rosto redondo, altura 1m70, cor de pele natural" (AGE/processo nº 252 1907: 63).

Com o preenchimento desta documentação pessoal e com o exame médico, Amadeo é destinado para o serviço ativo do Exército com incorporação no Regimento de Infantaria n.º 1, em Lisboa, recebendo o n.º 4666 R:

> (...) 31 de Dezembro de 1907 no D.R. n.º 20 (data em que prestou juramento de fidelidade e onde Distrito de Recrutamento do Regimento do Quartel de Infantaria de Guimarães) [...] activo do exercito (Serviço a que foi destinado – activo do exercito, da armada ou 2.ª reserva) [...] recruta (qualificação de praça). Reg.to d'Inf.a n.º 1 (Unidade activa ou reserva a que foi destinado) [...] por ter servido a obrigação activo (Motivo porque é encorporado ou tranferido para a 2.ª reserva) [...] n.º 4666 R (número de matrícula no regimento de reserva em que se encorporou) (AGE/processo nº 252 1907: 63).

Amadeo, em 1912, registou-se no consulado de Portugal em Paris, um processo iniciado em 1911(AMNE/livro de emolumentos/ processo nº 555 1912-13), com a caderneta militar como forma de identificação da nacionalidade portuguesa (AMNE/livro de matrículas de cidadãos portugueses 1912:7).

Em Portugal, com situação militar indefinida, Amadeo instalou-se no seu "quartel-general" (fig. 3), o atelier do Ribeiro, em Manhufe, durante ano de 1914, onde começou a trabalhar nos vários projetos artísticos que trouxera de Paris, além de pôr em dia a correspondência que recebia do estrangeiro.

Fig. 3 – Atelier de Amadeo no Ribeiro, Manhufe (Arquivo privado).

No atelier, quando tinha a companhia de amigos ou a presença de outros artistas, uma das perguntas habituais que a eles fazia era saber "se guerra estava a acabar"[1].

A partir do início de 1915, retomou o ritmo de "trabalho com força", frase que utilizava com alguma frequência[2]. Amadeo, "retido" em Portugal, ficou com a noção da distância a que o país se encontrava da França, distância medida em quilómetros, mas também em arte.

O cenário do conflito bélico em curso foi responsável pelo exílio de Amadeo e de grande parte dos artistas portugueses a estudar em Paris, e também da vinda do casal Delaunay para Portugal. A residência "Villa Simultannée", em Vila do Conde, será o local de atração e de inspiração pictórica para os artistas que farão parte da "Corporation Nouvelle", o casal Sonia (1885-1941) e Robert Delaunay (1885-1979), Amadeo de Souza Cardoso, Eduardo Vianna

---

[1] Informações da Rosa, criada da Casa do Ribeiro.
[2] Informação verbal de António Amadeu de Sousa Cardoso.

(1881-1967), José Almada Negreiros[1] (1893-1970), José Pacheco (Pacheko) (1885-1934), Vlamidir Baranoff-Rossiné (1888-1944), Guillaume Apollinaire (1880-1918) e o escritor Blaise Cendrars (1887-1961).

Na sequência declaração formal de guerra da Alemanha a Portugal, em 9 de março de 1916, apesar de já haver combates em África desde 1914, procedeu-se à mobilização geral do exército em todo o país.

A notícia pôs o jovem pintor Amadeo preocupado, porque a partir desta data poderia ser "chamado" a qualquer momento para cumprir o serviço militar obrigatório, mas tinha esperança que, entretanto, a guerra terminasse[2].

Numa carta para Robert Delaunay, então em Vigo (Espanha), com data de 11 de julho de 1916, a dada altura Amadeo faz referência à Grande Guerra, comentando que em Portugal, segundo a lei em vigor, até os estrangeiros a viver no país se deviam apresentar ao serviço militar para servir a pátria: "Au Portugal, selon les décrets en vigueur maintenant, tous les étrangers sujets des pays alliés doivent se présenter au service militaire – pour ainsi faciliter à chacun la possibilité de servir sa patrie, bien entendu" (Ferreira 1981: 181-182). Como consequência, apesar de ter ficado livre do serviço militar no seu país de origem, Robert era obrigado, periodicamente, a deslocar-se a Vigo para regularizar a situação militar (Ferreira 1981).

Nove dias depois da declaração de guerra, numa carta de Amadeo para Robert Delaunay, de 18 de março de 1916, aquele escreve: "(...) eu não devo e não posso fazer a expedição dos quadros neste momento, por isso não contem comigo".

Provavelmente talvez seja esta uma das razões de Amadeo para recusar, a partir desta data, todos os convites internacionais dirigidos pela Corporation Nouvelle e pelo crítico de arte norte-americano Walter Pach (1883-1934), para participar em exposições.

---

[1] Almada Negreiros correspondeu-se com este grupo, mas nunca se deslocou a Vila do Conde na altura em que lá residiram os Delaunay.

[2] Memória da família de Amadeo de Souza Cardoso. Informação verbal de António Amadeu Ramalho Pinheiro e Castro de Sousa Cardoso, transmitida por seu Pai, António Eugénio de Souza Cardoso.

Nos finais da preparação da exposição de pintura (Abstracionismo) no Salão de Festas Jardim Passos Manuel (1 a 12 de novembro de 1916) no Porto, nos primeiros dias de outubro, Amadeo foi apanhado desprevenido, ao receber a notícia de que tinha de se apresentar no Regimento de Infantaria n.º 13, da 6.ª Divisão Militar, em Vila Real (fig. 4).

Fig. 4 – Regimento de Infantaria nº 13, Vila Real
(Bilhete-postal. Arquivo privado).

O Regimento de Infantaria nº13 (RI 13), com o apelido histórico de "Infantaria do Marão", aquartelado em Vila Real, era uma unidade da estrutura base do Exército Português e tinha as secretarias instaladas em casas particulares da família Francisco Botelho, na rua do Carmo.

Por ocasião da 1.ª Guerra Mundial, um dos batalhões do RI 13 foi integrado no Corpo Expedicionário Português enviado para França onde combateu na frente ocidental.

Em 12 de outubro de 1916, Amadeo apanha o comboio em Vila Meã com destino a Vila Real e compareceu no RI 13[1], então

---

[1] Por esta altura, dois primos de Amadeo foram chamados para comparecerem em Vila Real no dia 11 de outubro, no mesmo Quartel de Infantaria nº 13, da

sobre a chefia do comandante-interino, o Major Gonçalo Pereira Pimenta de Castro (1868-1952)[1] (fig. 5), onde foi examinado por uma junta de revisão do Distrito de Recrutamento, ficando isento da guerra por incapacidade física ("falta de robustez") (fig. 6): "(...) Isento, definitivamente pelo n.º 4 – falta de robustez, pela junta de revisão do D.R. [Distrito de Recrutamento]. n.º 13, em 12 de Outubro de 1916, nos termos do D[ecreto] n.º 2406, de 24 de Março de 1916" (AGE /processo nº 252 1916: 63).

Fig. 5 – Major Gonçalo Pereira Pimenta de Castro (1868-1952) (Arquivo privado).

Como resultado, Amadeo livrou-se, em definitivo, do serviço militar, libertando-se do "exílio à força" que muito o atormentava, permitindo-lhe regressar à tão desejada cidade de Paris e também a

6.ª Divisão Militar de Vila Real. Foram eles Francisco Lopes Ferreira Cardoso, alistado e considerado apto para oficial miliciano pela Junta de Revisão, na sessão de 22.08.1917 e Fernando Ferreira Cardoso, da Casa da Pena, considerado apto para o serviço militar, ficando a pertencer às tropas territoriais até 1945.

[1] No ano de 1916 o oficial Gonçalo Pereira Pimenta de Castro é colocado com o posto de major como comandante do 2.º Batalhão do Regimento de Infantaria nº 13 em Vila Real. Meses depois é nomeado Comandante Interino do Regimento de Infantaria nº 13. Gonçalo Pereira Pimenta de Castro, oficial militar e administrador colonial, foi governador de Timor (Abreu 2008: 303-304).

hipótese de levar avante as duas exposições que se iriam realizar em novembro e dezembro de 1916, respetivamente, no Porto (Salão de Festas Jardim Passos Manuel) e em Lisboa (Liga Naval Portuguesa).

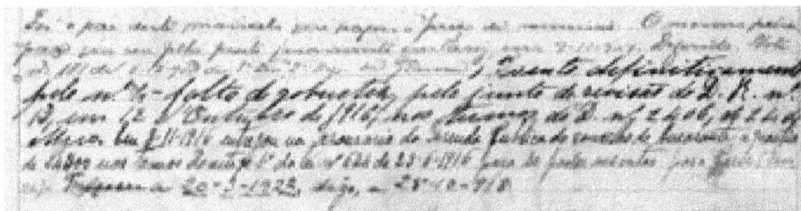

Fig. 6- AGE, Processo nº 252, de Amadeo Cardoso, fl. 63.

O pintor e escultor italiano Amadeo Modigliani (1884-1920), grande amigo de Amadeo, também ficou isento do serviço militar por motivos de saúde, mantendo-se em Paris até à sua morte ocorrida em 1920.

Sabe-se que enquanto decorreu a exposição de pintura de Amadeo, no Porto, o pai José Emygdio de Souza Cardoso, em 8 de novembro de 1916, se deslocou à Tesouraria da Fazenda Pública de Amarante, para pagar a quantia de 24$00 para remissão do serviço militar, nos termos do artigo 1.º da Lei n.º 624, de 23 de junho de 1916, regularizando a situação do filho, o qual poderia ausentar-se definitivamente do país a partir de então (AGE /processo nº 252 1916: 63), obtendo pouco dias depois o passaporte. Amadeo registou-se no consulado de Portugal em Paris, com a sua caderneta militar como forma de identificação da nacionalidade portuguesa.

No campo político, os primeiros tempos de 1917 foram agitados, sobretudo com a participação de Portugal na Grande Guerra. Neste período sidonista, no concelho de Amarante, José Emygdio de Souza Cardoso fundou e liderou o partido "monarchico", indo ao encontro dos ideais do filho Amadeo, que sempre entusiasmou e apoiou o pai (*Flor do Tâmega* 23/06/1918: 2)[1].

Em finais de 1917 realizaram-se as eleições para a Câmara de Amarante, ganhas por uma coligação de monárquicos, evolucionistas

---

[1] Informação verbal da Família Sousa Cardoso.

e independentes, liderados por José Emygdio de Souza Cardoso[1]. Quando tomou posse como Presidente da Câmara, nos Paços do Concelho, em 2 de janeiro de 1918, fez-se acompanhar de Amadeo e mais família[2].

No dia 28 de outubro de 1916, o Jornal de Notícias, nas vésperas da inauguração da exposição de pintura no Porto, anunciou a morte de Umberto Boccioni[3] (1882-1916), pintor e escultor italiano, do movimento futurista ocorrida em 17 de agosto de 1916, em combate na Grande Guerra.

A notícia refere Boccioni como amigo de Amadeo em Paris: "Boccioni era camarada e amigo do pintor portuguez Amadeo de Sousa Cardoso que vive desde ha muito em Paris, onde Boccioni, Marinneti, Picasso e outros fez parte dos que revelaram uma nova era de Arte [...]".

Alguns artistas e poetas, amigos de Amadeo dos tempos de Paris, foram vítimas diretas do conflito da Grande Guerra. O escritor, crítico e teórico de arte moderna Guillaume Apollinaire, ficou

---

[1] "O dr. Lago Cerqueira foi estrondosamente vencido (...) no tempo áureo do «democratismo triunfante». Nessas eleições, José Emygdio de Souza Cardoso (meu tio), liderou uma frente «anti-democrática e anti-demagógica», a que chama «Partido neutro Conservador» ou «Bloco neutro Conservador». O ambiente em que as eleições se realizaram era «agressivo» e «belicamente espectaculoso», já que houve «assembleias eleitorais militarmente guarnecidas». Mas nem estas circunstâncias, conseguiu intimidar os eleitores, que souberam «conduzir-se com coragem, dignidade e brio invulgares». Nessa luta decidida e heróica, que mobilizou e agitou todo o concelho, o papel preponderante que nela exerceram os elementos componentes do antigo concelho de Santa Cruz (Vila Meã), que foram lealíssimos e dedicados e constituíram um baluarte inexpugnável" (Queirós 2009: 47). António Joaquim Machado do Lago Cerqueira, abastado proprietário e vitivinicultor, nasceu em Amarante no dia 11 de outubro de 1881. Exilado a partir de 1927, regressou mais tarde a Amarante onde viria a falecer a 20 de outubro de 1945. (Queirós 2009: 25-56).

[2] Adriano de Magalhães e Menezes de Lencastre ajudou Amadeo na realização da exposição "Abstracionismo", em dezembro de 1916, em Lisboa. José Teixeira de Queiroz Vaz Guedes foi bacharel formado em Direito pela Universidade de Coimbra, Conservador do Registo Predial e senhor da Casa de Soutelo, em Amarante (Valente 1931: 59).

[3] Em maio de 1916, Boccioni foi recrutado para o exército italiano e designado para um regimento de artilharia na Sorte de Chievo, perto de Verona.

gravemente ferido, vindo a falecer de pneumónica em 6 de novembro de 1918; o poeta, romancista e modernista, Blaise Cendrars[1], colaborador na revista Portugal Futurista de 1917, foi gravemente ferido numa batalha, sofrendo a amputação do braço direito; o pintor August Macke (1887-1914) entrou no serviço militar em 8 de agosto de 1914 e morre em combate a 26 de setembro do mesmo ano; por coincidência, o dia corresponde à data do casamento religioso de Amadeo.

Na sua estadia em Paris, Amadeo estabeleceu uma grande amizade com o pintor e escultor alemão Otto Freundlich (1878-1943). Capturado durante a 2ª Guerra Mundial, em 1943 foi deportado após uma denúncia como judeu, morrendo, pouco tempo depois, num campo de extermínio.

No dia 25 de outubro de 1918, em férias de verão em Espinho, na casa dos pais, com 30 anos de idade, contaminado pela pneumónica, epidemia ou gripe espanhola trazida pelos soldados vindos da Grande Guerra, Amadeo de Souza Cardoso encontra-se inesperadamente com a morte, 17 dias depois de assinado o Armistício, que pôs fim ao terrível conflito.

Numa Europa que irá ficar dividida por trincheiras, a Grande Guerra foi um rude golpe na crescente internacionalização da pintura de Amadeo.

Referências Bibliográficas

Abreu, João Gomes de (2008): *Figuras Limianas – Terra Rica da Humanidade*. Ponte de Lima: Município.

Arquivo Geral do Exército (1907): "Processo nº 252". In: *Livro de Recrutamento n.º 20, 6.ª Divisão Militar (Guimarães) – Concelho de Amarante*, fls. 62v-63. No fl. 63, com data de 11 de julho de 1907, está referido que foi "proclamado".

Arquivo Geral do Exército (1909): "Documento de folha de

---

[1] Em 1912, já em Paris, torna-se amigo de Apollinaire, Chagall, Léger, Modigliani e Delaunay e Amadeo entre outros. Blaise Cendrars era de origem franco-suíça.

matrícula de Francisco Ferreira Cardoso". In: *Junta da Revisão da 6.ª Divisão do Exército.*

Arquivo Geral do Exército (1908): "Documento de folha de matrícula 5434 R de Fernando Queirós Ferreira Cardoso". In: *Livro do Regimento de Infantaria de Reserva n.º 20.*

Arquivo Geral do Exército (1907): *Processo individual do Coronel Gonçalo Pereira Pimenta de Castro.*

Arquivo do Ministério dos Negócios Estrangeiros (1912-1913). "Processo nº 555". In: *Livro de Emolumentos.*

Arquivo do Ministério dos Negócios Estrangeiros (1912-1913): *Livro de matrículas de cidadãos portugueses*, fl. 7.

Castro, Coronel Gonçalo Pereira Pimenta de Castro (1949): *As Minhas Memórias – Na Metrópole e nas Colónias*, 2.º vol., Lisboa: Edições Expansão.

Ferreira, Paulo (1981): *Correspondance de quatre artistes portugais – Almada Negreiros, José Pacheco, Souza-Cardoso, Eduardo Vianna – avec Robert et Sonia Delaunay. Contribution à l'histoire de l'art modern portugais (années 1915-1917)*. Paris: Fondation Calouste Gulbenkian / Centre Culturel Portugais / Presses Universitaires de France (1ère édition: 1972).

Queirós, António José (2009): "As eleições Municipais em Amarante na Primeira República". In: *II Congresso Histórico de Amarante: Política, Sociedade e Cultura* (vol. I, tomo I). Amarante: Câmara Municipal.

Valente, Vasco (1931): *Jeronimo Rossi, Fidalgo Ceramista*. Vila Nova de Gaia: Edições Pátria.

O gaseamento e o trauma na imagem
e na ciência médica da Grande Guerra

António Fernando Cascais
ICNOVA / UNL

Constituindo uma das mais terríveis inovações da moderna tecnociência aplicada a fins bélicos, o recurso ao gaseamento maciço na Primeira Guerra Mundial não só se revelou de imediato uma poderosa e eficaz arma de destruição de vidas humanas que influenciaria toda a futura pesquisa e utilização de armamento químico e biológico em posteriores conflitos, e em última análise como instrumento de extermínio no mundo concentracionário do Holocausto, como teve duradouro impacto na cultura e no pensamento europeu do século XX e inspirou uma lenda negra profusamente ilustrada na memorialística, na literatura e nas artes no plano internacional. Experiência particularmente traumática no seio do trauma existencial e histórico global da Primeira Guerra Mundial, a sua receção em Portugal foi, no entanto escassa, e porventura enviesada pelo facto de o País se encontrar no lado vitorioso, o que explica a insistência da narrativa predominante no adquirido absoluto da preservação de Portugal como potência colonial no concerto das nações, a qual serviu por sua vez como filtro de receção dos fenómenos traumáticos, entre os quais o gaseamento. A sua importância deverá, porém, ter sido determinante no impacto que tiveram os horrores da guerra na população portuguesa, veiculado pelos relatos dos veteranos que os testemunharam em primeira mão e patente nas devastações causadas aos próprios sobreviventes dos ataques, cujo comportamento consagrou o generalizado uso popular de "esgaseado". Em que terão consistido uns e outras, podemos deduzi-lo dos textos médicos tão raros como eloquentíssimos, que as comemorações do centenário do conflito mundial despertam agora da sua dormência de um século.

O uso de gases tóxicos para fins bélicos deve-se à iniciativa alemã, que principia a utilizá-los em 22 de abril de 1915 sobre forças aliadas situadas nas imediações de Ypres, na Bélgica, com o propósito muito concreto de desalojar elementos inimigos abrigados em trincheiras e os transformar em alvo fácil para fogo de artilharia. Como bem o faz notar Nuno Santa Clara Gomes (2013: 210-211), a aposta da Alemanha na nova arma, enquanto potência beligerante, é demonstrada pelo facto de nada menos que quatro prémios Nobel das suas fileiras científicas terem contribuído com a sua *expertise* para a criação de um instrumento tecnocientífico cujos riscos e reais danos causados superaram de longe os benefícios esperados. A política beligerante de reação em escalada simétrica, prevalecente em ambas as partes em conflito, levava a que cada contendor respondesse com qualidade e intensidade equivalente ao adversário, de tal maneira que a incontestável superioridade alemã no gaseamento, que se registou sensivelmente de abril a setembro de 1915, rapidamente foi suplantada, por sua vez, pela resposta inglesa, levando a uma espécie de equilíbrio do terror – e dos danos realmente infligidos – que dessa maneira prolongava o conflito com sucessivos impasses sem saída aparente e a inestancável mortandade daí resultante:

> Aconteceu com os gases o mesmo que com as metralhadoras ou com a artilharia pesada de campanha: passaram a ser mais uma ferramenta de morte em grande escala, sem que o seu emprego levasse a uma decisão. Apenas aumentou o grau de horror já existente, mas o pior estava para vir (Gomes 2013: 212).

O primeiro gás a ser escolhido foi o cloro, abundante na indústria química, mas apenas esteve na origem de uma corrida à experimentação de gases cada vez mais letais em doses cada vez menores e capazes de penetrar as máscaras de proteção até aí utilizadas ou então gases irritantes que levavam os soldados a retirá-las, ficando expostos a gases letais. Foram assim utilizados gases sufocantes, como o fosgénio, a cloropicrina, além do cloro original, gases vesicantes, como a yperite ou gás mostarda, gases irritantes, com efeitos esternutatórios ou lacrimogéneos, e gases tóxicos, efetivos no sangue, como o monóxido de carbono, e nos nervos, como o ácido cianídrico. De todos, o gás mostarda notabilizou-se tristemente pelo facto de atuar insidiosamente, passando despercebido por ser incolor e inodoro, quando puro, mas com um terrível efeito corrosivo sobre as vias respiratórios que levavam à uma sufocação estertorante a prazo, além de permanecer no solo sob a forma de gotículas contaminantes, o que acrescentava às mais comuns vias de exposição, a dérmica e a inalação, a via oral, o mais das vezes por ingestão de água contaminada. Com efeito, o recurso ao gás mostarda elevou a guerra química a um novo patamar de letalidade com início nos ataques de julho de 2017, conseguindo piorar, se tal era possível, o pavoroso espetáculo das consequências do fosgénio já anteriormente observadas, que literalmente derretia os órgãos das suas vítimas num caudal de fluido sanguinolento. O grau de eficácia do gás mostarda era também redobrado com o aperfeiçoamento da sua fabricação e manuseamento e do armamento utilizado para disparar os projéteis de gás, nomeadamente o projetor *Livens* e o morteiro *Stokes*. Os sintomas iniciais, uma ligeira irritação ocular e na garganta, apareciam de maneira insidiosa, até se irem progressivamente transformando em dor insuportável que obrigava a manter as pálpebras cerradas, o que explica as levas de evacuados de olhos vendados por pensos agarrados uns aos outros em fila indiana – isto nos casos ligeiros – que surgem na iconografia da guerra. À desfiguração provocada por feridas semelhantes a bolhas de queimadura que se agigantavam em algumas horas acrescia a generalizada devastação dos órgãos internos – laringe, cordas vocais, coração, pulmões, inchados e encharcados em sangue, cérebro com inúmeras bolhas de gás – observada na necrópsia dos cadáveres dos gaseados. Era terrível o efeito psicológico deste espetáculo nos soldados sobrevivos que testemunhavam o sofrimento martirizante dos seus camaradas e estava na origem de uma síndrome de medo tão paralisante como os próprios efeitos físicos dos ataques:

> O gás era – e continuou a ser – tanto uma arma psicológica como física. (...) Uma e outra vez no decurso da Grande Guerra, os ataques com gás causavam pânico e os esforços dos militares para

conceber contra-medidas tinham apenas limitado sucesso (Shepard 2002: 63).

As máscaras anti-gás só tardiamente utilizadas na guerra, e que as chefias garantiam ser seguras, não se afiguravam aos soldados enlouquecidos de medo à simples menção do gás mais fiáveis do que os panos embebidos em urina a que inicialmente se recorria como meio de proteção. Do que poderiam ser os treinos de uso da máscara, proporciona-nos o fotógrafo Arnaldo Garcez raríssimas imagens nacionais, como a intitulada "Soldados portuguezes exercitando-se no uso da mascara contra gazes asphyxiantes" (Anónimo 1917: 14). O tom do artigo onde se insere essa imagem fotográfica pretende ser tranquilizador e infundir o sentimento que a terrível ameaça do gás alemão nada pode contra as máscaras aliadas, mas o que ele não diz é que os treinos do seu uso, em exposição simulada ao gás para reconhecimento dos respetivos sintomas, apenas contribuíam para elevar os níveis de ansiedade dos soldados e fazer inclusivamente surgir reações de *stress* traumático por antecipação. Foram descritos comportamentos de pânico coletivo à mera audição de sirenes de alarme de ataque iminente com desenvolvimento de sintomatologia histriónica dos efeitos do gaseamento sem que este sequer tivesse ocorrido. Tanto terá contribuído, igualmente, para distorcer a avaliação da gravidade dos efeitos dos gaseamentos reais pelos médicos que tendiam a percebê-los como predominantemente histéricos, quando, em março de 1918, os alemães tentaram pôr fim à guerra com ataques incessantes e maciços como forma de prevenir a intervenção iminente das forças norte-americanas. É este o contexto da participação do Corpo Expedicionário Português a partir do início de 1917 e durante o ano de 1918, e destacadamente na batalha de La Lys, no qual os ataques com gás atingiram um auge.

Isto mesmo é assinalado no *Relatório* sobre *As intoxicações pelos gases de guerra – 1915-1918* (doravante abreviadamente referido como *Relatório*) apresentado em 1919 ao Ministro da Guerra pelo médico militar David de Mornes Sarmento, encarregado do estudo clínico dos gases de guerra no Corpo Expedicionário Português e que constitui um documento absolutamente singular e precioso na literatura médica portuguesa respeitante à Primeira Guerra Mundial:

> Contudo no Corpo Expedicionário Português (...) até às vésperas de terminar a guerra, os clínicos não possuíam o mais rudimentar conhecimento sobre os 'gaseamentos', cujos problemas, inteiramente novos em medicina castrense, foram pela primeira vez observados, durante a grande conflagração europeia, algumas dezenas de meses antes das nossas tropas terem partido desfraldar a bandeira de Portugal sobre as trincheiras da Flandres. É que eram secretas todas as publicações dos aliados sobre o que se ia investigando acerca destas intoxicações e jamais a Chefia dos nossos Serviços de Saúde curara em averiguar e difundir os conhecimentos que elas facultavam a todos os exércitos aliados (Sarmento 1919: 3).

Pouco lisonjeiro para os nossos aliados britânicos, o estudo dos efeitos do gaseamento viu-se, porém, na contingência de depender da experiência prática acumulada, das observações clínicas, e dos meios técnicos ingleses para ter acesso a um conhecimento minimamente satisfatório acerca dos gaseamento que afetava por igual as tropas lusas expostas aos ataques e todas as demais. Com efeito, o *Relatório* esclarece que o estudo dos gaseamentos, iniciado a 2 de junho de 1918 por uma equipa composta pelo Coronel Sinel de Cordes e os Tenentes-coronéis Ferreira Martins e Pires Monteiro, e apoiado depois em Portugal pelos médicos Azevedo Neves, Geraldino Brites e Magalhães Ramalho, se fez sobre os últimos gaseados ingleses, visto quase totalidade das tropas portuguesas já estarem afastadas das linhas da frente. O facto de os primeiros ataques alemães sobre aliados terem ocorrido muito antes de as tropas portuguesas terem chegado à pode explicar que a hierarquia das forças portuguesas tenha depositado uma pouco justificável confiança na proteção aliada, tendo em conta que ela em nada compensou o real desinteresse e despreocupação das autoridades militares nacionais, tão impreparadas para os ataques como os soldados que deles foram alvo.

O *Relatório* informa que o Serviço de Saúde português não organizou desde o início um imprescindível arquivo clínico, que permitisse, nomeadamente, proceder a uma frutífera e correta comparação estatística entre as baixas nas tropas nacionais, aparentemente menos afetadas que outros contingentes estrangeiros, devido terem ocupado setores do terreno menos expostos a ataques do que estes. Assim, das 843 mortes em combate, além de 57 por acidente e 252 por doenças várias, o Corpo Expedicionário Português viria a registar 54 mortes por gaseamento, o que corresponde a 4,6 por cento do total de 1186 óbitos, em franco contraste com o cálculo estimado de 17 por cento na generalidade dos exércitos combatentes em França desde o início do conflito. Quanto às 6938 baixas sem mortes, houve 2649 feridos, 2058 desaparecidos ou aprisionados – o que lança uma incógnita quanto ao seu estado de saúde e respetivas causas – e 1848 gaseados não fatais que correspondem a 26,6 por cento do total, superior à percentagem de falecimentos, mas ainda assim abaixo dos cerca de 34 por cento ocorridos nas restantes forças militares. Por outro lado, ficou por determinar o peso das sequelas do gaseamento nas baixas de que resultaram 5549 incapacitados, entre os quais se contam 4277 permanentes, 321 parciais incapacitados para o serviço, com 116 do Corpo Expedicionário e 823 que transitaram para os serviços auxiliares. Desta estatística diz o *Relatório* que não podem ser deduzidas conclusões certas acerca das mortes diretamente decorrentes do gaseamento:

> (...) o número representativo das perdas em combate apresenta-se indiferente ao género de morte que as ocasionou. Podem ter caído nesta designação geral, não sómente os gaseados graves, que nem vida tivessem tido para alcançar os postos sanitários (o que, conhecida a ingénua e irresponsável incúria que a tal respeito lavrou nos nossos combatentes e a ignorância do pessoal médico, sem instruções algumas sôbre a clínica dos gases, não é para conceber como excepcional raridade), mas ainda muitos dos feridos que, também gaseados, tivessem vindo a sucumbir, mais cedo ou mais tarde, aos efeitos associados da metralha e do veneno, facto que se constatou com uma frequência, que adquiriu foros de generalidade, pela difícil situação do ferido na atmosfera sempre gaseada, que pairava sôbre os campos metralhados (Sarmento 1919: 22).

Não deixa de ser sintomático, e muito interessante desse ponto de vista, que um *Relatório*, escrito por um clínico a quem seria exigível rigor e fria objetividade científica, mas afinal tão franco na confissão das limitações da preparação de militares e na ignorância impotente dos médicos como na denúncia da incúria das hierarquias, atinja, em compensação, cumes de eloquência gongórica na descrição do apocalíptico desenrolar de um ataque com gás que espalha nuvens tóxicas sobre um acampamento militar, apanhando de surpresa as tropas de apoio a horas de desprevenido repouso:

> Numa alvorotada zoada de violentos acessos de tosse convulsiva e de lamentos clamorosos, gritados por desesperada angústia, despertaram milhares de soldados e, em rápidos segundos, foram os que mais se esforçaram, bravejando pela vida, os que, primeiro, se sentiram estrangulados e atirados à agonia furiosa da mais aflitiva asfixia. E os que, a tossir, sequiosos de ar também, anhelantes, tresloucados, buscavam fugir, a curtas passadas paravam esbofados. Debaixo da fumarada espessa, que lhes atabafava a tosse e a voz, uns a arroxearem-se progressivamente, cansado o coração no trabalho estrénuo de pulsações vibrantes, cheias e compassadas; outros a tingir-se-lhes a pele com uma palidez plúmbea, entre esvaimentos, com que a aritmia desvairada do pulso pequeno e fugidio lhes fazia ver a morte; todos com o peito descoberto e arquejante a avultar entre os rasgões, abertos nas roupas pelas mãos crispadas, iam caindo por terra desfalecidos, mas sempre fixados à toalha do veneno, que os embebia. (...) De repente, clarões deslumbrantes de relâmpagos sucessivos, jorrados das linhas alemãs surgiram a dilacerar a escuridão profunda e, ao mesmo tempo, um furioso furacão de metralha desencadeou-se sôbre a névoa densa a tentar removê-la, dissipá-la com os cortantes sibilos das estilhas e com o estrondoso reboar dos obuses, que cavavam no solo juncado de cadáveres, bôcas informes, onde o veneno corria a esconder-se com os farrapos retalhados pela saraivada dos estilhaços, e, tintas de sangue, permaneciam abertas, como que em ávido desejo de deglutir mais vidas (Sarmento 1919: 27-28).

Segue-se a debandada geral e desordenada dos diretamente atingidos e bem assim de quantos, tomados pelo pânico à vista do estertor dos caídos, acorriam de toda a parte onde a nuvem de gás tinha chegado para invadirem aos milhares os postos de socorro:

> Entre os doentes que se conservavam de pé, uns agitavam-se
> como loucos, com as faces vultuosas, os olhos injectados, procidentes
> a contraírem-lhes as pupilas, com as narinas dilatadas, escumantes
> e os lábios roxos a distenderem a bôca entreaberta donde pingava
> a escassa expectoração amarela, gomosa e arejada. Retorciam-se em
> luta desesperada, ora em crises de vómitos sucessivos que surgiam a
> quebrá-los pela cintura, ora contra extenuantes paroxismos de tosse
> que mal lhes deixava as gargantas doloridas coar o sôpro esganado
> da respiração curta e difícil. E com os ombros soerguidos e o
> pescoço atado por engrossadas veias túrgidas, latejantes, rasgavam
> furiosamente as roupas que sentiam como anéis de aço a apertarem-
> lhes as goelas, a esmagarem-lhes o arcaboiço distendido um amplo
> bôjo imóvel. Frios, com o pulso vagaroso, cheio e vibrante, mal
> sofriam que se lhes escutassem os pequenos fervores de congestão
> discreta que, sem mais sinais, se difundiam pelo tórax ressonante
> de cima a baixo. Aqui e além outros sentados ou já deitados em
> macas, sôbre os bancos, ou por terra, numa fadiga extrêma, iam-
> se entorpecendo a pouco e pouco e cobrindo-se de uma leve tinta
> azulada que escurecia nos lábios e nas orelhas; humedecidos por suor
> viscoso e frio, com as mãos trémulas e regeladas, com o pulso ainda
> rítmico, mas muito fraco a apressar-se, recurvados e anhelantes,
> abandonavam-se sonolentos ao edema, que lhes inundava os pulmões,
> e frouxamente debatiam-se contra as angustiosas ânsias de ar, com
> que a tosse convulsiva lhes trazia a abundante expectoração glutinosa
> e espumante, que ficava a babar-lhes as faces, as vestes, a escorrer até
> o solo (Sarmento 1919: 29).

Do ambiente vivido na imediata sequência de ataque com gás
dá-nos uma eloquente imagem o quadro "Depois de um ataque de
gás", do pintor Adriano Sousa Lopes, que, a sós, tomou à sua conta
o Serviço Artístico do CEP, após se ter voluntariado para o integrar
como oficial. À vista desta realidade, realmente digna de um tríptico
de Bosch, a impotência dos médicos revela-se em toda a sua terrível
brutalidade:

> Perante tam extravagantes e mortíferos efeitos desta intoxicação
> desconhecida, não ocorria outro recurso de tratamento, que suavizasse

o sofrimento de tanta gente, que não viesse da terapêutica sintomática (Sarmento 1919: 30).

A sintomatologia variava consoante o tipo de gás utilizado. A este respeito, o *Relatório* adianta uma tipologia própria, claramente oposta ao modelo germânico, rejeitado por classificar os gases em função de um critério exclusivamente militar, dividindo-os basicamente em dois grupos, o dos gases irritantes que rapidamente neutralizavam os combatentes feridos, e o dos gases como o gás mostarda, que eliminava de forma retardada os combatentes que por ele eram atingidos. A isto, o *Relatório* prefere uma classificação pautada por critérios clínicos, próxima das tipologias de gases adoptadas pelos exércitos francês e britânico. Os franceses distinguiam entre gases sufocantes (do tipo cloro), nos quais se incluíam o fosgénio, a cloropicrina, a palite e as cetonas bromadas, gases vesicantes, caso da iperite e gases irritantes, estes últimos divididos entre lacrimogéneos, do tipo do brometo de benzil, e esternutatórios, do tipo do cloreto de difenil-arina. Os ingleses distribuíam os gases pelas categorias de irritantes pulmonares (os vapores nitrosos, o cloro, o fosgénio, o oxicloreto de carbono ou cloreto de carbonilo, a palite ou cloro-metil-cloroformato, o disfogénio ou tricloro-metil-cloroformato, a cloropicrina ou nitro-clorofórmio, o cloreto e a fenil-carbilamina), irritantes nasais (o cloreto de difenil-arsina), irritantes lacrimogéneos (o brometo de benzil, o brometo de xilil, a bromacetona, o brometo de metil-etil-cetona e o dibrometo de metil-etil-cetona), vesicantes (a iperite), um intoxicante do sangue (o óxido de carbono) e um veneno do sistema nervoso (o ácido cianídrico). O *Relatório* português adopta uma versão simplificada, que classifica os gases de guerra em gases alterantes da composição química do sangue, distinguindo estes em nocivos por anoxemia (como o dióxido de carbono) e nocivos ao sistema nervoso ou nevrosténicos (como o ácido cianídrico), e gases irritantes celulares dos tecidos epiteliais de revestimento (tais como o cloro, os brometos, o dibrometo, o fosgénio, a palite, o difosgénio, a cloropicrina, os sulfuretos e os cloretos, etc.), e descreve a sintomatologia e as lesões decorrentes de cada um destes tipos de gases, a partir de uma revisão do estado da arte da literatura médica inglesa. Além desta, o Relatório cita igualmente o documento *Defence Against Gas* das British Expeditionary Forces, no intuito de realçar que a precariedade das soluções terapêuticas obrigava a escrupuloso cumprimento das medidas preventivas, o que as forças britânicas cometiam às responsabilidades formais da oficialidade militar. Com efeito, o êxito variava com as diferenças de toxicidade dos gases, e, se era menor na carboxemia, agravava-se no caso do ácido cianídrico que atuava no sistema nervoso, e mais ainda, se possível, com os gases irritantes e corrosivos que destroem os elementos celulares. A corrosão da árvore respiratória era invariavelmente fatal e atingia foros de horror, o que era patente na autópsia aos cadáveres de gaseados, que mostravam extensas e mortíferas lesões, sobretudo nos gaseados que morriam com rapidez suficiente para não ficarem afetados outros órgãos, que, quando o eram, apareciam então completamente destruídos também. No conjunto das impressionantes imagens fotográficas inseridas no final do *Relatório*, disponibilizadas por fontes inglesas, além de algumas que mostram as lesões tecidulares em pulmões e hemorragias no cérebro de gaseados, inclui-se uma que revela o revestimento interno de uma traqueia expelido na expetoração de um soldado, com uma grande parte da mucosa vascularizada. Com efeito, a sintomatologia do gaseamento não só variava consoante o tipo de gás utilizado, como em função do grau de exposição das vítimas dos ataques, que podiam ficar afetadas de forma ligeira, moderada ou grave, e sobreviver com equivalentes graus de incapacidade ou então a morte a prazo mais ou menos curto, variável entre umas poucas horas e alguns dias. Por seu lado, o grau de eficácia do tratamento, mesmo assim apenas paliativo dos sintomas, era inversamente proporcional à gravidade dos efeitos:

> De uma maneira geral, pode-se concluir que o tratamento fundamental das intoxicações de guerra só dispunha de recursos para obviar às ulteriores alterações, que vinham a prejudicar em globo a economia orgânica pelas variadas formas de asfixia. Todas as disposições terapêuticas mais importantes escalonavam-se, então, com o capital intuito de socorrer os feridos asfíxicos, cuja sintomatologia

ora se estabelecia de súbito, ora evolucionava vagarosamente. E, era em torno deste princípio essencial, que a restante medicação secundaria garantia a eficácia da terapêutica principal, evitando e moderando quaisquer dificuldades e complicações intercorrentes (Sarmento 1919: 131).

Para todos os gaseamentos de guerra o tratamento geral assentava nas seguintes quatro condições essenciais:

1) Ao retirar os feridos das atmosferas envenenadas, deviam ser mantidos em meios, onde permanentemente circulasse ar livre e puro;

2) A fim de lhes serem evitadas combustões orgânicas escusáveis e sempre perniciosas pela carência de oxigenação do sangue, que em tais casos era sempre difícil, todos os feridos gaseados deviam ser mantidos no mais rigoroso repouso;

3) E como ao entrarem enregelados, o frio os obrigava a nocivos movimentos musculares e era agravado pelo despir das roupas, que traziam sempre mais ou menos contaminadas pelo tóxico, deviam ser todos mantidos em meios moderadamente aquecidos e ser rodeados das precauções necessárias, que lhes evitassem perdas de calor;

4) Finalmente, a instabilidade da sintomatologia inicial destes feridos, que pioravam de repente e gravemente, sem causas facilmente reconhecíveis e portanto inevitáveis, aconselhava os clínicos a reservar sempre os seus prognósticos nas primeiras fases, mostrando-lhes que se deviam manter na mais rigorosa vigilância, até que o perigo das surpresas fosse removido (Sarmento 1919: 132).

Deste modo, os gaseados em síncope eram imediatamente socorridos nos postos de socorros (Batallion Aid Post), eventualmente ventilados com respiração artificial nos casos que dela necessitassem, depois encaminhados para as Advanced-Dressing Station(s), já munidos de um diagnóstico provisório, e enfim para os Centros Avançados de Gaseados que podia ser uma Main-Dressing-Station ou uma Casualty-Clearing-Station. Aí eram despidos e esfregados com soluto aquecido de hipoclorito de cálcio, os olhos e as narinas copiosamente irrigados com bicarbonato de sódio em solução aquecida, podendo ser sangrados ligeira ou abundantemente em caso de dispneia agitada e vultuosa, mas só se a pressão sanguínea e as pulsações estivessem normais, e finalmente vestidos com pijamas e obrigados a deitar-se em absoluto repouso até à evacuação final.

Em Portugal, após o tratamento na fase aguda da doença, os soldados eram recebidos, para acompanhamento prolongado, em Estações de Convalescença, em regra instalações adaptadas especialmente para esse efeito em edifícios já existentes, como foi o caso do antigo Lazareto de Lisboa, um vasto edifício situado em Porto Brandão, na margem sul do rio Tejo, atualmente ainda de pé, mas devoluto e em adiantado estado de degradação, após a sua derradeira serventia como local de acolhimento de retornados das ex-colónias africanas. Do ambiente vivido nesses locais, pode dar-nos uma pálida imagem uma pouco conhecida obra do médico Bissaia Barreto, *O sol em cirurgia* (1915), que exalta os benefícios da exposição aos raios solares, profusamente ilustrada com imagens, entre as quais uma que mostra soldados a apanhar banhos de sol (Barreto 1915: 340). Efetivamente, a literatura médica que chegou até nós sugere que pouco mais era dado fazer ao acompanhamento clínico dos convalescentes, e menos ainda quanto aos efeitos psiquiátricos respeitantes àquilo que só muitas décadas – e muitas guerras passadas – após o termo da Primeira Guerra Mundial foi descrito como *stress* de guerra e *stress* pós-traumático. No estado atual da investigação, apenas se pode aventar que era prática excecional o encaminhamento de evacuados para hospitais psiquiátricos, como foi o caso do Manuel Joaquim da Cunha, oriundo da Murtosa, que, vindo de França, onde já tinha estado internado num hospital de campanha entre 7 de janeiro e 24 de abril de 1918, deu entrada no então Manicómio Bombarda a 17 de maio (1918). Diagnosticado com confusão mental e delírio (aponta uma pequena cicatriz que diz ser de um golpe no arame farpado, num dos braços, e pede ao médico que lho corte, para não lhe envenenar o sangue), a sua história clínica assinala o choro fácil. Para além da tuberculose pulmonar subjacente, encontrava-se emaciado (ganha quatro quilos e meio nas duas semanas de internamento) e era portador de uma infeção urinária. Nada mais tendo ficado registado quanto ao seu seguimento psiquiátrico, foi-lhe dada alta a 3 de junho seguinte.

Idêntico desconhecimento se aplica aos próprios efeitos neurológicos, e respetivas complicações de ordem psiquiátrica, resultantes dos gaseamentos, embora as suas manifestações fossem evidentes no comportamento dos "esgaseados". Na verdade, o mais que conhecia a medicina castrense anterior à Primeira Grande Guerra era a chamada "embriaguez pela pólvora" libertada pelas explosões, mas nada que se assemelhasse aos efeitos do gaseamento, de que se limitava a verificar no teatro de guerra as consequências mais impressionantes, de resto já conhecidas através de experimentação laboratorial. A sintomatologia da intoxicação por dióxido de carbono levava a falência das faculdades psíquicas com confusão mental que simulava a sintomatologia da embriaguez alcoólica, por outro lado reconhecidamente prevalecente entre as tropas. Tanto acarretava que, no teatro de guerra, as hierarquias reagissem com a imposição de punições previstas para a intemperança, como bem recorda o *Relatório* (p. 59), que informa igualmente que às complicações nervosas, com irritabilidade e depressão neurasténicas, devidas não só à gravidade dos sintomas como à inadaptação das vítimas ao seu estado de inferioridade física e de total dependência, se vinham ainda sobrepor a debilidade e a fadiga física permanentes e irrecuperáveis que persistiam rebeldemente durante os longos meses de convalescença.

No seu livro *A neurologia na guerra* (1917), Egas Moniz debruça-se extensamente sobre as alterações motoras provocadas por lesões medulares, mas ignora na prática os efeitos neurotóxicos dos gaseamentos. Referimo-nos, evidentemente, aos casos de alterações comportamentais resultantes de ferimentos efetivos nos soldados atingidos por deflagrações de bombas e por gaseamentos, nos quais a relação causal entre a lesão orgânica e a patologia psíquica é óbvia e imediata e nos quais a lesão é evidente na necrópsia, isto nos casos fatais, que possibilitavam a comprovação direta das alterações patológicas nos cérebros cadavéricos dos gaseados. Em contrapartida, na época da Primeira Guerra Mundial, aquela visualização *in vivo* nos sobreviventes a longo prazo que apresentavam desordens comportamentais era uma impossibilidade, que só muito posteriormente foi superada com a técnica da angiografia cerebral. Outra coisa são os casos de patologias psíquicas resultantes da exposição a explosões e gaseamentos que não causaram lesão física, os dos chamados "comocionados de guerra", uma nova patologia neurológica nascida do exame de milhares de casos de perturbações e feridas nervosas raramente vistas em tempo normal a que Egas Moniz dedica um capítulo inteiro (Moniz 1917: 222-251), enfatizando o contributo decisivo do conflito mundial para o avanço tanto da neurologia como da psiquiatria e da respetiva dignificação entre as demais especialidades médicas (Moniz 1917: VI, VII). Moniz adota a classificação de Clóvis Vincent, que distingue os emocionais (sem perda de consciência), dos comocionais (com perda de consciência), e dos mais raros mentais (com presença de distúrbios graves) (Moniz 1917: 222). Dá por adquirido que as perturbações mentais que dependem diretamente dos traumatismos morais ou físicos se caraterizam pela sintomatologia própria das psicoses de intoxicação e infeção (Moniz 1917: 226), e subscreve a opinião do psiquiatra Emmanuel Régis segundo a qual elas consistem essencialmente no onirismo alucinatório e na confusão mental e são desencadeadas por uma emoção-choque que é revivida nas crises agudas daqueles sintomas (Moniz 1917: 226). Entre eles, avultam a surdez, o mutismo, a gaguez, as paraplegias, monoplegias e hemiplegias pitiáticas, as vertigens frequentemente acompanhadas de cefaleia, os tremores com descargas secretórias (lágrimas, urinas, sudações) e com taquicardia, rubor e palidez, as crises convulsivas, a epilepsia generalizada ou parcial, e a estranha "*plicature*", que EM traduz por encurvação e a que o neurologista Alexandre-Achille Souques chamou camptocormia, uma encurvação do tronco acompanhada de dor dorso-lombar (Moniz 1917: 242). Moniz acredita que as psicoses de batalha dão lugar a restabelecimentos a curto prazo, ao contrário das vesânias instaladas, mas que podem ser agravadas pela pré-existente predisposição para estas e por intoxicações antigas (alcoolismo, tuberculose, impaludismo, etc.) (Moniz 1917: 230), mas tem o cuidado de ressalvar que "(o) considerar o choque-emocional como similar duma causa tóxica, nem nos explica o mecanismo, nem nos precisa as alterações possíveis das células cerebrais capazes de produzir as perturbações psíquicas averiguadas" (Moniz 1917: 234). Globalmente, está convencido do bom prognóstico a prazo para os comocionados em geral (Moniz 1917: 249), mas observa que se trata de doentes funcionais que não cedem à simples psicoterapia (Moniz 1917: 236), nem ao tratamento psico-elétrico, que não lhes deve ser prescrito (Moniz 1917: 248). Resumidamente, conclui que:

> 1º A comoção por choque de deflagração de fortes explosivos vem sempre associada a traumatismos diversos, causados quer pela queda do doente quer pela projecção de objectos sobre ele.
>
> O choque gasoso não pode, por isso, ser estudado separadamente, mas, não lhe negando a importância, é provável que a maior parte das perturbações observadas sejam devidas aos outros choques traumáticos que sempre o acompanham.
>
> 2º Os comocionados nestas condições apresentam as perturbações variadíssimas que acabamos de enumerar e apreciar. Umas delas são de natureza pitiática, sempre tratáveis pelos processos psicoterápicos. Outras têm uma etiologia orgânica e carecem de tratamentos diversos. As primeiras são em número muito mais avultado.
>
> 3º Quando a explosão não determina senão um choque emocional, este não apresenta carateres especiais. É a base do maior número das manifestações pitiáticas e psiconeuróticas observadas.
>
> 4º Estas perturbações emotivas associam-se na maior parte dos casos às perturbações orgânicas de origem comocional vêm muitas vezes acrescidas de perturbações de ordem funcional, sendo, por isso, de boa prática clínica discriminar as duas alterações patológicas, e em caso de dúvida, nunca deixar de instituir o tratamento psicoterápico que tem dado nesta guerra um extraordinário número de curas (Moniz 1917: 250-251).

Referências Bibliográficas

Anónimo (1917): "As Mascaras contra gazes asphyxiantes". In: *Portugal na Guerra. Revista Quinzenal Illustrada* 1 (2). Lisboa: 14.

Barreto, Bissaia (1915): *O sol em cirurgia*. Coimbra: Imprensa da Universidade.

Gomes, N. S. C. (2013): "Guerra Química. Os gases de combate". In: A. Afonso & C. M. Gomes (orgs.) *Portugal e a Grande Guerra*. Vila do Conde: Verso da História, 210-212.

Manicómio Bombarda (1918): *Caderno de Admissão nº 1204, Livro 13*, 1ª Secção, Ano de 1918, Enfermaria nº 3, Classe 4ª. Manuel Joaquim da Cunha.

Moniz, Egas (1917): *A neurologia na guerra*. Lisboa: Livraria Ferreira.

Sarmento, David P. M. (1919): *As intoxicações pelos gases de guerra – 1915-1918*. Relatório Apresentado a S.Ex.ª o Ministro da Guerra, pelo Dr. David P. de M. Sarmento, Encarregado do Estudo Clínico dos Gases de Guerra no Corpo Expedicionário Português. Lisboa: Imprensa Nacional.

Shepard, Ben (2002): *A War of Nerves. Soldiers and Psychiatrists 1914-1994*. London: Pimlico.

Fome, Peste e Guerra: referências alimentares nos periódicos da Figueira da Foz durante a Grande Guerra

Guida Cândido
Divisão de Cultura da CMFigueira da Foz
CECH/FLUC

A perceção da Grande Guerra nas localidades mais pequenas do país não é, certamente, igual à que se verifica na capital, ou nos aglomerados urbanos de maiores dimensões. A Figueira da Foz, à época, possui um porto comercial de proporções e importância consideráveis, refletindo, a nível comercial, as dificuldades comuns ao território e expressas na imprensa local. Partindo de um conjunto de notícias e anúncios publicitários nos periódicos locais, é possível traçar um breve discurso sobre o impacto da Grande Guerra no contexto do quotidiano da sociedade figueirense, ao nível das manifestações alimentares.

Diversos investigadores têm abraçado o interesse e o estudo deste período da História, com diferentes linhas de investigação que em muito têm contribuído para um conhecimento aprofundado de um dos mais sangrentos e devastadores episódios bélicos da humanidade. É conhecida a alimentação dos soldados e as estratégias relacionadas com o aprovisionamento nos campos de batalha, nomeadamente nas trincheiras, que evocam dias difíceis e situações graves que comprometem o princípio básico de sobrevivência. A imprensa faz referência à alimentação dos soldados, cunhando as impressões irónicas ou tendenciosas. Recorrendo a estatísticas publicadas num jornal da capital, na Figueira, um articulista indica que o soldado francês

> (...) come mais pão e mais sal do que o germanico. Alem disso o francez bebe chá e é guloso... porque consome mais assucar. Em compensação, o alemão «entra mais pelos legumes e sobretudo

pela batata» e conclui que «o facto do soldado francez beber chá, faz com que elle seja mais bem educado do que o louro filho do Rheno (Estomagos 1914).

Alude-se à guerra, comparando-a a uma *sandwich*. De forma metafórica, refere-se que

> (...) os allemáes fazem de *fiambre*, metidos entre uma fatia de páo francez e uma côdea de páo russo. O *fiambre* vae carregando na fatia, sem se lembrar de que tem a côdea por cima a carregar n'elle também por sua vez. Uma *sandwich* deveras apetitosa, mas em que, valha a verdade, custa a ferrar o dente (Sandwich 1914).

Recuando a agosto de 1914, o título que dá mote a esta comunicação é o mesmo da notícia em destaque na *Gazeta da Figueira*, semanário local. O periodista denuncia o clima de receio perante um conflito que, segundo ele, arrastará, inevitavelmente, a fome e a peste. Não estará longe da verdade, o periodista. Relativamente à participação de Portugal na guerra, entende-se que "o cumprimento da obrigação contraída para com a Inglaterra corresponde aos mais altos interesses da Pátria e da República." Se entrámos no conflito por pressão da Grã-Bretanha ou se foi o desejo de combater na Europa, não é debatido. De acordo com a imprensa "não havia que indagar a forma por que o compromisso fôra tomado." Questiona o periodista "quem pode lembrar-se de defender, a sério, a doutrina de que é admissível, com honra, a falta de cumprimento de obrigações livremente contraídas?" (*A Voz da Justiça* 1916: nº 1288).

Cereais e Páo

A imprensa reconhece

> (...) a crise sem precedentes que o mundo está atravessando, em consequência da formidável guerra provocada pela loucura da ambiciosa Allemanha. Portugal, pela pobreza extrema dos seus recursos, precisa, porventura mais do que qualquer outra nação, de olhar atentamente para o seu futuro, precavendo-se contra os fataes

efeitos económicos da conflagração em que estamos envolvidos e que ninguém sabe quando findará (*Gazeta da Figueira* 1916: nº 2558)

Apesar da ingenuidade do articulista que, em novembro de 1916 considera que "por poucos mezes mais que esta guerra se prolongue, a nossa população soffrerá intensamente da escassez e consequente carestia de alimentos mais indispensáveis, como sejam o pão e a carne"; no que respeita ao pão, "esse assumpto esta hoje sendo vivamente debatido na imprensa diária e tudo leva a crêr que a imprevidência com que nas estações officiaes a questão dos trigos há mais de um anno tem sido encarada nos ha-de arrastar a uma intolerável situação que já se desenha" (*Gazeta da Figueira* 1916: nº 2558).

No território português, com a guerra, o aumento do preço do páo vem agravar a dependência das classes mais débeis. Com o despoletar do conflito e as consequências deste sobre os transportes marítimos, a importação de trigo escasseia no mercado nacional o que agrava ainda mais o cenário uma vez que a produção interna não assegura as necessidades nacionais. Esta situação subsiste até 1919 (Fraga 2014). Antes do país entrar no conflito, embora já a guerra grassasse na Europa, vive-se alguma tranquilidade e até prosperidade agrícola que

> (...) permite ao paiz não ter sustos quanto à carestia de páo (...)
> A produção excedeu extraordinariamente os primeiros cômputos e
> chegará para o consumo de oito ou nove mezes. Esta circunstancia
> é de alto benefício para a vida económica do paiz e afuguenta para
> longe o espetro da fome (*A Voz da Justiça* 1914: nº 1253).

Porém, o cenário sofre grandes alterações e, já em pleno ano de 1917, as notícias dão conta das dificuldades de subsistência e dos tumultos provocados pela carência alimentar extensível a todo o território e ilhas. Os relatos dão conta de vários incidentes como o que se verifica em Alcains, com o povo amotinado "por causa da subida de preço do milho, assaltando celeiros. Compareceu a guarda republicana e deu-se uma colisão, em que ficaram mortos cinco paisanos. O povo, no entanto, atacou o quartel e destruiu tudo" (*Gazeta da Figueira* 1917: nº 2646). Mais próximo da Figueira da Foz, em Coimbra, sucedem-se "assaltos a estabelecimentos de géneros alimentícios, assaltos que tiveram de ser reprimidos pela força pública (...)", levando o colunista a questionar se "o povo, de seu natural pacífico e sofredor, haja de chegar a taes extremos que deixaram de ser pacíficos"; remata de forma proverbial: "que, em boa verdade, casa onde não há pão, todos ralham e ninguém tem razão" (*Gazeta da Figueira* 1917: nº 2670).

Durante o ano 1915, por terras figueirenses o pão atinge preços que penalizam em muito o povo. A culpa é atribuída "aos *estragos* que os *allamões* teem feito nos nossos campos de trigo e milho" e assim, "o povo da Figueira é obrigado a comer pão caro fabricado com farinhas desconhecidas" (*Gazeta da Figueira* 1915: nº 2489). "O preço do pão na Figueira subiu extraordinariamente, sendo muito mais caro do que em Lisboa" (*A Voz da Justiça* 1915: nº 1281). Por forma a atenuar a crise do pão, o governo vê-se na obrigação de legislar sobre esse assunto. Além de um decreto de 30 de janeiro de 1915 que autoriza a importação de 100 mil quilogramas de trigo exótico, em 9 de fevereiro do mesmo ano, é assinado outro decreto tendente a evitar a falta de pão no país e a obviar ao sensível aumento do seu preço. O parlamento vota uma nova lei em que "proíbe expressamente a venda de trigo nacional a outra entidade que não seja a Manutenção Militar, que o pagará todo ao preço da tabela". Poderá, contudo, permitir e regular as vendas locais, de modo a melhor garantir o abastecimento de pão em todas as povoações (*A questão dos trigos* 1915).

Na Figueira da Foz faz-se a arrematação de pão para a Santa Casa da Misericórdia, necessário à dieta dos doentes do seu hospital, durante o ano económico de 1915 (*Arrematação de pão* 1915). Tendo em conta o seu destino, espera-se que o mesmo não se apresente como o descrito pelo periodista, quando se refere ao pão de segunda que "é negro como as farruscas ventas de retincto escarumba, e, sabe, não diremos a fel, mas pelo menos a substancias pouco agradáveis..." (*O pão* 1915).

A crise de subsistência mantém-se no ano seguinte. Queixa-se o povo sobre o pão de dia para dia diminuir de tamanho e "os fabricantes do pão, bem como os negociantes dos diversos géneros de primeira necessidade, parece que se comprazem em tornar o quadro mais negro, levando o coiro e cabelo áqulles que se vêem na dura necessidade de a elles recorrerem" (*O pão* 1916). O cenário prolonga-se e, em 1917, a imprensa compara o tamanho do pão ao aspeto de uma pílula, referindo que "d'aqui por algum tempo, o matutino padeiro escusa de nos bater à porta para dar o pão: – mette o pelo buraco da fechadura!" (*A propósito do pão* 1917).

O ano 1916 é marcado pela contínua carestia de cereais, sobretudo trigo e milho. O governo tem assegurada a compra de trigo estrangeiro em quantidade suficiente para o abastecimento do país por largos meses. De Moçambique e Açores mandam vir milho (*Trigo e milho* 1916). É este cereal que está na origem de motins populares em Montemor em abril de 1916. As autoridades determinam, por forma a sanar os protestos, que o cereal não se venda a mais que 47 reis e meio o litro. Ora, na Figueira, nesse período, o preço atinge quase o dobro, alcançando uns polémicos 80 reis o litro. Não é de espantar a reação da imprensa que protesta afirmando que "não tem infelizmente o povo da Figueira quem zele os seus interesses, apesar dos muitos e devotados amigos do povo que há pela cidade" (*Montemor* 1916).

Em março de 1917, entra em Lisboa, vindo de Nova Iorque, o vapor ex-alemão Gaya que traz um carregamento de cerca de 13000 sacas de milho (*Milho* 1917). Três meses depois, é a vez do Goa, vapor português, entrar em Lisboa com quase sete mil toneladas de trigo (*Subsistências* 1917) e, posteriormente, em novembro, mais 4000 toneladas deste cereal (*Subsistencias* 1917). O mesmo vapor, já em 1918, continua a assegurar o transporte de cereais para Lisboa (*Trigo* 1918).

Na Figueira da Foz procede-se à venda de milho através do sistema de senhas. As distribuições são feitas periodicamente, "não podendo cada chefe de família requisitar mais do que um alqueire por semana" (*Venda de milho* 1917). Não se adivinhando o final do conflito bélico, continua a viver-se um clima de carestia e apreensão. Uma notícia dá conta da saída de milho de uma das localidades do concelho para Leiria, com a permissão das autoridades, questionando se o ato não será imponderado pela possibilidade de, a curto prazo, as populações da Figueira se verem a braços "com a fome, porque aquele cereal já vae rareando no mercado" (*O milho* 1918).

A carestia da vida é grande e é inegável que os açambarcadores dos géneros ainda mais contribuem para esse mau estado e para essa funesta anormalidade, sobretudo para as classes desfavorecidas que lutam com os prenúncios da fome. O governo procura medidas concretas para travar esses movimentos, nomeadamente o decreto que faz público proibindo a especulação com os géneros alimentícios (*Carestia de generos alimenticios* 1914). A nível local é, igualmente, constituída uma comissão para estabelecer o preço dos géneros (*Preços dos generos* 1915). Para conhecimento do público e cumprimento da lei, publica-se edital a 8 de novembro de 1915 com uma extensa lista dos preços máximos a praticar ao público e a retalho nas paróquias civis do concelho, dos bens considerados de primeira necessidade, de acordo com as circunstâncias do momento (*Edital* 1915).

O povo tem fome e os clamores de gente esfomeada ouvem-se por toda a parte. Todos os géneros de primeira necessidade sobem o preço assustadoramente. Em abril de 1915 a imprensa analisa essa subida dramática: "um kilo de bacalhau, que custava 20 centavos, custa agora 36; 1 kilo de assucar que custava 24 centavos, custa agora 36, e tudo mais tem subido, como o arroz, azeite, sabão, carboneto, etc (...) um trabalhador que se ajustava por 24 centavos, hoje pede 40 e vinho" (*Carestia da vida* 1915). O cenário de fome é transversal a toda a Europa. Uma carta escrita por um militar alemão e intercetada pelo exército francês dá conta da situação calamitosa: "estou certo de que muitas pessoas estão passando fome. Mesmo entre os meus conhecidos há alguns que não comem carne há mais de um ano. Escrevo isto para lhe mostrar quanto estimaríamos vêr o fim da luta" (*A carestia na Alemanha* 1916).

Por cá, a imprensa aborda o problema da especulação e da carestia com texto irónicos: "N'estes duros tempos de carestia, em que está tudo pela hora da morte, só o sol não resolveu subir de preço" (*Duros tempos* 1916). Em outra notícia dá-se conta do estado das ruas comparando-as a sementeiras de pasto e sugerindo que "fosse arrancada a herva e que em seu logar se semeassem batatas. As ruas ficavam da mesma forma ornamentadas e debelava-se um pouco a crize das subsistências…" (*Algumas ruas* 1917).

Açúcar

O açúcar, considerado um bem de primeira necessidade, foi sempre um artigo caro em Portugal. Neste período da guerra é alvo de especulação e assumidamente em falta no mercado, apesar das colónias de África ocidental e oriental produzirem mais de 50 mil toneladas ano e o consumo nacional não ultrapassar as 36 mil. De resto, o governo português terá proibido a exportação do açúcar colonial, o que levanta a questão sobre a localização deste excedente de produção, uma vez que o continente se vê na necessidade de importar (*A carestia de assucar* 1915). A situação é tanto mais estranha, quando a imprensa anuncia que na Alfândega de Lisboa, em fevereiro de 1915, se encontram armazenados alguns milhares de sacas de açúcar, vindos de Moçambique (*O assucar* 1915).

Na Figueira, no início de 1915, alguns estabelecimentos anunciam a carestia, bem como a indústria de bolachas, que refere a falta de matéria prima que compromete o regular funcionamento desta indústria, vital para a cidade (*Carestia de assucar* 1915). Além do preço excessivo que pauta o mercado figueirense, onde é vendido entre 32 a 36 centavos o quilograma, a qualidade também não é a melhor (*Assucar* 1915), denunciando, a imprensa, que se está vendendo açúcar "que mais parece terra do que coisa que se possa metter no estômago" (*Assucar da terra* 1915). Ainda assim, a publicita-se a venda de "assucares crystalisados e refinados de todas as qualidades, aos melhores preços do mercado" nos Armazéns Antunes, na principal artéria comercial da cidade (*Assucares* 1915). Em 1916 mantém-se a tendência da especulação sobre este artigo e de "subir desalmadamente como zeppelin fugindo à metralha dos aliados"

(*Echos* 1916). De resto, enquanto em Lisboa e Porto é vendido a 34 e 36 centavos o quilograma, na Figueira o preço praticado é 44 centavos, concluindo-se que "so os ricos podem gastar assucar" (*Assucar* 1916).

O lamentável desleixo com que o governo atende ao problema das subsistências, a incúria ou o empenho em sermos agradáveis aos nossos seculares aliados, favorecendo os seus interesses com manifesto prejuízo na nação, traduz a incapacidade de olvidar os problemas da carestia de açúcar, neste período. A imprensa dá conta que no último trimestre de 1916, em Moçambique, apesar de existirem grandes quantidades deste produto, o mesmo não chega à metrópole por falta de transporte, sendo vendido a comerciante ingleses, achando-se o mesmo, posteriormente, à venda a Portugal por preços bem mais elevados (*A proposito do assucar* 1916). Porém, anuncia-se a sua descida de preço temporária, permitindo ao povo "entregar-se à dulcíssima extravagância de saborear de vez em quando a sua chavena de café com assucar, fructo por bastante tempo prohibido" (*Assucar* 1916).

No ano seguinte, o governo comunica a licença para "que o nosso assucar de Moçambique seja exportado para o estrangeiro" traduzindo o excedente de produção e não comprometendo o abastecimento da metrópole (*Não há fome* 1917), uma vez que continua a chegar à capital, nomeadamente cerca de 7000 toneladas em julho (*Assucar* 1917). Nessa altura, denuncia-se a existência de açúcar nas alfândegas de Lisboa e Porto por despachar, desde 1913, que será confiscado pela comissão de abastecimentos caso não seja distribuído (*Assucar* 1917). À Figueira terão chegado cerca de 50 sacas "d'este apetecido producto, mas nenhum lambareiro ainda logrou provar nem sequer uma pitada da cobiçada droga" (*Assucar* 1918).

Em agosto desse ano, um edital informa que a

> Commissão de Subsistencias faz publico que, não tendo podido até agora obter maior porção d'assucar para abastecimento d'esta cidade do que aquelle que ultimamente lhe foi fornecido [...] resolveu fazer desde já a distribuição de 40 saccas de 60 kilos, para o que convida os interessados, habitantes na Figueira [...]

a virem requisitar as senhas de distribuição no edifício dos Paços do Concelho.» (Edital, 1918). Esta distribuição compreende 250 gramas por pessoa, «o que já dá para uns dias – desde que se não seja lambareiro… (*Assucar* 1918).

Pescado

À época, o território figueirense tem na faina maior, a pesca do bacalhau, uma das suas maiores fontes de riqueza, embora os lucros e os prejuízos se alinhem num exercício de equilíbrio laborioso. Os custos da flotilha figueirense permite o sustento de centenas de famílias, as dos tripulantes, em número de 500, "empregados na rude e árdua faina, mas muito bem tratados e remunerados, ganhando os capitães proporcionalmente à quantidade do peixe pescado" (*A pesca do bacalhau na Figueira* 1915). Além das frotas da Figueira, entram neste porto também navios lugres ingleses com bacalhau novo inglês, como acontece em agosto de 1916. De acordo com a imprensa local, "um carregamento de bacalhau inglez novo, entrou no nosso porto, consignado à respeitável firma Laidley, o navio inglez «Nellie Moellton». Egualmente entrou na barra o navio inglez «Spinaway», com uma carga de bacalhau *inverneiro* e *primavera*, consignado aos srs. Rendel e C°" (*Bacalhau inglez* 1916).

A tendência de bons anos de pesca de bacalhau arrasta-se em 1915 (*Pesca do bacalhau* 1916). O movimento é semelhante em 1916, anunciando-se carregamentos muito bons vindos dos bancos da Terra Nova, pelas diversas empresas, nomeadamente a *Atlantica Cª Portugueza de Pesca*, a *Sociedade de Pesca da Foz do Mondego* (*Dos Bancos da Terra Nova* 1916), a *Companhia Lusitania*, a *Companhia de Pesca Oceano* e a *Companhia Figueirense de Pesca Ltd.* (*Dos Bancos da Terra Nova* 1916).

No início de 1917 vaticina-se uma crise na indústria bacalhoeira, que arrasta armadores e capitães de navio num diálogo hostil e que compromete as saídas para os bancos da Terra Nova. O cenário é calamitoso para os mais de 500 trabalhadores que este ofício emprega na Figueira da Foz, o mesmo é dizer, a anunciada penúria de 500 famílias. A Figueira ocupa, à época, o primeiro lugar entre as terras portuguesas – Lisboa, Porto, Viana do Castelo e Aveiro – que se dedicam à faina maior. Possui 14 navios bacalhoeiros que asseguram a captura de 2.570.400 quilogramas de bacalhau em verde e 1.876.392 quilogramas em seco que, vendidos ao preço de mercado, se traduz em 688 contos de reis, número impossível de negligenciar, atendendo à economia local (*A nossa industria bacalhoeira* 1917) que muito depende desta indústria para suavizar a crise cada vez mais grave das subsistências. O preço do *fiel amigo*, na primavera de 1915 oscila entre os 34 e os 40 centavos por quilograma (*Enterro do bacalhau* 1915).

Corre o mês de julho de 1915, na Figueira da Foz, e a imprensa dá nota do preço excessivo da sardinha, o "chamado conducto dos pobres, vendido à razão de um centavo cada, pequenna e para contra-peso... *ardida*" (*Sardinha a "rodo"* 1915). Tendência que se mantém ao longo dos anos seguintes em que é "vendida bastante cara" (*Sardinha* 1916). A qualidade é considerada excelente, porém, o preço "foge um pouco das mezas humildes dos seus melhores apreciadores" (*Pescaria* 1917). Não se trata da escassez que inflaciona o preço, pois "ultimamente teem entrado na barra algumas traineiras, que teem trazido muita sardinha" (*Sardinha* 1917). "Mas apesar d'isso o preço da sardinha não barateou, e raramente se ouve apregoar pelas ruas, porque é quasi toda encanastrada e enviada pelo caminho de ferro para diversas partes" (*Sardinha* 1916).

Em 1914 o valor da exportação de sardinhas para Inglaterra é de aproximadamente 574 contos. Com o evoluir da beligerância, as conservas de sardinha cumprem um papel determinante no mercado internacional, nomeadamente nas rações de combate distribuídas aos soldados (*Pires* 2012).

A carestia de vida em que vive grande parte da população, nesta época, promove práticas pouco éticas que se vislumbram nos abastecimentos do mercado, transversais aos diversos produtos. O incumprimento das práticas de fiscalização fazem eco na imprensa que denuncia o desleixo das autoridades sanitárias.

Não se faz inspeção ao peixe nem a outros géneros à venda

no Mercado e sucede que os vendedores impingem ao publico toda a casta de porcaria. Quasi todos os dias de manhã se entra com repugnancia na parte destinada à venda do peixe, tal o cheiro que exala o que está em mau estado (*Carestia de géneros alimentícios* 1914).

Outra notícia, em outubro de 1914, dá conta que nesses últimos dias, no Mercado Municipal "se inutilizou mais de 600 quilogramas de peixe, que se encontrava em estado impróprio para consumo" (*Peixe podre* 1914). No início do ano seguinte mantém-se a tónica nos abusos cometidos por alguns comerciantes que disponibilizam pescado que não cumprindo as normas de salubridade exigidas pela fiscalização do mercado, entendem vendê-lo de porta em porta comprometendo a saúde pública (*Peixe pôdre* 1915). Nem sempre passam incólumes os prevaricadores, sendo multados pelas autoridades sanitárias (*Peixe decomposto* 1916).

Vinhos

Os vinhos portugueses reúnem, à época, grande prestígio no estrangeiro e a sua exportação vai assegurando uma rentabilidade confortável para os produtores. No entanto, também esse produto sofre com a crise instalada durante o período bélico. Em 1914 pode considerar-se um mau ano vinícola, sobretudo com as frequentes invasões do míldio (*Mau anno vinicola* 1914). Porém, no ano seguinte, o vinho é

> (...) abundante e vender-se-ha por bom preço (...). Na Bairrada, a região dos vinhos espumosos por excellencia, a colheita é tida como boa, succedendo outro tanto no centro do país, no Alentejo e no Algarve. (…). Além de ser abundante, a colheita vinícola está destinada a vender-se bem, já por não haver muitos vinhos em depósito, já por estarem a esboçar-se importantes transacções para o mercado francez, as quaes veem valorizar extraordinariamente a nossa produção (*O vinho* 1915).

De resto, a imprensa é fértil em notícias que enaltecem esse produto, referindo que "os nossos vinhos continuam a gosar na região do melhor crédito, sendo por isso de toda a conveniência que prossigam apresentar-se puros, afim de assegurar o mercado para o ano em que a colheita será certamente peor que a atual" (*Os nossos vinhos em Bordeus* 1915).

Em meados de novembro de 1915 a imprensa anuncia que a produção desse ano está praticamente toda vendida, havendo "adegas revendidas a compradores francezes e hespanhoes" sendo destinada a maior parte desse vinho a Bordéus, na França. Na zona de Cartaxo e Chamusca as vendas ultrapassam o extraordinário número de trezentas mil pipas, com preços a variar entre os vinte cinco e os quarenta escudos por pipa (*Producção vinicola* 1915). A tendência mantém-se e, no início de 1916, com os preços "trepando muito descaradamente aos sete e aos oito centavos por litro" (*Vinho* 1916). Este trânsito obriga a medidas suplementares para facilitar os meios de transporte deste produto, uma vez que se verifica no país alguma escassez de cascaria para o transporte do mesmo. Em fevereiro de 1916 é apresentado um projeto lei na câmara dos deputados por forma a solucionar esse problema, viabilizando a importação temporária de vagons reservatórios para comboios que entram no país para transportar para o estrangeiro os nossos vinhos (*Transporte de vinhos* 1916).

Publicidade

Na Figueira da Foz, a imprensa anuncia algumas vendas de produtores locais, nomeadamente na freguesia de Lavos (*Vinho* 1916) revelando a matriz de franco sucesso tanto na produção, bem como nas movimentações comerciais. De resto, a imprensa é abonada em publicidade incidente neste produto, exprimindo uma aparente normalidade num cenário que será de guerra. Em julho de 1914 vende-se vinho branco e tinto, entre outros produtos, com preços que variam entre os 50 e os 80 reis o litro e a aguardente a 200 reis (*Bom vinho de pasto* 1914). No dia em que rebenta o confronto mundial, a imprensa local anuncia uma casa especializada em vinho, "onde o público encontrará sempre os melhores vinhos finos e de pasto por preços razoáveis" (*Loja de vinhos* 1914). No mês seguinte, também o armazém de vinhos de Joaquim Augusto Guedes recorre à publicidade para divulgar os seus produtos que inclui vinhos, aguardentes, abafados e vinagres, com "qualidades garantidas" e a "preços excécionaes" (*Armazem de vinhos para consumo* 1914). Será, certamente, um negócio próspero, apesar do cenário bélico, uma vez que o mesmo anúncio é recorrente na imprensa local nos anos seguintes (*Armazém de vinhos para consumo* 1915).

Apesar das notícias que expõe diversos problemas de carestia e especulação, vislumbra-se alguma regularidade na imprensa com notícias auspiciosas de publicidade e novos negócios no ramo alimentar, indicando alguma audácia por parte dos comerciantes empreendedores da cidade, que não se retraem com o acontecimento bélico que domina o mundo e a própria imprensa. Exemplo disso é o destaque aplicado pela imprensa local ao novo incremento dado a uma das mercearias mais reconhecidas na cidade, elogiando os esforços do proprietário que "procura conquistar cada vez mais a confiança e a simpatia publicas, o que aliás lhe será fácil, dadas as qualidades do seu espírito de iniciativa e natural afabilidade" (*Mercearia Santos* 1916).

Em julho de 1915, um proprietário de uma agência funerária aventura-se na restauração, inaugurando uma "casa de comidas que, pelas condições que reúne, deverá vir a ser bem afreguesada, principalmente por todos aquelles que por horas mortas gostam de ir sossegadamente comer o seu petisco e beber a sua pinga de bom vinho" (*Casa de comidas* 1915). No mesmo mês também é clara a publicidade a um novo estabelecimento de pastelaria a abrir em breve no dito Bairro Novo, "cuja installação está sendo feita com todo o cuidado e luxo" (*Pastelaria Bijou* 1915).

No mesmo bairro, também a Pastelaria Lisbonense se apresenta como um estabelecimento de sucesso, com variada oferta de produtos e com constantes anúncios na imprensa. No verão de 1914, o grande sucesso são as bolas de Berlim às quintas e domingos (*Bolas de Berlim* 1914), as "Mem bentas à brazileira, pastéis d'ovos" e as cervejas geladas todos os dias (*Todos os dias* 1914) e não olvida o

Natal anunciando as possíveis encomendas de bolo rei e das broinhas de Natal (*Pastelaria Lisbonense* 1914), anuncio que volta a repetir-se na mesma ocasião no ano seguinte (*Pastelaria Lisbonense* 1915). Em 1916, além do bolo rei à *parisiense* (*Bolo rei* 1916), anuncia uma sobremesa especial, o *gateau au marrasquin*, que "fabrica-se todos os domingos n'esta casa, e lembramos mais as patas de viado que tão extraordinário consumo tiveram na época transata" (*Pastelaria Lisbonense* 1916). Na Páscoa é o "Bôlo da Páscoa" aos sábados e domingos que aparece em destaque (*Bôlo da Páscoa* 1916). Estes também se vendem na *Padaria 8 de Maio* que, de 1915 a 1918, anuncia as "arrufadas, bolos e folares da Páscoa" de qualidade especial e por encomenda (*Pascoa* 1915).

São os anúncios na imprensa da *Mercearia Alentejana* que comprovam o destaque dado ao bacalhau e seus derivados. Desde meados de 1915, até ao final de 1918, publicitam as cabeças e óleo de fígado de bacalhau (*Cabeças e oleo novo de bacalhau* 1918), bem como vinho, diversos sortidos de mercearia e especialidade de Elvas, como o azeite e a azeitona (*Mercearia Alentejana* 1915). Se o azeite alentejano goza de fama, tem a concorrência do "azeite superior da Certã, Beira Baixa" cujo anúncio evoca "qualidade finíssima que recomendamos a todos os que não toleram azeite vulgar" e a preços considerados razoáveis (*Azeite superior* 1915).

Além de diversos anúncios sobre águas, nomeadamente da Curia e Vidago, proliferam as publicidades a farinhas lácteas, conservas, cafés, bombos, amêndoas, frutas e diversos doces e alguns produtos mais inusitados como suplementos alimentares ou o exótico miolo de coco (*Côcos* 1915).

Em vésperas do desfecho da Grande Guerra, a frugalidade é a palavra de ordem na imprensa. Como refere a *Ilustração Portugueza*:

> (...) na nossa terra não correm propícios os tempos para os comilões. (...) Em breve as pessoas que presavam os prazeres da mesa recordarão saudosamente os dias em que jantavam seis ou sete iguarias diversas», uma vez que os restaurantes, casas de pasto, pensões e hotéis ficam proibidos de servir aos clientes «refeições em que haja mais de dois pratos, além da sopa, dois ovos e sobremesa,

que não poderá ser preparada com açúcar.» E concluem que «foi o primeiro passo no caminho do bom senso (...) Aí está mais uma das inesperadas vantagens da guerra (*Chaves* 1918).

É questionável assumir o cenário de carestia e frugalidade como uma vantagem. Em todo o caso, a situação não cessa automaticamente com o final da guerra e a população portuguesa necessita de um longo tempo para recuperar deste panorama de pobreza e escassez.

Referências Bibliográficas

_____"Venda de milho" (23 de maio de 1917). In: *Gazeta da Figueira nº 2613* , 2.

_____ "Vinho" (26 de Janeiro de 1916). In: *Gazeta da Figueira nº 2478* , 1.

_____ "Vinho" (25 de outubro de 1916). In: *Gazeta da Figueira nº 2553* , 2.

_____ "Azeite superior" (10 de dezembro de 1915). In: *A Voz da Justiça nº 1359* , 2.

A Voz da Justiça, nº 1253. (1914).

A Voz da Justiça, nº 1281. (1915). Figueira da Foz.

A Voz da Justiça, nº 1288. (1916). Figueira da Foz.

_____ "A carestia de assucar" (9 de janeiro de 1915). In: *Gazeta da Figueira nº 2370* , 1.

_____ "A carestia na Alemanha" (4 de janeiro de 1916). In: *A Voz da Justiça nº 1366* , 1.

_____ "A nossa industria bacalhoeira" (27 de janeiro de 1917). In: *Gazeta da Figueira nº 2580*, 1.

_____ "A questão dos trigos" (27 de agosto de 1915). In: *A Voz da Justiça nº 1329* , 2.

_____ "A pesca do bacalhau na Figueira" (7 de setembro de 1915). In: *A Voz da Justiça nº 1332*, 1.

_____ "A proósito do pão" (7 de novembro de 1917). In: *Gazeta da Figueira* , 1.

_____ "A proposito do assucar" (9 de setembro de 1916). In: *Gazeta da Figueira nº 2542* , 1.

_____ "Algumas ruas" (25 de abril de 1917). In: *Gazeta da Figueira nº 2605* , 1.

_____ "Assucar" (27 de fevereiro de 1915). In:_____ "

_____ "Assucar" (15 de abril de 1916). In: *Gazeta da Figueira nº 2500* , 1.

_____ "Assucar" (13 de setembro de 1916)In: *Gazeta da Figueira nº 2543* , 1.

_____ "Assucar" (12 de junho de 1918). In: *Gazeta da Figueria nº 2727* , 3.

_____ "Assucar" (14 de agosto de 1918). In: *Gazeta da Figueira nº 2741* , 1.

_____ "Assucar" (25 de julho de 1917). In: *Gazeta da Figueira nº 2631* , 1.

_____ "Assucar" (15 de setembro de 1917). In: *Gazeta da Figueira nº 2446* , 1.

_____ "Assucar da terra" (27 de fevereiro de 1915). In: *Fazeta da Figueira nº 2383* , 1.

_____ "Assucares" (24 de março de 1915). In: *Gazeta da Figueira nº 2390* , 2.

_____ "Armazem de vinhos para consumo" (10 de agosto de 1914). In: *A Voz da Justiça* , 4.

_____ "Armazém de vinhos para consumo" (11 de março de 1915). In: *A Voz da Justiça nº 1298* , 4.

_____ "Arrematação de pão" (3 de julho de 1915). In: *Gazeta da Figueira, nº 2409* , 2.

_____ "Bacalhau inglez" (12 de agosto de 1916). In: *Gazeta da Figueira nº 2534* , 1.

_____ "Bolas de Berlim" (31 de julho de 1914). In: *A Voz da Justiça nº 1217* , 4.

_____ "Bôlo da Páscoa" (21 de abril de 1916). In: *A Voz da Justiça nº 1370* , 2.

_____ "Bolo rei" (4 de janeiro de 1916). In: *A Voz da Justiça nº 1366* , 2.

_____ "Bom vinho de pasto" (29 de julho de 1914). In: *Gazeta da Figueira nº 2324* , 4.

_____ "Cabeças e oleo novo de bacalhau" (20 de fevereiro de 1918). In: *Gazeta da Figueira nº 2691*, 2.

_____ "Casa de comidas" (12 de julho de 1915). In: *Gazeta da Figueira nº 2525* , 4.

_____ "Carestia da vida" (3 de abril de 1915). In: *Gazeta da Figueira* , 2.

_____ "Carestia de assucar" (19 de janeiro de 1915). In: *A Voz da Justiça, nº 1266* , 2.

_____ "Carestia de generos alimenticios" (15 de agosto de 1914). In: *Gazeta da Figueira nº 2329* , 1.

Chaves, J. J. (Ed.). (7 de outubro de 1918):"Frugalidade". In: *Ilustração Portugueza* , 659, p. 281.

_____ "Côcos" (22 de janeiro de 1915). In: *A Voz da justiça nº 1267* , 4.

_____ "Echos" (8 de abril de 1916). In: *Gazeta da Figueira nº 2498* , 1.

_____ "Edital" (9 de novembro de 1915). In: *A Voz da Justiça nº 1350* , 2.

_____ "Edital" (10 de agosto de 1918). In: *Gazeta da Figueira nº 2740* , 3.

_____ "Enterro do bacalhau" (12 de abril de 1915). In: *A Voz da Justiça nº 1287* , 3.

_____ "Estomagos" (26 de agosto de 1914). In: *Gazeta da Figueira nº 2332* , 1.

_____ "Duros tempos" (15 de janeiro de 1916). In: *Gazeta da Figueira nº 2475* , 1.

_____ "Dos Bancos da Terra Nova" (25 de outubro de 1916). In: *Gazeta da Figueira nº 2553* , 3.

Fraga, L. A. (2014). 1915 à espera da beligerância. In C. d. Aniceto Afonso, *Portugal e a Grande Guerra* (p. 74). Vila do Conde: Verso da História.

Gazeta da Figueira, nº 2489. (1915). Figueira da Foz.

Gazeta da Figueira, nº 2558. (1916). Figueira da Foz.

Gazeta da Figueira, nº 2646. (1917). Figueira da Foz.

Gazeta da Figueira, nº 2670. (1917). Figueira da Foz.

_____ "Na frente portugueza" (21 de janeiro de 1918). In: *Ilustração Portugueza* , pp. 1-59.

_____ "Loja de vinhos" (28 de julho de 1914). In: *A Voz da Justiça nº 1216* , 4.

_____ "Não há fome" (7 de março de 1917). In: *Gazeta da Figueira nº 2591* , 1.

_____ "No Mercado – desleixo das autoridades sanitarias" (6 de outubro de 1914). In: *A Voz da Justiça* , 1.

_____ "Mau anno vinicola" (29 de julho de 1914). In: *Gazeta da Figueira nº 2324* , 1.

_____ "Mercearia Alentejana" (18 de janeiro de 1915). In: *A Voz da Justiça nº 1370* , 4.

_____ "Mercearia Santos" (1916). In: *A Voz da Justiça nº 1398* , 2.

_____ "Milho" (24 de março de 1917). In: *Gazeta da Figueira nº 2596* , 1.

_____ "Montemor" (8 de abril de 1916). In: *Gazeta da Figueira nº 2498* , 1.

_____ "O vinho" (13 de outubro de 1915). In:*Gazeta da Figueira nº 2448* , 1.

_____ "O assucar" (19 de fevereiro de 1915). In: *A Voz da Justiça nº 1275* , 1.

_____ "O milho" (9 de março de 1918). In: *Gazeta da Figueira nº 2696* , 1.

_____ "O pão" (13 de dezembro de 1915). In: *Gazeta da Figueira nº 2567* , 1.

_____ "O pão" (8 de novembro de 1916). In: *Gazeta da Figueira* , 3.

_____ "Os nossos vinhos em Bordeus" (7 de dezembro de 1915). In:*A Voz da Justiça nº 1358* , 2.

_____ "Pascoa 1915" (23 de janeiro de 1915). In: *A Voz da Justiça nº 1276* , 4.

_____ "Pastelaria Bijou" (7 de julho de 1915). In: *Gazeta da Figueira nº 2420* , 3.

_____ "Pastelaria Lisbonense" (18 de dezembro de 1914). In: *A Voz da Justiça nº 1257* , 2.

_____ "Pastelaria Lisbonense" (17 de dezembro de 1915). In: *A Voz da Justiça nº 1332* , 3.

_____ "Pastelaria Lisbonense" (14 de janeiro de 1916). In: *A Voz da Justiça nº 1369* , 2.

_____ "Peixe decomposto" (26 de agosto de 1916). In: *Gazeta da Figueira nº 2538* , 3.

_____ "Peixe podre" (28 de outubro de 1914). In: *Gazeta da Figueira nº 2349* , 1.

_____ "Peixe pôdre" (6 de janeiro de 1915). In: *Gazeta da Figueria nº 2369* , 3.

_____ "Pesca do bacalhau" (4 de março de 1916). In: *Gazeta da Figueira nº 2489* , 1.

_____ "Pescaria" (9 de fevereiro de 1917). *A Voz da Justiça nº 1481* , 2.

Pires, A. P. (2012). Entre o centro e a periferia: o comércio externo português durante a I guerra mundial. In *Os Açores, a I Guerra Mundial e a república portuguesa no contexto internacional* (p. 410). Açores: Presidência do Governo Regional dos Açores. Direção regional de cultura.

_____ "Preços dos generos" (17 de julho de 1915). In: *Gazeta da Figueira nº 2423* , 1.

_____ "Producção vinicola" (20 de novembro de 1915). In: *Gazeta da Figueira nº 2459* , 1.

_____ "Subsistencias" (28 de novembro de 1917). In: *Gazeta da Figueira nº 2667* , 2.

_____ "Subsistências" (16 de junho de 1917). In: *Gazeta da Figueira nº 2620* , 3.

_____ "Sandwich" (2 de setembro de 1914). In: *Gazeta da Figueira nº 2334* , 1.

_____ "Sardinha" (2 de outubro de 1916). In: *Gazeta da Figueira nº 2755* , 2.

_____ "Sardinha" (2 de dezembro de 1916). In: *Gazeta da Figueira nº 2564* , 1.

_____ "Sardinha" (26 de setembro de 1917). In: *Gazeta da Figueira nº 2649* , 3.

_____ "Sardinha a "rodo" (17 de julho de 1915). In: *Fazeta da Figueira nº 2423* , 1.

_____ "Todos os dias" (7 de setembro de 1914). In: *A Voz da Justiça nº 1224* , 3.

_____ "Transporte de vinhos" (16 de fevereiro de 1916). In: *Gazeta da Figueira nº 2484* , 1.

_____ "Trigo" (8 de maio de 1918). In: *Gazeta da Figueira nº 2713* , 1.

_____ "Trigo e milho" (16 de fevereiro de 1916). In: *Gazeta da Figueira nº 2484* , 2.

Santa Isabel, medianeira da Paz e mãe da Pátria, na Grande Guerra

António Manuel Ribeiro Rebelo
FLUC–CECH

Alves Redol (1911-1969), no seu último romance, *Os Reinegros*, cuja ação decorre desde os últimos anos da Monarquia até aos confrontos de Monsanto, em 1919, descrevia assim o ambiente que se viveu em Portugal aquando do armistício:

> Os sinos das igrejas voltaram a repicar; as sereias dos navios e das fábricas encheram a cidade daquela nova, enquanto as ruas transbordavam de uma multidão exaltada, que via no fim da guerra o nascer de uma outra vida.
> – O armistício! O armistício! VIVA A FRANÇA! VIVA A INGLATERRA! VIVA A REPÚBLICA! *O Século* e o *Notícias* publicavam edições extraordinárias. Grupos cantavam pelas ruas o hino nacional e todos confraternizavam do mesmo entusiasmo – burgueses e pés-descalços, velhos e crianças! Abraçavam-se desconhecidos; criavam-se amigos num olhar e num viva. Os cafés, as tabernas e os restaurantes enchiam-se de gente que vitoriava o acontecimento com ceias. (...) Havia bandeiras pelas janelas e nas mãos de populares que percorriam a cidade, roucos de gritar e exuberantes de júbilo. (...)
> Acabou-se tudo. As mulheres choravam de alegria, consolando as que tinham os maridos ou os filhos mobilizados. (...) – Acabou a guerra!.

É este o entusiasmo e felicidade que acompanha o fim de uma guerra, numa Europa assolada pela devastação da intolerância e do orgulho humanos.

Em muitos países da Europa, a comemoração do armistício da I Guerra Mundial reveste-se com a dignidade de feriado nacional. Assim acontece naqueles países cujos territórios foram rasgados pelas trincheiras e ali mesmo serviram de sepultura a tantos homens que caíram longe da sua pátria, pela qual lutaram.

O mundo não havia conhecido até então guerra mais mortífera. Ainda hoje são muitos os que conhecem ou conheceram avós, pais, tios, familiares que integraram o contingente do Corpo Expedicionário Português e lutaram nos campos da Flandres, no inferno do vale de La Lys. É sobre o seu sacrifício que se ergue a esperança num futuro que se deseja melhor e solidário.

Não foi por acaso que os marechais Joffre e Foch insistiram em que o tratado que punha termo às hostilidades entre a Alemanha e os Aliados fosse assinado na floresta de Compiègne, às 11 horas do dia 11 do 11 (novembro). A I Grande Guerra havia sido essencialmente uma batalha da infantaria. Dia 11 de novembro era e é dia de S. Martinho, um dos santos padroeiros da França e patrono da infantaria francesa. Mas S. Martinho é também o soldado romano que troca a luta das armas pela luta espiritual contra o mal.

Embora S. Martinho fosse soldado e essa qualidade lhe tivesse valido algumas críticas, depois da sua conversão, tudo procurou fazer para alcançar a paz. O conhecimento que teve dos horrores da guerra terá seguramente contribuído para tomar a decisão de se retirar do mundo e de optar por uma vida de santidade, abandonando a vida de soldado de César e abraçando a condição de soldado de Cristo, combatendo um combate espiritual.

Em Coimbra encontram-se as relíquias de uma outra santa que pautou a sua ação na terra pela promoção incondicional da paz, tanto em Portugal, como nos reinos vizinhos: Santa Isabel, rainha e viúva.

Foram incontáveis as situações em que também ela pugnou pela paz.

A primeira pacificação coincidiu com o seu nascimento, que teve o dom de congraçar seu pai, o príncipe D. Pedro, com seu avô D. Jaime I, rei de Aragão, que andavam desavindos.

Mais tarde, quando estava a ser negociado o casamento de D. Isabel e D. Dinis, iniciam-se as hostilidades entre o rei de Portugal e seu irmão, D. Afonso, senhor de Portalegre e Arronches. A futura rainha de Portugal intercede para que se congracem entre si el-rei seu noivo e o infante, seu futuro cunhado. Ao longo da vida, voltaria a intervir nesta contenda, perigosamente fratricida, por mais duas ou três vezes, em que o país esteve à beira da guerra civil. Na disputa final, D. Isabel teve uma influência decisiva, pois não hesitou em ceder graciosamente Sintra e Ourém ao cunhado, duas belíssimas vilas que lhe pertenciam, privando-se, assim, de um rendimento anual elevadíssimo, para que se pudesse negociar a paz entre o rei e o irmão.

Mais grave ainda foi uma disputa, que veio amargurar e enlutar os últimos anos de D. Dinis, dando-lhe um triste fim de reinado. Referimo-nos às guerras movidas pelo único filho legítimo e herdeiro de D. Dinis e D. Isabel, o infante D. Afonso, contra o próprio pai e soberano, com ciúmes de D. Afonso Sanches, filho ilegítimo do rei. Foram dias de grande amargura para D. Dinis e de grande provação e angústias para D. Isabel! Nesta guerra civil, que durou, com intermitências, desde 1319 até 1324, D. Isabel foi uma verdadeira heroína. É famosa a sua intervenção na batalha de Alvalade.

Foi também a promotora da paz num plano mais internacional, através da intervenção de D. Dinis, que saiu dessas missões mais cheio de prestígio, mais considerado e respeitado pelas cortes estrangeiras, que o reputavam como o primeiro rei do seu tempo. As convulsões em Castela, com interferências do rei D. Jaime de Aragão, irmão da Rainha Santa, e, mais tarde, do rei de Navarra, apoiado pelo rei de França, só cessaram com a promoção de conferências de paz que tiveram a sua intervenção, como hoje sabemos pela correspondência descoberta na segunda metade do século passado (Rodrigues 1958). Em 1303, toda a Península entrara em ebulição. Todos os contendores viam em D. Dinis um trunfo poderosíssimo e procuravam conquistá-lo. D. Isabel escreveu a seu irmão D. Jaime. Nessa carta, a rainha revela que estava combinada, há muito, uma entrevista, que vinha sendo adiada, entre o rei de Castela e o de Portugal; desejava a Santa Rainha que a essa conferência assistisse o rei de Aragão; e ela também lá estaria, para ver se tudo se compunha. O resultado final, em grande parte devido à ação inteligente e dedicada de D. Isabel, foi de um êxito sem precedentes. Vieram todos os contendores a acordar na constituição dum tribunal arbitral presidido por D. Dinis, que se deslocou para Aragão numa marcha triunfal e uma comitiva de mais de mil pessoas que formava o grande e faustoso séquito real. Na raia, que limitava os reinos de Castela e Aragão, convergem as famílias reais portuguesa, castelhana e aragonesa. Pronuncia-se ali, em agosto de 1304, a sentença arbitral, que a todos agrada. Celebram-se então festas esplêndidas, em que o rei e a rainha de Portugal se erguem ao mais alto grau de prestígio, pois são os verdadeiros heróis nestas honras de triunfo. A nossa Rainha Santa foi a grande cooperadora, a eficaz auxiliar, muitas vezes, a inteligente conselheira d'el-rei seu marido, tanto nos negócios internos do reino, como na política externa.

Veio a morrer, vítima da sua dedicação, quando trabalhava por extinguir mais uma guerra. Ao chamá-la Deus à Sua divina glória, achava-se a Rainha Santa Isabel em Estremoz, aonde acorrera para pôr termo a desentendimentos que haviam surgido entre seu filho, o rei de Portugal, e o rei de Castela, D. Afonso XI, seu neto.

A dedicação de Santa Isabel ao serviço da paz, salvando a nação, algumas vezes, de calamitosas guerras civis e promovendo o bem-estar do reino e de todos os portugueses, levou a Igreja a invocá-la como «Mãe da paz e da pátria» – *Pacis et patriae Mater.*

Curiosamente, na América Latina, sobretudo, do México ao Perú e à Argentina, a Rainha Santa Isabel é considerada a padroeira dos territórios em guerra. Esta influência dever-se-á ao facto de Santa Isabel ter sido canonizada em 1625, no reinado de Filipe III, em plena união ibérica. Foram faustosas as cerimónias de canonização em Roma e as festas que se seguiram em Madrid e em Coimbra. Por todo o império se espalhou a fama da nova santa, uma santa pacificadora, que Filipe III quis promover a conciliadora da união de vários reinos que outrora se digladiavam: Portugal, Castela e Aragão. Nas colónias, sobretudo as de longitudes americanas, Santa Isabel passou a ser venerada com este merecido prestígio de construtora da paz entre nações em guerra.

As festas da Rainha Santa, em Coimbra, eram das mais esplendorosas a nível nacional. Depois da instauração da República, as convulsões sociais e políticas, aliadas a um anticlericalismo por vezes exacerbado, não permitiam que se criassem condições para a realização das festas da Rainha Santa, cujas procissões haviam sido suspensas desde 1910.

Lentamente, a imprensa começa a dar nota da necessidade de se retomarem as antigas festas. Em 1912, a Associação Comercial, a Câmara Municipal e da Sociedade de Defesa e Propaganda de Coimbra reúnem-se para discutir a questão (*Gazeta de Coimbra* 1912: nº 79):

> Enquanto estiver tão arreigada como está a crença popular pela Padroeira de Coimbra, esta festa deve fazer-se. Falou-se disto mesmo na reunião de domingo e concordou-se em haver vantagem em coincidirem as festas religiosas da Rainha Santa com as da cidade. Assim o entendemos também, e isto sem carolice, mas simplesmente pelo desejo que temos de não deixar morrer uma festa que chegou a ser a primeira dentre as mais aparatosas que se, faziam em Portugal e à qual concorriam nunca menos de 30.000 pessoas.

Com o eclodir da Grande Guerra, a pressão para se realizarem as festas em honra da mãe da paz aumentam. Em 1915, finalmente, retomam-se as grandes festas, com as afamadas e seculares procissões, apesar do receio de possíveis desacatos por parte dos opositores à Igreja.

A imprensa justificava a realização das festas, tanto por força da tradição histórica das mesmas, como pelos grandes méritos da grande Santa e Padroeira de Coimbra que com elas era venerada, desvinculando a santidade da condição régia, óbice maior para os Republicanos (*Gazeta de Coimbra* 1915: nº 412):

> Realisaram-se os festejos em homenagem á Rainha Santa, Padroeira de Coimbra, e o seu êxito correspondeu á justa fama que eles teem ha muitos anos.
> Coimbra encheu-se de forasteiros durante cinco dias, tendo chegado a faltar quartos nos hotéis, hospedarias e casas particulares que recebem hospedes. Muita gente dormiu pelas ruas, pelos passeios e no arial do rio.
> …

Isabel d'Aragão, esposa de el-rei D. Dinis e rainha de Portugal foi um modelo de virtudes, na sua fé, na sua abnegação das grandezas da vida, nos actos constantes de caridade que praticava, na sua influência como medianeira da paz, pois naqueles tempos eram frequentes as lutas guerreiras em que o reino se via envolvido.

Quantas vidas poupou Ela com a sua intervenção na paz? Foi pela paz que se apressou a sua morte, pelo extenuamento das suas forças na grande jornada que empreendeu a Estremoz para promover a concórdia entre seu filho D. Afonso iv e o seu neto D. Afonso xi de Castela, que andavam em luta.

Porventura não serão estes feitos dignos das homenagens que os conimbricenses tributam à sua memória? Então só porque a sorte lhe concedeu a coroa e o ceptro reais, não tem Ela direito às mesmas homenagens que se prestam às grandes sumidades na ciência, nas artes, na politica, nas letras, etc., etc.?

Num balanço publicado na imprensa local podemos ter uma ideia de como decorreram as festas nesse mês de julho de 1915 (*Gazeta de Coimbra* 1915: nº 413):

O que acaba de passar-se em Coimbra com as festas á Rainha Santa presta-se a variadas considerações. Decorreram quatro anos sem que estas festas se realizassem, parecendo que a esposa do rei D. Dinis estava esquecida na crença e devoção populares.

Um dia surgiu na imprensa a ideia de se fazerem este ano os festejos com as procissões na rua, e bem depressa se principiou a notar um certo movimento favorável a esta opinião.

(...)

Chegou o primeiro dia dos festejos, a quinta-feira, em que essa famosa estátua que a mão de Teixeira Lopes tão primorosamente esculpiu, tinha de fazer a sua entrada na cidade entre galas e demonstrações de júbilo.

A cidade encheu-se como nunca nessa noite.

Mais de cinquenta mil pessoas quiseram prestar à padroeira da nossa terra ó preito da sua fé.

Nunca se viu tanta gente em Coimbra na noite da vinda da santa para a igreja de Santa Cruz, nem nunca essa procissão atravessou as ruas da cidade com mais respeito nem causou mais lágrimas de comoção.

Festas da Rainha Santa em Coimbra

A imagem de Santa Isabel, obra do genial artista Teixeira Lopes.

A assistencia esperando a passagem da procissão, na Rua Ferreira Borges

A procissão no Largo Miguel Bombarda, onde se veem os lentes da Universidade com as suas insignias

(Clichés do sr. Nery Ladeira).

91

Fotografias das festas de 1915 publicadas em *Illustração Portugueza*, 2ª série, nº 491, de 19.7.1915 (p. 91)

Noutra notícia sobre o rescaldo das festas diz um dos jornalistas (*Gazeta de Coimbra* 1915: nº 413):

> A uma velhinha de fóra da cidade ouvi esta sentida exclamação:
> – Ai, Rainha Santa! Já posso morrer descansada porque já te tornei a ver na rua!
> O povo é assim. Ninguém lhe arranca a sua crença com tão fundas raízes.
> Apesar de receios e de dúvidas sobre o êxito das festas, é ver os muitos milhares de pessoas que aí animaram a cidade durante uns poucos de dias. Tão grande foi a concorrência, – que não falta quem afirme que nunca foi maior em número nem melhor em qualidade. Numas festas que duraram cinco dias, feitas algumas delas em ruas estreitas e tortuosas, nem um conflito, nem uma prisão por motivo de desordem!

No início de 1917, chegam à Flandres os primeiros soldados do Corpo Expedicionário Português. Com a participação activa de Portugal na Grande Guerra, o povo acode fervorosamente ao túmulo da sua excelsa medianeira da paz. Eram muitas as romarias provenientes de todo o país, apesar dos protestos e ameaças da carbonária.

Nos jornais da época sucedem-se as celebrações de missas na igreja da Rainha Santa, mandadas celebrar pelos familiares dos soldados portugueses mobilizados (*Gazeta de Coimbra* 1917: nº 578):

> É amanhã, como já noticiámos, que no histórico templo de Santa Cruz continua a devoção dominical em honra da Rainha Santa, devoção esta que tem por fim interceder junto da excelsa Padroeira de Coimbra, a sua protecção para os nossos soldados em guerra.
> Ás quartas feiras continua ali a celebrar-se missa, ás 10 horas, pela mesma intenção. No ultimo domingo de cada mês as preces celebram-se no mosteiro de Santa Clara, também ás 13 horas, estando em exposição até ás 15 o precioso tumulo da Rainha Santa.

Depois das festas da Rainha Santa desse ano de 1917, as celebrações já estavam consolidadas e plenamente reintegradas no ritmo normal do calendário urbano (*Gazeta de Coimbra* 1917: nº 578):

As festas á Rainha Santa realizaram-se na terça feira sem o
minimo incidente desagradavel, e viu-se até que a cidade se despovoou
para ir em romaria ao templo onde se guarda o corpo venerando da
Padroeira de Coimbra.

Depois das festas, os devotos acorriam a todas as manifestações
religiosas junto do túmulo da Rainha Santa, onde se organizavam
múltiplos momentos litúrgicos (*Gazeta de Coimbra*: 1917: n° 625):

Revestiu grande imponencia a festa da Consagração do mês
da Rainha Santa que ontem se celebrou no velho mosteiro de Santa
Clara, que regorgitou.

De manhá houve missa soléne e á tarde, Ladainha, *Te-Deum*
e sermáo pelo reverendo abade de Anta, e foi sem duvida uma das
mais belas peças de oratoría do notável orador sagrado, pois todo ele
foi uma apoteose ás virtudes da excelsa Padroeira de Coimbra. A'
solenidade da tarde presidiu o rev.mo Bispo de Coimbra.

O templo encheu-se completamente e muitas pessoas não
poderam entrar no templo.

Mais de 4:000 pessoas concorreram ontem ali.

Esta festa foi levada a efeito por um grupo de senhoras.

Publicam-se também poesias em honra da Rainha Santa, como
a de Antero Leite, que era acompanhada de música do Dr. Elias de
Aguiar (*Gazeta de Coimbra* 1917: n° 625):

Rainha Santa
I
Rainha que estais nos ceus
Santa Isabel de Aragão
Ouvi-nos junto de Deus
A nossa humilde oração.

Côro
Velai pelos portugueses
Na guerra dura e cruel.
Protegei-os dos revezes
Rainha Santa Isabel.

...

III
Dai-nos paz do ceu á terra
Consolação, alegria;
Livrae o mundo da guerra
Padre Nosso e Avé Maria.

Publicam-se também cartas de militares devotos de Santa Isabel (*Gazeta de Coimbra* 1917: nº 626):

> Já recebi aqui a Gazeta, muito lhe agradeço por se lembrar de mim. (...) Tenho-lhe a dizer que já fui quatro vezes ás trincheiras e tenho sido muito feliz. Soube que fizeram as festas da Rainha Santa. Tive imensa pena de a não ver, porque a procissão é coisa que muito admiro. E' uma santa que eu adoro. Trago comigo o retrato dela e todos os dias olho para ela. Muitas saudades–França, 19 de Julho de 1917.– Casimiro Pires.

Emotiva é a reação do poeta e jornalista Augusto Casimiro, que serviu na Flandres com a patente de capitão. Uma vez regressado, expressa a sua profunda dor e indignação, pintando um quadro bem vivo da amarga e dura realidade da guerra e lançando uma súplica à Rainha Santa (*Gazeta de Coimbra* 1918: nº 687):

> Prometi um artigo á *Gazeta de Coimbra*. Promessa de amizade se a não cumprimos mal nos fica a alma... E eu tenho, sinto um vivo desejo de me fazer ouvido por algumas almas... Para dizer-lhes... Nem eu sei bem. Um soldado que regressa da atmosféra torva e violenta da guerra, sempre anciosa e opressa se não continuamente dramatica para, no remanso da casa familiar reviver, retomar forças e humanisar o sentido – a escrever, a falar para alguém -, não esquecerá decerto a guerra, (...)
>
> Mas deixem que palavras de acusação aí fiquem, magoadas e dolorosas de protesto...
>
> Já alguém disse que o exilio de França é o peor dos exílios... Porque, no perigo e em serviço de Deus e da Patria, não chega lá, aos soldados de Portugal, uma sombra de carinho, um ar do afecto que

lhes devem todos quantos ficaram... E o soldado queixa se. Quantos terão renegado num momentoexcitado, a terra ingrata que assim os esquece para se mutilar, desonrar nas contendas intestinas que são crimes de lesa Patria e contra o Senhor?

(...)

Coimbra tem dois batalhões na frente francesa. Ambos partiram com honra e tem honrado, lá, nas horas mais duras e sempre, esta doce terra de á beira Mondego...

Nos cemiterios de guerra, entre camaradas, sob os olhos de Deus, repousam, dormem um heroico somno, filhos teus, ó Coimbra!...

Nas linhas onde se morre, os teus filhos recordam-te, resamte, nos abrigos humildes e ao parapeito rasado de morte, nas horas brancas e longas, das longas noites de inverno...

Nas horas desvairadas e formidáveis que antecedem os ataques, sob os morteiros, na chuva furiosa de fogo, entre o zumbir uivado dos estilhaços, – os teus filhos invocam-te, ó Rainha Santa!...

Sucedem-se as missas e orações, como testemunha a mesma imprensa (*Gazeta de Coimbra* 1918: nº 707):

Pelos nossos soldados

Na quinta-feira celebra-se na Sé Catedral uma missa de *requiem* por alma dos estudantes mortos em campanha sendo celebrada pelo sr. Bispo-Conde.

Pregará o sr. Dr. Gonçalves Cerejeira, professor da Faculdade de Letras.

Durante a missa serão cantados pelo Orfeon Académico alguns trechos de musica sacra.

Este piedoso acto é mandado celebrar por alguns estudantes em homenagem á memoria dos seus colegas falecidos.

No proximo dia 2 a mêsa da Confraria da Rainha Santa manda celebrar, pelas 11 horas e meia, missa e *Libera me* por alma dos soldados portugueses mortos em campanha.

Como podemos constatar, enquanto rainha e construtora da paz, entre membros da sua família e entre nações, a Rainha Santa Isabel foi uma das intercessoras privilegiadas a que os fiéis portugueses recorreram durante a I Guerra Mundial. Numa altura em que os acontecimentos de Fátima eram ainda pouco conhecidos, a mediação da Rainha Santa na proteção dos nossos soldados, pela paz e pelo fim da guerra representa a parte de leão dos pedidos que os fiéis faziam junto do seu túmulo.

Muitas súplicas terão sido atendidas, pois foi a partir dessa época que a Confraria teve um período economicamente folgado com o cumprimento de muitas promessas. Na sequência desse fluxo religioso intenso, foi possível, no início dos anos 30, que o Doutor António de Vasconcelos, presidente da Confraria, tivesse mandado fazer várias alfaias litúrgicas, e.g., os candelabros e paramentos da igreja, e bem assim outras peças para uso festivo, como as famosas lanternas que, ainda hoje, são levadas nas procissões da Rainha Santa. Considerando que as receitas superavam largamente as despesas correntes, o Doutor Vasconcelos achou por bem implementar uma ideia antiga, que já trazia em mente desde o início dos anos 90 do séc. XIX, quando assumiu, pela primeira vez, a presidência da Confraria: a criação de uma obra assistencial em favor de meninas desvalidas ou transviadas.

A Mesa redigiu um projeto à Reforma do Compromisso, acomodado às condições de então, no qual se modificou o carácter da Corporação. Além de uma instituição de piedade, passou simultaneamente a assumir condição de instituição de Beneficência, destinando a este objectivo nada menos do que metade de todas as receitas, pois estava provado pela experiência que a outra metade, bem administrada, chegava para satisfazer todas as despesas com a conservação do edifício, vencimentos do pessoal, e encargos de piedade. Até então, a metade dos rendimentos destinada a Beneficência, era distribuída pelos institutos de caridade e assistência de Coimbra. A Confraria decidiu então criar um instituto privativo para exercer diretamente a caridade, como fazia a sua excelsa padroeira, o qual seria denominado Instituto ou Casa, ou Recolhimento, ou Colégio da Rainha Santa Isabel. Nasceu, assim, o "Refúgio da Rainha Santa para Raparigas Infelizes", que ainda hoje existe com a mesma finalidade, mas com o nome adaptado aos tempos modernos: a Casa de Formação Cristã "Rainha Santa".

Esta instituição foi criada, em 1930, pela Confraria da Rainha Santa à imitação do que Santa Isabel fizera em Coimbra: uma casa de recolhimento para regeneração e reeducação de jovens que tinham caído em degradação moral e social, que eram recolhidas das ruas, reabilitadas e restituídas à sua dignidade, procurando a instituição também "preservar e amparar" as jovens que se encontrassem em risco.

O „Refúgio da Rainha Santa", como se chamava quando foi criado há quase 90 anos, tem-se dedicado, de alma e coração, com zelo e amor, a formar milhares de jovens pobres, expostas aos perigos da sociedade, e fez delas donas de casa exemplares. Aqui aprenderam hábitos de higiene, receberam uma alimentação adequada, educação consoante as suas capacidades, chegando a conseguir alcançar cursos Técnico-Profissionais e até cursos Superiores, a fim de poderem ser lançadas no mundo do trabalho e de se inserirem dignamente na Sociedade.

Atualmente a Casa de Formação Cristã "Rainha Santa" tem por objectivo desenvolver atividades de ação social, nomeadamente no apoio e protecção de crianças e jovens do sexo feminino dos 10 aos 18 anos, em situação de risco, sendo aí colocadas por Acordo de Promoção e Proteção ou decisão judicial.

A educação e instrução aí ministradas visam assegurar a estas meninas o harmonioso desenvolvimento físico e psíquico, a formação moral e cívica, intelectual e profissional que lhes possibilite uma correta integração na Sociedade, tentando incutir-lhes a autoestima, a paz, a tranquilidade e os valores que os ambientes donde provêm não lhes puderam ou não souberam dar.

Esta instituição foi, durante muitas décadas, suportada financeiramente por metade das esmolas e donativos que os fiéis ofertavam a Santa Isabel junto do seu túmulo, segundo determinavam os novos estatutos da Confraria, que o Doutor Vasconcelos fez aprovar nessa mesma altura. A Rainha Santa fazia, assim, brotar mais uma rosa, desta feita, no meio dos horrores de um campo de batalha.

O primeiro padre assistente nomeado pelo bispo de Coimbra, D. Manuel Luís Coelho da Silva, para acompanhar, no início, esta nova instituição chamava-se Américo Monteiro de Aguiar. Pouco sabemos do que ele terá sentido nessa experiência. Podemos especular que, vendo o bem que essa obra representava para a dignificação e educação das jovens das ruas de Coimbra, nela se terá inspirado para fundar uma obra idêntica, mas destinada aos gaiatos mais carenciados de Coimbra. Nascia, assim, a Casa do Gaiato, esse grande projeto que dá pelo nome de Obra da Rua.

São ínvios os caminhos do Senhor, pelo que não deixa de ser impressionante como a devoção de muitos dos nossos soldados e seus familiares na Grande Guerra permitiu, sob inspiração de Santa Isabel, que fossem criadas instituições tão promotoras da paz social e que ainda hoje representam uma mais-valia social num mundo ainda muito carente de amor e de paz.

Referências Bibliográficas

Gazeta de Coimbra, 3 de Abril de 1912, A. I, nº 79.
Gazeta de Coimbra, 10 de Julho de 1915, A. V, nº 412.
Gazeta de Coimbra, 30 de Abril de 1918, A. VII, nº 707.
Gazeta de Coimbra, 9 de Março de 1918, A. VII, nº 687.
Gazeta de Coimbra, 4 de Agosto de 1917, A. VII, nº 626.
Gazeta de Coimbra, 1 de Agosto de 1917, A. VII, nº 625.
Gazeta de Coimbra, 10 de Fevereiro de 1917, A. VI, nº 578.
Gazeta de Coimbra, 10 de Julho de 1915, A. V, nº 413.
Illustração Portugueza, 2ª série, nº 491, de 19.7.1915, 91.
Redol, Alves (1976): *Os Reinegros*. Lisboa: Publicações Europa-América.

Monumentos erigidos aos soldados portugueses da I Guerra Mundial no distrito de Braga

Aires Gomes Fernandes
CHSC – UC

Portugal perante a Guerra

Portugal assumiu uma posição inicial de neutralidade em relação ao conflito, o que, por si só, não impediu reações extemporâneas por parte de alguma população, caso dos lisboetas que, ao tomarem conhecimento das primeiras ações beligerantes alemãs, reagiram em pânico, com corrida às mercearias e aos bancos para levantarem os seus depósitos (Ramos 1994: 494). A 7 de Agosto de 1914 os republicanos reafirmavam a nossa aliança com Inglaterra, embora sem declarar guerra à Alemanha que, por sua vez, atacava as nossas colónias, através de incursões no Sul de Angola e Norte de Moçambique (Ramos 1994: 494; Teixeira 2003: 25-26). A resposta portuguesa foi dada no terreno com o envio, a 11 de Setembro de 1914, de uma expedição militar para as colónias (Ramos 1994: 494; Afonso 2006: 36), naquela que seria a primeira leva de um total de cerca de 40 mil soldados lusos que partiriam para território subsaariano, sendo certo que em termos temporais o conflito haveria de prolongar-se por muito mais tempo em Moçambique do que em Angola (Barros 2015: 306).

Já no que respeita ao território europeu as primeiras tropas do Corpo Expedicionário Português embarcaram para a Flandres a 8 de Fevereiro de 1917 (*Portugal...* 1932: 27).

Não havendo aqui espaço para nos alongarmos na análise de todo o complexo e demorado processo que haveria de conduzir Portugal ao conflito, não deixa de ser verdade que há uma causa-

-efeito evidente, entre toda uma planificação quase inexistente e mal conduzida em termos sociais, militares e diplomáticos, como facilmente se percebe pela leitura de algumas obras especializadas (Meneses 2015; Gómez 1998; Teixeira 2003: 22) e o trágico desenlace da participação portuguesa, cujo expoente é a desditosa batalha de La Lys, travada a 9 de abril de 1918, que ceifou a vida a 1341 militares portugueses, deixou feridos 4626, além dos 7 740 homens que foram feitos prisioneiros e dos 1932 combatentes portugueses desaparecidos (Teixeira 2003: 30). Não podendo dissociar as terríveis consequências da inoperância provocada por uma série de procedimentos desastrosos, importa-nos aqui apresentar o reflexo de uma dessas consequências trágicas, ou seja, abordar esse pós-guerra e a forma como foi tratada a memória daqueles que pereceram nos diversos campos de batalha, cujo número total estimado é de 8 474 mortos (Afonso 2006: 114).

Neste particular há uma grande sensibilidade, organização, e mobilização em torno de um mesmo objetivo: honrar devidamente a memória daqueles que faleceram no grande conflito. Duas organizações têm aqui um papel relevante, em primeiro lugar a Junta Patriótica do Norte, contemporânea do conflito, criada em 1916, com larga experiência na assistência aos soldados em campanha, no apoio aos feridos e familiares de vitimados, tem também, além desse papel preponderante no auxílio social, uma função relevante na questão do processo de difusão e rememoração do conflito (Correia 2011: 33-34). A partir de um grupo de ex-combatentes e sob a liderança do General Gomes da Costa é criada, em 1921, a Comissão dos Padrões da Grande Guerra, que assumirá, entre outras funções, a responsabilidade da supervisão da edificação dos diversos monumentos comemorativos. Importa dizer que, nesta fase, já a Junta Patriótica do Norte iniciara uma campanha propagandista, com o envio, a 30 de julho de 1919, de uma circular para os diversos concelhos do país, aconselhando a que cada município erigisse um padrão ou monumento, ou erguesse uma simples lápide com o nome dos seus mortos na Guerra, sendo que a 20 de janeiro de 1920 é enviada nova circular com o modelo ou projeto que deveria servir de base à edificação desses padrões (Correia 2011: 42-44). A designação como facilmente se percebe, vai inspirar-se justamente nos padrões dos descobrimentos que os portugueses foram erigindo nos territórios descobertos.

Esse padrão era, de traça simples, constituído por uma base que sustentava uma coluna ou pilar, coroados pela esfera armilar, a cruz de Cristo e as armas nacionais. Apesar de simplista transmite uma mensagem bastante eficaz e ao recorrer-se à "reapropriação de uma nomenclatura pretérita" (Barros 2015: 322), como é o caso dos padrões, acaba por se ir buscar uma "designação cuja estética discursiva provém do glossário histórico da gramática imperial portuguesa" (Barros 2015: 323), com toda a força, carisma e simbolismo que transmitiam. Independentemente da natureza estética ou da matriz simbólica associada, o certo é que a construção destes padrões corresponde à primeira grande iniciativa de cariz rememorativo ou comemorativo à escala nacional, erigindo-se cerca de 115 monumentos no Continente e ilhas. Comparativamente, e desta amplitude temos apenas a campanha do Estado Novo, comemorativa dos centenários da nacionalidade, e posteriormente, sobretudo no último quartel do séc. XX, no pós Guerra Colonial, onde se assiste novamente a este fenómeno memorialista, com maior intensificação e que acaba por superar largamente o número de edificações representativas da Grande Guerra com a construção de múltiplos monumentos aos ex-combatentes, embora aqui estejamos a falar de um conflito de diferente tipologia, mais duradouro no tempo e abrangendo um maior número de combatentes.

Segundo Jacques Le Goff, de "entre as manifestações importantes ou significativas da memória coletiva", para o século XIX e início do século XX, encontram-se dois fenómenos: o aparecimento da fotografia, que "revoluciona a memória: multiplica-a e democratiza-a, dá-lhe uma precisão e uma verdade visuais nunca antes atingidas, permitindo assim guardar a memória do tempo e da evolução cronológica", e a construção de monumentos aos mortos no pós Primeira Guerra Mundial; "A comemoração funerária encontra aí um novo desenvolvimento. Em numerosos países é erigido um

Túmulo ao Soldado Desconhecido, procurando ultrapassar os limites da memória, associada ao anonimato, proclamando sobre um cadáver sem nome a coesão da nação em torno da memória comum" (Le Goff 1990: 455-456). E se entre nós também se edificaram monumentos ao soldado desconhecido, importa-nos agora debruçar-nos sobre aqueles de cariz coletivo erigidos no distrito de Braga.

Vila Nova de Famalicão

Em relação ao distrito de Braga, o monumento mais antigo é o de Famalicão, inaugurado em 1924 e localizado justamente na praça 9 de Abril. Nas laterais do monumento, quer a nascente quer a poente são assinalados os nomes dos 31 combatentes do CEP que faleceram em França, bem como dos cinco militares que perderam a vida em África durante este conflito mundial. O recente trabalho de Amadeu Gonçalves veio provar que esta listagem está incompleta. Atendendo à investigação atual pode-se considerar que são poucos os militares que faleceram em França cujos nomes não integram a lápide evoca-tiva, embora a essa lista se possam acrescentar os nomes de António de Jesus Simões de Azevedo, Casimiro da Cruz, Mamede Dias da Cruz e António Marinho de Almeida Fernandes (Gonçalves 2018: 25,66,68,77). Bem mais extensa é a lista de portugueses que combat-eram em Moçambique e aí faleceram, embora, na generalidade dos casos a causa de morte não tenha sido o combate em si, mas sim as doenças e febres tropicais. Entre os soldados que ficaram sepultados em Moçambique e que não se encontram cinzelados neste padrão, encontram-se: António de Araújo, Manuel da Costa Azevedo, José da Silva Borralho, Avelino Monteiro Carvalho, António da Costa Coelho, Jaime da Costa Dias, Joaquim Martins Gomes, Joaquim da Silva Gomes, António Machado, Joaquim Alves de Pinho, Abel da Silva Ribeiro, António Gomes da Silva, Horácio Gomes da Silva e Zacarias Carneiro Soares (Gonçalves 2018: 16,40,52,58,73,91,100, 128,138,151,154,160).

Transcrição dos nomes que integram o Padrão de Guerra de Famalicão

Em França (lado nascente)	Em França (lado poente)
Luiz Moreira	João Ferreira
Manoel Veloso de Araújo	António Carvalho da Silva
Joaquim Ribeiro	António Joaquim Lopes
Augusto Bento Pereira	Dr. Joaquim de Aguiar Pimenta Carneiro
Camilo Dias	Leandro Ferreira
Francisco Ferreira Barbosa	José de Oliveira e Silva
Augusto Pinto	Augusto Gonçalves Pinto
Miguel Rodrigues Afonso	José Martins
António da Silva Pinto Marinho	
António Ferreira de Azevedo	Em África
Daniel Gomes Barbosa	Alfredo de Freitas
Domingos José de Campos	António Costa
José de Sousa Soares	Aurélio Passos
Zeferino Ribeiro	Manuel Gomes Pinto
Alberto de Sá Coelho	José António Martins
Domingos da Cunha Brandão	
Zeferino de Carvalho	
António Luiz	
Jerónimo Ferreira de Carvalho	
Alfredo Pereira	
Aníbal Carneiro de Oliveira	
António Ferreira de Sousa	
Joaquim Alves Carneiro	

Foto 1 – Padrão da Grande Guerra　　Foto 2 – Pormenor da inscrição
– Famalicão

O monumento é encimado por uma esfera armilar e pela cruz de Cristo. Realce também para um outro elemento comum nestes padrões: as armas de Portugal (escudo clássico com cada escudete carregado de cinco besantes postos em cruz e com a bordadura carregada com as sete torres). O escudo surge logo acima da base na zona de início de projeção da coluna, tendo por baixo a inscrição: "AOS MORTOS DA GRANDE GUERRA". Apresenta ainda, na base, duas placas metálicas, comemorativas, uma da responsabilidade da Liga dos Combatentes, assinalando os 100 anos do início do conflito: "EVOCAÇÃO DO CENTENÁRIO DA GRANDE GUERRA (1914-1918). HOMENAGEM AO COMBATENTE PORTUGUÊS, 2014", e uma segunda, acabada de colocar pela edilidade local, a recordar o "CENTENÁRIO DA BATALHA DE LA LYS (1918-2018) Homenagem aos Expedicionários Famalicenses, Famalicão". Apesar de se enquadrar na linha dos padrões de guerra, este monumento famalicense apresenta algumas novidades escultóricas, nomeadamente o leão subjugado aos pés da vitória desnudada (figura feminina em forma de anjo).

Braga

Localiza-se na zona central da cidade, na Praça do Conde de Agrolongo e foi inaugurado a 25 de junho de 1925 (*Comissão* 1936). Ao contrário de todos os outros é o único que não integra ou não tem nas proximidades qualquer memorial com a identificação dos homens que pereceram em combate. Trata-se de um exemplar talhado em granito que obedece ao modelo dos Padrões de Guerra. Na base, de formato retangular, tem uma pequena placa em mármore branco onde surge a seguinte inscrição: por baixo das armas municipais, na própria cantaria, a inscrição: "AOS MORTOS NA GRANDE GUERRA 1914-1918 HOMENAGEM DA CIDADE DE BRAGA". À semelhança de outros apresenta também placas metálicas comemorativas, ambas da Liga dos Combatentes, uma a celebrar o cinquentenário do fim do conflito com o armistício de Compiègne, de 11 de novembro de 1918: "AOS COMBATENTES MORTOS PELA PÁTRIA. HOMENAGEM DOS COMBATENTES DA GRANDE GUERRA. XI-1918 XI-1968", enquanto a segunda é evocativa do centenário do início da I Guerra Mundial: "EVOCAÇÃO DO CENTENÁRIO DA GRANDE GUERRA (1914-1918). HOMENAGEM AO COMBATENTE PORTUGUÊS, 2014".

Neste mesmo jardim encontra-se também um curioso monumento representando o continente africano, ostentando duas placas escultóricas com dois bustos humanos em relevo. As figuras em realce são dois militares portugueses, naturais de Braga, que faleceram em combate, no caso específico, os irmãos Roby, João e Sebastião, o primeiro falecido em Angola, em 1904, nas chamadas campanhas de pacificação e Sebastião Roby morto também em Angola, em Quiteve, emboscado a 10 de julho de 1915 (Campo Bello 1969: 182-183) já envolvido na defesa das colónias face aos ataques alemães.

Foto 3 – Padrão da Grande Guerra   Foto 4 – Monumento aos irmãos
         – Braga   Roby

Barcelos

Monumento cuja linguagem arquitetónica e artística se insere plenamente na tipologia dos Padrões da Grande Guerra. Além da Cruz de Cristo, da esfera armilar e do escudo com as armas nacionais, foi-lhe esculpido o brasão de Barcelos encimado por duas folhas de palma que se elevam pela coluna e por baixo das armas municipais, na própria cantaria, a inscrição: "AOS MORTOS NA GRANDE GUERRA DE 1914-1918". Apresenta ainda, na base, duas placas metálicas, comemorativas, ambas da responsabilidade da Liga dos Combatentes e que lhe foram apostas em diferentes alturas. A primeira, em termos cronológicos, diz: "AOS COMBATENTES MORTOS PELA PÁTRIA. HOMENAGEM DOS COMBATENTES DA GRANDE GUERRA. XI-1918 XI-1968", assinalando assim os 50 anos do final do conflito, enquanto a segunda é referente à comemoração dos 100 anos sobre o início das hostilidades: "EVOCAÇÃO DO CENTENÁRIO DA GRANDE GUERRA (1914-1918). HOMENAGEM AO COMBATENTE PORTUGUÊS, 2014".

Foto 5 – Padrão da Grande   Foto 6 – Memorial
Guerra – Barcelos

A sua inauguração ocorreu em 1930, sob os auspícios da Junta de Freguesia, como consta da inscrição que se encontra na base do monumento, entretanto transferido do local original. Inicialmente erigido na Avenida dos Combatentes da Grande Guerra, frente à Igreja do Terço, foi, na década de oitenta, mudado para o sítio onde se encontra atualmente, na vizinhança do posto da Polícia de Segurança Pública (Trigueiros 1998: 195), do Jardim das Barrocas e do Campo da República, na confluência da Avenida da Liberdade com a Avenida Dr. Sidónio Pais. Aquando da transferência anexou-se-lhe uma lápide que se encontrava na Câmara Municipal, formada por duas placas onde constam o nome dos soldados que faleceram na I Guerra Mundial (Trigueiros 1998: 197), bem como uma terceira e mais pequena, no topo, na junção das duas, de cariz laudatório. As inscrições dessa lápide, em mármore, encontram-se divididas em três colunas, sendo a primeira referente à localidade, a segunda ao nome do combatente e a terceira ao posto e batalhão a que pertencia, e que passamos a transcrever:

"Para pôrem as coisas em memória que merecerem bem ter eterna glória" Lusiadas C.VII E. LXXXII. Barcelos aqui fez cravar em ouro os nomes dos seus mortos em França que honraram a terra e a raça.

Localidade	Nome	Especialidade / Posto
Gueral	Manuel Ferreira da Torre	Condutor Obuzes
Cambezes	João Gomes Morais	" "
Lijó	Domingos Correia Barbosa	"
Rio Côvo	Domingos Ferreira da Costa	Servente
Bastuço	Francisco Ferreira da Silva	Condutor Artelharia Nº 5
Rio Côvo	Manuel da Silva	Servente Metralhadoras Nº 5
Rio Côvo	José Pereira	Soldado Cavalaria Nº 4
Fragoso	Lourenço Queiroz da Rocha	1º cabo Infantaria Nº8
Palme	João Joaquim de Sá Faria	2º cabo Infantaria Nº8
Alvelos	António da Silva Ferreira	Soldado Infantaria Nº8
Paradela	José Ferreira Pedrosa	" "
Roriz	Domingos Barbosa de Araújo	" "
Monte de Fralães	António de Araújo	" "
Alvelos	José Martins Pereira	" "
Gamil	Manuel de Faria	" "
Viatodos	Joaquim Gonçalves Meneses	" "
Vila Cova	Francisco Fernandes Meira	" "
Alvito	Manuel Rodrigues	" "
Fragoso	José António Braz	" "
Alvelos	José Joaquim Fernandes	" "
Palme	Manuel de Faria	" "
Alheira	António Lopes Pereira	" "
Várzea	João José da Costa Junior	" " [/placa 1]
Barcelos	António Rodrigues Torres	Soldado Infantaria Nº 8
Góios	António José da Silva	" "
Vilar de Figos	Joaquim Luís da Silva	" "

Lama	João Gomes	"	"
Aborim	Francisco Magalhães Lima	"	"
Fragoso	António da Costa Vaz	"	"
Palme	Adelino José de Sá	"	"
Areias de Vilar	Agostinho Matos Dias	"	"
Pousa	José Joaquim de Sousa	"	"
Ucha	António Gonçalves dos Santos	"	"
Midões	António da Cunha	"	"
Mondim	Domingos Rodrigues	"	"
Chavão	Joaquim José de Oliveira	"	"
Barcelos	Domingos Barbosa	"	"
Barcelos	Manuel de Araújo	"	"
Barqueiros	Júlio Ribeiro Gomes	"	"
Barqueiros	António Alves Pontes	"	"
Cambezes	Joaquim da Costa Gomes	"	"
Alheira	António Barbosa	"	"
Vilar de Figos	Manuel Luís da Silva	"	"
Milhazes	Manuel Jesus de Campos	Soldado Infantaria 29	
Pousa	João Correia	"	"
Ucha	Alexandre de Macedo	"	"[/placa 2]

Fafe

No seguimento do apelo da Junta Patriótica do Norte, as forças políticas, sociais e institucionais de Fafe mobilizaram--se para angariar donativos para a criação de um monumento de homenagem aos mortos na grande guerra. Nesse sentido foi criada uma comissão liderada pelo presidente da autarquia, comprometendo-se a edilidade a comparticipar com 400$00, bem como subcomissões em cada uma das respetivas freguesias de forma a tornar o processo mais rápido e eficaz (Bastos 2004: 79). Apesar de todo o entusiasmo, só no início da década de 30 é que o monumento ganharia forma. O seu autor foi Manuel

Maria Marques dos Reis (Bastos 2004: 81) e a primeira pedra seria lançada a 17 de maio de 1931 e inaugurado a 12 de julho de 1931, tendo sido os responsáveis pela sua construção ou execução a oficina de Joaquim Fernandes Alvares & C.ª e A. R. F. Porto, da vila de Guimarães, como consta nas informações aí gravadas bem como na lápide da Câmara Municipal de Fafe, que integra o próprio monumento. Apresenta traça quadrangular, tem 6,80 metros de altura, sendo construído com diversas qualidades de mármore e revela algumas similitudes com o de Vila Verde, mormente ao nível do remate com as formas ovaladas, lembrando os projéteis usados na guerra. Há aqui uma nítida tentativa de harmonização entre elementos de cariz bélico e os elementos tradicionais dos padrões de guerra, embora aqui apresentados e integrados de forma arrojada, desde logo o escudo no centro da força impactante, rodeado pelo refluxo da explosão, ou a belíssima e expressiva escultura em bronze de Zeferino Couto, representando um soldado ferido mortalmente, e que é de um realismo louvável. À semelhança desta escultura também a cruz de Cristo e a esfera armilar, que encimam o monumento, são em bronze. Esta edificação apresenta outros elementos singulares, como por exemplo a referência a importantes batalhas da Guerra de 1914-18 inscritas, a meia altura, em cada um dos lados, mormente: La Lys (França), Ruvuma (Rovuma) e Negmano ou Negomano (Moçambique), Naulila (Angola), e Nevala (Moçambique) Fauquissart, La Couture, Neuf-Chapelle, Champigny (França). Referência ainda para a existência das duas placas da Liga dos Combatentes, também comuns a outros padrões, uma celebrando os 50 anos sobre o término do conflito e outra os 100 anos sobre o início do confronto bélico. Junto ao monumento encontra-se também uma placa comemorativa do centenário da Batalha de La Lys, numa homenagem da Câmara Municipal de Fafe e da Liga dos Combatentes e que passo a reproduzir: "Monumento aos Mortos da Grande Guerra inaugurado a 12 de Julho de 1931. Evocação do Centésimo Aniversário da Batalha de La Lys, a 11 de Abril de 2018, pela Liga dos Combatentes e pelo Município de

Fafe". Junto a esta placa encontra-se o memorial, ainda tenro mas vivendo a cruel puerícia de quem nos seus oito anos mal completos já carrega a lúgubre lista dos 36 naturais de Fafe a quem a guerra chamou a si, e que se anuncia nos seguintes moldes:

(…) para que fique bem gravado, para que nunca mais se apague, para que todos conheçam, o nome dos **Bravos Soldados de Fafe** que deram a sua vida pela Pátria, pelo Direito, pela Liberdade, cooperando na Grande Guerra. "Na hora Gloriosa da Pátria" O Desforço, 1921	
Militares fafenses mortos na I Guerra Mundial	
França (19)	
António Ferreira	Fareja
António Joaquim Gonçalves	Queimadela
António Joaquim Rodrigues	Ribeiros
Bernardino Ribeiro	Paços
Domingos de Freitas	Arões S. R.
Fernando d'Oliveira Freitas	Fafe
Firmino Rodrigues	Várzea Cova
Francisco Bastos	Moreira do Rei
João da Cunha	Quinchães
João Moreira	Serafão
Joaquim da Cunha	Gontim
Joaquim Moreira	Estorãos
José de Freitas	Cepães
José Gonçalves	Armil
Manuel de Castro	Quinchães
Manuel Joaquim Fernandes da Rocha	Fafe
Paulino de Carvalho	Serafão
Rodrigo Gonçalves	São Gens
Zacarias Correia	São Gens

Moçambique (11)	
António Martins Campos Carvalho	Fafe
António Ribeiro	Fafe
António Simões	Pedraído
Ilídio Guedes	Fafe
João Martins	Serafão
Joaquim de Freitas	Golães
Joaquim Domingues Teixeira	Aboim
Joaquim Fernandes	Quinchães
Manuel da Silva	Serafão
Nicolau Nogueira	Arões S. R.
Serafim Lopes Marinho	Seidões
Angola (6)	
Abílio Mendes	Seidões
Bernardino de Jesus Exposto	Fafe
Bernardino Gonçalves	Regadas
Manuel da Silva	Serafão
Joaquim Nogueira	Fafe
Manuel da Costa	Travassós
	Fafe, 9 de Abril de 2010

Foto 7 – Monumento da
Grande Guerra – Fafe

Foto 8 – Pormenor da escultura

Vila Verde

Este monumento destoa de todos aqueles que temos visto, desde logo a sua forma, lembrando uma bala dentro de um invólucro. Em termos de dimensão, nomeadamente no que respeita à altura é também o mais baixo dos que temos analisado (cerca de 3 metros). Trata-se de um projeto de Ernesto Korrodi, inaugurado a 15 de novembro de 1931. Só no final do ano passado, mais concretamente em 12 de novembro de 2017 é que foi inaugurado o memorial com o nome dos 61 combatentes do concelho que perderam a vida na I Guerra Mundial, localizado em frente deste monumento, numa parceria da autarquia de Vila Verde e do Núcleo de Braga da Liga Portuguesa dos Combatentes.

Foto 9 – Padrão da Grande Guerra
– Vila Verde

Foto 10 – Memorial

Combatentes vilaverdenses mortos na Grande Guerra (1914-1918)		
Aboim da Nóbrega	Freiriz	Penascais
António Pereira	Hermínio Ramos	António da Rocha Gomes
Domingos Antunes		Manuel Rodrigues
Manuel Joaquim	Goães	
	Joaquim da Costa	Pico de Regalados (S. Cristóvão)
Arcozelo	Manuel José Pereira Castro	José Maria Teixeira
António de Deus Ribeiro		Manuel Pereira David
António Fernandes dos Vales	Godinhaços	
Manuel Martins de Sousa	Artur Avelino de Oliveira	Pico de Regalados (S. Paio)
		António Martins
Azões	Gondiães	Guilherme da Cunha
José da Costa	Augusto Mesquita	
	José Manuel de Magalhães	Prado (S. Miguel)
Barbudo		José Maria de Oliveira
Severino da Luz	Lage	
	João Fernandes Tinoco	Prado (Santa Maria)
Cabanelas	Manuel Domingues Gonçalves de Campos	António Martins
José de Oliveira		Feliciano da Cunha
José da Silva	Lanhas	Francisco de Oliveira
	António de Azevedo	José Alves Rei
Carreiras – S. Miguel		
Manuel de Araújo	Loureira	Sabariz
	Augusto Fernandes	Domingos de Sousa
Cervães		
Adelino da Silva Barbosa	Mós	Sande
António Fernandes	Augusto Sélis	João António de Araújo

José Maria Fernandes	Januário Barbosa de Brito	Manuel Abreu
Codeceda		
Alberto Antunes de Amorim		
	Moure	Soutelo
Coucieiro	Albino de Sousa	António Manuel Loureiro
Francisco da Silva	Avelino de Oliveira	Francisco de Sá
Manuel António Rodrigues	Domingos Vieira	João Joaquim Pinheiro
	José Francisco de Oliveira	Manuel de Sousa Peixoto
Dossãos	José Pinheiro	
Manuel Joaquim Gomes		Turiz
	António José Gonçalves	Manuel Cardoso
Duas Igrejas		
João dos Reis Martins	Oleiros	Valbom (S. Pedro)
José da Cunha	Patrício Ferreira	José António de Campos
José Custódio Gonçalves		
	Passô	Valões
Escariz (S. Martinho)	Carlos Silva	António Xavier Machado
Manuel Joaquim Fernandes		Manuel António Ricardo
	Pedregais	
Esqueiros	Manuel Soares	Vila Verde
António Rodrigues da Costa		António José da Silva
		Gaspar Rodrigues
(Segue na base) Evocação do Centenário da Grande Guerra (1914-1918) Homenagem aos Combatentes Mortos pela Pátria Novembro de 2017		

Guimarães

O concelho de Guimarães forneceu um elevado contingente de soldados para a Grande Guerra, situação a que não será alheia o facto de, à altura, o Regimento Nª 20 se encontrar sedeado no Paço dos Duques. Apesar de ter várias referências toponímicas que nos remetem logo para o grande conflito, caso da Rua dos Combatentes da Grande Guerra, não tem propriamente um monumento erigido aos soldados que aí perderam a vida, pelo menos em sítio público com a acessibilidade e visibilidade merecidas como seja uma praça ou jardim. Tem sim para os combatentes da guerra colonial, embora tenha um memorial mandado erguer pela Liga dos Combatentes da Grande Guerra no cemitério de Atouguia, reservando-se também o espaço adjacente para sepultar aqueles que combateram na I Guerra Mundial e que lhe conseguiram sobreviver. Apesar de não se tratar de um padrão de guerra e da sua condição específica de memorial se diluir e não lograr a justa projeção por se encontrar integrado num cemitério, ou seja entre outros memoriais, mas dada a sua dimensão e pelo seu significado coletivo pareceu-nos correto integrá-lo entre os monumentos erigidos no distrito de Braga aos soldados mortos na I Guerra Mundial. Trata-se de um monumento com alguma volumetria, de formato quase retangular com vários blocos de granito, simétrico na conjugação dos motivos decorativos e construtivos, com cinco colunas ou placas onde se inscrevem os nomes dos homenageados.

L.C. (Símbolo da Liga) G.G. A SEUS MORTOS			
1914 AOS MORTOS DO REGIMENTO DE INFANTARIA Nº20 NA GRANDE GUERRA 1918			
França (1917-1918)		Sul de Angola (1914-1915)	
Especialidade / Posto	Nome	Especialidade / Posto	Nome
1ª Companhia			

Capitão	José Vieira de Faria	9ª Companhia	
2ª Sargento	Joaquim Machado	1º Cabo	Francisco Lopes
1ª Cabo	Manoel Oliveira	Soldado	José António
"	António Carvalho	"	Joaquim Nogueira
"	Augusto Cardoso	"	António Felgueiras
"	João da Cunha	"	António Teixeira
Corneteiro	Sebastião Exposto	"	Manoel
Soldado	Francisco Almeida	"	José Marinho
"	Joaquim Monteiro	"	Manoel Moura
"	Francisco Oliveira	"	Joaquim Silva
"	Joaquim de Souza	"	Avelino Martins
"	João Correia	"	Manoel Gonçalves
"	Albino Lopes	"	Guilherme Neiva
"	Joaquim Moreira	"	Manoel Costa
"	António Rodrigues	"	Albano Fonseca
"	Paulino Carvalho	"	Manoel Marinho
"	Domingos Marques	"	Delfim Silva
"	António Pereira	"	António Teixeira
"	Joaquim Leite	"	Albino Pereira
"	Agostinho Silva	" [/placa 4]	Fernando Barros
"	Rodrigo Marinho	Soldado	Brito Martinho
"	Bernardino Ribeiro	"	Luís Saraiva
"	Zacarias Correia	"	Manoel Joaquim
"	Joaquim Cunha	"	Joaquim Calçada
"	João Luiz	"	António Oliveira
"	Rodrigo Gonçalves	"	António Ferreira
" [/placa 1]	António Silva	"	Francisco Ribeiro
2ª Companhia		"	José Cardoso
Alferes	António Marinho Pinto	"	Francisco Macedo
1º Cabo	António Reis		
"	Arnaldo Pedrosa	10ª Companhia	

"	José Gonçalves	Corneteiro	Álvaro Santos
Soldado	José Exposto	"	Joaquim Freitas
"	António Rebelo	Soldado	Adelino Machado
"	José Ribeiro	"	Joaquim Gaspar
"	Fernando Freitas	"	Manoel Santos
"	António Ferreira	"	Mário Mourão
"	António Fernandes	"	Manoel Vieira
"	Domingos Freitas	"	Bernardo Santos
"	José Pereira	"	Álvaro Mota
3ª Companhia		"	Manoel Pedrosa
Alferes	Manoel Cardoso Gonçalves	"	Alberto Marques
1ª Sargento	Manoel de Sousa Guedes (Cruz de Guerra)	"	José Oliveira
1ª Cabo	José Clemente	"	Anselmo Silva
"	Inácio Cunha	11ª Companhia	
"	Albano Silva	Soldado	Francisco Macedo
Soldado	João Ribeiro	"	António Gomes
"[/placa 2]	Américo Teixeira	"	Bernardino Gonçalves
Soldado	José Urbano	"	Domingos Matos
"	Alfredo	"	Albino Mendes
"	Avelino Brites	12ª Companhia	
"	António Portela	1ª Cabo	José Alves
"	António Rodrigues	Soldado	José Moreira
"	Francisco Peixoto	"	António Camelo
"	Belmiro Teixeira	"	José França
"	António Silva	"	Marcial
"	Manoel Rocha	" [/placa 5]	José Oliveira
"	Francisco Bastos		
"	António Bastos		
"	Bernardino Pereira		
4ª Companhia			

2ª Sargento	Manoel Francisco Mendes		
Soldado	António Rocha		
"	João Ferreira		
"	António Leite		
"	Joaquim Souza		
"	Domingos Abreu		
"	João Moreira		
"	António Correia		
"	Alfredo Félix		
	Augusto Pereira		
" [/placa 3]	Francisco Ribeiro		

Foto 11 – Guimarães – Memorial

Dos soldados vimaranenses presentes em França, e que integravam o Regimento de Infantaria Nº 20, há a contabilizar o falecimento de 69 militares a que acrescem os 52 homens também provenientes do concelho de Guimarães que deixaram a vida em Angola no biénio de 1914-1915.

Esposende / Forjães

Esposende, à semelhança de Guimarães, também não tem um monumento público mas sim dois talhões próprios para os combatentes da Grande Guerra quer no cemitério de Fão quer no de Marinhas, ambos da responsabilidade da Liga dos Combatentes da Grande Guerra, também devidamente assinalados por dois pequenos monumentos muito simples. Estiveram envolvidos na I Grande Guerra 197 homens naturais do concelho de Esposende, dos quais 15 acabariam por não sobreviver ao conflito.

Soldados de Esposende falecidos na I Guerra Mundial	
Nome	Localidade
António Joaquim da Aldeia	Curvos
Francisco Gonçalves Enes	Marinhas
Francisco Fernandes Meira	Palmeira
José Alves da Lage	Gandra
Manuel Machado da Costa	Fão
Manuel Narcizo Arezes	Antas
Manuel Dias Gomes	Forjães
Porfírio Fernandes Pereira	Gemeses
Manuel Gonçalves Bedulho	Belinho
José da Silva Brás	Mar
Álvaro José Fernandes	Esposende
António Laranjeira Amaro	Antas
Joaquim Carlos Martins	Fão
Manuel Afonso Sampaio	Antas
Domingos Gonçalves Pires	Belinho

E se Esposende não tem qualquer monumento já uma das suas freguesias, Forjães, inaugurou em 2017 um memorial aos combatentes forjanenses, embora num modelo distinto de todos aqueles que vimos tratando.

Foto 12 – Forjães – Monumento ao combatente

Neste memorial constituído por dois blocos autónomos de betão afixaram-se duas placas metálicas independentes, constando numa delas os nomes dos naturais da freguesia ou indivíduos que, não sendo daí provenientes, aí viviam quando combateram, numa listagem que integra a participação militar de soldados desta locali-dade desde as Invasões Francesas até à Guerra colonial, passando, naturalmente, pela I Guerra Mundial. Neste particular é feita a referência a Manuel Dias Gomes, já acima indicado e única vítima natural desta freguesia. Contudo, este memorial assinala não apenas aqueles que pereceram nos conflitos mas também os que participaram e sobreviveram, cujos nomes integram uma segunda placa. Assim, e no que ao primeiro grande conflito mundial diz respeito, foram intervenientes: Acácio Gonçalves Santa Marinha, Alberto de Jesus Ribeiro Torres, Basílio da Costa Oliveira, Elvino de Barros Pinto Brochado, Joaquim Quintas da Fonseca, José Alves Torres, José Dias Gomes, José Joaquim Lima de Carvalho, Júlio Barbosa, Luís Gonzaga

Cândido Ferreira (n. Macieira de Rates), Manuel Gonçalves Rolo, Miguel Gonçalves Roque, Serafim Alves Couto (n. Aldreu).

Conclusão

Os monumentos erigidos nos diversos concelhos do distrito de Braga obedecem, na generalidade, ao modelo padronizado sugerido pela Junta Patriótica do Norte, à exceção de Vila Verde que apresenta um monumento inovador, realçando-se também o de Fafe, cuja mescla entre tradicionalismo e arrojo resulta numa excelente peça escultórica. Importa também deixar aqui um sublinhado, é que mesmo tratando-se do centenário do final do conflito, verifica-se uma intensa atividade comemorativa em torno do fim da guerra e da participação dos nossos soldados. Quanto aos diversos memoriais que surgem quer a acompanhar estes monumentos evocativos quer isoladamente, aparecem-nos nos mais variados suportes, mas o que realmente importa é a sua função: a de não deixar cair no esquecimento a memória daqueles que de forma consciente, inconsciente, objetivamente, devotamente, por obrigação, por crença, estimulados ou contrariados defenderam a sua pátria e os seus camaradas em cada metro de trincheira, tentando talvez, em cada quilómetro de desespero encontrar um enlameado centímetro de esperança. E concluo com estes versos de António Correia de Oliveira:

> Voltasse Êle! O que fizera?
> Mil vezes, na Cruz erguida,
> Por dar-nos vida, morrêra
> Mas não vem, - pois que tivera
> De matar, para dar vida!

(António Correa d'Oliveira, *Soldado que vaes á guerra*, 22)

Referências Bibliográficas

_____ (1932): *Portugal pendant la guerre et pendant la paix*. Lisbonne: Edition de la Commission "Padröes da Grande Guerra".

Afonso, Aniceto (2006): *Grande Guerra - Angola, Moçambique e Flandres: 1914-1918*, vol. 18. Matosinhos: Quidnovi, 2006.

Barros, Victor (2015): "Portugal e as Comemorações aos mortos da Grande Guerra em Angola e Moçambique": In: *Revista Portuguesa de História*, nº 46. Coimbra, 301-326.

Bastos, Daniel (2004): "A participação portuguesa na I Guerra Mundial – Reflexos políticos e sociais: o exemplo de Fafe". In: *Dom Fafes – Revista Cultural*, Ano X, nº11. Câmara Municipal de Fafe, 59-90.

Comissão dos Padröes da Grande Guerra (1936): *Relatório geral: 1921 a 1936: consagração do esforço militar de Portugal (1914 a 1918)*. Lisboa: Comissão dos Padröes da Grande Guerra.

Conde de Campo Bello (1969): *Os Robys* (Coleção Figuras e feitos de além-mar – 9). Lisboa: Agência Geral do Ultramar.

Correia, Sílvia (2011): "A Junta Patriótica do Norte: um projecto republicano de rememoração da I Guerra Mundial". In: *CEM – Cultura, Espaço & Memória: Revista do CITCEM*, nº 2. Porto: 33-50.

Gonçalves, Amadeu (2018): *Dicionário dos Expedicionários Famalicenses: 1914-1918*, 1ª ed.. Famalicão: Câmara Municipal de Famalicão/ Museu Bernardino Machado.

Hipólito de la Torre Gómez (1980): *Na encruzilhada da grande guerra: Portugal-Espanha, 1913-1919*, (Coleção Imprensa universitária – 16). Lisboa: Editorial Estampa.

Meneses, Filipe Ribeiro de (2015): *A Grande Guerra de Afonso Costa*. Alfragide: Publicações Dom Quixote.

Ramos, Rui (1994): *História de Portugal: A segunda Fundação (1890-1926)*, vol.VI, (dir. de José Mattoso). Lisboa: Editorial Estampa.

Teixeira, Nuno Severiano (2004): "Portugal e a grande Guerra". In: *Nova história militar de Portugal* (direção de Manuel Themudo Barata, Nuno Severiano Teixeira). Mem Martins: Círculo de Leitores, 14-34.

Trigueiros, António Júlio Limpo, S.J.; Freitas, Eugénio Andrea da Cunha e; Lacerda, Maria da Conceição Cardoso Pereira de (1998): *Barcelos histórico, monumental e artístico*. Braga: APPACDM Distrital de Braga.

A crise do abastecimento português (1916-1918) – Os impactos sociais e económicos da guerra submarina alemã

Miguel Castro Brandão
CINAV/CITCEM

Historiograficamente, não conhecemos nenhuma obra que apresente reflexões sobre os impactos socioeconómicos das perdas humanas e materiais na frente marítima portuguesa durante o período da Grande Guerra. A historiografia ignora inclusive o número de naufrágios estrangeiros nas águas de jurisdição portuguesa, que eram essenciais para o equilíbrio económico português. Neste artigo, predispusemo-nos a dar um novo contributo neste sentido, ao analisarmos com maior detalhe os 176 naufrágios provocados por submarinos alemães no período 1916-1918. Objetivamos uma visão mais alargada e sobre os impactos da guerra submarina a nível socioeconómico, apresentando novas problemáticas.

A totalidade dos navios afundados na costa portuguesa, quer de pavilhão português ou estrangeiro, assim como as perdas totais da marinha mercante portuguesa, são bastante difíceis de contabilizar, no entanto alguns autores avançam com alguns números[1]. António José Telo declara que a marinha mercante nacional perde na guerra um total de 15 navios a vapor (com 14.820 toneladas) e 56 veleiros (com 13.870 toneladas) neste período (Aniceto & Gomes 2014: 65) José Telo assevera que as perdas são significativas para a Marinha portuguesa, que é relativamente pequena antes do conflito. Segundo este, das 138.420 toneladas que a marinha mercante portuguesa tinha antes da guerra, 28.690 toneladas (20,7 %) são perdidas no período da conflagração mundial. Das 242.875 toneladas dos 72 navios

---

[1] Os números expostos pelos autores aqui mencionados aportam os naufrágios portugueses verificados noutros palcos de guerra marítimos, como o Golfo da Biscaia ou o Atlântico, e não apenas da costa portuguesa.

requisitados aos alemães e aos austríacos (2 navios), em 1916, são perdidas 67.715 toneladas (27,8 %) (Aniceto & Gomes 2014: 65). Só contando com os navios a vapor, de longe os mais importantes, Portugal perde 1 em 1915, 3 em 1916, 17 em 1917 e 15 em 1918, incluindo as unidades requisitadas aos alemães, o que perfaz um total de 36 embarcações a vapor naufragadas (Aniceto & Gomes 2014: 65). Jaime Correia do Inso apresenta uma lista bastante considerável na sua obra *A Marinha Portuguesa na Grande Guerra* (Inso 2006: 176-183), que coincide com os números do autor António José Telo, no que toca às perdas materiais e de tonelagem, incluindo igualmente o número de navio a vapor naufragados.

Enquanto António José Telo e Jaime Correia do Inso confirmam a perda de cerca de 15 navios a vapor portugueses, o autor Rui Cardoso aumenta o seu número para 21 (Cardoso *et alii* 2014: 81). Cardoso confirma a perda de 77 navios por parte da Marinha Mercante, incluindo os navios à vela e a vapor (Cardoso *et alii* 2014: 81). Mais recentemente, Paulo Nuno Borges Costa, no seu artigo, *As perdas da Frota Mercante Portuguesa durante a Primeira Grande Guerra*, contabiliza um total de 90 navios portugueses naufragados, o que perfaz um total de 95.579 toneladas, sendo 42 destas embarcações afundadas ao largo da costa portuguesa (Costa 2014: 13-16). Paulo Nuno Costa enumerou um total de 36 navios portugueses a vapor, o que coincide com os números de Jaime Correia do Inso e António José Telo[1]. Finalmente, José António Rodrigues Pereira, na sua obra *Marinha Portuguesa-Nove Séculos de História* regista 120 navios portugueses naufragados[2], não apresentando quaisquer valores que correspondem às perdas da Marinha Mercante. Não existem, porém, pelo menos que tivéssemos acesso, estudos sobre o número de afundamentos registados na costa portuguesa, quer de navios de nacionalidade portuguesa quer de navios estrangeiros.

---

[1] Este número significativamente superior deve-se à contabilização dos vapores alemães apreendidos, que foram fretados posteriormente à Inglaterra, como é o caso dos navios.

[2] O autor José António Pereira contabilizou alguns navios que não são portugueses, como é o caso do vapor grego Crios e o veleiro inglês Rose Dorothea.

Ao somarmos a tonelagem afundada por submarinos alemáes, verificada no período entre 1916 e 1918, tanto de embarcações portuguesas como estrangeiras, cremos que foram afundadas cerca de 1.623.104 toneladas ao largo da costa portuguesa, sendo que cerca de 90,4% destas, foram afundadas em 1917. Os meses mais problemáticos foram os meses de janeiro de 1917 (13 naufrágios registados), julho de 1917 (17 naufrágios registados), novembro de 1917 (13 naufrágios registados) e março de 1918 (12 naufrágios registados). Denotam-se picos de maior incidência da guerra submarina que aportam um período de 2 a 4 meses, como é visível no período entre dezembro de 1916 a janeiro de 1917, ou o período compreendido entre junho a setembro de 1917 (Fig.4). Verificamos igualmente algumas quebras, como ocorre em outubro de 1917, ou entre abril e julho de 1918 (Fig.4).

Averiguando as perdas na baliza cronológica analisada, de acordo com as bases de dados eletrónicas uboat.net e wrecksite. eu, entre outras fontes bibliográficas e periódicas, contabilizamos a morte de 834 homens na frente marítima portuguesa[1]. Cremos que aproximadamente 77 %[2] destes pereceram quando o submarino U-52 torpedeou o grande couraçado francês *Suffren*, no dia 25 de novembro de 1916, ao largo de Lisboa. Outro incidente que registou um número substancial de baixas foi o ataque ao navio francês *Surprise*, que estava ancorado no porto funchalense aquando o ataque do U-38, a 3 de dezembro de 1916. Segundo as fontes analisadas, 35 tripulantes pereceram nesta ofensiva. Quanto às perdas humanas verificadas em terra, fruto da ação submarina, não encontramos perdas significativas. Apenas registamos 5 mortos, no segundo ataque alemão ao Funchal pelo U-155, a 12 de novembro de 1917, como o autor Rui Cardoso confirma (Cardoso *et alii* 2014: 77). Quanto ao número de portugueses mortos na frente marítima, dispomos do número de António José Telo, que alega que 23 portugueses foram

---

[1] Este número remete apenas às mortes registadas no mar. Este número é uma mera aproximação, dada a escassa informação recolhida em torno de alguns naufrágios neste sentido. No entanto, cremos que este número, apesar de contabilizar uma boa parte dos mortos registados ao longo da nossa costa, possa assumir um número maior.

[2] Esta percentagem corresponde a 648 mortos.

vítimas na frente marítima portuguesa. Os afundamentos dos dois caça-minas *NRP Roberto Ivens* e *NRP Augusto de Castilho* provocaram a morte de 21 marinheiros portugueses, e a queda de um hidroavião de patrulha da marinha portuguesa provocou a morte de 2 pilotos da mesma nacionalidade (Aniceto & Gomes 2014: 79).

Quanto às perdas estrangeiras, como anteriormente evidenciamos, não existem quaisquer estudos ou apontamentos bibliográficos na historiografia nacional. O CINAV (Centro de Investigação Naval) desenvolveu importantes estudos em torno de quatro navios estrangeiros (*Torvore, Vilhelm Krag, Norsøen* e *Bieneimé Prof. Luigi*), no entanto não dispomos de outro tipo de menções bibliográficas significativas respetivas a este aspeto. Nesta dissertação tentamos dar um novo contributo neste sentido, como é visível na Fig.4. Segundo conseguimos apurar, tendo como universo os 176 naufrágios analisados, os britânicos foram os mais prejudicados em águas portuguesas, com uma perda de 33 navios. Em segundo lugar, temos os noruegueses com uma perda de 23 navios. Há que frisar o facto de que a Noruega teria, em 1913, a quarta maior marinha mercante do mundo (Pires 2011: 76) Segundo o historiador norueguês Jan Normann Knutssen, a Noruega, apesar da sua neutralidade na Grande Guerra, perdeu cerca de 49 % da sua Marinha Mercante, perecendo também 2.000 marinheiros noruegueses (Knutssen 1999: 57). Segundo o mesmo autor, a Noruega sofreu o maior número de baixas civis no mar, em comparação com qualquer outro país beligerante (Knutssen 1999: 57). Em terceiro lugar estão os italianos, com uma perda de 18 embarcações em águas portuguesas. Outras nações apresentam uma considerável representatividade nos naufrágios analisados, como é o caso da França que perde 13 navios, dos Estados Unidos, 8 navios naufragados, e, finalmente a Dinamarca e a Grécia com 6 naufrágios, respetivamente. No que toca às perdas portuguesas nas suas próprias águas, contabilizamos 58 embarcações afundadas por submarinos alemães, o que perfaz um total de 33 % do total dos naufrágios apurados.

Para compreendermos a dimensão baixas navais na frente marítima portuguesa, tentamos aprimorar a tipologia dos 176 navios afundados. Concluímos que 96 naufrágios, dos quais conseguimos identificar o tipo de propulsão, eram efetivamente cargueiros ou navios a vapor, que na sua maioria eram de origem estrangeira, que deslocariam por sua vez entre 1.000 a 7.500 toneladas. O cargueiro francês *Champlain*[1], de 7.418 toneladas, ou o cargueiro norueguês *Benguela*[2], de 4.612 toneladas, são exemplos de grandes navios de carga afundados. Os veleiros e as escunas apresentam uma representatividade considerável, com 35 exemplares identificados[3].

Os navios ligados ao setor das pescas, incluindo iates, escunas, traineiras, palhabotes e outros tipos e navios apresentam perdas significativas, com 20 casos verificados. No entanto verificamos que boa parte dos navios portugueses afundados eram sobretudo veleiros, escunas, traineiras, iates, palhabotes, lugres, caíques e entre outro tipo de embarcações que empregavam o uso da vela. Dos 58 navios portugueses afundados ao largo da costa da mesma nacionalidade, só apenas 14 navios aplicavam a força do vapor, como os vapores *Neptuno* ou os vapores de pesca *Serra do Marão* e *Serra do Pilar*. Segundo a Fig.6, os navios a vapor apresentam uma percentagem ligeiramente superior, muito devido à presença de grandes vapores estrangeiros em águas de jurisdição portuguesa. Cerca de 69 % dos navios estrangeiros empregavam propulsão a vapor, num total de 128 navios com propulsão apurada. Apenas 39 navios estrangeiros naufragados empregavam a força da vela nas suas embarcações, aquando a passagem pelas águas portuguesas.

Outro ponto a considerar será apurar que rotas estes navios tomavam para navegarem em águas portuguesas. Partindo desta questão, queremos frisar o facto de que Portugal e as suas respetivas parcelas insulares no Atlântico eram preponderantes a nível estraté-

---

[1] Grande cargueiro francês afundado a 124 milhas a oeste do Cabo Mondego, pelo submarino UB-128 de Wilhelm Canaris, a 21 de agosto de 1918.

[2] Cargueiro norueguês afundado ao largo de Ponta Delgada, a 30 de junho de 1917, pelo U-155 de Karl Meussel.

[3] Este valor é uma mera aproximação, dado que a verdadeira tipologia de muitos navios não está devidamente apurada. Os navios à vela aportam um manancial tipológico considerável, que por vezes mostra-se difícil de apurar.

gico e como ponto de escala portuária. Ana Paula Pires reforça esta ideia, afirmando que, em 1914, Portugal detinha o sétimo lugar entre os países com maior provimento portuário. Os portos nacionais moviam cerca de 40.182.000 toneladas por ano, sendo que metade desta tonelagem era transportada por navios portugueses (Pires 2011: 74). Portanto, mesmo antes da beligerância mundial, Portugal era já um destino portuário considerável. Por norma, os comandantes alemães apontavam as rotas dos navios que destruíam, após a apreensão dos documentos do comandante do navio naufragado. Graças a este procedimento, podemos compreender as demais rotas dos navios naufragados na nossa costa[1].

De acordo com as rotas apuradas, 40 navios naufragados partiram do Reino Unido ou de cidades portuárias nas suas extensões coloniais. Portos como Bombaim, Calcutá, Londres, Liverpool, Barry, Swansea, Malta e Gibraltar apresentam-se como pontos de partida para muitos navios. Em segundo lugar, encontramos os portos americanos (Filadélfia, Nova Iorque, Nova Orleães, Baltimore entre outros), com 23 casos registados. Em seguida temos a preponderância dos portos espanhóis (Huelva, Sevilha, Barcelona, Mellila, Cádis e Málaga), com 17 navios registados. Com alguma representatividade encontramos os portos franceses (Marselha, Bordéus, Le Havre, entre outros), com 15 casos registados, tanto do espaço metropolitano como das duas extensões colonias, e os portos italianos (Génova, Livorno, Savona, entre outros), com 12 embarcações. Apenas 15 naufrágios analisados provieram de portos portugueses, com preponderância para Lisboa, Porto e Madeira.

Analisados os pontos de partida, vejamos os pontos de chegada. Mais uma vez o Reino Unido e o seu império apresentam-se em primeiro lugar, onde 33 dos naufrágios analisados se dirigiam aos portos britânicos, com especial destaque para Gibraltar e Barry, no País de Gales. Portugal surge em segundo lugar, dado que 24 navios se destinavam a Lisboa, Porto, Viana do Castelo, Figueira da Foz, Faro, Setúbal e Madeira. Em seguida, temos os portos franceses

---

[1] A plataforma eletrónica www.uboat.net dispõe destas mesmas rotas, incluindo os pontos de chegada e partida.

com 22 casos. Destacamos a posição de Gibraltar, que marcaria um papel importante na coordenação das operações mediterrânicas para os britânicos, dado que umas partes consideráveis destes naufrágios dirigiam-se para este porto.

Concluindo, a articulação dos fluxos mercantis entre alguns países europeus, como a França ou o Reino Unido com as suas extensões coloniais, assim os percursos náuticos entre como os Estados Unidos e a Europa, vão ao encontro das águas portuguesas. A costa continental portuguesa era um ponto de confluência de numerosas rotas marítimas, como Ana Paula Pires nos demonstra na sua obra *Portugal e a I Guerra Mundial. A República e a Economia de Guerra* (2011), mas também de palcos de guerra. Os grandes palcos da guerra submarina da Primeira Guerra Mundial foram o Mar do Norte (em especial em torno das Ilhas Britânicas), o Golfo da Biscaia, o Oceano Atlântico e o Mar Mediterrâneo. Portugal seria o elo de ligação entre estes palcos, confluindo a seguinte tríade: Golfo da Biscaia – Oceano Atlântico – Mar Mediterrâneo. As águas portuguesas seriam, portanto, um ponto de passagem para muitos navios e transatlânticos, assim como submarinos alemães.

Os U-*boats* alemães, atraídos pelos fluxos de navios aliados no atlântico, tentavam estrangular as comunicações entre as metrópoles britânicas e francesas e seus respetivos os impérios coloniais, assim como as comunicações Europa-América. A costa portuguesa e as suas parcelas insulares atlânticas teriam portanto, do ponto de vista estratégico, um papel importante numa perspetiva estratégica e militar, tanto para os aliados como para os alemães.

Conseguimos também, através da plataforma uboat.net, ter conhecimento da carga que alguns dos naufrágios transportavam, acrescentando assim mais um dado relevante. As tripulações alemãs saqueavam alguns dos navios apreendidos antes de os naufragar com explosivos ou tiros de canhão, acedendo assim a alguns géneros alimentares em alto-mar, como aconteceu com as embarcações de pesca portuguesas *Restaurador, Primeira Flor d'Abril, Santa Rita Segunda* e *Senhora do Rosário*, que transportavam peixe (Ajax 1918: 18). Após o saque, os comandantes dos submarinos alemães registavam os produtos apreendidos, ou simplesmente a carga que transporta-vam. No diário de guerra do comandante Lothar von Arnauld de la Perière, ao serviço do U-35, encontramos uma lista de todos os naufrágios afundados por este, intitulada *Liste der versunken Fahr-zeuge* Duma/C-A 1917: 46). Nesta lista estão incluídas as cargas dos navios afundados, como é o caso do *Torvore, Norsøen, Vilhelm Krag* e *Bien Aimé Prof. Luigi,* que foram afundados na costa portuguesa. Através deste processo podemos ter conhecimento sobre a carga que os navios naufragados transportavam. Grande parte dos navios analisados tinha como principal função o transporte de mercado-rias, com especial destaque para os cargueiros britânicos, italianos, noruegueses, gregos e dinamarqueses. Segundo conseguimos apurar, eram os géneros alimentares que compunham boa parte da carga destes cargueiros. Estamos convictos de que 61 dos navios, dos que conseguimos apurar a carga, transportavam produtos alimentares, destacando géneros como trigo, vinho, conservas, bacalhau, frutas, arroz, milho, amendoins e café, como é visível na Fig.5. Em segundo lugar temos os navios que transportavam combustíveis, incluindo petróleo bruto, gasolina, carvão e subprodutos petrolíferos. Des-tacamos o carvão, verificando a sua presença em 14 naufrágios. Os produtos minerais como o ferro, aço e cobre, tanto em piritas como em lingotes, apresentam um número significativo, com 14 casos analisados. Os produtos químicos, materiais de construção, materiais de guerra, lastro e correio também surgem-nos em muitos navios naufragados.

Breve análise dos dados recolhidos da ação submarina alemã

Revendo estes números, podemos ter algumas perceções sobre o impacto da guerra submarina em Portugal. É-nos bastante difícil evidenciar os impactes socioeconómicos da guerra submarina em Portugal, dada a extensão dos campos de análise, que por sua vez transcendem os verdadeiros objetivos desta investigação. No entanto, não temos dúvida que a guerra submarina afetou a balança alimentar portuguesa, dadas as já visíveis vulnerabilidades económicas e sociais antes do conflito[1]. Os fluxos de embarcações mercantis eram absolutamente essências para o equilíbrio das balanças alimentares, como ainda hoje o são. Por exemplo, no dia 2 de maio de 1917, anunciou-se que Lisboa só teria farinha para mais três dias. Chegou-se mesmo a propor-se uma mistura de farinha de fava e aveia, enquanto não chegasse o navio *Goa* com o trigo comprado em Nova Iorque (Serrão 1989: 188). Este episódio espelha a importância dos fluxos mercantis marítimos que, quando afrouxados, podiam intensificar graves crises de subsistência alimentar.

No período do conflito, as subsistências alimentares dependiam grandemente das marinhas mercantes, sobretudo dos países neutrais, como a Dinamarca, Noruega ou Holanda. A guerra submarina sem restrições, aprovada a 28 de março de 1917, começou a atacar igualmente os navios de pavilhão neutral, o que ainda agravou mais a crise de subsistências. Alguns navios que transportavam géneros alimentares, tanto neutrais como beligerantes, com destino a Portugal foram afundados por submarinos alemães. O cargueiro norueguês *Terje Vikken* foi afundado precisamente nestas circunstâncias, dado que transportava uma importante carga de trigo com destino a Lisboa, quando colidiu com uma das minas largadas pelo U-*boat* U-47, ao largo do Cabo da Guia[2]. Outro exemplo significativo envolveu as escunas britânicas *Rose Dorothea*[3] e *Mayola*[4], que carregavam uma carga significativa de bacalhau com destino ao Porto, sendo afundadas nas imediações costeiras algarvias, pelo U-21 de Otto Hersing, a 16 de fevereiro de 1917.

A balança alimentar portuguesa era, durante o período do

---

[1]   Recorrendo à plataforma informática www.uboat.net , podemos verificar quantos naufrágios se destinavam para Portugal, como evidenciamos nas tabelas anteriormente expostas.

[2]   Terje Vikken. In www.portugal1914.org, Disponível em http://www.portugal1914.org/portal/pt/historia/a-guerra-1914-1918/item/6923-terje-viken, consultado a 19/04/2015.

[3]   Ships Hit during WWI – Rose Dorothea. In www.uboat.net; Disponível em http://uboat.net/wwi/ships_hit/5202.html, consultado a 17/08/2015.

[4]   Ships Hit during WWI – Mayola. In www.uboat.net; Disponível emhttp://uboat.net/wwi/ships_hit/4045.html, consultado a 17/08/2015.

conflito mundial, deficitária em quase todos os géneros de primeira necessidade, a acrescentar a uma atividade agrícola que não respondia às necessidades do mercado nacional (Samara 1998: 93). A crise alimentar não era só nacional, mas também europeia, sendo o ano de 1916 um ano com paupérrimas colheitas de cereais planificáveis, o que deu azo a uma carência generalizada de alimentos (Rossum 2011: 25). O ano de 1917, auge da guerra submarina em águas portuguesas, demonstrar-se-ia penoso para as embarcações que circulavam pelas águas nacionais, assim como para os circuitos de subsistência alimentar. Em 1917, a tonelagem descarregada nos portos portugueses representou cerca de 20 % da de 1913 (Ramos *et alii* 2009: 33). A guerra submarina intensificou assim a escassez de todo o tipo de bens, fossem estes de primeira ou de segunda necessidade. Portugal importava, em 1916, cerca de 182.000 toneladas de trigo (metade do seu consumo) e só teve, em 1917, acesso a 55.000 toneladas (Ramos *et alii* 2009: 33). Em fevereiro de 1917, os submarinos alemães afundaram, no seu todo, cerca de 540.000 toneladas de embarcações; em março, 578 000; e em Abril, 847.000 (Ramos *apud* Mattoso s.d.: 519) .Portugal, pelo seu lado, perdeu 80 barcos, com um total de 45.000 toneladas (Ramos *apud* Mattoso s.d.: 519). Ana Prata mostra-nos que de 1916 até 1918, período da atividade submarina alemã, o número de entradas de navios, assim como a tonelagem de mercadorias descarregadas registadas no porto de Lisboa, decresceu significativamente. Em 1916, registou-se a entrada de 2.521 navios no porto de Lisboa (arqueação bruta de 4.298.800 toneladas), que descarregou 1.336.936 em mercadorias (Prata 2011: 111). No ano seguinte assiste-se a um drástico decrescimento, dado que apenas se registou a entrada de 1.455 navios (arqueação bruta de 1.858.135), que descarregaram apenas 603.635 toneladas no porto lisbonense. Dos 104 naufrágios provocados no ano de 1917, 10 embarcações, destinavam-se a portos portugueses, o que não significa que vários navios utilizassem os portos portugueses como ponto de escala. Em 1918, apesar de se verificarem menores perdas no mar, comparativamente com o ano anterior, o porto de Lisboa registou 1.096 entradas (arqueação de 1.012.891), que descarregaram por sua vez cerca de

482.543 toneladas (Prata 2011: 111).

Segundo Ana Prata, Portugal dependia, em 1902, de 90 % da marinha estrangeira, sobretudo britânica, para aceder às demais mercadorias (Prata 2011: 119), um facto que não mudou significativamente aquando o eclodir da Primeira Guerra Mundial, apesar de Portugal incorporar os navios alemães fundeados nos seus portos, a 23 de fevereiro de 1916. Portugal dependia grandemente da marinha mercante britânica, que era vítima de constantes ataques por parte dos submarinos alemães. Entre 1916 e 1918, período de beligerância entre Portugal e a Alemanha, os britânicos perderam, segundo o *Loyd's Register of Shipping*, 11.423.222 toneladas em embarcações (Gibson & Prendergast 2003: 380). Segundo os nossos dados recolhidos, os britânicos perderam em águas portuguesas cerca de 33 embarcações, que totalizam 71.726 toneladas. Não podemos estimar a extensão dos efeitos das perdas britânicas no que toca à circulação de mercadorias nos portos portugueses, no entanto podemos depreender que certamente afetaram os fluxos comerciais nacionais. A somar, muitos géneros alimentares ficavam retidos nos territórios ultramarinos, que ficariam retidos em Angola e Moçambique, por falta de navios de transporte (Rossum 2011: 101). A falta de navios e dificuldades de circulação criou um outro problema, a subida do preço dos fretes, muito devido aos riscos de navegação, fruto da ação submarina. Segundo Arnold Rossum, o transporte de uma carga de trigo proveniente dos Estados Unidos para Portugal, custava mais do que efetivamente se pagava no mercado interno americano, por esse mesmo trigo (Rossum 2011: 101). Rossum verifica que grande parte das mercadorias que chegavam a Lisboa, não eram escoadas para outros pontos do país, ficando assim retidas no porto lisbonense para consumo interno, por decisão da Comissão de Abastecimentos (Rossum 2011: 102).

Segundo Marc Ferro, estariam desde o início do conflito cerca de 743 navios alemães em águas neutras (Ferro 1990: 144), 72 dos quais, segundo Oliveira Marques, estariam em Portugal Marques 1986: 235), ou seja, quase 10 % da totalidade dos navios alemães presentes em águas neutras. Portugal apreendeu estes navios alemães para resolver a questão das subsistências, no entanto só teria direito a cerca de 20% dos navios apreendidos, os restantes 80% seriam entregues ao esforço de guerra britânico (Cardoso *et alii* 2014: 77). O periódico semanal *Ilustração Portuguesa* noticia este acontecimento, na sua edição nº. 524, do dia 6 de março de 1916. Segundo esta fonte, o governo português, com o fim de acudir ao encarecimento das subsistências causado pela falta de transportes marítimos, requisitou os navios alemães surtos no Tejo desde o começo da guerra, a fim de os utilizar não só para as exportações portuguesas mas também para importação de géneros (*A Ilustração Portuguesa* 1916: 294). Os submarinos alemães conseguiram afundar 19 navios apreendidos por Portugal[1], com destaque para o Golfo da Biscaia e para as imediações marítimas das Ilhas Britânicas.

Os efeitos e consequências da guerra submarina alemã propõem uma análise documental bastante extensa, que transcende por completo os verdadeiros propósitos de dissertação de mestrado. No entanto, ao analisarmos as várias componentes dos naufrágios, podemos centrar a frente marítima portuguesa no conflito mundial. Portugal perdeu um número bastante significativo de embarcações, o que afetou definitivamente o tecido empresarial português. Conseguimos averiguar algumas firmas e entidades fabris, que operavam alguns dos naufrágios causados por submarinos. O sector das pescas foi sem dúvida um dos mais afetados, com uma perda significativa de embarcações. Vejamos alguns exemplos de navios pertencentes a firmas do sector das pescas: navio *Brizella*, afundado a 9 de dezembro pelo U-38, pertencia à Empresa de Pesca Boa Esperança[2], sediada em Aveiro; o navio Santa Maria, afundado pelo UC-53, a 10 de junho de 1917, pertencia à Sociedade de Pescarias de Viana, sediada

---

[1] Contabilizamos os seguintes navios, com o auxílio da obra A Marinha Portuguesa na Grande Guerra de Jaime do Inso: Foz do Douro (Vesta), Damão (Brisbane), Diu (Marienfields), Desertas (Hochfeld), Cávado (Achilles), Cascais (Electra), Barreiro (Lübeck), Belém (Rhodes), Berlenga (Shopie Richmerz), Boa Vista (Theoder Wilde), Caminha (Euripos), Espinho (Energie), Ilha do Fogo (BurgmeisterHachman), Lagos (Szechenyi), Leça (Enos), Ligeiro (desconhecemos o seu nome original), Mira (Rolandseck), Ovar (Casablanca) e Sagres (Taygetos).

[2] Pesca do Bacalhau – Mais notícias do Brizella. In www.naviosenavegadores. blogspot.pt, Disponível em http://naviosenavegadores.blogspot.pt/2008/12/pesca-do--bacalhau-mais-notcias-do.html, consultado a 24/04/2015.

em Viana do Castelo[1]; a embarcação *Açôr*, afundada a 17 de agosto de 1917 por um submarino não identificado, pertencia à Parceria Portuguesa de Pescarias, sediada em Lisboa[2]; e a embarcação *Rio Ave*, afundada a 25 de março de 1918, pelo U-155, que pertencia à Parceria de Pescaria Portuense, sediada no Porto[3].

Apurámos pelo menos 7 embarcações naufragadas que pertenciam a firmas ligadas ao setor das pescas e das conservas, assim como embarcações operadas por particulares inerentes a este setor económico, como as embarcações *Primeira Flor d'Abril, Santa Rita Segunda,* e *Senhora do Rosário* que pertenciam a proprietários de Olhão. Os navios particulares apresentam uma representatividade significativa, como verificamos em 8 naufrágios, provenientes sobretudo de Viana do Castelo, Lisboa, Olhão, e Porto. Outros navios afundados tinham como operadoras empresas portuguesas, como é o caso do navio *Lusitano*, que pertencia à Companhia União Fabril, sediada em Lisboa[4], o lugre *Gamo* que pertencia à Empresa Salles, sediada em Lisboa[5]. Destacamos também o afundamento do vapor *Espinho*[6], que pertencia aos Transportes Marítimos do Estado, ou mesmo a *Serra do Gerês*[7], pertencente à Empresa Industrial Marítima, sediada em Lisboa. Concluindo, contabilizamos 37 embarcações portugueses pertencentes a particulares ou a unidades do tecido empresarial português, o que nos dá ferramentas para refletir sobre o impacto socioeconómico da guerra submarina alemã.

---

[1] Ships hit during WWI – Santa Maria. In www.uboat.net, Disponível em http:// www.uboat.net/wwi/ships_hit/5432.html, consultado a 24/04/2015.

[2] FV Açor (+1917). In www.wrecksite.eu, Disponível em http://www.wrecksite. eu/wreck.aspx?166978, consultado a 26/04/2015.

[3] Ships hit during WWI – Rio Ave. In www.uboat.net, Disponível em http:// www.uboat.net/wwi/ships_hit/5127.html, consultado a 26/04/2015.

[4] Ships hit during WWI – Lusitano. In www.uboat.net, disponível em http:// www.uboat.net/wwi/ships_hit/3766.html, consultado a 24/04/2015.

[5] O afundamento do lugre Gamo. In www.naviosenavegadores.blogspot.com, disponível em http://naviosenavegadores.blogspot.pt/2011_04_01_archive.html, consultado a 25/04/2015.

[6] Ships hit during WWI – Espinho. In www.uboat.net, disponível em http:// www.uboat.net/wwi/ships_hit/2024.html, consultado a 24/04/2015.

[7] Ships hit during WWI –https://uboat.net/wwi/ships_hit/5533.html, consultado a 24/04/2015.

Considerações finais

Apesar de neste artigo traçarmos uma leitura socioeconómica baseada na interpretação dos naufrágios analisados, faltam ainda muitos aspetos por aprofundar no que toca ao estudo dos impactos da guerra submarina alemã. O seu estudo implica uma verdadeira análise da viabilidade financeira das firmas que efetivamente perderam os seus navios no conflito, quantificando a sua balança comercial antes e depois do conflito. Nenhum estudo, artigo ou obra monográfica menciona os verdadeiros impactos socioeconómicos da atividade submarina. Podemos gizar aqui uma estimativa baseada em aproximações numéricas e estatísticas, de acordo com os números tocantes às perdas materiais e humanas, o que de facto fundamenta que os submarinos alemães agravaram a anemia económica portuguesa. No entanto, a questão permanece: qual a sua verdadeira dimensão? Quais os seus impactos nas comunidades costeiras? Quais os seus impactos no aumento dos preços dos géneros alimentares? Quais os seus impactos no sector da construção naval e frete de mercadorias? São questões que ainda desconhecemos; no entanto, esta dissertação poderá fornecer as ferramentas necessárias para um possível ponto de partida metodológico e analítico.

Contextualizando os impactos da guerra submarina na região norte, podemos depreender que esta frente não apresentou tantos naufrágios como os largos de Lisboa, Madeira, Açores, ou Algarve. No caso do largo de Lisboa, este aspeto pode ser justificado com o facto de que o porto desta cidade apresentava um maior tráfego de navios, atraindo assim um maior número de submarinos inimigos. Por outro lado o Algarve era bastante preponderante a nível estratégico dada a sua proximidade com o teatro bélico mediterrânico, assim como os arquipélagos dos Açores, Madeira e Cabo Verde. Apesar do porto de Leixões apresentar um tráfego considerável, os submarinos alemães não incidiram as suas ações de corso tal como noutros palcos da frente marítima portuguesa. Destacamos a incursão do submarino alemão UC-69, de Erwin Waßner, que a

26 de julho de 1917, afunda o cargueiro norueguês *Locksley*, o iate *Bertha* e o veleiro *Venturoso* ao largo da Póvoa do Varzim e de Vila do Conde[1]. Contabilizamos cerca de 12 naufrágios ao largo da costa nortenha portuguesa, sendo que 10 deste foram afundados em 1917, e 2 em 1918.

Referências Bibliográficas

_____ (1916): *A Ilustração Portuguesa*, 6 de março.

Ajax (1918): *The German Pirate – His Methods and Record*. New York: George H. Doran Company.

Aniceto, Afonso; Gomes, Carlos de Matos (2014): *Portugal e a Grande Guerra – 1915 – 1917. Uma Guerra Diferente*, vol. 2. Vila do Conde: Verso da História..

Aniceto, Afonso; Gomes, Carlos de Matos (2014): *Portugal e a Grande Guerra – 1915 – 1917. As Trincheiras*, vol. 3 Vila do Conde: Verso da História.

Aniceto, Afonso; Gomes, Carlos de Matos (2014) *Portugal e a Grande Guerra – 1915 – 1917. O Fim da Guerra*, vol. 5. Vila do Conde: Verso da História.

Aniceto, Afonso (2007): *7 Grandes Batalhas da História de Portugal. 1914-1918. Grande Guerra*, vol. 7. Vila do Conde: Academia Portuguesa da História.

Bridgland, Tony (1999): *Sea Killers in Disguise- The Story of the Q-ships and Decoy Ships in The First Word War*. Barmsley: Leo Cooper.

Cardoso, Rui; Ramalho, Margarida Magalhães; Marques, Ricardo (2014): *A Primeira Guerra Mundial. Livro Extra sobre a Participação de Portugal*, vol. 7. Lisboa: A Esfera dos Livros.

Costa, Paulo Nuno (2014): "As Perdas da Frota Mercante Portuguesa durante a Primeira Grande Guerra". In: *Jornadas do Mar – 2014. Mar: uma onda de Progresso*. Lisboa: Escola Naval.

Costa, Rui Manuel Pinto (s.d.): "Relações Externas Luso-Germânicas: 1916 e o despertar de um conflito latente". In: *Revista da Faculdade de Letras – História*. Porto: Faculdade de Letras do Porto, 3º série, vol.4.

Dobson, Neil Cunningham (2014): *German U-Boats of the English*

---

[1] WW1 – U-boat Successes – Ships hit by UC 69. In www.uboat.net, Disponível em http://uboat.net/wwi/boats/successes/uc69.html, consultado a consultado a 27/04/2015.

Channel & Western Aproches: History, Site Formation & Impacts. Tampa: Odyssey Marine Exploration.

DUMA/C-A (1917): Kriegstagebuch - S.M.U-Boot „U.35.".(Kommandant: Kapitanleutant v. Arnuald) – für die Ziet vom 31. März bis 6. Mai, 46.

Ferro, Marc (1990): *A Grande Guerra 1914-1918.* Lisboa: Edições 70.

Gibson, R.H; Prendergast, Maurice (2003): *The German Submarine War (1914-1918).* London: Naval Institute Press.

Inso, Jaime do (2006): *A Marinha Portuguesa na Grande Guerra.* [S.l.]: Edições Culturais da Marinha.

Marques, A. H. de Oliveira (1986): *História de Portugal,* vol. 3. Lisboa: Palas Editora.

Marques, João Francisco (2014): "O Contrabando no Romance Contemporâneo Português – Contextos Espácio-Sociais e Histórico--Económicos". In: *Estudos em Homenagem a Luís António de Oliveira Ramos.* Porto: Faculdade de Letras da Universidade do Porto.

Monteiro, Saturnino (1997): *Batalhas e Combates da Marinha Portuguesa. Volume VII-1808-1975,* vol.7. Lisboa: Livraria Sá da Costa Editora.

Pereira, José António Rodrigues (2010): *Marinha Portuguesa. Nove Séculos de História.* Lisboa: Comissão Cultural de Marinha.

Pires, Ana Paula (2011): *Portugal e a I Guerra Mundial. A República e a Economia de Guerra.* Casal de Cambra: Caleidoscópio.

Prata, Ana (2011): *Políticas Portuárias na I República (1880-1929).* Lisboa: Caleidoscópio.

Ramos, Rui (s.d.): *História de Portugal. A Segunda Fundação,* vol. 6. Lisboa: Círculo de Leitores.

Ramos, Rui; Monteiro, Nuno Gonçalo; Sousa, Bernardo Vasconcelos e (2009): *História de Portugal. A República durante e depois da Guerra (1917-1926,* vol. 8. Lisboa: A Esfera dos Livros.

Rossum, Arnold Arie van (2011): *A Questão das Subsistências no Porto, no período da Grande Guerra.* Tese de mestrado. Porto: Faculdade de Letras da Universidade do Porto.

Samara, Alice (1998): "O Impacte Económico e Social da Primeira Guerra em Portugal". In: Teixeira, Nuno Severiano (coord.): *Portugal e a Guerra. História das Intervenções Militares Portuguesas nos Grandes Conflitos Mundiais – Séculos XIX e XX.* Lisboa: Edições Colibri.

Serrão, Joaquim Veríssimo (s.d.): *História de Portugal (1910-1926).* Lisboa: Editorial Verbo.

Telo, António José (1999): "Homens, Doutrinas e Organização:

1824-1974". In: Telo, António José (coord.): *Homens, Doutrinas e Organização: 1824-1974*. Lisboa: Academia de Marinha.

Telo, António José (1993): *Os Açores e o Controlo do Atlântico (1898/1948)*. Lisboa: Edições Asa.

Telo, António José (2010): *Primeira República I – Do Sonho à Realidade*. Lisboa: Artes Gráficas.

Williamson, Gordon (2002): *U-boats of the Kaiser's Navy*. Oxford: Osprey Publishing.

Wilson, Michael; Kemp, Paul (1998): *Mediterranean Submarines – Submarine Warfare in World War One*. Manchester: Crécy Publishing Ltd,.

Recursos eletrónicos

www.uboat.net
www.wrecksite.eu

Bernardino Machado e a I Guerra Mundial (1914-1920)

Norberto Ferreira da Cunha
Prof. Catedrático Ap. da Universidade do Minho

1. Bernardino Machado, presidente do Ministério

Quando eclodiu a I Guerra Mundial, presidia ao Ministério extrapartidário que governou o país, de 9 de fevereiro a 5 de dezembro de 1914, Bernardino Machado (28.03.1851-29.04.1944) que fora professor catedrático, no tempo da Monarquia, da Faculdade de Filosofia Natural da Universidade de Coimbra (da qual se demitiu em 1907, por solidariedade com os estudantes da greve académica de 1907); que foi deputado regenerador, Ministro das Obras Públicas (1893) do Governo Hintze Ribeiro e Par do Reino; e que, a partir de 1903, abandonou as hostes monárquicas e, em nome do *liberalismo social* não só exortou o *Partido Republicano Português* (P.R.P.) a enveredar por ele – pondo fim à política de engrandecimento do poder real, oligárquica, corrupta e clerical em que degenerara a Monarquia – como ele mesmo participou, ativamente, no movimento de propaganda da alternativa republicana, chegando a presidir ao Diretório do P.R.P., antes do 5 de outubro de 1910. Depois da implantação da República, fez parte do *Governo Provisório*, como Ministro dos Negócios Estrangeiros, concorreu a Presidente da República em 1911 (perdendo para Manuel de Arriaga), foi, subsequentemente, colocado como Ministro de Portugal no Brasil e, no seu regresso, no início de 1914, não se tendo entendido os partidos republicanos para a formação de um Governo de concentração, Manuel de Arriaga convidou-o a formar um Governo transpartidário, com um triplo objetivo: propor uma ampla amnistia (o que fez, com a aprovação do Congresso), rever a Lei da Separação do Estado das Igrejas (apenas debatida) e elaborar uma nova lei eleitoral (também debatida, mas não aprovada). Mas o Governo de Bernardino Machado nunca foi inteiramente aceite pelos partidos políticos (mesmo pelo P.R.P. que o apoiava, sem reservas, no Parlamento), sobretudo por ser um Governo transpartidário e vários dos seus ministros se apresentarem, ostensivamente, como 'não-políticos', desvalorizando, indiretamente, a governação – em particular o Congresso – sufragado, eleitoralmente, pela vontade popular e desvalorizando a competência política dos partidos.

1.1. Reações imediatas ao início da Guerra e justificação da posição do Governo

A I Guerra Mundial eclodiu em 3 de julho, já o Parlamento encerrara. Em consequência do conflito, os géneros de primeira necessidade foram quase de imediato, alvo de especulação e açambarcamentos; houve uma corrida ao ouro e metais preciosos por parte de quem tinha papel-moeda, receosos da desvalorização (pânico aproveitado por intermediários sem escrúpulos para a especulação), as corporações agrícolas, comerciais e industriais vieram a público manifestar o seu "patriotismo" económico e reivindicar, junto do Governo, que as instituições bancárias não lhes criassem dificuldades de crédito nem nas transações financeiras dos seus negócios em curso; muitos produtores aproveitaram a oportunidade para exportar géneros de primeira necessidade, para o estrangeiro, a preços altamente compensadores; a imprensa aproveitou o conflito para vender mais jornais, tornando-se mais sensacionalista (gerando alarmismo e pânico social); e o Estado, perante todas estas circunstâncias, tornou-se mais centralista e intervencionista, mais protecionista e regulador (sobretudo quanto às chamadas "subsistências" e fontes de energia, em especial o carvão) e mais repressivo (através da Censura sobre a informação dos jornais, punição dos açambarcadores e especuladores e contenção ativa da agitação social).

No dia 7 de agosto, Bernardino Machado reuniu o Congresso – depois de consultar nos dias anteriores o Presidente da República e os principais partidos republicanos – ao qual expôs os motivos da sua convocatória: apresentar uma proposta de solidariedade para com a Inglaterra e a disponibilidade de nos colocarmos ao seu lado, na Guerra, ao abrigo da Aliança entre os dois países, no caso de nos solicitar essa ajuda; e solicitar do Parlamento autorizações extraordinárias para o Governo enfrentar a conjuntura (cuja aplicação lhe daria conta quando aquele reabrisse), quer para salvaguardar a ordem pública, quer para nos equiparmos, preventivamente, para o conflito, quer para tomar providências quanto aos géneros de subsistência (em especial os de primeira necessidade). As propostas do Chefe de Governo foram aprovadas por unanimidade – o P.R.P. invocando a Justiça e o Direito e o *Partido Evolucionista*, o "patriotismo" para justificarem o seu voto – ainda que alguns deputados (como Machado Santos) e senadores (Pedro Martins) tenham manifestado surpresa pela concessão de poderes "ditatoriais" ao Governo pelo *Partido Unionista* e pelo *Partido Evolucionista*.

O que motivou Bernardino Machado a convocar o Congresso para o dia 7 de agosto e a apresentar uma moção de solidariedade para com a Inglaterra – sem a avisar ou consultar previamente – se o seu Ministro dos Negócios Estrangeiros, Freire de Andrade, solicitara no dia 1, ao *Foreign Office* (por intermédio do nosso ministro em Londres, Teixeira Gomes) "instruções" quanto aos procedimentos a seguir por Portugal no conflito e, em 3 de agosto, Edward Grey, Secretário do *Foreign Office*, lhe respondeu, solicitando-lhe que o Governo português se abstivesse de declarar a neutralidade, da qual devíamos sair apenas se fossemos atacados por uma potência hostil ou a pedido da Inglaterra? São várias as razões por que o fez. Bernardino Machado, ao colocar o Governo ao lado da Inglaterra (e, por extensão, ao lado dos Aliados) não esperava, após o fim do conflito, tirar quaisquer proveitos coloniais "expansionistas" (era um antidarwinista em questões sociais e defendia que o progresso entre o povos se fazia pela liberdade e solidariedade e não pela concorrência vital); tinha, portanto, um objectivo "defensivo" (o único legítimo na guerra, como dizia o antropólogo Topinard), ou seja, defender a "nação" portuguesa (que, no seu todo, incluía as colónias). Mas se Bernardino Machado não foi movido por motivos expansionistas (o que seria um absurdo), foi, contudo, movido por justificados receios pela nossa independência e pela amputação do nosso património colonial. E tinha razões para isso. Em 1898, a Inglaterra e a Alemanha tinham acordado numa estratégia comercial quanto a Angola e Moçambique que, a prazo, lhes daria a sua posse efetiva; e retomaram esse acordo em 1912, concluindo-o na 1ª metade 1913, como mostrou o seu mediador alemão, em Londres, o príncipe Lichnowski, numa "memória" que, involuntariamente, se tornou pública. Por outro lado, é sabido que o secretário britânico dos negócios estrangeiros, Edward Grey, em ofício secreto ao Ministro da Inglaterra em Portugal, Arthur Hardinge, datado de 31 de julho de 1913, informou-o que o Governo inglês se oporia à intervenção de qualquer potência (exceto à da Espanha), nos assuntos internos de Portugal, no caso de neste ocorrerem graves perturbações políticas; e no dia 14 de outubro, o jornal monárquico *O Dia* (Lisboa) reproduzia – a partir do *Daily Telegraph* londrino – as bases do acordo franco-espanhol de Cartagena, onde a França permitia (base VIII do Acordo) que a Espanha de Afonso XIII, perante uma alegada e crescente "anarquia" em Portugal, pudesse reclamar a sua intervenção no nosso país para impor a "normalidade". Perante estes factos não seria surpreendente que tanto a Inglaterra como a França não se imiscuíssem numa eventual anexação violenta de Portugal pela Espanha, como compensação da sua eventual intervenção na Guerra em favor dos Aliados. A independência política de Portugal corria, pois, perigos reais e não imaginários. Finalmente, no caso do desenlace da Guerra ser um Armistício, podia dar-se o caso das partes beligerantes não terem força bastante para imporem exigências unilaterais e irem para negociações que viessem a prejudicar os "neutrais" (como a Inglaterra desejava que fôssemos, ainda que neutrais "condicionais"). Face a todos estes perigos, a opção menos nociva para o interesse nacional – ainda que o seu preço pudesse vir a ser o sacrifício de muitas vidas (o que no início da Guerra não era óbvio, porque esperava-se que o conflito fosse de curta duração) – era por em prática uma estratégia quanto à Guerra que salvaguardasse a nossa *soberania* quanto à *política externa* (distintamente do que pretendiam Freire de Andrade, Teixeira Gomes e Edward Grey) e, simultaneamente, mostrar a nossa disponibilidade para ajudar a Inglaterra, ao abrigo da Aliança, no caso dela nos solicitar essa ajuda (e, deste modo, ter o direito de estarmos presentes nas negociações de paz). Foi o que Bernardino Machado fez em 7 de agosto. O Congresso, ao aprovar por unanimidade nossa solidariedade para com a Inglaterra, sem esta ser previamente avisada, afirmou a *soberania* da República quanto à nossa *política externa* e expôs sob que condições a nossa velha Aliada podia recorrer à sua ajuda (e não o inverso). Finalmente, Bernardino Machado também esperava que a Guerra fosse uma oportunidade para aumentar a *coesão interna* (pela identificação da *República* com a *Pátria*, pela secundarização das lutas entre os partidos republicanos, pela diminuição da agitação social e pelo abrandamento dos acossos monárquicos). Mas enganou-se. Mais: se o Congresso de 7 de agosto definiu uma posição de princípio à revelia da Inglaterra quanto à nossa eventual participação na Guerra pouco ou nada adiantou do ponto de vista prático. Na verdade, o Congresso, ao aprovar a nossa solidariedade militar à Inglaterra – conquanto esta no-la solicitasse ao abrigo da Aliança – embora tenha, por um lado, estabelecido os termos em que estávamos inteiramente disponíveis para colaborar com ela e com os Aliados no conflito europeu, por outro lado, deixou ao arbítrio da Inglaterra, quando entraríamos (e não queria que entrássemos!) no conflito.

1.2. A Inglaterra: beneficiária da ambiguidade da nossa "neutralidade condicional"

Mas se o Congresso conseguiu, no plano da política externa, fazer uma solene afirmação de soberania, poder-se-á perguntar se não passou de uma mera bravata simbólica, porque de facto cedemos, totalmente, ao pedido da Inglaterra, não declarando a neutralidade nem a beligerância e optando pela "neutralidade condicional" (não proclamar a neutralidade, ou seja, não alinhar em nenhum dos blocos do conflito e favorecer, *de facto*, o mais possível os interesses da Inglaterra); na verdade, se não era sustentável que Portugal, na medida em que era aliado da Inglaterra, optasse pela neutralidade também não era razoável que entrasse na Guerra sem a Inglaterra solicitar a nossa ajuda. A neutralidade condicional era, pois, uma inevitabilidade. Mas havia diferenças no interior do Governo (e fora dele) quanto ao modo como devia ser entendida. Enquanto para Bernardino Machado, para o general Pereira d'Eça (ministro da Guerra) e para João Chagas (ministro de Portugal em Paris), entre outros, a neutralidade condicional era o primeiro degrau para a beligerância, para outros membros do Governo (como Freire de Andrade), partidos (a *União Republicana*, de Brito Camacho) e outras personalidades políticas de relevo (como Manuel Teixeira Gomes) a neutralidade condicional era o ponto de chegada, a chave-mestra da nossa participação na Guerra, que havia que defender a todo o custo (posição que João Chagas, em Agosto, considerava "intolerável" e "abjeta" e que não se poderia manter por muito tempo, sob pena de desacreditar a soberania do País perante os Aliados). Temos, pois, duas fações – que correspondem a duas interpretações – no que respeita à neutralidade condicional que têm, em comum, a identidade do ponto de partida. Mas nada mais. E é essa identidade de ponto de partida que permite compreender que o Governo, pouco depois da eclosão do conflito europeu, tenha proibido, na medida do possível, manifestações públicas aliadófilas (ou outras alusivas ao conflito) e tenha dado ordens rigorosas aos Comandantes dos Corpos Expedicionários, enviados para Moçambique e Angola em 11 de setembro, para que tivessem uma atitude pacífica, preventiva e, exclusivamente, defensiva perante as autoridades fronteiriças das vizinhas colónias alemãs. A persistência desta atitude dilatória do Governo quanto à nossa intervenção na Guerra foi-se tornando, simultaneamente, cada vez menos compreensível para os Aliados (com exceção da Inglaterra) e agravando a impaciência dos republicanos mais aliadófilos que não entendiam porque retardávamos a nossa entrada no conflito, mostrando-se – como disse Bernardino Machado, fiado na leitura dos jornais – "mais ingleses do que os próprios ingleses" e acusando o Governo de "tibieza" (chegando mesmo a lançar sobre o Presidente do Ministério a suspeita de germanófilo!). João Chagas, por exemplo, dizia, em 21 de agosto, a Freire de Andrade, que Portugal, ao afirmar a sua solidariedade guerrista com a Inglaterra, não só negava qualquer opção pela neutralidade como ao colocar essa solidariedade no explícito pedido de ajuda pela sua velha aliada (que não queria tomar essa iniciativa) adiava a beligerância, colocando-nos numa posição equívoca; e, pior ainda, – como voltou a dizer ao mesmo destinatário três dias depois – a nossa ausência do teatro de guerra ao lado dos Aliados colocava-nos numa posição insustentável de expectativa perante o que estava em causa no conflito: a luta entre as *forças da liberdade* e as *forças da servidão* (interpretação superficial de Chagas quanto às verdadeiras razões do conflito, ou seja, económicas e geopolíticas). Em resposta à indignação de Chagas, respondeu-lhe Freire de Andrade em 28 de agosto que havia um "acordo" entre o Governo e a Inglaterra quanto à manutenção da neutralidade condicional. Chagas, que não acreditava em Freire de Andrade, solicitou-lhe cópia das bases desse acordo que, evidentemente, nunca lhe foram enviadas, porque não existiam. Por sua vez, Freire de Andrade, para não agravar o contencioso com o nosso Ministro em Paris – que temia e diante do qual se encolhia como um trapo (leia-se o *Diário* de Chagas, de agosto de 1914) – não o pôs ao corrente das negociações em curso com o *Foreign Office* que, certamente, o teriam enfurecido. Efetivamente, no próprio dia 28 de agosto, Freire de Andrade recebeu de Manuel Teixeira Gomes um telegrama em que este lhe perguntava, da parte de Eyre Crowe, subsecretário do *Foreign Office* se, no caso de uma invasão alemã da África Austral inglesa, tínhamos forças coloniais para uma operação conjunta com a Inglaterra contra a Alemanha; mas, no mesmo dia, com data de 27, Freire de Andrade recebia um *memorandum* de Edward Grey em que este reafirmava que no caso das colónias portuguesas serem atacadas por forças alemãs, a Inglaterra prestar-nos-ia, de imediato, ajuda naval, atacando as forças navais alemãs, mas – dadas as circunstâncias do conflito europeu – não nos podia prestar qualquer ajudar militar terrestre (nem em soldados nem em munições), sugerindo que Portugal aproveitasse as suas tropas para a defesa das fronteiras continentais e coloniais.

Se bem entendo, o que E. Grey disse era que a Inglaterra, no caso de um ataque alemão às nossas colónias, não estava em condições de nos prestar auxílio militar terrestre (nem em soldados nem em armas e munições). Entretanto, a Inglaterra ia usufruindo da neutralidade condicional – como o abastecimento e refúgio dos seus navios nos nossos portos, a autorização concedida, em agosto, às tropas inglesas para atravessarem o Chinde para reforçarem a Niassalândia, a ajuda militar a esta colónia inglesa, a pedido do seu Governador, etc.) – ainda que, à medida que a nossa eventual participação na Guerra se foi adiando, se tenha distanciado cada vez mais (fins de agosto, setembro e início de outubro), da nossa "solidariedade ativa" e posto a ênfase na "atípica" neutralidade.

1.3. *Medidas económicas, militares e políticas do Governo*

Mas apesar da indiferença interessada da Inglaterra quanto à nossa participação na Guerra, o Governo de Bernardino Machado não ficou à espera das "instruções" da sua aliada. Logo que o Congresso do dia 7 aprovou as autorizações extraordinárias por ele pedidas pôs em prática um vasto conjunto de medidas económicas, militares e políticas.

No plano económico, o que havia de imediato a fazer – e o Governo fez e fizeram-no, também, os governos subsequentes com mais ou menos intensidade e algumas alterações e inovações – foi acudir e tomar providências para assegurar às populações o abastecimento e tabelamento dos géneros alimentícios de primeira necessidade (em especial, o pão), o registo e controle da produção pelas autoridades governamentais, a fiscalização do seu comércio e a criminalização (cuja pena podia ir da multa à prisão) dos que ousavam enveredar pelo açambarcamento e pela especulação; para tornar estas medidas eficazes, o Governo recorreu a um política centralizadora e protecionista, criando inclusive organismos próprios para esse faina – como os *Armazéns Gerais* do Estado. A eficácia desta ação reguladora e fiscalizadora do Estado durante a Guerra sobre a produção e comercialização dos géneros alimentícios e sobre as fontes de energia (como o carvão para consumo doméstico), não foi grande, mas teria sido bem menor se tal desiderato se deixasse às chamadas "leis" do mercado da oferta e da procura. Não podemos esquecer que antes, durante e depois da Guerra, os nossos principais mercados eram os dos países beligerantes; com as variações e imprevisibilidades a que estavam sujeitos, era muito difícil que quaisquer medidas legislativas pudessem *normalizar* o mercado nacional, sem haver muitas infracções e exceções.

No plano militar, o Governo – preocupado com a vizinhança das colónias alemãs, em África, com Angola e Moçambique – procedeu, em 18 de agosto, à mobilização de dois corpos expedicionários para as defender de modo preventivo que foram comandadas, respectivamente, pelo tenente-coronel do Estado-Maior, Alves Roçadas e pelo tenente-coronel de Artilharia, Massano de Amorim; o contingente de Angola tinha 1.525 homens e do de Moçambique, 1539, ambos municiados com armas ligeiras, cavalos, metralhadores e artilharia. Ambos os contingentes partiram de Lisboa, no dia 11 de setembro, depois de uma marcha exibicional por algumas ruas da cidade que culminou pela passagem diante do Município, onde foram saudados pelo Presidente da República. A instalação destes contingentes nos seus destinos – Moçâmedes e Porto Amélia, respectivamente – foi algo atribulada, não porque fosse inesperada, mas por graves carências de alojamento e uma generalizada desorganização local. Em novembro de 1914, já se encontravam em Angola 4.328 homens, pois no dia 11 desse mês – como resultado da sublevação das populações indígenas do sul de Angola, por instigação dos alemães – foi enviado um segundo corpo expedicionário de 2.803 homens, para reforçar o que nela já existia. Como já aludimos acima, as ordens que levavam os comandantes destes corpos expedicionários eram precisas e restritas: de modo algum, a não ser numa ação defensiva, podiam entrar em hostilidades com as autoridades alemãs. A verdade, porém, é que estando a Alemanha em guerra com a Inglaterra e sendo nós aliados do ingleses, era normal que as autoridades alemãs fronteiriças nos olhassem como potenciais inimigos (com a agravante de não terem comunicações com a Metrópole, porque o Governo português cortara as do cabo submarino). E acabou por acontecer o que era previsível: algumas escaramuças militares fronteiriças entre forças militares dos dois países: em 24 de agosto, os alemães invadiram o posto de Maziúa (ou Mazina, no rio Rovuma, no norte de Moçambique), mataram a tiro o seu comandante (um sargento), assassinaram as praças indígenas (não havia soldados brancos) e incendiaram as palhotas; em 31 de outubro, uma força de 10 alemães, com soldados africanos armados e numerosos indígenas do soba Ananga, atacou o posto de Cuangar (no Cuando-Cubango, no sul de Angola), onde tínhamos dois oficiais, 12 praças europeias e 30 soldados africanos; foi um massacre. A maior parte da guarnição foi dizimada pelo fogo de duas metralhadoras alemãs e o posto foi saqueado, tendo morrido 2 oficiais, 1 sargento, 5 praças europeus e 13 africanos (fugindo os restantes). Quanto a este massacre, o cônsul alemão em Luanda foi apresentar desculpas ao Governador-geral de Moçambique, dizendo ter a certeza que o golpe militar não era do conhecimento das autoridades alemãs da metrópole europeia.

Na verdade, estas escaramuças, ainda que não tendo relevância militar, implicaram mobilização de tropas por parte do Governo português para as colónias, com grandes gastos financeiros para suprir à sua preparação, alimentação, acomodação, equipamento, munições e armamento. E a verdade é que, apesar disso, os sucessos alcançados nessas escaramuças foram nulos e, na mais importante delas – o *combate* de Naulila (posto situado no rio Cunene, perto da fronteira com a colónia alemã), em 18 de dezembro, entre uma coluna alemã e as tropas de Alves Roçadas) – até vieram ao de cima as graves lacunas que tínhamos quanto ao equipamento das nossas forças e quanto ao anacronismo da nossa estratégia militar de comando e de combate.

Mas além das medidas económicas e militares, o Governo de Bernardino Machado tomou também medidas políticas, na sequência do Congresso de 7 de agosto. Mas estas políticas – neste caso, indissoluvelmente, ligadas às militares – não foram, de facto, além do alcance da declaração de "princípios" aprovados nesse Congresso. Na prática, compaginavam-se com os desejos da Inglaterra: a "neutralidade condicional". E tanto assim foi que, poucos dias depois de 7 de agosto, a informação aparecida no *placard* d'*O Século* de que Portugal ia entrar na Guerra foi mandada retirar pelo Governo. E se a partida de Lisboa no *Sud-express*, em 5 de agosto, dos franceses mobilizados que estavam entre nós, foi ocasião para uma grande manifestação popular aliadófila (que se deslocou para o Rossio e terminou na Legação britânica), dias depois, o pedido para uma manifestação popular em Lisboa, com o mesmo objetivo, foi recusada pelo Governo Civil. Por outro lado, em meados de agosto, os periódicos mais próximos do Governo (*O Século* e *O Mundo*) adotavam e manifestavam a opinião de que, pelo facto de acompanharmos a Inglaterra e lhe manifestarmos a disponibilidade para a ajudarmos, não implicava participar nos seus combates, a não ser que no-lo pedissem (o que, para João Chagas – como disse a Freire de Andrade, em 19 de agosto – era uma atitude "estúpida até à torpeza", abjeção idêntica à atitude Brito Camacho). E aos comandantes dos corpos expedicionários enviados para Angola e Moçambique, em 11 de setembro, o Governo deu instruções rigorosas, como já acima dissemos, para que não tivessem qualquer iniciativa hostil, salvo se provocados, quanto às autoridades das vizinhas colónias alemãs. E, para cúmulo, o Governo – ao arrepio da vontade dos democráticos e para satisfação dos unionistas (que eram a favor da neutralidade condicional) – em 22 de setembro adiava, *sine die*, as eleições gerais marcadas para 1 de novembro.

Este torpor intencional do Governo começava a inquietar os republicanos que defendiam a nossa intervenção na Guerra no teatro europeu (o único que certamente os beligerantes tomariam em conta numa futura *Conferência de Paz*). No dia 28 de agosto a Comissão Municipal do Partido Republicano do Porto votava uma moção, apelando ao Governo que não replicasse o que a Monarquia fizera em 1906 e 1908, assumindo, desassombrada e imediatamente, sem manobras dilatórias, as responsabilidades da nossa aliança com a Inglaterra; e Sá Cardoso, em entrevista à *Capital* (Lisboa) em 13 de outubro, afirmava que éramos capazes de mobilizar, em poucos dias, um corpo do exército de 35000 a 40000 homens, com 12 baterias de artilharia com 72 peças Schneider-Canet. No plano diplomático, o mais indignado com o Governo era João Chagas que no seu *Diário*, além de Freire de Andrade, responsabilizava Bernardino Machado por essa inércia e indefinição.

1.4. *O pedido de ajuda militar pela Inglaterra ao abrigo da Aliança.*

Estava-se neste limbo de crescente escalada de contradições quando, inesperadamente, o Governo Português foi confrontado, em 10 de outubro, com o pedido de ajudar militar da Inglaterra para entrarmos na Guerra; pedido que esta fez sob a pressão da França que, em 24 de setembro, solicitara ao Governo português, através do seu ministro em Lisboa (e, também, do ministro inglês) a cedência de 48 peças de artilharia (e respetivas munições). O Governo português foi recetivo ao pedido, mas sob condições (a que não foram alheias as exigências do Ministro da Guerra, general Pereira d'Eça), a saber: que a Inglaterra invocasse a Aliança; que a artilharia fosse acompanhada de dois regimentos (e seu pessoal); e, mais tarde, de uma divisão em homens e armas (a embarcar, posteriormente, para França depois de constituída, que ficaria às ordens do comando inglês). Ora nem Edward Grey nem Freire de Andrade ficaram satisfeitos com as exigências do nosso Governo (a que o primeiro se procurou furtar, ainda que em vão). O Governo britânico demorou alguns dias a decidir. Finalmente, resolveu que ficaria ao arbítrio do Governo português fornecer ou não a artilharia à França e logo que estivesse pronta, a Inglaterra invocaria a Aliança (como disse Grey em 2 de outubro a Freire de Andrade). Mas o Governo português não aceitou esta proposta e precisou as suas exigências: o Governo português estava disposto a ceder a artilharia à França, conquanto a Inglaterra solicitasse, previamente, essa ajuda ao abrigo da Aliança; se o fizesse, o ministério da Guerra rapidamente organizaria uma "divisão completa" de homens e armas para combater, em França, sob as ordens do comando britânico; entretanto, enviar-se-iam, de imediato, para este país a artilharia solicitada e dois regimentos de infantaria para a acompanhar. Em 10 de outubro, o Governo britânico, sem saída (e em Portugal, o Governo sem poder transigir, com receio da demissão do Ministro da Guerra), enviou através de Teixeira Gomes um *memorandum* no qual convidava, "formalmente", Portugal a sair da neutralidade e a auxiliar a Inglaterra ao abrigo da Aliança. No dia 12, o Governo aprovou o pedido da Inglaterra e, simultaneamente, pediu a sua demissão, para que se constituísse um Governo "nacional", com os líderes dos principais partidos, desiderato que Manuel de Arriaga não conseguiu alcançar, pedindo a Bernardino Machado que se mantivesse no Governo, convite a que este acedeu.

Mas Edward Grey, depois do pedido de auxílio militar, procurou travar as suas consequências: pediu ao Governo português que não declarasse o estado de Guerra à Alemanha antes do embarque do primeiro contingente de tropas para França; e, em 18 de outubro, o ministro britânico em Lisboa, Lancelot Carnegie informava Freire de Andrade, que Edward Grey lhe dera instruções para que nada pedisse ao Governo português que pudesse quebrar a "neutralidade de Portugal"; e, em anexo, enviou uma carta a Bernardino Machado em que lhe pedia que não declarasse guerra à Alemanha antes de concluído, por inteiro, os preparativos da artilharia e que nada dissesse, publicamente, sobre as negociações em curso entre os dois Governos, antes do britânico publicar, a este propósito, uma declaração.

Entretanto, depois de consumado o pedido militar da Inglaterra, o Governo, em 13 de outubro, decretou a mobilização geral para a constituição dos contingentes militares a enviar para França e a urgente preparação da respetiva artilharia que lhes estava associada. Começava, assim, a constituição da *Divisão Auxiliar* que iria lutar ao lado dos Aliados. No dia 16, o Ministro da Guerra, Pereira d'Eça, enviou a Freire de Andrade, as bases da *convenção* a celebrar entre o Governo português e inglês acerca da cooperação da citada Divisão (que teria 22.461 homens e seria comandada pelo general Jaime de Castro) com os exércitos aliados; bases essas que foram levadas a Inglaterra, para negociação, pelos capitães do Estado-Maior Ivens Ferraz, Fernando Freiria e Azambuja Martins.

1.5. *Reações políticas ao pedido de ajuda militar da Inglaterra*

Entretanto, o pedido de ajuda militar da Inglaterra transpirou para a opinião pública; os jornais expuseram-no com minúcia. As reações e controvérsias não se fizeram esperar. A Alemanha protestou, em 13 de outubro, junto do Ministro dos Negócios Estrangeiros, Freire de Andrade, através do seu representante diplomático em Lisboa, o barão Rosen, que advertiu o nosso ministro que a satisfação do pedido da Grã-Bretanha seria considerado um "ato hostil", ao que este respondeu que a atitude de Portugal era o corolário lógico dos princípios aprovados, unanimemente, pelo *Congresso* de 7 de agosto. Quanto aos principais partidos políticos não houve unanimidade. António José de Almeida apoiou, sem vacilações, a nossa ajuda. O *Partido Republicano Português* também se congratulou com a decisão do Governo, sublinhando, no dia 18 outubro, que a continuidade da neutralidade condicional era "uma sentença de morte". Quanto à *União Republicana* reagiu mal ao pedido britânico: Brito Camacho escreveu n'*A Lucta*, que, do seu ponto de vista, o *Congresso*, em 7 de agosto, apenas aprovara que a República não estaria ao lado dos inimigos dos Aliados. Por sua vez, os monárquicos, com a intenção de fazer passar para a opinião pública (sobretudo internacional) que não havia consenso no exército quanto à nossa participação na Guerra ou mesmo que o exército não estava com o Governo nesta opção beligerante, tentaram um levantamento militar a partir de Mafra e Bragança, em 20 de outubro, com tentáculos em todo o país (o periódico *A Montanha*, do Porto, irá afirmar que nela estavam envolvidos mais de 400 oficiais!). Sabemos que o comité central da conspiração era constituído por Moreira de Almeida, João de Azevedo Coutinho, major Rodrigues Nogueira – o estratega militar – José de Azevedo Castelo Branco, Paiva Couceiro e o Padre Domingos e tinha o apoio de ex-oficiais do exército (ex-coronel Bessa – na região de Bragança – do ex-capitão Martinho Cerqueira e do ex-tenente Mangualde e Figueira).

1.6. *A reunião do Congresso*

Entretanto a controvérsia sobre a nossa efetiva participação na Guerra subia de tom à medida que se aproximava a reunião do *Congresso*, marcada para o dia 23 de novembro, para a aprovar ou não; havia muitos boatos e, com frequência, o de que a sua reunião não se faria. Finalmente, chegou o dia 23 de novembro e o *Congresso* reuniu; e aprovou, por unanimidade, o pedido da Inglaterra para a auxiliarmos, militarmente, na Guerra e ao abrigo da Aliança. Mas a aprovação dos congressistas, ainda que unânime, teve matizes ausentes do *Congresso* de 7 de agosto. O *Partido Republicano Português*, que sempre apoiou a opção militar e intervencionista ao lado dos Aliados não podia deixar de se congratular, pela voz de Afonso Costa, que lembrou que, na Guerra em curso, estavam, também, em causa o Direito, o Progresso, a Civilização, enfim, a "raça latina"; já António José de Almeida, em nome dos evolucionistas, aprovou a proposta do Governo, em nome da "Pátria" (que entendia de uma perspetiva étnica e psíquica); quanto a Brito Camacho, votando a proposta do Governo, considerava, contudo, que se a ajuda à Inglaterra se pudesse materializar sem sairmos do *status quo* e em compatibilidade com a honra e interesses da nação portuguesa (por exemplo: empréstimo de material bélico, abrigo nos nossos portos, fornecer meios de subsistência, ajuda militar nas colónias africanas, etc.), este seria o caminho que preconizaria. Quanto aos líderes destes partidos no Senado (respetivamente Estevão de Vasconcelos, Feio Terenas e Miranda do Vale) subscreveram os pontos de vista dos seus chefes políticos.

Mas se a proposta de Bernardino Machado ao *Congresso* era clara, não o era a nota conjunta dos dois Governos com que pretendia fundamentá-la. Efetivamente, se o *memorandum* inglês de 10 de outubro era inequívoco quanto ao pedido de ajuda militar a Portugal ao abrigo da Aliança, a nota conjunta agora apresentada ao *Congresso* não o era. Dizia essa nota – lida por Bernardino Machado – que, realmente, o Governo inglês convidara, reconhecidamente, o

Governo português a cooperar, militarmente, na Guerra (em termos a estipular, posteriormente, entre ambos), de modo a assegurarem "os fins da Aliança há séculos subsistente". Mas o que esta nota não dizia é que a participação de Portugal se fazia ao abrigo da Aliança inglesa, ainda que a Inglaterra reconhecesse que fora de si que partira o convite. Havia uma ambiguidade nessa nota que não existia no *memorandum* de 10 de outubro, cuja interpretação irá ser, no futuro, pomo de discórdia entre os intervencionistas e os anti-intervencionistas (como eram os unionistas) no teatro europeu de Guerra. Na sequência do *Congresso*, Bernardino Machado voltou a apresentar a demissão do seu Governo ao Presidente da República, mas Manuel de Arriaga recusou-a, pois ainda que a aceitassem os democráticos e os unionistas, opunham-se a ela os evolucionistas e machadistas. Poucos dias depois do *Congresso*, ou seja, no dia 25 de novembro, por proposta do Ministro da Guerra, *o Diário do Governo* publicava um decreto de mobilização para a constituição da *Divisão Auxiliar* (22.461 homens, dos quais 720 oficiais) com elementos provenientes da 1ª e 7ª Divisões do Exército, com a possibilidade (se necessário) de serem mobilizados elementos de outras divisões.

1.7. *Efeitos políticos e sociais da nossa iminente participação na Guerra*

Como seria de esperar, a aprovação do Congresso, quanto à nossa ida para a Guerra, provocou uma grande agitação social nas hostes anarquistas e sindicalistas e um movimento hostil, persistente e com crescente amplitude, na imprensa unionista e monárquica; argumentava esta que não tínhamos condições financeiras nem militares para entrar na Guerra; os intervencionistas, por seu lado, replicavam que já entrávamos tarde. Perante esta crescente crispação social e política, o Governo decidiu tomar algumas medidas preventivas para salvaguardar a ordem: mais policiamento rural, convite aos adversários conservadores para desempenharem cargos políticos (para os cativar e refrear os excessos dos democráticos), e proibição da imprensa publicar notícias sobre a Guerra que não fossem oriundas de fonte oficial. Mas nem estas medidas foram suficientes para acalmar a agitação social e política.

Por sua vez, o próprio Governo considerava que cumprira a sua missão e não queria continuar em funções, argumentando – e bem – que a nossa próxima entrada na Guerra exigia um governo "nacional", ou seja, um Governo com uma ampla base social de apoio que só os principais partidos lhe poderiam dar. Por isso, Bernardino Machado depois de apresentar na Câmara de Deputados, no dia 2 de dezembro de 1914, o *Relatório* da ação do seu Governo, a pretexto da "frieza" com que este o recebeu e da interpelação de um deputado democrático sobre aspetos de pormenor da *Divisão Auxiliar*, apresentou a renúncia do seu Governo ao Presidente da República que a aceitou.

2. *O Governo de Vitor Hugo de Sousa Coutinho*

Instalada a crise governativa, o Presidente da República procurou a constituição de um governo "nacional" (com os líderes dos três principais partidos republicanos). O *Partido Republicano Português* aceitou, sem reservas, a fórmula proposta pelo Presidente da República, mas os partidos unionista e evolucionista recusaram-se a fazer parte de um "governo nacional" em que aquele partido participasse. Perante a sua irredutibilidade, o Presidente da República, no escrupuloso cumprimento da Constituição, chamou o partido com maioria no Parlamento, ou seja, o P.R.P., para formar Governo, tendo Afonso Costa indicado o nome do oficial da Marinha, Vitor Hugo de Sousa Coutinho. O novo Governo (que se manteve no poder de 12 de dezembro de 1914 a 25 de janeiro de 1915), de índole partidária (todos os seus membros, com exceção de um, eram democráticos) tinha um programa político afim do que o precedeu: firme defesa do regime e da ordem pública; execução das deliberações do *Congresso* de 23 de novembro quanto à nossa participação na Guerra; elaboração de uma lei eleitoral – que, no essencial, era a que os três partidos tinham aprovado no fim da sessão legislativa anterior – e a realização de eleições.

Mas por ser partidário, este Governo agastou, profundamente, Bernardino Machado. Considerava este que a política externa que nos esperava era incompatível com um Governo sem uma maior e plural base de apoio partidária; se não a tivesse – em seu entender – seria um Governo de curto prazo (ou por renúncia do mesmo ou por um golpe); e, por isso, não só lamentou, pública e duramente, que Afonso Costa o tivesse viabilizado (verberando-o por essa precipitação, o que provocou entre Bernardino Machado e o P.R.P. um distanciamento político que se arrastou por vários meses) como votou a favor de uma moção de desconfiança, aprovada no Senado, contra o Governo (que serviu de pretexto aos unionistas para abandonaram, de ora em diante, os trabalhos parlamentares – 20 deputados e 16 senadores – e para os evolucionistas o frequentarem, doravante, intermitentemente). E, contudo, essa debandada – que espantou, pela sua bizarria, até a imprensa inglesa conservadora – não tinha qualquer legitimidade, mas foi pretexto para atacar o Governo com torpezas e falsidades sobre factos e acontecimentos por parte da imprensa oposicionista – principalmente a *Lucta* (de Brito Camacho), a *República* (de António José de Almeida) e o *Intransigente* (de Machado Santos) – que apesar de, cabalmente, refutadas não deixaram de ter repercussão na opinião pública e desgastar o Governo. Por outro lado, a derrota das tropas portuguesas em Naulila (sul de Angola) pelos alemães, em 18 de dezembro, ainda que não imputável ao Governo, teve um forte impacto simbólico na opinião púbica portuguesa, pelo que nos deteremos nele com algum detalhe. O ataque a Naulila resultou de uma retaliação alemã, por causa do incidente de 19 de outubro de 1914. A coluna germânica sob o comando do major Frank, era constituída por 490 homens de infantaria, 150 auxiliares indígenas, 6 peças de artilharia e 2 metralhadoras. No dia 17 de dezembro acampou nas margens do Cunene; e na madrugada do dia 18 atacou o posto de Naulila. Por sua vez, a força militar portuguesa no terreno, sob o comando de Alves Roçadas, dispunha de 400 homens de infantaria europeus, 180 homens de infantaria indígena, 3 peças de artilharia Erhardt e 4 metralhadoras, mais uma reserva de 240 homens de infantaria europeus, 60 indígenas e 2 peças de artilharia Canet.

Depois de várias horas de combate e resistência, morreram, do lado português, 3 oficiais e 66 praças (55 das quais europeus), foram feridos 5 oficiais e 71 praças (das quais 61 europeus) e os alemães fizeram vários prisioneiros portugueses (praças e oficiais); do lado alemão houve também bastante baixas, inclusive de muitos oficiais (incluindo o major Frank) e elevada percentagem de mortes entre praças europeus e auxiliares. Alves Roçadas reconhecendo, depois de várias horas de combate, que não venceria o inimigo, ordenou aos sobreviventes a sua retirada para Norte (até Humbe, a 70 km) e a explosão do Forte com todas as munições que nele se encontravam e não podiam ser transportadas, para não caírem nas mãos do inimigo. Os alemães tomaram a guarnição, saquearam-na e incendiaram-na, retirando seguidamente para o seu território (pois não tinham já condições militares para perseguirem as tropas portuguesas), levando consigo, prisioneiros, 3 oficiais e 34 praças. As nossas baixas, feitas as contas, cifraram-se em cerca de 28% do contingente das forças em combate. Provavelmente ter-se-ia evitado a vitória alemã se as tropas portuguesas não tivessem ordens rigorosas para não atacarem o inimigo (a não ser quando fossem por ele provocadas) nem entrarem na zona neutra. Se lhes fosse permitido atacar os alemães, poderiam tê-lo feito entre 12 e 17 de dezembro, liquidando a frente ofensiva alemã (à qual ainda não se tinham juntado as tropas do major Frank).

Embora Naulila tenha sido o maior combate entre alemães e portugueses nas colónias, foi um combate traumatizante para a opinião pública portuguesa, não tanto pelo conjunto dos homens envolvidos nesse conflito nem pelas baixas sofridas, mas pelo que escancarou acerca das fragilidades das nossas forças militares e sobre o "matadouro" que poderia vir a ser a nossa participação no teatro europeu da Guerra, defendida pelos democráticos (nos quais se incluía o Chefe do Governo). Naulila mostrou uma inépcia clamorosa dos comandos das forças militares portuguesas: foram defrontar os alemães como se fosse o tradicional inimigo indígena; como era sua obrigação, esses comandos não mandaram cavar trincheiras e abrigos para proteger os soldados do fogo e da artilharia alemã; não mandaram desbastar o mato em redor do posto para evitar a apro-

ximação das tropas alemãs a coberto da vegetação (o que permitiu
ao inimigo fazer fogo de perto sem ser visto); não mandaram fazer
patrulhas noturnas; dispersaram as forças da guarnição por vários
pontos exteriores a ela, concentrando o maior número dessas forças
onde era previsível que o inimigo atacasse (e obviamente não atacou
pelo flanco previsto); e, devido à falta de comunicações, não tiveram
informações do atraso de alguns contingente militares com que contavam (por isso a força militar portuguesa em Naulila apenas pode
dispor de cerca de 1/3 do seus efetivos e não tinha consigo uma parte
substancial das munições que precisava). Aparentemente, as forças
militares portuguesas tinham revelado uma impreparação altamente
preocupante; acima de todos, os seus comandos; mas também os
seus soldados tinham mostrado que o que lhes sobejava em bravura
e obediência, lhes minguava em preparação e tirocínio militar.

Mas o desastre de Naulila e a oposição cerrada dos anti-
-guerristas e dos demais opositores ao Governo não impediu que este
persistisse em concretizar a política externa deliberada no *Congresso* de
23 de novembro de 1914 e preparar a *Divisão auxiliar*, cuja ida para
a ida para França estava prevista para o início de Fevereiro. Todavia,
contrariando esta política intervencionista, um grupo de oficiais – a
pretexto do major Craveiro Lopes não conseguir a transferência da
guarnição da Figueira da Foz para a da Covilhã, alegadamente como
represália pela sua hostilidade à República (suspeita que nunca foi
provada) – na madrugada de 20 de janeiro protagonizaram alguns
atos de insubordinação em 3 regimentos de Lisboa (que se acreditou
serem sinais de um movimento mais vasto). Na sequência desses
atos, Machado Santos entregou, ao Presidente da República, a sua
espada, em nome de vários oficiais ("movimento das espadas"), recla-
mando a substituição do Governo e a constituição de um outro, de
que não fizessem parte os democráticos. Desse grupo de oficiais do
"movimento das espadas" faziam parte monárquicos (que queriam
a queda da República), oficiais contrários à participação de Portugal
na Guerra e oficiais republicanos (mas hostis ao Governo). Manuel
de Arriaga interpretou, erradamente, esse movimento minoritário
de como um conflito entre o Exército e o Governo e enviou para os

jornais uma "nota oficiosa" sobre o assunto, que contrariava uma de-
liberação que fizera chegar no dia anterior ao Conselho de Ministros.
Perante este ato de desconfiança, o Governo pediu a demissão no
dia 24 de janeiro (mas já no dia anterior, dia 23, Manuel de Arriaga
convidara o seu amigo Pimenta de Castro para formar Governo).
Em suma, a oposição ao Governo democrático, mancomunada com
o Presidente da República, conseguira malograr a ida para França
da Divisão auxiliar.

3. *A Ditadura de Pimenta de Castro*

O Governo de Pimenta de Castro (28.1.1915-14-5-1915)
carecia de um programa político (que se resumia, como disse o Chefe
do Governo, em "pegar na lei e andar para a frente!"). Parecia andar
às apalpadelas; fez uma lei eleitoral (em 24.2.1915) sem a aprovação
do Parlamento e à medida dos seus objetivos e, rapidamente, entrou
em ditadura. Apesar disso tem o apoio explícito do *Partido Unionista* e do *Partido Evolucionista* que esperavam vir a tirar dividendos
políticos desse apoio, quer na situação vigente quer nas eleições que
se deveriam fazer em 6 de junho. Mas Pimenta de Castro envere-
dou por uma prática política preocupante, mesmo para os partidos
republicanos que o apoiavam: nomeou monárquicos para os altos
cargos da administração pública e para as chefias das forças armadas.
Por sua vez, a aplicação das disposições regulamentares da nova lei
eleitoral suscitou a contestação de um vasto número de corporações
administrativas do país, que se recusaram cumpri-las por serem anticonstitucionais (o que provocou a sua demissão compulsiva – e em
alguns casos, a prisão dos seus membros – e a sua substituição por
comissões administrativas nomeadas pelo Governo, constituídas por
machadistas, camachistas, evolucionistas, monárquicos...).

Este ambiente contestatário agravou-se com a proibição governamental da reabertura do *Congresso*, prevista no articulado da
Constituição, em 4 de março (o que levou à sua reunião clandestina
no Convento de S. Antão do Tojal), tendo os congressistas nele
aprovado a ilegalização do Governo e a criminalização política dos

seus membros. A partir daqui o Governo, apesar da sobranceria e exaltação dos monárquicos e das manobras de Pimenta de Castro para o manter e consolidar (como a malograda negociação das candidaturas eleitorais ao futuro *Congresso* e os lugares a distribuir pelo *Partido Evolucionista, Unionista, Machadista* e por candidatos da sua confiança política – chegou mesmo a oferecer lugares no Parlamento a Bernardino Machado e aos seus eventuais apaniguados!) entrou num estado agónico.

Mas se este Governo foi confuso na sua política interna, já o mesmo não se pode dizer quanto à sua política externa. Quanto a esta, Pimenta de Castro afirmou ao diplomata Lancelot Carnegie, representante da Legação britânica em Lisboa, em 5 de fevereiro que o seu Governo seguiria a orientação do seu antecessor (!), "designadamente a que se baseava na Aliança"; por sua vez, Rodrigues Monteiro, Ministro dos Negócios Estrangeiros, interpelado pelo diário lisboeta *A Capital*, (10 de fevereiro), respondeu que a intenção do Governo em matéria de política externa era "cumprir a lei", ou seja, o que fora aprovado nos Congressos da República de 7 de agosto e 23 de novembro, ajudando a Inglaterra nos termos da Aliança, quando nos pedisse ajuda e em conformidade com os meios de que dispúnhamos (embora não fosse, de momento, um assunto prioritário do Governo). Como se a Inglaterra não nos tivesse pedido ajuda militar ao abrigo da Aliança em 10 de outubro de 1914, sancionada unanimemente no Congresso de 23 de novembro! Ao que parece, o Ministro dos Negócios Estrangeiros esperava uma renovação, por parte da Inglaterra, do pedido de ajuda militar! O certo é que o nosso tão falado intervencionismo militar na Europa, rapidamente, caiu no esquecimento. Nem mesmo a Inglaterra ou a França falaram da famigerada (e esquecida) Divisão auxiliar. O próprio Pimenta de Castro sabia-o e não se importava. Num livro posterior à sua queda política, em que faz uma apreciação retrospetiva do seu Governo (*A Afrontosa Ditadura*, 1916) justificou a sua indiferença para com a Inglaterra, dizendo, a certa altura, nesse opúsculo: "(...) quando a Inglaterra declarou guerra à Alemanha não nos consultou previamente nem se importou com a nossa opinião; e se declarássemos guerra de *moto proprio*, não nos ajudaria; portanto, também não tínhamos que ir em seu auxílio; não havia qualquer interesse ou conveniência nessa ajuda, nem honra nacional que nos obrigasse à guerra e muito menos combater contra nações que não nos ofenderam e provocaram". Mas não era apenas o egoísmo nacional a ditar estas palavras de Pimenta de Castro: no aniversário do *kaiser*, enviou-lhes cumprimentos através do barão Rosen, representante diplomático da Alemanha em Lisboa.

Aliás, o branqueamento da nossa solidariedade aliadófila foi de tal ordem que – como refere André Brun no jornal *A Capital*, de 25 de abril – desde que Pimenta de Castro subira ao poder nunca mais se ouvira falar de guerra com a Alemanha, recorrendo-se a todos os meios para se mostrar que Portugal nunca estivera, não estava nem estaria em guerra com ela: já não se falava em Naulila como uma "agressão" militar mas como um "incidente"; os portugueses que os alemães tinham aprisionado, em número de 64, já não se chamavam "prisioneiros" mas "internados em território alemão"; e não tardava – concluía André Brun – que "aos mortos que tivemos nesse combate se chamassem 'internados na sepultura' e, aos desaparecidos, 'internados no sertão'". O Governo, com estas designações fantásticas e eufemísticas (algumas delas também referidas no *manifesto* distribuído pelos quartéis, na madrugada do dia 15 de maio, pela *Junta Revolucionária* que derrubou o pimentismo) procurava atenuar a crueza dos factos, arredondar as arestas dos acontecimentos entre portugueses e alemães em África.

Mas esta inércia e branqueamento da ditadura quanto ao nosso intervencionismo militar aliadófilo suscitou fortes protestos, sendo os de Bernardino Machado, provavelmente, os mais acutilantes e demolidores. Em 19 de março, n'*O Mundo*, desafiava o Governo a dizer o que pensava sobre a guerra que travávamos em África; sobre a preparação da *Divisão Auxiliar* que deveria intervir no teatro europeu de guerra; se estávamos ou não ao lado da Inglaterra e dos Aliados ou, pelo contrário, ao lado da Alemanha; se as nossas forças em Angola (entregues desde o início da ditadura ao general Pereira d'Eça) eram lá necessárias – como entenderam os Ministérios transactos – ou não eram; se era verdade que o Governo ia, desonrosamente, optar pela neutralidade, como constava nas chancelarias europeias, contrariando a "vontade popular" que o Parlamento exprimira em 23 de novembro e que ele impedira de se reunir, de novo, em 4 de março; se era preciso sermos invadidos pelo inimigo, para reagirmos em defesa da nossa independência (ao contrário do que fizera a Inglaterra, por exemplo); finalmente – sublinhou – sendo nós uma "nação, por excelência internacionalista", a nossa honra estava em toda a parte, onde tínhamos de a resgatar; e, por isso, ao confinarmos esse resgate apenas às colónias, estávamos a afastar-nos – como disse no opúsculo *O Exército e a Nação* (1915) – da *Conferência de Paz* e do desenho do novo mapa das nações, de que seriamos apenas "materiais" e não um dos seus arquitetos.

Também o *Partido Republicano Português*, num *manifesto* publicado dias depois do seu Congresso, de 1 de abril, exigiu ao Governo o cumprimento da ajuda militar que a Inglaterra nos solicitara, em 10 de outubro de 1914, aprovada por unanimidade pelo Congresso de 23 de novembro; e José de Castro, político de grande influência nos círculos republicanos e maçons, numa *carta aberta* dirigida a Pimenta de Castro e ao seu Governo (que considerou inquinado de "desonra e insânia"), publicada pelos jornais no dia 1 de maio, perguntava porque se tinham interrompido as conversações com a Inglaterra quanto aos termos concretos da nossa beligerância ao lado dos Aliados.

Mas nenhum destes (e muitos outros protestos) tiveram eco no Governo. Este – é verdade – tomou várias medidas protecionistas para minimizar a carestia de vida, controlando, tabelando e fiscalizando a produção, preços e comercialização dos géneros de primeira necessidade (como fez com a criação de uma *Comissão Central de Subsistências* e comissões concelhias de subsistência); e em fevereiro até votou créditos extraordinários no Ministério das Finanças para acudir às despesas com os nossos corpos expedicionários, em Angola e Moçambique. Mas a nossa participação militar na Europa foi deliberadamente esquecida pelo ditador que procedeu, *de facto*, como a Inglaterra desejava. Até se pode dizer que o Governo de Pimenta de Castro, ao manter-se numa neutralidade condicional e, simultaneamente, não descurar a defesa militar das colónias, foi mais fiel às reiteradas orientações que a Inglaterra nos recomendava quanto à atitude que deveríamos assumir perante a Guerra do que fora o Governo de Bernardino Machado. Mais: o Governo de Pimenta de Castro, nesta matéria estava, sim, a seguir na peugada dos pontos de vista de Freire de Andrade, Ministro dos Negócios Estrangeiros do Governo de Bernardino Machado, que numa entrevista concedida ao *Primeiro de Janeiro*, no início de abril de 1915, declarou que sempre defendera uma neutralidade limitada, ou seja, que só prestaríamos ajuda militar à Inglaterra se ela no-la solicitasse e em conformidade com os nossos recursos (auxílio que certamente a Alemanha iria compreender e respeitar), pois era sabido (como então disse o general Pereira d'Eça, ministro da Guerra) que o nosso exército carecia de tudo (como provavam os desaires das nossas expedições militares coloniais) tendo sido, em sua opinião, uma precipitação – por leviandade ou excesso de zelo – oferecer à Inglaterra o que ela não pedira e que não estávamos em condições de cumprir, gerando uma situação em que nem éramos beligerantes nem neutrais, malquistando a Inglaterra e a Alemanha, pelo que, para não piorar as coisas – em sua opinião – o melhor era não mexer mais nelas e deixar tudo como estava. Foi exatamente o que fez Pimenta de Castro. Mas as afirmações simplistas e, em grande parte, falsas de Freire de Andrade provocaram o imediato protesto público de Bernardino Machado. Surpreendentemente, António José de Almeida, líder do *Partido Evolucionista*, que apoiava Pimenta de Castro (e o apoiará mesmo depois da sua queda) afirmava, em meados de abril n'*A Lucta* que lera os documentos em que a Inglaterra nos pedia ajuda militar ao abrigo da Aliança, considerando a continuidade da neutralidade condicional (em que persistia o Governo e os unionistas) uma violação dos compromissos contraídos para com a Inglaterra em 10/12 de outubro de 1914.

4. *A revolução de 14 de maio de 1915*

Sabendo que o Governo se preparava para suspender as garantias constitucionais – pondo ainda em risco o próprio regime republicano, já fortemente subvertido por graves prepotências arbitrárias e anticonstitucionais e por nomeações de monárquicos para chefias administrativas e de altos postos militares – uma *Junta Revolucionária* de oficiais "democráticos" (afetos ao P.R.P.) desencadeou uma revolução em 14 de maio (para que conste Bernardino Machado não teve conhecimento da revolução senão pelos jornais) que demitiu o Governo, depois de violentos combates que se prolongaram por três dias (tendo Machado Santos na chefia das hostes pimentistas) onde pereceram 200 pessoas e houve cerca de 1000 feridos. Depois da queda da Ditadura a *Junta* nomeou um Governo interino chefiado por João Chagas (que não tomou posse por este ter sido baleado pelo deputado João de Freitas); para o substituir foi convidado José de Castro (até às eleições de 6 de junho) que acumulou o cargo com o de Ministro do Interior. Depois de constituído o novo Governo – de constituição atribulada, diga-se de passagem – a *Junta Revolucionária* dissolveu-se no dia 18 de maio e publicou um *manifesto* em que expôs as razões da sua iniciativa revolucionária – repetindo, no essencial, as arbitrariedades e ilegalidades do Governo a que já nos referimos – revelou que o *Partido Republicano Português*, desde a primeira hora, começou a conceber uma revolução para derrubar a ditadura (que foi demorada, porque foi difícil encontrar apoios fora do campo "democrático", dado que – embora todos sentissem vergonha da Ditadura – os não afetos ao *Partido Democrático* receavam entrar num movimento que se lhes afigurava caracterizadamente partidário), que a *Junta Revolucionária* apenas queria o regresso à normalidade constitucional, a constituição de um Ministério com elementos dos três partidos (convite que os chefes dos Partidos evolucionista e unionista recusaram) e a realização de eleições no dia 6 de junho; e lembrava, no *manifesto*, ao recém--nomeado Governo os pontos concretos das imediatas reclamações dos republicanos: "restituir todos os funcionários civis e militares às instituições em que se encontravam anteriormente à ditadura; trancar todos os castigos aplicados a militares ou civis pela ditadura; declarar a nulidade de todos os decretos ditatoriais, tornando válidos unicamente os de carácter eleitoral de 24 de Fevereiro e de

2 de Março último (...); encerrar os centros monárquicos e marcar prazo aos cabecilhas e agitadores monárquicos para saírem do país; comutar as penas dos indivíduos presos por crimes sociais, enquanto o Parlamento não resolver sobre a sua amnistia; retirar da atividade do serviço os funcionários ou militares de terra e mar que pratiquem ou tenham praticado quaisquer atos hostis ao regime republicano e à *Constituição*; conceder pensões às famílias de todos aqueles que faleceram defendendo a República e a *Constituição*; estudar, com a máxima brevidade, a forma de atender as reclamações das praças de *pret*, sargentos e oficiais do exército e da armada que não acarretem aumento de despesa; e vingar a afronta feita à bandeira nacional [em Naulila], ativando com energia e decisão a campanha nas nossas colónias africanas". A *Junta* apresentava, enfim, ao novo Governo o seu guião político.

Em 24 de maio, o Governo convocou um *Congresso* extraor- dinário que elegeu, no dia 29 (devido à renúncia de Manuel de Ar- riaga), Teófilo Braga, como novo Presidente da República até à sua substituição por aquele que haveria de ser eleito pelo Parlamento, saído das eleições de 6 de junho; e um dia antes destas se realizarem publicou uma ampla amnistia (Lei nº 316 de 5.6.1915) onde é de salientar o artigo o art. 1º, que incluía "todos os crimes, delitos ou transgressões cometidos até ao dia 20 de maio corrente, de origem ou caráter político, ou em movimento, manifestação ou tumulto da mesma natureza, por questões de subsistência ou em conflito com as autoridades administrativas ou outros agentes da autoridade e da polícia". Mas esta amnistia não abrangia os mais notórios pimentistas e, pelo seu art.3º, autorizava o Governo a renovar a expulsão do país, como medida de segurança, dos inimigos da República.

4.1. *O Governo José de Castro*

As eleições de 6 de junho – ainda que com uma elevada per- centagem de eleitores abstencionistas – proporcionaram uma vitória esmagadora ao P.R.P. que alcançou a maioria absoluta nas duas Câ- maras. Indicou ao Presidente da República, para formar Governo,

José de Castro (politicamente independente, mas convicto aliadófilo e intervencionista) que aceitou o convite, assegurando-lhe o P.R.P. o apoio parlamentar; para as pastas da Guerra e dos Estrangeiros, José de Castro escolheu, respectivamente, Norton de Matos e Augusto Soares (também eles, convictos partidários no nosso intervencionismo na Guerra europeia).

Ainda que, antes das eleições, o Governo tenha decretado o direito de expulsar os indivíduos hostis à República e, ainda, por decreto de 16 de junho, a separação de funções públicas de oficiais e funcionários públicos, *ativamente* comprometidos com a ditadura pimentista; ainda que os unionistas e os evolucionistas tenham perdido protagonismo político (devido ao seu compromisso com a ex-ditadura), a verdade é que a retoma da entrada de Portugal na Guerra se revelou um problema de difícil solução, porque a Inglaterra não a desejava, porque a crise das subsistências se tornara um pesadelo social e a nossa participação na Guerra, aos olhos da opinião pública, aparentava agravá-lo e não aliviá-lo; palavras de ordem como 'patriotismo', defesa da 'liberdade e da civilização', etc. tinham um efeito nulo ou diminuto em estômagos vazios. Se, objetivamente, a conexão entre *República, Pátria* e *participação na guerra ao lado dos Aliados* nunca fizera sentido para maioria da população (analfabeta e supersticiosa) também para a minoria que sabia fazer escolhas menos imediatistas e abstratas, o realismo da situação social ia tomando a dianteira sobre as suas opções inicialmente idealistas. Dito de outro modo, a nossa opção beligerante aliadófila, depois da Ditadura de Pimenta de Castro, tornou-se uma opção, eminentemente, política e, em geral, carecia já do apoio da maioria da opinião pública. É verdade que a eleição de Bernardino Machado, para Presidente da República, em 6 de agosto, reforçou a tendência intervencionista da política vencedora do 14 de maio, mas não existiam condições objetivas, concretas, para que a nossa intervenção se tornasse imperativa (a não ser por *moto proprio* ou por qualquer situação internacional inesperada que a exigisse). Com estas dificuldades se defrontará o Governo de José de Castro e, inicialmente, o Governo que lhe sucedeu, como veremos.

Ainda que cuidando, com zelo, das *subsistências* (acerca das quais, logo em agosto, tomou medidas protecionistas, entregando o controle de produção, comercialização e regulação – em especial dos cereais – à *Manutenção Militar*) – cuidado protecionista que também terão os Governos seguintes, inclusive, o Sidonismo – o Governo de José de Castro, quanto à *política interna*, tomou a seu cargo a reforma da polícia (que centralizou no poder central assim como o recrutamento do seu pessoal); procurou aplicar o decreto de 16 de junho, ou seja, o da separação de oficiais e funcionários do Estado, por reconhecido ativismo pró-pimentista (tarefa entregue a comissões em que a disparidade de decisões criou um grande mal--estar e deliberadas dilações na conclusão desses processos); publicou, em nome da "ordem", um decreto contra os crimes de "alta traição" – como os crimes contra a Segurança do Estado, os que ofendessem os interesses deste relativamente às nações estrangeiras, os crimes de rebelião, etc. – na sequência de uma proposta aprovada pelo Congresso em 21 de setembro; continuou a apoiar a defesa das nossas colónias e uma eventual participação na guerra europeia, abrindo um crédito no Ministério das Finanças para as despesas extraordinárias daí resultantes; enviou para Moçambique um segundo corpo expedicionário (comandado pelo major Moura Mendes, com 1502 praças e 52 oficiais) e ordenou a tomada de Kionga.

Quanto à *política externa*, perante o impasse europeu e os acossos dos alemães nas colónias, o Governo decidiu invadir a colónia alemã da Damaralândia (tentando, deste modo, comprometer a Inglaterra, ao abrigo da Aliança, numa beligerância da nossa iniciativa contra a Alemanha, a partir as Colónias). Para o efeito, Augusto Soares consultou o *Foreign Office* que respondeu ao nosso Ministro, através de Lancelot Carnegie, em 3 de agosto, que Portugal tinha de ter uma forte razão para declarar guerra à Alemanha e não um mero pretexto; e que uma declaração unilateral da guerra à Alemanha por parte de Portugal sem a prévia aprovação da Inglaterra, não seria por ela acompanhada; se tal rotura se viesse a consumar, Portugal ficaria entregue a si próprio, ou seja, a Inglaterra não nos poderia ajudar ao abrigo da Aliança; na melhor das hipóteses protegeria as nossas costas marítimas, mas não podia fornecer-nos nem armamento, nem munições, nem ajuda militar em geral, nem emprestar-nos dinheiro. A resposta do *Foreign Office* – que recuava aos tempos anteriores ao 10 de outubro de 1914, ou seja, aos da neutralidade condicional – não agradou a Augusto Soares que, em 16 de setembro, lembrou a Edward Grey que há muito Portugal se encontrava em guerra com a Alemanha, nas colónias, *por causa* da Inglaterra, e que a *declaração* de guerra não passava de uma formalidade a que a Inglaterra recorria para não assumir as suas responsabilidades para connosco; em concreto, Augusto Soares lembrou ao ministro inglês: fôramos atacados nas colónias pelos alemães, por mais de uma vez, a pretexto de não termos declarado a neutralidade, de sermos aliados da Inglaterra e de lhe manifestarmos disponibilidade para a auxiliar; em 10 de outubro de 1914, a Inglaterra pediu-nos ajuda militar ao abrigo da Aliança, mais exatamente, artilharia para o teatro de guerra na Flandres e que saíssemos da neutralidade; enviamos dispendiosas expedições militares para as colónias que também ajudaram a manter as colónias inglesas (atrasando, simultaneamente, a constituição da *Divisão auxiliar* a enviar para França no início de fevereiro de 1915 e que nunca se concretizou); emprestámos uma força militar para auxiliar o combate das autoridades britânicas contra os indígenas da sua colónia da África Oriental; malquistámo-nos com a Alemanha e com os seus cidadãos em Angola (sujeitando-nos, depois, aos protestos do seu representante diplomático, em Lisboa, o barão Rosen); enfim – segundo Augusto Soares disse a Grey – a Inglaterra devia publicar um documento em que esclarecesse o povo português sobre o seu papel na Guerra ao lado dos Aliados (pois o próprio povo português duvidava que estivéssemos a cumprir o nosso dever de Aliados e estes – exceto a Inglaterra – estavam perplexos com a nossa inércia). Era, no entender do nosso Ministro dos Negócios Estrangeiros, uma situação "ambígua e insustentável" que se resolveria uma vez por todas com a constatação do estado de guerra entre Portugal e a Alemanha (e não retomando o *memorandum* inglês de 6 de agosto, que era prolongar o equívoco que se pretendia desfazer, deixando Portugal numa situação "embaraçosa e dificilmente sustentável"). Grey não se escusou a responder a Augusto Soares, em 27 de outubro. Reconhecendo que, de facto, Portugal quebrara algumas vezes as regras da neutralidade por causa da sua aliança com a Inglaterra, todavia – insistia – se Portugal declarasse guerra à Alemanha, teria de fazê-lo por sua conta e risco (e não por causa ou com a ajuda da Aliança). Uma vez mais a Inglaterra recuava para a neutralidade condicional que defendera antes de 10 de outubro e até pretendia que continuasse depois desta data!). Como vemos, Edward Grey manteve-se intransigente perante os argumentos provocatórios de Augusto Soares, e o Governo de José de Castro teve de continuar na tão desejada neutralidade condicional que a Inglaterra nos impusera. Não tenho dúvidas que Bernardino Machado, ainda que não tendo – pelos poderes simbólicos e "morais" do seu cargo – qualquer possibilidade de influenciar a Inglaterra, pelo menos estava, com certeza ao lado dos intervencionistas aliadófilos; sobejam argumentos que o comprovam – como os Congresso de 7 de agosto e 23 de novembro de 1914 – e reafirmação da opção intervencionista numa entrevista concedida ao *Portugal Moderno*, em 17 de novembro de 1915. Todavia, a sua personalidade era avessa a ambiguidades contraditórias, como aquelas em que, deliberadamente, se embrenhava a Inglaterra. Lembremos, a este propósito, que num banquete que lhe foi oferecido pela União da Agricultura, Comércio e Industria, em 1 de outubro de 1915, organizado por Freire de Andrade, disse que "o ecletismo era tão falso em filosofia como dissolvente em política"; por extensão, poder-se-ia concluir, com cabimento, que era igualmente dissolvente em política, algo tão ambíguo e contraditório como a neutralidade condicional. O Governo de José de Castro, no plano da política externa estava, portanto, num impasse; e a nível interno, crescia a contestação à sua continuidade. Os imbróglios da reforma da polícia e as dificuldades cada vez maiores, da aplicação do decreto de 16 de agosto, deram-lhe pretexto para pedir a demissão em 18.XI.1915, tendo Bernardino Machado procurado, de seguida, a constituição de um Governo "nacional" (convite recusado pelos *Partido Evolucionista* e o *Partido Unionista*). Depois do malogro desta tentativa, convidou o partido parlamentar maioritário, o P.R.P., a aceitar formar Governo, convite que Afonso Costa aceitou.

5. O Governo de Afonso Costa

Afonso Costa tomou posse em 29.XI.1915 e deixou o Governo em 15.III.1916. Tal como José de Castro não tinha soluções para forçarmos a nossa entrada na Guerra ao abrigo da Aliança. Este impasse é visível na sua "declaração ministerial" ao Parlamento. Não se alarga sobre o assunto; apenas diz que o Parlamento já se pronunciara "desassombradamente" sobre o caminho que a República devia tomar quanto a ele e o Governo tudo faria para lhe dar execução, em nome do Direito, da Justiça e da solidariedade para com os Aliados. Implicitamente Afonso Costa referia-se aos Congressos de 7 de agosto e de 23 de novembro (mas não falou do pedido de ajuda militar da Inglaterra em 10 de outubro de 1914). Prudentemente – a meu ver – não trouxe para a exposição pública o intervencionismo que o P.R.P. sempre defendera, deixando pairar as dúvidas, sublinhadas pela Oposição, sobre a veracidade do pedido de ajuda militar da Inglaterra ao abrigo da Aliança. Esta omissão – e não aconteceu apenas no Parlamento – reforçou a intenção da Inglaterra em nos manter na neutralidade condicional e exorbitou a impaciência dos republicanos intervencionistas que, no início de janeiro de 1916 (como diz *A Capital* do dia 3) consideravam a situação "inverosímil à face dos códigos em que se estabelecem as leis da guerra" e algo "indefinível, inominável à luz das regras do direito internacional". Sobejavam factos – aduziam os intervencionistas – que demonstravam que abandonáramos, há muito, a neutralidade: como a neutralização do cabo submarino através do qual a Alemanha comunicava com as suas colónias africanas; os ataques às nossas tropas expedicionárias pelos alemães nas nossas colónias (que não teriam acontecido se fossemos neutrais e não aliados da Inglaterra); o abastecimento e refúgio, nos nossos portos, dos barcos ingleses, etc.). Manter esta situação de neutralidade condicional era, como dizia Manuel Guimarães – diretor d'*A Capital* – em 4 de janeiro de 1916, prolongar uma "situação afrontosa"; mas era, também, uma situação politicamente insustentável para os republicanos 'democratas' (incluindo nestes não apenas a base social de apoio do P.R.P., cujo partido era Governo e tinha a maioria absoluta no Parlamento) mas todos aqueles que viam na Alemanha a ameaça de um regime imperial que se alimentava da conquista armada e da subjugação servil – quando não da eliminação – das nações mais fracas.

Entretanto a Inglaterra, na consecução da sua estratégia de guerra, decidiu neutralizar o abastecimento à Alemanha, feito pelos países vizinhos. Mas carecia de barcos em número suficiente para o fazer. Mas nós tínhamos 63 barcos alemães estacionados no Tejo. A Inglaterra podia resolver, cabalmente, o boicote que pretendia fazer e, como moeda de troca, convidava-nos a entrar na Guerra. E foi o que fez. Em 30 de dezembro de 1915, Lancelot Carnegie solicitou, oralmente, ao Governo português o fretamento dos navios alemães, argumentando Edward Grey que a sua requisição, por Portugal, não implicava qualquer declaração de guerra à Alemanha. É verdade que a requisição de navios estava prevista no Direito Internacional, em situações excecionais; fizeram-na os EUA e a Itália, e preparava-se para a fazer, também, a Espanha, que era "neutral". Todavia, o pedido inglês transpirou para a opinião pública e nos meses de janeiro e fevereiro a imprensa periódica deu-lhe grande cobertura. No início de fevereiro o Governo português informava o *Foreign Office* que não podia justificar, à luz do Direito Internacional, a requisição de um número tão avultado de navios para satisfazer as suas necessidades internas; e acrescentou que já estava no Parlamento, para discussão, um projeto de lei que pretendia dar ao Governo poderes para requisitar os navios alemães em todos os portos portugueses. Grey respondeu que, depois do projeto aprovado, o Governo português poderia apoderar-se dos navios, argumentando que estavam desaproveitados, ao contrário dos navios nacionais. Mas o Governo de Afonso Costa estava prevenido contra as subtilezas de Grey. E Augusto Soares respondeu-lhe num *memorandum* com data de 6 de fevereiro, que o Conselho de Ministros, sob a presidência de Bernardino Machado, deliberara: recordar ao Governo britânico que Portugal não era um país neutro e, por isso, não podia fazer dos navios o que lhe aprouvesse; que o Governo britânico deveria explicitar o seu pedido, subordinando-o ao princípio que Portugal adoptara, desde o início do conflito, e que o devia justificar, ou seja, fazer esse pedido ao abrigo da Aliança; se o Governo britânico assim procedesse estabelecer-se-ia, rapidamente, um serviço de carreiras entre Lisboa e os principais portos do mundo, em conformidade com os interesses dos dois países.

A Grã-Bretanha, sem alternativa (tanto mais que os navios requisitados não eram para pôr ao serviço de Portugal mas para serem cedidos à sua aliada) aceitou as exigências da proposta portuguesa, pedindo ao Governo português, em 17 de fevereiro, a urgente requisição dos navios inimigos estacionados em portos portugueses. Em fins de fevereiro, ou seja, em 24, o Governo português aprovava e promulgava um decreto sobre os transportes marítimos, sublinhando quanto o interesse nacional – em especial o problema das subsistências – dependia dele e decretava, também, a requisição dos navios estacionados nos nossos portos (por razões de "salvação pública"), entregando a sua gestão ao Ministério da Marinha. Estava criado o quadro legal que permitiu ao Governo requisitar os navios alemães (e alguns austríacos). "Ato lógico" – dirá Afonso Costa – feito ao abrigo da 10ª base da lei das subsistências (como salientou o ministro Augusto Soares). No dia 25, o Governo informou e justificou perante o Parlamento a requisição dos navios. Mas a Alemanha não entendeu a nossa iniciativa e protestou contra ela através do seu representante diplomático, o barão Friedrich Rosen, junto de Augusto Soares, aproveitando a oportunidade para lembrar ao nosso Ministro dos Negócios Estrangeiros todas as infrações de Portugal às regras da neutralidade contra a Alemanha nas suas colónias sul-africanas, as ofensas dirigidas ao *kaiser* no Parlamento por António José de Almeida e as notícias que, com frequência inusitada, eram publicadas na imprensa contra a Alemanha. De pouco adiantaram estes protestos, porque não adiaram o expectável. Em 9 de março, a Alemanha declarava guerra a Portugal. Bernardino Machado algumas semanas depois, ou seja, em 29 de março, em entrevista ao *Pétit Parisien*, não se mostrou surpreendido, pois – como sublinhou – desde há muito estávamos em guerra com a Alemanha nas Colónias sem o apoio dos Aliados (embora esperando a sua ajuda) e a declaração de guerra não fizera mais do que dissipar qualquer equívoco. O Governo, por sua vez, tomou, de imediato, várias medidas: reuniu o Congresso, em 10 de março, para expor a situação, apresentando Afonso Costa uma proposta de resolução que foi aprovada por unanimidade: "são conferidas ao Poder Executivo todas as faculdades necessárias ao estado de Guerra com a Alemanha nos termos do art. 26º nº14 da Constituição"; em 12 de março, o Governo decretou a Censura prévia, para limitar a desinformação e o alarmismo; em 14 de março foi autorizado, por decreto, a requisitar qualquer embarcação de cabotagem se o interesse nacional o exigisse; aumentou as verbas para Ministério da Guerra; impediu a saída para o estrangeiro dos cidadãos, com idade compreendida entre os 15 e os 45 anos; e concedeu ao Ministério da Guerra o direito de requisição militar, enquanto a Guerra durasse sobre todo o território português, independentemente da mobilização geral. Tomadas estas medidas, o Governo demitiu-se em 15 de Março, para que o Presidente da República, Bernardino Machado pudesse formar um Governo "nacional".

6. *O Governo da «União Sagrada»*

Apesar dos esforços de Bernardino Machado em formar um governo nacional, não conseguiu que nele participasse a *União Republicana*, que punha como condição para a sua participação: que nele entrassem, também, os monárquicos, os socialistas e os católicos. Inviabilizado, assim, um Governo com os três maiores partidos, Bernardino Machado conseguiu contudo, reconciliar António José de Almeida e Afonso Costa e, por extensão, evolucionistas e democráticos, constituindo o Governo da *União Sagrada* (16.III.1916-25. IV.1917); Ministério a que presidiu o primeiro, com o segundo a Ministro das Finanças, com Augusto Soares no Ministério dos Negócios Estrangeiros, Norton de Matos na pasta da Guerra e Mesquita de Carvalho na pasta da Justiça, entre outros.

António José de Almeida, na "declaração ministerial" que fez na Câmara de Deputados, depois de tomar posse, disse que estando "a Pátria em perigo", o papel do seu Governo seria o de "reunir todos os portugueses em prol da causa sagrada da independência e integridade nacional". A nível da *política interna*, instituiu a Censura prévia e postal em 21 de março; amnistiou, em 14 de abril, os militares e funcionários públicos ativamente comprometidos com a ditadura de Pimenta de Castro; reprimiu, violentamente, a agitação social (greves, tumultos, assaltos a armazéns e lojas, etc.) por causa da carestia de vida; proibiu as manifestações religiosas e antirreligiosas, através de uma circular aos Governos civis; suspendeu a venda dos bens do clero (com o argumento que essa venda podia ser um factor de alteração da "ordem pública", sobretudo nos meios rurais); tornou-se laxista quanto à aplicação da Lei da Separação; foi confrontado, frequentemente, com milhares de *panfletos*, ao longo do ano de 1916, que circulavam no país contra a nossa intervenção na Guerra, salientando a dissociação entre a vontade do Governo e a da Nação, apesar das centenas de conferências "patrióticas" que os intervencionistas fizeram, sobretudo nos distritos de Lisboa e Porto, para explicar e defender a sua opção governamental; exorbitou, não poucas vezes, das autorizações extraordinárias que o Parlamento lhe concedeu; aumentou a circulação fiduciária; promulgou, em 26 de setembro, a lei aprovada e decretada pelo Congresso da República, que reintroduziu, no Código Militar, a pena de morte, ainda que apenas aplicada "no caso de guerra com país estrangeiro, em tanto quanto a aplicação dessa pena seja indispensável, e apenas no teatro da guerra"; adiou *sine die* as eleições administrativas (por nota oficiosa 11 de novembro), com o argumento de que se preparavam tumultos para o dia do ato eleitoral, provocados pelos anti-intervencionistas e um golpe para derrubar o Governo (suspeição reforçada pelo aumento de submarinos alemães na nossa orla costeira); jugulou a revolta de Machado Santos para derrubar o Governo, iniciada em Tomar, em 13 de dezembro (apoiada por alguns unionistas e com o conhecimento – não a aprovação – de Brito Camacho); acatou o projeto de lei sobre "crimes contra a Pátria" de 18 de dezembro, levado ao Congresso por iniciativa de Norton de Matos, onde foi aprovado, o que levou à dissidência irreversível do *Partido Evolucionista*, passando muitos dos seus membros a constituir no Parlamento um bloco com os independentes e unionistas (ainda que não integrados no partido destes) contra a política da *União Sagrada*, em contraposição aos evolucionistas 'almeidistas'; finalmente, manifestou inúmeras dificuldades em lidar com a questão das subsistências.

Ora esta política interna do Governo da *União Sagrada* mostrou graves debilidades em questões fraturantes sobre as quais os seus dois partidos nunca (ou mal) estiveram de acordo. Essa divergência começou logo pela controversa amnistia aos ativistas pimentistas que os democráticos de maneira nenhuma teriam aceite noutras circunstâncias, pois, sob muitos aspetos, era uma afronta àqueles que fizeram o *14 de maio*, o defenderam e apoiaram. Outro factor divisionista entre as forças políticas que apoiavam o Governo foi o laxismo deste na aplicação da Lei da Separação, sob a tutela direta do evolucionista Mesquita de Carvalho, ministro da Justiça, tendo a Igreja retomado a sua atividade espiritual e pastoral quase sem restrições (o que em nada agradava aos democráticos que a consideravam um pilar fundamental da República nem a diversas instituições laicas republicanas que a denunciaram quase diariamente). Mas outros problemas foram surgindo, a nível interno, que aumentaram o mal--estar nas bases sociais de apoio dos dois partidos: o alegado abuso das autorizações extraordinárias que foram concedidas ao Governo; o aumento da circulação fiduciária e, portanto, o aumento do custo de vida; a reintrodução, por iniciativa dos democráticos, da pena de morte no Código de Justiça Militar, aprovada e decretada pelo Congresso, em 26 de setembro de 1916, que previa a sua aplicação num conflito entre nações ou num cenário de guerra (e que foi aprovada); e a agudização da crise das subsistências, pese embora todas as medidas para a minorar.

Todas estas circunstâncias e factores acabaram por gerar um ambiente de rotura social e política, despoletado pela direita republicana: Machado Santos, em 13 de dezembro de 1916, tentou, num golpe ousado, um levantamento militar a partir de Tomar e a criação da ilusão nas forças militares e civis – através da circulação de um falso *Diário do Governo* e de um governo-fantasma – que o Poder caíra nas

mãos dos sublevados; rapidamente neutralizado e preso, verificou-
-se, logo de seguida, que estavam mancomunados, com a revolta,
vários deputados e senadores oposicionistas, com especial destaque
para alguns unionistas (mas não Brito Camacho). Reativamente, o
Ministro da Guerra, dias depois, em 18 de dezembro apresentou no
Congresso, onde foi aprovado, um projeto de lei, altamente con-
testado pela Oposição, de "crimes contra a Pátria" (que levou uma
facção do *Partido Evolucionista* a abandonar o apoio ao seu líder e a
colocar-se, tacticamente, ao lado da Oposição que passou a formar
um 'bloco' informal, com unionistas e independentes).

Quanto à *política externa*, o Governo da *União Sagrada* con-
firmou por decreto de 30 de março de 1916 que os cidadãos entre
os 15 e os 45 anos não podiam sair do país; decretou a mobilização
de uma Divisão de Instrução (20 000 homens), para Tancos, impul-
sionada por um conjunto de oficiais democráticos sob o comando
do general Tamagnini e Silva; feita em três meses e terminadas as
manobras, foi desmobilizada em 2 de agosto, iniciando-se, seguidamente, a constituição do *Corpo Expedicionário Português* (C.E.P.),
no qual aquela divisão se integrará. Os efetivos do C.E.P., na 1ª
mobilização, serão 1551 oficiais e 38.034 sargentos e praças e os seus
primeiros treinos decorrerão nos quartéis da 2ª, 5ª e 7ª Divisões. Os
números do C.E.P. virão a subir para 50 000 quando se constituiu
a 2ª Divisão, constituindo as duas, um Corpo do Exército de 50
000 homens, sendo a 1ª comandada pelo general Tamagnini Abreu
e Silva e a 2ª, pelo general Gomes da Costa. Em 31 de janeiro de
1917, embarcou para França, em três navios britânicos, o primeiro
contingente do C.E.P., em cuja despedida Bernardino Machado fez
questão de marcar presença. Seguiram-se outros embarques. No dia
12 de fevereiro de 1917, Tamagnini da Silva propunha ao Comando
Aliado que o C.E.P. fosse elevado a *Corpo do Exército*, proposta que
foi aceite em 20 de Fevereiro; no dia 23 deste mesmo mês partiu,
para França o 2º contingente do C.E.P. Mas só no fim de abril (em
pleno crise política interna) as tropas chegaram à Flandres; depois
de passarem por fases de adaptação e treino foram, por fim integradas, nas trincheiras. Apesar do esforço de guerra da *União Sagrada*

se ter centrado na Europa, a defesa das colónias não foi esquecida. O Governo pouco tempo depois da sua posse, ordenou mais uma expedição para Moçambique (a 3º) comandada pelo general Ferreira Gil, que partiu em junho, com ordens para invadir as colónias alemãs (desiderato nunca conseguido, o que levou o deputado democrático António da Fonseca a interpelar o Governo, em 8 de abril, sobre os sucessos e insucessos das nossas tropas em Moçambique, onde efetivamente foram, sucessivamente, derrotadas).

Apesar de todos esforços de guerra da *União Sagrada* ao lado dos Aliados, os insucessos das nossas tropas nas colónias e, sobretudo, a agudização da condições de vida a nível interno, com a escassez dos bens essenciais de consumo, o seu incontrolável açambarcamento e especulação, um imparável aumento de custo de vida, o desemprego crescente e a miséria, os assaltos a lojas e armazéns, criaram um generalizado descontentamento social – agravado pela hostilidade da Oposição parlamentar e pela contestação do operariado organizado – que fácil e credivelmente, o atribuíram ao Governo, que se viu em grandes dificuldades para o atenuar, apesar de dispor de uma maioria parlamentar a apoiá-lo. É neste contexto de impotência governativa perante a contestação social, que António José de Almeida, de boa-fé, cria, em Abril, um *Conselho Económico Social*, constituído por representantes das "forças vivas", com funções consultivas (que, tacitamente, tinha o apoio de Bernardino Machado). Todavia, o Parlamento, através dos deputados democráticos António Fonseca e Ramada Curto, entre outros, sentiu-se não apenas ofendido com a iniciativa do chefe do Governo, mas acusou esse Conselho de lhe serem atribuídas prerrogativas que, constitucionalmente, não podia ter. António José de Almeida interpretou essa contestação como uma moção de desconfiança e pediu a demissão, embora continuando a apoiar o Governo.

7. Um governo da União Sagrada apoiado pelos evolucionistas almeidistas

Depois da renúncia de António José de Almeida, Bernardino Machado chamou a formar Ministério Afonso Costa (25-5-1917-

10-12-1917). Tinha o apoio dos democráticos e dos evolucionistas almeidistas. Afonso Costa tomou conta do Ministério em condições muito difíceis. Havia problemas gravíssimos nos abastecimentos e uma carência e insuficiência sem precedentes na satisfação popular dos géneros alimentares de primeira necessidade, além de uma falta de trabalho e miséria alarmantes. A Guerra mostrava, como nunca, os seus efeitos devastadores. Sucediam-se greves, tumultos, assaltos a armazéns e lojas de víveres. Eclodiu a "revolta dos abastecimentos" (de 12 a 31 de maio de 1917) – com especial destaque para a chamada "revolta da batata" (19 a 21 de maio) – cuja repressão violenta faz dezenas de mortos e feridos e levou o Governo a suspender as garantias constitucionais e a decretar o estado de sítio; contra a o parecer – como adiante veremos – de Bernardino Machado. Esta alegada "incompreensão popular" pelo nosso esforço patriótico de guerra, levou Afonso Costa, em 22 de maio, a acusar de "selvagens", na Câmara dos Deputados, os protestos populares. Por outro lado, as "aparições" de Fátima nesse mês, apresentando, de certo modo, a Igreja como a única alternativa e porto seguro para a instabilidade e miséria vividas (diabolizando, indiretamente, o regime e colocando a guerra numa instância providencial e divina), colocavam as soluções governativas, à luz da moral cristã, no balança do bem e do mal. De 7 a 18 de julho ocorreu uma nova greve, agora da construção civil, cujos grevistas foram acutilados pela G.N.R., sendo encerrada a U.O.N. e presas 300 pessoas. Vejamos o que aconteceu. No dia 12, os operários da construção civil de Lisboa, abandonaram o trabalho, mantendo-se os seus dirigentes em sessão permanente na sua sede, na Calçada do Combro, 88, no edifício do antigo correio geral; nesse mesmo dia, uma comissão de operários encaminhou-se para o Ministério do Trabalho a fim de se avistar com o respectivo ministro. Como essa comissão se demorasse e constasse que os seus membros tinham sido presos, uns 7 a 8 000 operários encaminharam-se para o Terreiro do Paço, para saber a veracidade do boato. Mas dois esquadrões de cavalaria da G.N.R. travaram-nos e dispersaram-nos; os operários decidiram, então, voltar à sede da Federação onde não tardou a aparecer a Comissão (pouco passava das 19 horas). Nesse momento compareceram no local forças de cavalaria e de infantaria da G.N.R. que se colocaram nas embocaduras das ruas próximas. Os operários ficaram um tanto surpreendidos. A confusão instalou-se quando rebentou um petardo junto à C.G.D.. A G.N.R. reagiu e tomou de assalto o sindicato, prendendo 300 pessoas que levou sob escolta para o Governo Civil, depois para o Arsenal da Marinha e, por fim, para vários navios estacionados no Tejo. As garantias constitucionais foram suspensas e o comandante militar de Lisboa, o general Pereira d'Eça, publicou um edital sobre o âmbito dessa suspensão.

Perante esta avalanche contestatária do operariado – tão do agrado da Oposição unionista e dissidente evolucionista – Afonso Costa radicalizou o seu discurso e intimidou-a, na Câmara dos Deputados, em 14 de julho, denunciando o capitalismo como a causa maior das dificuldades da política 'nacional' e exortando os contestatários à luta de classes (como Marx a entendia). Não era decerto o que a Oposição queria ouvir, que entrou em pânico. Estas palavras de Afonso Costa a par da repressão governamental sobre os grevistas desencadearam novas greves (em 1 de agosto, a greve da Companhia das Águas e, no mês seguinte, a dos Correios e Telégrafos). O Governo, focado na Guerra e confrontado com os seus incontroláveis e nefastos efeitos económico-sociais (tanto mais graves quanto a nossa economia era extremamente dependente da dos Aliados), dissociou-se na nação e o exercício do Poder tomou uma feição quase ditatorial.

A juntar a todos estes factores, já de si muitos e preocupantes, apareceu um novo que podia ser fatal para o Governo (e só não foi porque o Sidonismo se antecipou): a divisão interna do próprio P.R.P., depois da "revolta dos abastecimentos". Os mais relevantes membros do grupo parlamentar democrático – como disse em junho, Jaime Cortesão (o seu agente mobilizador e catalisador) – eram da opinião que o Governo caminhava para "um desastre interno" ao ter-se apresentado quer como alternativa ao fim da *União Sagrada* (que foi uma vitória dos "inimigos da guerra") sob a forma "político--partidária" (que consideravam, também, "o mais desastroso erro político para a vida nacional") e não de uma forma mais abrangente, quer devido ao facto de alguns dos seus membros não estarem à altura das exigências dos seus cargos. Mas, no entender desse grupo parlamentar democrático, mesmo depois da renúncia de António José de Almeida, ainda que só houvesse condições para formar um Governo monopartidário, este devia ter cuidado na escolha dos ministros, não se expondo em excesso perante a opinião pública, perante a Oposição e os inimigos do regime, para não enfrentar golpes que, além de prejudicarem a nossa participação na guerra – da qual o P.R.P. fora o principal artífice – prejudicassem a credibilidade e estabilidade do regime, cuja situação económica se degradara, extraordinariamente, e que o Governo era já incapaz de estancar e sanear com medidas radicais. E se não eram surpreendentes os protestos das massas populares perante esta situação (eram as suas principais vítimas!) já surpreendeu este núcleo de opositores democráticos ao Governo – segundo Jaime Cortesão – o uso desmedido da força para os resolver; se era verdade que as forças da Oposição, cada uma de per si, eram incapazes de o derrubar, já o mesmo não se podia dizer se se *unissem* e tivessem do seu lado – como tinham (ainda que por "negação" da política do Governo) – "um povo cansado, faminto e desorientado". Foi esta preocupação que moveu alguns membros do Grupo Parlamentar do P.R.P., depois de algumas conversas entre si (Jaime Cortesão, Ferreira da Silva, António da Fonseca e Herculano Nunes) a entregarem ao Governo um documento enunciando e fundamentando os seus propósitos e reclamações (não o tendo feito nas reuniões semanais do Grupo com receio de serem apontados como suspeitos ou exemplos de "indisciplina, traição e ambições"). Esse documento ou *mensagem* foi redigido numa reunião que se efetuou na casa de António da Fonseca e subscrito, entre outros – para além dos parlamentares citados – por João de Deus, Ramos, Ramada Curto, João de Barros, Artur Leitão, Francisco Trancoso, Sousa Rosa, Alberto Xavier, João Camoesas e Lúcio de Azevedo; e não se incluíram os nomes de António Macieira e António Maria da Silva (que comungavam das mesmas ideias) para que a *mensagem* não aparentasse o que na verdade não queria ser: uma cisão partidária; nela (assinada por vinte e tantos nomes) os seus signatários manifestavam a Afonso

Costa o firme propósito de apoiarem a "constituição imediata de um governo nacional" em que estivessem representadas, quanto possível, "as correntes partidárias e as classes produtoras", de modo a assegurar às medidas governativas o apoio daqueles a quem competia a sua realização; apelavam ao Governo que esclarecesse, publicamente, "de um modo sistemático e quanto possível completo", as questões nacionais – "como base indispensável da colaboração de todos e justa condição dos necessários sacrifícios" – e que os problemas atuais com que se defrontava a sociedade portuguesa, particularmente, os que diziam respeito ao esforço militar português e às garantias e compensações internacionais correspondentes, fossem estudados e ponderados "em harmonia com a necessidade imprescindível de assegurar a vida financeira do país e de promover, desde já e mesmo à custa de imediatos sacrifícios financeiros, o seu desenvolvimento material e moral". Para prevenir o pior dos cenários – uma eventual crise política derivada da divisão intrapartidária democrática no Parlamento – e s suas imprevisíveis consequências, o grupo dos signatários, encarregou um deles, António Fonseca, de conferenciar com os unionistas, mais exatamente, com José Barbosa, a quem deu conhecimento dos propósitos do grupo que representava, mas que, aparentemente, não se mostrou receptivo a esse desiderato. Entretanto, na reunião com o grupo parlamentar, onde Cortesão se propunha apresentar a *mensagem* (o que não fez, a pedido prévio de António Fonseca, para que mais alguns deputados, que estavam fora de Lisboa, a pudessem subscrever), Afonso Costa, numa jogada de antecipação, abortou o movimento de contestação. Todavia, antes de o fazer, ouviu alguns dos signatários da mensagem que, impacientes pela adiamento da sua leitura, tomaram a iniciativa *ad hoc* de expo-rem os pontos de vista nela contidos, mas cada um à sua maneira. Assim, João de Deus Ramos, ao abrir a sessão da reunião do grupo parlamentar com o Governo, apresentou uma moção, em nome da maioria parlamentar, na qual não só defendeu a constituição de um "governo caracterizadamente nacional, em que tivessem repre-sentação todos os partidos republicanos e ainda outros elementos extrapartidários, de reconhecido valor económico e social, que acatem a bandeira da República", como uma proposta de constituição de uma comissão composta por dois senadores e três deputados "para tratar com as minorias parlamentares e as oposições partidárias a formação de um governo nacional". Depois de João de Deus Ramos falaram outros parlamentares democráticos – como Ramada Curto, Alberto Xavier, Francisco Trancoso e António Fonseca – uns apoiando a moção, outros debitando ideias afins. Jaime Cortesão, por exemplo, disse que no novo Governo deviam caber não apenas representantes dos partidos republicanos, mas também das "classes operárias", alvitrando mesmo a entrada de "um católico, dos que se afirmavam neutros em matéria política"; com um Governo assim alargado, mesmo que os unionistas não quisessem nele participar, a sua base social de apoio, segundo Cortesão, seria suficientemente grande para malograr qualquer golpe revolucionário; certamente, o alargamento implicaria "pesadas concessões", mas eram preferíveis "à intranquilidade e perspectiva dum desastre interno". Afonso Costa, depois de os ouvir a todos, lançou-se sobre eles – no dizer de Cortesão – como um "raio" fulminante, atingindo-os no ponto mais vulnerável da iniciativa do grupo parlamentar: os contactos que tinham tido com os unionistas para a formação de um Governo nacional, no caso da *mensagem* ao Governo redundar num fracasso e numa cisão parlamentar. Ora, esta iniciativa – sublinhou Afonso Costa – "representava um cheque no Governo e no Partido e eram a sua confissão pública de incapacidade e de desautorização suprema, dadas as responsabilidades gravíssimas assumidas no problema da guerra"; omitindo todas as demais questões levantadas pela *mensagem*, Afonso Costa – diz Jaime Cortesão – centrou-se nesta última, e dando-lhe, eloquentemente, desproporções desmedidas (a ponto de esconder as demais), levou-a às últimas consequências, apodando os signatários de "descrentes, indisciplinados, a doença do partido"; empolgados pelas suas palavras, os rebeldes mostraram-se compungidos, arrependidos, vencidos e convencidos. Cortesão ainda tentou ripostar, dizendo-lhe que apenas abordara um aspeto da questão; em vão o fez, estava sozinho no meio da debandada geral e nenhum dos seus correligionários "tinha pulso para a funda de David". Nem ele.

Afonso Costa segurara a "nata" do Partido, mas agora sabia o que certamente já suspeitava: o Partido estava dividido e muitos dos seus deputados e senadores apenas apoiavam o Governo por disciplina e razões circunstanciais.

Estava consumada a divisão do P.R.P., pois ainda que Afonso Costa tenha desmontado e liquidado o propósito de constituição de um "governo nacional", pensado pelos maiorais do Grupo Parlamentar, o certo é que não se vencem consciências. É verdade que não sabemos se essa contestação de uma alternativa governativa nacional ao Governo de Afonso Costa representava a vontade da maioria dos deputados e senadores do P.R.P. e/ou da sua base social de apoio eleitoral. O Congresso do Partido que se realizou no Teatro de S. Carlos, em Lisboa, a partir de 1 de julho, aparentemente não deu razão aos contestatários e signatários da *mensagem*, pois não tiveram qualquer protagonismo nesse Congresso (cuja 1ª sessão foi presidida por Rodrigo Rodrigues, da Comissão Municipal de Lisboa). Das muitas coisas intervenções que nele foram feitas eu salientaria a de Luis Ricardo que, em nome do Diretório, proferiu o discurso de abertura, afirmando que, apesar das tentativas internas de cisão do Partido, este manter-se-ia unido e seriam as suas obras a responder aos que o caluniavam e tentavam subverter; a de Afonso Costa que advertiu que uma cisão no Partido, naquele momento, seria "um suicídio"; as de vários congressistas que pediram maior rigor no cumprimento da Lei da Separação (cujo laxismo vinha do Governo anterior), a extinção de corporações como as denominadas *Filhas de Maria* e *Coração de Jesus* (e outras congéneres), a reorganização da Polícia, a exclusão do exercício de funções públicas (especialmente visível no ensino) de conhecidos monárquicos (denúncia que o Ministro da Instrução, Barbosa de Magalhães, repudiou) e a intervenção de Alberto Souto que foi, na verdade, um rodapé no texto mais ou menos unânime do Congresso, mas que escalpelizou o estado do Partido e – ironicamente – acabou por ser um precioso complemento à *mensagem* do Grupo Parlamentar. Alberto Souto mostrou como o P.R.P., de partido de princípios se transformara num partido clientelar e numa "agência de negócios" e a conexão entre essa transformação, a massificação do Partido e o seu excesso de Poder. É uma análise que ajuda a compreender a fragilidade da resistência do P.R.P. ao golpe sidonista, a deserção de muitos dos seus membros quando este venceu, e a sua promiscuidade com os sidonistas vencidos e republicanos conservadores depois da queda de Sidónio. Vejamos de perto esta intervenção.

Na opinião de Alberto Souto, o excesso de Poder do P.R.P. tornara-o um partido atrativo, sobrepondo-se nele, cada vez mais, a quantidade à qualidade, pondo em perigo o seu espírito demo-crático; sendo um Partido de "princípios" (de que eram exemplos o *31 de janeiro*, o *5 de outubro* e o *14 de maio*) estava a transformar--se "numa clientela sem grandeza, simples agência de negócios, interposto de favoritismos, grande cacicato que acabaria por cor-romper a República, metendo uma coroa de ferro velho dentro de uma barrete frígio azul e branco"; os "influentes democráticos" recebiam de braços abertos e serviam com a maior solicitude os *adesivos*, especialmente, "os diplomados dos cursos superiores", já "na sua quase totalidade, absolutamente devotados à Monarquia e ao conservantismo" e que, na vida prática, não primavam pelo carácter, camuflando suas convicções mas permeáveis e afoitos ao arranjismo e à corrupção; em muitas localidades – disse Alberto Souto, "alguns antigos republicanos, cegos por paixões mesquinhas de ordem local ou pessoal, ou embevecidos pelo poder" deixaram-se arrastar "pelo mesmo vício do caciquismo [monárquico], deixando-se orientar por mentores monárquicos e antigos caciques de intriga e ilusionismo, escamoteação e ventriloquia políticas, esquecendo assim os bons princípios, as boas normas e os deveres de íntegros republicanos"; e em outras localidades, onde republicanos históricos, "intransigentes e incorruptíveis" continuavam em diminuto número, sucedia que esses antigos caciques com a sua antiga gente, "muitas vezes atraídos por *vultos do partido*, se apossavam das comissões partidárias, onde se instalavam como republicanos de lei e de que se serviam para agredir e enxovalhar os nossos antigos correligionários que se viam na República escorraçados e afrontados pelo seu próprio Partido, *com todos os requisitos da sua lei orgânica!*"; em grande parte, sublinhou, esta situação devia-se à "exagerada e escandalosa preponderância de alguns 'vultos', ao excessivo personalismo com que alguns 'marechais' iam contaminando as fileiras do Partido, à falta de escrúpulos na escolha e reconhecimento das comissões locais ou à desorientação, capricho, arbítrio e tendenciosa atenção destas quando se afastavam das boas normas da sã política republicana"; estes factos – concluiu – explicavam, do seu ponto de vista, "a desmoralização e a indisciplina que havia no Partido e o seu abandono por velhos e indefectíveis republicanos".

A par desta crítica – que não terá fornecido qualquer novidade a Afonso Costa – é de assinalar que participaram 1.000 delegados no Congresso e uma muita pequena representação da província (ao contrário do Congresso anterior, onde estiveram cerca de 1400 congressistas e uma forte representação da província). Mas também é se assinalar a fraca votação que tiveram os membros do novo Diretório. A lista oficial para a constituição deste era composta por membros da casa civil do Presidente do Ministério, mas Afonso Costa não gostou e, antes da sua votação, fez uma nova lista de "espíritos fortes" e não de "passividades estéreis" (como disse o jornal *Portugal*). Mas a nova lista proposta por Afonso Costa não foi sufragada por mais de metade dos congressistas (a outra metade já se ausentara); além disso, na votação, o nome de Norton de Matos colheu 511 votos, o de Rodrigo Rodrigues teve 373, e o de Afonso Costa teve menos votos que Norton de Matos (talvez tudo isto ajude a perceber, porque é que o golpe sidonista – recordemos que Afonso Costa estava ausente do País – não foi, *imediatamente*, liquidado, quando facilmente o poderia ser). Enfim, por tudo o que fica dito, não é difícil perceber que o P.R.P. estava muito dividido, ideologicamente fragilizado e prisioneiro de interesses extrapartidários e políticos.

Mas sabia Afonso Costa até onde iam as divisões internas no Partido? O jornal portuense *A Montanha* (do dia 7 de julho) que sempre fora incondicional defensor de Afonso Costa e não fora, deliberadamente, ao Congresso explica ao chefe do Governo que no P.R.P. surgiam dissidências cada vez mais incontroláveis porque ele estava cercado por "uma espécie de muralha da China" que só deixava transpor aquilo que o podia lisonjear, alegrar ou orgulhar, não permitindo que lhe chegasse ao conhecimento, senão rara e vagamente, os justificados queixumes populares, as injustiças flagrantes, a reprovação de atos inconvenientes, os brados contra erros dissolventes, os protestos contra imoralidades, etc.; enfim, uma clientela de cortesãos e uma guarda pretoriana que tornava mais difícil um correligionário aceder à fala com ele do que com o *kaiser*. Em suma, se o Congresso aparentou agrupar das hostes do Partido, na verdade a intervenção de Alberto Souto e a votação para o Diretório evidenciou, sem margens para dúvidas, que o Governo, se tinha pelo seu lado a legitimidade das urnas, já não tinha mão na "alma" dos seus eleitores. E tanto assim era que Afonso Costa, dias depois, em Conselho de Ministros (como diz *A Capital* de 10 de julho), presidido por Bernardino Machado, não só aceitou mas instou pela constituição de um "governo nacional", que a Oposição recusou.

A agravar toda esta contestação política e social, surgem, ainda, sinais preocupantes que vão além da contestação do Governo, procurando atingir o próprio regime: estão, neste caso, o reaparecimento substantivo (e não apenas periférico ou, internamente, pontual) dos 'fantasmas' que a República exorcizara em *5 de outubro* e cuja exclusão da esfera pública (deixou-lhes a esfera privada) considerou sempre condição *sine qua non* da sua sobrevivência: a Igreja e a Monarquia. Efetivamente, em 8 de agosto fundava-se, em Braga, depois do Congresso da *Acção Católica*, o primeiro *Centro Católico*, ou seja, a Igreja aproveitando a debilidade do Governo e do regime, lançou a primeira pedra de uma organização para reunir o rebanho tresmalhado pela Lei da Separação; em segundo lugar, a partir de 21 de maio, começou a publicar-se o diário monárquico-integralista *A Monarquia*, o que mostrava que havia terreno propício, na opinião pública, para as suas ideias – antiliberais, antirrepublicanas, hostis à Revolução Francesa, defensoras da Monarquia pura e hereditária, do Papado e da Igreja Católica – fossem ouvidas; finalmente, ainda que em sentido muito divergente, mas de qualquer modo alternativo à República, surgiu o regime socialista soviético com a *Revolução Russa* de outubro de 1917, mostrando ao operariado que as suas lutas não eram vãs e podiam ser o alvorecer de uma nova "aurora" (havia, pois, uma alternativa laica, voluntarista e combativa aos "reinados" da terra e do céu, para fazer justiça social e mudar a sua situação). Mas neste segundo semestre de 1917 não apareceram como alternativa à República só os católicos, os monárquico-constitucionais, os monárquicos antiliberais e os socialistas; apareceu também a alternativa centrista (representada pelo *Partido Centrista*, oficializado em 20 de outubro, por Egas Moniz) que defende uma República conservadora, presidencialista e corporativa (antecipando, programaticamente, o Sidonismo).

É óbvio que tudo isto não podia deixar de preocupar Bernardino Machado. Se a política externa era, também para si, a principal preocupação (crença derivada de que da solução desta dependia, fundamentalmente, a política interna que mais convinha não apenas à independência e integridade nacionais mas à continuidade da República), todavia, a forte agitação social devida à crise das subsistências e ao desemprego e as respostas musculadas do Governo a essa contestação popular (ainda que legítimas a luz dos poderes excepcionais de que dispunha, mas aproveitadas pela Oposição para o acusar de repressivo e autoritário) levaram-no a um diagnóstico da situação política que era, certamente, partilhado por muitos outros republicanos: por um lado, a "concentração de poderes no Governo: estado de sítio, censura e dentro em pouco Parlamento fechado" [in texto inédito existente no *Arquivo* do Museu Bernardino Machado, Vila Nova de Famalicão]; procedimentos que se não fossem rapidamente travados, em breve nos levariam "a caminho de uma ditadura" (*ibidem*); e, por outro, "a concentração de toda a vida administrativa no serviço de guerra, com [a consequente] desorganização e enfraquecimento do poder civil" (*ibidem*); donde era de recear não só "os perigos militaristas para o futuro" mas também – o que acontecia – os "lamentáveis desmandos conflituosos de indisciplina social". Os governos – em sua opinião – teriam procedido acertadamente se tivessem, atempadamente, procurado prevenir estes males (teriam gasto menos dinheiro do que gastam, agora, em reprimi-los), além de ficar sempre mal a um Governo procurar resolver reclamações políticas por meio de represálias violentas, correndo o risco – como acontecia – de ter de enfrentar e reprimir justos protestos populares com as imprecações dos díscolos; e não se dissesse que ouvir as justas reclamações populares era fraquejar ou transigir; não se transigia – como era obrigação dos homens públicos – "quando se ouvia os justos queixumes do povo, sem ressentimentos nem animosidades"; mas transigia-se "quando se cedia à pressão de influências de qualquer ordem pessoal ou partidária, assumindo por elas a responsabilidade de atos que não se prestigiavam perante os princípios ou – quando se praticavam – deixavam passar as insídias e os desacatos dos inimigos, não se tomando precauções contra os seus manejos, nem desmentindo e corrigindo as suas campanhas públicas de difamação e perturbação" (*ibidem*). Desde há muito, em sua opinião, a República se devia ter prevenido "contra os assomos militaristas do Exército, derivados do próprio estado de guerra"; e não era o frequente recurso dos governos republicanos ao estado de sítio que os iria erradicar mas, pelo contrário, apenas serviam para os excitar e fomentar (*ibidem*).

Ainda que este diagnóstico de Bernardino Machado não esteja datado, creio que remonta ao tempo da chamada "revolta da batata" (12 a 31 de maio); embora simples e breve, evidencia que a estratégia política do Poder Executivo não era tão homogénea quanto podia parecer: Bernardino Machado *sempre* fora contra o recurso à violência para resolver as justas reclamações dos trabalhadores e *sempre* fora contra o recurso dos Governos ao estado de sítio (razão pela qual, como disse em 13 de julho de 1917, não o decretou quando da revolta de Mafra, em outubro de 1914); não era agora que ia mudar de opinião; por isso, não podia deixar de estar contra Afonso Costa quanto ao modo como este estava a lidar com a *questão social*; em segundo lugar, o Governo ao pôr a administração pública ao serviço da *caserna* estava – em seu entender, ainda que involuntariamente – a "desorganizar e enfraquecer o poder civil", a abrir caminho à indisciplina social e a reforçar "os assomos militaristas do Exército, derivados do próprio estado de guerra"; enfim, a propiciar condições para qualquer aventura do *tipo* que veio a ser a sidonista. O agravamento desta situação social e política e, sobretudo, a crescente promiscuidade da política e dos militares induziu Bernardino Machado a escrever a Afonso Costa, em 13 de julho de 1917, a seguinte nota: "não quis ontem deixar de lhe exprimir quanto julgo prudente evitarmos que se forme o falso conceito de que, como em Espanha, também entre nós só o poder militar é capaz de estabelecer a ordem. Sobre este conceito se estribou a ditadura de Pimenta de Castro"; todavia, "as requisições civis pela Manutenção Militar, a censura jornalística por militares", o apelo à intervenção disciplinadora do Exército devido às dissensões entre os republicanos, o recurso a militares em atos partidários e atitudes ministeriais, os protestos em voz baixa dos oficiais contrafeitos que estão em França (que ameaçam ajustar contas com a República no seu regresso) e até os militares serem protagonistas de uma sessão do Parlamento, eram razões suficientes para estar de sobreaviso de que o Exército que livrara a República das incursões monárquicas e fez o 14 de maio era o mesmo que fizera o *movimento das espadas!* (*ibidem*); por isso mais do que nunca – advertia Bernardino Machado, na mesma carta, o chefe do Governo – era, absolutamente, indispensável a intensa solidariedade e colaboração social das instituições civis e pôr de parte o confronto e os estados de sítio. Receios premonitórios!

Depois das greves de maio e de julho e da sua repressão policial, da descoberta (em Junho) das divisões do Partido por Afonso Costa e do Congresso do P.R.P. no início de Julho, o Governo na impossibilidade de formação de um "Governo nacional" por ele instado (logo após o regresso de Norton de Matos de Inglaterra), recusado pelos unionistas e cercado pela 'nota oficiosa' do *Partido Evolucionista* (lembrando que a *União Sagrada* na qual se comprometera se circunscrevia às matérias que à Guerra diziam respeito), o Governo optou pelo enfrentamento social e político depois de se assegurar do apoio da maioria parlamentar; e passou a governar quase em regime de exceção e com a chancela assegurada do Parlamento. Como se estivesse em ditadura. Perante este dissimulado parlamentarismo, José de Castro, em carta aberta ao Presidente da República, de 12 de setembro, alertou-o para esta situação completamente anómala da República, apelando a que recolocasse o Parlamento no seu lugar, pois não passava de um simulacro (tanto mais que se sabia que Bernardino Machado era um adepto do parlamentarismo); José de Castro – disse – tinha o "pressentimento de graves acontecimentos", afirmando que se "as contínuas perturbações, os atos de indisciplina, as falsidades geradoras do descrédito dos homens públicos, as mesmas sucessivas greves, incluindo a última, ainda não solucionada", e a suspensão de toda a "atividade económica nacional, de algum modo provinham do "mal-estar colectivo desta nevrose universal produzida pela guerra", todavia também os considerava altamente alimentados e favorecidos "pela oligarquia da maioria parlamentar", pela sua "ditadura", que "julgando-se infalível" arredou do poder outras forças agravadas nos seus direitos políticos; estava, portanto, "roto o equilíbrio dos partidos"; e porque "os inimigos das instituições, os díscolos de toda a espécie encontravam no tumulto e na desordem o seu 'meio'", aproveitando-se ainda mais dele para perturbar o país em proveito próprio, era indispensável repor o equilíbrio político-partidário, exigia-o a opinião pública ao Governo, o que só poderia ser conseguido alterando a *Constituição* e concedendo ao Presidente da República o poder de dissolução do Parlamento (ainda que cercando-o de todas as garantias para evitar as arbitrariedades do poder pessoal) e convocando eleições para a constituição de um novo Congresso e Governo capazes de salvar a República.

Mas que podia fazer Bernardino Machado?! Por sua vez, a imprensa de Lisboa, sob rigorosa censura, entregou no dia 14 de setembro ao Presidente da República uma exposição-protesto, que depois de fazer a história da Censura à imprensa, promulgada no dia 12 de março de 1916 (após, a declaração de guerra da Alemanha a Portugal, no dia 9) e reformulada por mais de uma vez posteriormente, se queixava de que o Governo, não satisfeito com a aplicação destas leis restritivas da liberdade de informar e opinar, ainda estava a aplicar aos jornais as leis de "Defesa da República" de 9 e 12 de julho de 1912. Ora era contra a legalidade da aplicação dessas leis que se insurgia a imprensa lisboeta. Bernardino Machado na resposta que lhes deu, em 15 de setembro, foi claro, mas também incómodo para o Governo; respondeu que a República "era o regime da opinião" e fora mesmo para o implantar que a República se fizera, estando disposto a fazer tudo o que estava ao seu alcance para que as suas franquias fossem, zelosamente, respeitadas; cabia ao Governos defenderem-se da imprensa que os hostilizava, rebatendo-a a partir dos órgão de comunicação do poder, de comícios, no Parlamento e até pela imprensa que lhe era afecta, ainda que compreendesse que o estado de guerra em que nos encontrávamos obrigava a "medir com rigor o uso dos nossos direitos, aliás, indeclináveis, de modo a menos que nunca os exercermos inadvertidamente em detrimento da causa nacional, mesmo porque do luzimento das nossas armas dependia, sem apelação, a garantia e a salvaguarda de todas as nossas liberdades"; não considerava, pois, a lei chamada de censura à imprensa uma lei de opressão da liberdade se opinião, mas "uma lei de solidariedade militar da imprensa com os poderes públicos".

Mas se, do ponto de vista político e social, o Governo vivia – como acabamos de viver – tempos sombrios e assustadores, a sua "política externa" intervencionista mantinha o rumo da do anterior Governo. Em fins de abril, como já dissemos, o C.E. P. chegou à Flandres onde os soldados portugueses passaram a ter a instrução militar ajustada à situação que iriam ter de enfrentar. Por sua vez, o ministro da Guerra, Norton de Matos – que por razões ligadas à nossa participação na Guerra, esteve ausente várias semanas do país, partindo para Inglaterra, entre 19 e 21 de maio, para assegurar barcos para o necessário *roulement* das tropas portuguesas e transporte de reforços militares – foi ao Parlamento, no dia 6 de julho, explicar o que toda a gente queria saber: o que se tinha feito e o que se tencionava fazer quanto à nossa participação na Guerra. Norton de Matos disse que depois de várias ponderações se optara por enviar para a Flandres um Corpo do Exército, com duas divisões, num total de 54.916 homens; e que para manter este número de efetivos era preciso enviar para França, mensalmente, 4.000 homens; quanto ao armamento, tínhamos feito convenções com a França e com a Inglaterra, através das quais podíamos adquirir as armas e as muni- ções necessárias; quanto ao nosso esforço nas colónias, tínhamos lá cerca de 45 000 homens. Mas enquanto para manter o Corpo do Exército em França tínhamos de enviar todos os meses para este país 4000 homens, não lhe parecia que fosse preciso enviar mais soldados para África. Entretanto, já algumas brigadas do C.E.P., antes desta intervenção de Norton de Matos, no Parlamento, se tinham deslocado, desde o início de junho, para o seu sector de batalha, entrando desde então em escaramuças – não propriamente combates – com as tropas alemás. A partir de 10 de julho, a 1ª Divisão do C.E.P., sob o comando do general Gomes da Costa ocupa e assume as responsabilidades de um sector sob o comando do XI Corpo de Exército britânico; em 26 de novembro, idênticas funções assume a 2ª Divisão. Entretanto, desde o dia 5 deste mês, o comando do sector português, a cargo do C.E.P. é entregue ao general Tamagnini de Abreu e Silva. Entretanto, embora as tropas portuguesas ainda não tivessem entrado em combate, de abril a outubro já tinham ocorrido mais de 300 mortes. Por esta e outras razões – de que não podemos dissociar o seu "patriotismo" – decide visitar o C.E.P., na Flandres, acompanhado por Afonso Costa e Augusto Soares. Em 11 de outubro, chegam à zona de concentração das nossas tropas. A sua estadia – de ostensiva solidariedade com os Aliados e catalisadora dos ânimos militares – prolongar-se-á até 15 de outubro, condecorando no dia 13, com as *cruzes de guerra*, 10 oficiais, 8 sargentos, 27 cabos e vários soldados e regressando a Portugal em 25 de outubro (distintamente de Afonso Costa e Augusto Soares que prolongarão a sua estadia, por motivo de negociações relacionadas com o conflito). Entretanto, nesse mesmo dia, o ministro da Guerra recebeu em Portugal uma notícia calamitosa: dos cinco navios britânicos que transportaram as tropas do C.E.P., desde Abril aos fins de setembro, no dia 28 desse mês de outubro era retirado, desse transporte pelo Governo britânico, o último deles, argumentando que iam ser necessários para ajudar as tropas americanas; quanto a nós, essa retirada significava não só a impossibilidade do *roulement* das nossas tropas da *frente* europeia como a impossibilidade de completar e substituir os quadros do C.E.P. Apesar destes reveses (como a extinção do Grupo de Esquadrões de Artilharia do C.E.P. e a sua conversão em Corpo de Companhias Ciclistas em 1 de novembro de 1917), no dia 5 de novembro – como já dissemos – o comando do C.E.P. assumiu a responsabilidade do sector português no *front*.

Como reagiu Bernardino Machado a toda esta atividade intervencionista? Sem dúvida que os fins últimos que visou com do Congresso de 7 de agosto de 1914 tinham sido alcançados. Não terá previsto tão elevado custo em homens e recursos e os conflitos sociais e políticos que implicou a sua concretização (quanto mais não fosse porque era crença generalizada que a I Guerra Mundial seria um conflito de curta duração). Mas nesse processo doloroso da nossa política externa, teve um importante papel o seu empenhamento presidencial no reconhecimento, pelos Aliados, do nosso esforço militar ao seu lado, o desenvolvimento de relações de especial cordialidade com os chefes de Estado das potências a que estávamos ligados pelo mesmo objectivo comum e os esforços diplomáticos que fez para preparar condições favoráveis aos interesses e revindicações de Portugal quando viesse a acontecer a Conferência de Paz (esforços inviabilizados ou anulados pela revolução sidonista).

Mas também lhe coube o mérito de ter reconciliado António José de Almeida e Afonso Costa e ser, afinal, o artífice da *União Sagrada*. Mas como apenas lhe cabiam "poderes morais" enquanto Presidente da República – como disse – a sua influência, foi apenas uma magistratura de influência, pondo sempre a ênfase no imperativo da unidade dos republicanos perante o conflito e sempre orientada num mesmo sentido (o aliadófilo). Foi o que fez numa entrevista que concedeu ao *Times*, em 18 de abril de 1916 (ainda presidia ao Governo António José de Almeida); disse então, que quando a Guerra eclodiu, Portugal se pusera, de imediato e sem restrições, ao lado da Inglaterra (auxiliando-a quanto pode); e numa outra entrevista ao *Le Journal*, de 16 de maio de 1916, sublinhou que Portugal não era uma mera aliada da Inglaterra e da França: desde há dois anos que combatíamos os alemães nas colónias; e não eram pequenos os sacrifícios exigidos a Portugal, país de poucos recursos, para se preparar para entrar na guerra, dentro da Europa; apesar de tudo isto e da impopularidade da Guerra, a República não deixaria de comparticipar nela, porque correspondia ao "sentimento nacional"; e no dia 10 de junho (na celebração do *Dia de Camões* e já depois da "crise dos abastecimentos") disse nos Paços do Concelho da cidade de Lisboa que a nossa intervenção na Guerra se fazia para salvaguardar a integridade e independência nacionais e que ninguém se devia escusar aos sacrifícios extremos que eram pedidos pela Pátria.

Portanto, para Bernardino Machado estávamos na Guerra por um imperativo patriótico e em defesa da independência e integridade nacionais, e não por opção governativa (ou seja, era o Governo que ia atrás da nação e não o inverso) ou para satisfazer os "interesses" dos nossos Aliados. Infere-se daqui, facilmente, que Bernardino Machado tinha como antipatriotas os anti-guerristas. Não sei se concordava com o projeto de lei de Norton de Matos apresentado, em 18 de dezembro de 1916, no *Congresso* e por este aprovado sobre os "crimes contra a Pátria", mas dirá, anos depois no Senado, que não tendo nunca defendido "a violência como processo de Governo" não lhe repugnava que o Governo da *União Sagrada*, em defesa da guerra em que estava envolvido, tivesse levado a cabo contra os seus sabotadores "uma repressão legal que lhes tolhesse os movimentos subversivos". Ignoro se era um desabafo ou uma intenção, mas era sem dúvida a intenção do Governo de Afonso Costa que, todavia, não foi a tempo de evitar os movimentos subversivos contra o seu Governo e a revolução sidonista de 5 a 8 de dezembro de 1917, exatamente contra essa mesma Guerra (com a cumplicidade ativa do partido de Brito Camacho).

8. *A ditadura sidonista (11.XII.1917 – 14.XII.1918)*

O que motivou o golpe militar sidonista? Como disse Bernardino Machado, em fevereiro de 1918, não são fáceis de entender, cabalmente, as razões do golpe sidonista, quando o país se preparava para um Governo de todos os partidos com vista a novas eleições e um *Congresso* que teria um mandato constituinte e uma nova *Lei Fundamental* onde se previa a inclusão (como queriam unionistas e evolucionistas, com o beneplácito dos democráticos) do princípio da *dissolução parlamentar* (ainda que com as prevenções necessárias contra o arbítrio presidencial). Ora os sidonistas, diz Bernardino, impediram, deliberada e violentamente, esta reforma constitucional, agindo, desde então, como "parricidas" da nação, através de "uma ditadura autocrática e militarista".

Sabemos que, pelo menos, a instabilidade social interna e o intervencionismo militar no teatro europeu de guerra o propiciaram. E não foi, certamente, um denominador comum de ideias programáticas que motivou gente, ideologicamente, tão distinta – como a que o golpe mobilizou – a apoiá-lo. Sabemos que Sidónio era um irredutível inimigo dos democráticos (como disse, em retrospetiva, Raul Proença, na *Seara Nova* de 11 de outubro em 1921) acabando por ser mais demagógico e "ligeiramente mais feroz" do que o seu inimigo de eleição, cometendo arbitrariedades e violências que foram muito além das que os democráticos já tinham cometido, numa espécie de vazão de uma "epilepsia política": "assaltou jornais, espatifou móveis, violou papéis, invadiu a casa do cidadão no uso pleno das garantias individuais", mandou encarcerar Afonso Costa (e só o libertou em 30 de março de 1918) impôs – ainda em dezembro de 1917 – a proibição do reaparecimento de jornais suspensos, e a fundação de novos órgãos de informação; determinou, durante o mês de janeiro, que os governadores civis dissolvessem os centros políticos que tivessem exorbitado dos seus fins legais; mandou a polícia encerrar os centros republicanos (mesmo aqueles onde funcionavam escolas); apoiou, ativamente, os monárquicos (como se pode ver pelo seu *manifesto* de 8 de fevereiro) e os Católicos olharam-no com entusiasmo; restabeleceu a Censura em 14 de abril; foi confrontado com várias conspirações políticas para o derrubar, com inúmeras greves e comícios contra a carestia de vida, e a todos reagiu violentamente; fez tantos presos em todo o país (sobretudo a partir de junho) que o próprio Machado Santos o confrontou com esta situação, em 3 de dezembro, no Parlamento (que quase não funcionou); suspendeu, em outubro, as garantias constitucionais, etc.. Apesar de tudo isto, na opinião de Proença, não foram por estes excessos que Sidónio surpreendeu. Os atentados às liberdades dos cidadãos – disse – não foram invenção sua, eram moeda corrente na República, sendo praticados "em larga escala" pelos "feiticistas" de Afonso Costa. Era, pois, errado – em sua opinião – julgar esse "intermezzo trágico-cómico da República" – como chamou ao Sidonismo – "uma política especificamente filo-monárquica ou julgar que os monárquicos tiveram nela maiores responsabilidades do que Bernardino Machado e Afonso Costa"; houve – continuou – apenas um ajuste de contas entre as vítimas e os seus carrascos, que trocaram de papéis. Não deixou, contudo, Proença de reconhecer (na mesma publicação supracitada, em 5 de novembro desse mesmo ano), que Sidónio se apoiou mais nos monárquicos do que nos republicanos, se afoitou mais na realização de ideias conservadoras do que radicais, foi mais "a *mise-en-scène* da restauração monárquica" do que a salvação da República (que quis salvar remando para o passado, entregando-a nas mãos dos seus inimigos, e não caminhando para o futuro), que lhe "faltou, completamente, o sentido de orientação política" e acima de tudo, ascendeu ao poder para erradicar um modo de fazer política (a dos democráticos) que ele mesmo adoptou e exorbitou, onde "nunca, em tempo algum, se levou a um tal grau de inverosimilhança a mentira das palavras!" nem houve, entre nós, maior exemplo de "ininteligência política" e de um "redentor *doublé* de Judas" (a expressão é de Proença). Ora esta explicação de Proença além de simplista é superficial: não questiona a legitimidade de direito do golpe sidonista, esquece que o P.R.P. tinha um programa político que foi pondo em prática, que nunca exerceu o poder em ditadura (coube-lhe até o mérito, por inteiro, de ter derrubado a ditadura pimentista), que as violências que cometeu, quando foi poder – e, antes da I Guerra Mundial, foi Governo apenas em 1913 – as exerceu sobre os sindicalistas e sobre greves associadas a violências (com o aplauso dos demais partidos republicanos!), que é falso que o Sidonismo se distinga dos governos democráticos apenas pela amplitude e grau de *intensidade* das arbitrariedades e violências e por um ajuste de contas dos republicanos conservadores para com os democráticos.

Muito mais ponderada e arguta me parece a análise de Bernardino Machado. Segundo ele, a eclosão do Sidonismo – como escreveu em 1918 (num texto que, entre outros, publicará na sua obra *No Exílio*, 1922) – tinha causas remotas e próximas. Entre as primeiras estava um "bloco" reacionário que vinha de longe: clerical (que predicava nos púlpitos e murmurava nos confessionários contra a nossa participação na Guerra), plutocrata ("sócio do balcão alemão") e militarista ("sem fé no valor do povo, fanático da disciplina prussiana, acusando a democracia de incompatível com o exército"): esta reação formou-se, pouco depois da revolta de Mafra, em outubro de 1914, reagrupou-se com o "movimento das espadas" e a ditadura de Pimenta de Castro, de janeiro a maio de 1915 (que suspendeu os preparativos para a Guerra), reanimou-se com a revolta de dezembro de 1916 (nas vésperas do embarque das primeiras tropas para a Flandres) e, por fim, recalcitrou com o movimento de 5 de dezembro de 1917, quando iam partir os últimos contingentes para completar o nosso corpo de exército autónomo em França. A revolta de dezembro de 1917 não foi, pois, senão a conclusão da insurreição de dezembro de 1916, estando agora ambos no poder (Sidónio e Machado Santos), sendo a segunda, abertamente, qualificada de germanófila pelo nosso embaixador, então, em Madrid [Augusto de Vasconcelos] e, agora, em Londres; uma outra causa remota (ainda não ultrapassada) do sucesso do *Dezembrismo* – que refere por mais de uma vez e considerava crucial – foram as divisões e dissensões intrarrepublicanas. Entre as causas próximas, Bernardino apontou a "conspiração contra a *União Sagrada* dos Republicanos e contra a participação de Portugal na Guerra [seria 'pueril' negá-lo], que estava em pleno desenvolvimento quando a revolta começou", a influência da Alemanha e dos "interesses plutocráticos dos germanófilos", as desmascaradas afirmações destes, as solidariedades com que Sidónio contou (como as dos não-intervencionistas) e o descuido a que o Governo – focado na refrega europeia – votou a política interna, deixando avolumar-se, irreversivelmente, o descontentamento e agitação populares, habilmente, aproveitados pelos seus inimigos. Ora estes motivos apontados por Bernardino Machado para o golpe militar sidonista parecem-me mais razoáveis, mais ajustados à realidade dos factos do que os de Proença. Mas, como adiante veremos, fossem estes ou os invocados por Proença, a sua influência sobre a nossa política externa, a existir, seria residual. Por isso, não nos demoraremos neste labirinto das motivações do golpe e passemos à instituição do novo Governo.

Apesar dos revoltosos *sidonistas* não representarem a nação nem o exército ("eram uma insignificante minoria", como disse Bernardino Machado, em dezembro de 1918) – portanto, nenhuma autoridade os investia, a não ser um poder ocasional – o Governo, logo após o golpe de 5/8 de dezembro – segundo nota da Presidência da República, de 7 de dezembro de 1917 – para evitar "as funestas consequências da divisão do exército que mais do que nunca pre-cisava de estar unido" (recorde-se que estávamos em guerra e que estávamos nela por iniciativa, sobretudo, de Bernardino Machado e dos democráticos), deliberou apresentar a sua exoneração ao Presidente da República, que a aceitou [como diz na sua obra *No Exílio*, 1922, que doravante retomamos], ainda que a sua opinião tenha sido que o pedido fora precipitado e a revolta devia ter sido reprimida. Na sequência desta demissão, João Meneses, cerca da meia noite daquele mesmo dia, pediu uma audiência a Bernardino Machado – que, de imediato, lha concedeu – com a finalidade de pôr termo à insurreição armada; chegou ao Palácio de Belém acompanhado de Afonso D'Ornelas, a quem os revolucionários tinham dado plenos poderes para negociar um armistício com o Presidente da Repúbli-ca. Recebidos por Bernardino Machado, Afonso D'Ornelas pediu ao Presidente da República que chamasse Sidónio Pais a formar Governo, pedido que Bernardino Machado recusou, observando que "visto achar-se a *União Sagrada* impossibilitada de governar, tinha por dever constitucional estabelecer uma plataforma política que permitisse o acordo da maioria parlamentar para a organização de um governo da Oposição, e como não lhe era lícito substituir-se aos partidos para a escolha dos seus representantes, ia convidar para presidir ao ministério o líder unionista ou, no seu impedimento, quem o Diretório do mesmo partido lhe indicasse, esperando que em breve as eleições normalizariam a situação". João Meneses instou com Bernardino Machado para não seguir por esta via, mas em vão.

A atitude de Bernardino Machado era, impecavelmente, democrática. Colocado perante o facto da demissão do Governo da *União Sagrada* – que, com a sua demissão, renunciava a governar – e colocado perante o golpe sidonista (que se fizera para pôr termo à política dessa *União*), a Bernardino Machado não restava outra opção – para não abrir caminho a uma ditadura – do que chamar, a formar Governo, um partido da Oposição (neste caso a *União Republicana* de Brito Camacho, que até apoiava Sidónio) que organizaria um Governo que tivesse o apoio da maioria parlamentar, até que as eleições, a realizar pouco depois, normalizassem a situação. Deste modo, Bernardino Machado dava possibilidades constitucionais ao alegado descontentamento popular, protagonizado por Sidónio, de governar o país, por meio de um Governo de transição apoiado pelo Parlamento, cuja política – contrária à da *União Sagrada* – ficaria, no entanto, sujeita ao veredicto de próximas eleições, para que a situação se "normalizasse". Bernardino Machado propôs uma solução constitucional e político-partidária que, em princípio, deveria satisfazer os sidonistas. Era afastada a política da *União Sagrada*, melhor dizendo, era posta entre "parênteses" por um Governo da Oposição até que rápidas eleições decidissem o rumo a seguir: continuar como dantes ou ir em outro sentido. No sentido de concretizar a sua opção, Bernardino Machado consultou, por ofício, com data de 8 de dezembro, os Presidentes do Senado e da Câmara dos Deputados e os chefes dos partidos democrático e evolucionista, acerca da constituição de um Governo unionista, que assentaria nas bases seguintes: "manutenção dos compromissos internacionais tomados para a nossa participação na guerra; cessação de toda a ação revolucionária com a formação constitucional do ministério; restabelecimento da ordem pública, sem a mínima represália; introdução da prerrogativa da dissolução parlamentar na próxima reforma constitucional". Tanto os presidentes das duas Câmaras, como os chefes dos dois partidos políticos acederam à indicação de Bernardino Machado – como este diz em 8 de dezembro – pelo que convidou, então, Brito Camacho para uma conferência pessoal. Em vão tentou Bernardino Machado conferenciar com o chefe unionista. Perante esta impossibilidade,

Bernardino encarregou, no dia 9, Barros Queiroz de convidar o Diretório do *Partido Unionista* a indicar um nome para a formação do novo Ministério; e tendo Barros Queiroz conseguido a aprovação de Brito Camacho para a proposta presidencial, foi José Barbosa enviado a Sidónio Pais, que lhe declarou, no mesmo dia, que "a *Junta Revolucionária* se considerava detentora de todos os poderes"; e de facto assim era, pois já no dia anterior tinham chegado notícias a Bernardino Machado, "dos hediondos assaltos dos revoltosos às casas dos dirigentes democráticos e dos selvagens atentados que estavam perpetrando contra os republicanos fiéis às instituições", o que o levou, de imediato, a enviar um ofício, nesse mesmo dia 8, a Sidónio Pais, solicitando a sua presença no Palácio de Belém, cuja finalidade era exigir-lhe o cumprimento do armistício (exigência que, a meu ver, não tinha qualquer fundamento, pois Bernardino Machado não acedera à condição posta por Afonso D'Ornelas, que o viabilizaria: chamar Sidónio Pais para formar Governo).

Entretanto chegou ao conhecimento de Bernardino Machado que a *Junta Revolucionária* ordenara ao comandante de Divisão, general Mendonça e Matos, que prendesse Norton de Matos; o general não acatou esta ordem que só o Presidente da República poderia dar e veio colocar-se ao lado deste; por outro lado, verificava-se que Sidónio não cessara as hostilidades. E por isso, quando o capitão Feliciano da Costa, em nome de Sidónio Pais, foi a Belém saber o que o Presidente da República desejava, este respondeu-lhe que era apenas um assunto de ordem pública e já se ocupara dele com o comandante de divisão. É de notar que Bernardino Machado perante a situação criada pelos revoltosos, ou seja, impor uma política contrária à da *União Sagrada*, com a qual se identificava, tinha intenção, depois de se organizar o novo Ministério, apresentar ao Congresso da República o seu pedido de renúncia, chegando mesmo a redigir um ofício – que não chegou a enviar – ao Presidente deste, António Xavier Correia Barreto, com data de 9 de dezembro, onde apresentava a sua exoneração. Ao mesmo tempo e no mesmo dia que o chefe da *Junta Revolucionária* recusava os bons ofícios de José Barbosa em nome do *Partido Unionista*, o Presidente da República era procurado na noite

desse dia, por 4 oficiais do exército que lhe entregaram uma carta de
Sidónio Pais, onde este, em nome da *Junta Revolucionária*, apelava
a Bernardino Machado que resignasse, "livremente" ao seu cargo,
pois não só já não detinha forças que apoiassem o exercício das suas
funções (pois todas elas se encontravam "exclusivamente" nas mãos
da *Junta*) como esta se tornara a "única depositária da Soberania
Nacional". Bernardino respondeu de imediato, no mesmo dia 9:
ainda mesmo que, sob uma ditadura militar, não pudesse exercer
as suas funções, continuaria a ser, de direito, o Chefe de Estado até
ao fim do seu mandato, advertindo Sidónio que, num transe como
era aquele que o país atravessava – a participação de Portugal na
Guerra – era antipatriótico e perigoso sermos governados por um
Governo *de facto* e não por uma autoridade legítima e constitucional,
pois não seria fácil o seu reconhecimento tanto a nível interno como
externo (e mais ainda pelos nossos inimigos) e a nossa personalidade
jurídica e os nossos interesses poderiam vir a ser gravemente afecta-
dos e diminuídos nas futuras conferências internacionais – como a
conferência da Paz. Perante a intransigência de Bernardino Machado, a *Junta* "em nome da Nação", não só dissolveu, no mesmo dia
9, o Congresso da República – afirmando que convocaria, o mais
rapidamente possível, os colégios eleitorais que haviam de escolher
os representantes da nação e rever a *Constituição* – como colocou
Bernardino Machado, sob prisão, no dia 10, destituindo-o de Presidente da República, invocando como razões para o fazer, não ter
este assegurado a "unidade moral às correntes de opinião política
nacionais", manter uma relação de parcialidade e favor com o partido que o elegera (o *Partido Republicano Português*) em detrimento
do interesse público, não compreender "o nobilíssimo e libertador
significado da Revolução" de Sidónio e não ter intervindo, a tempo,
de pôr termo à luta travada nos dias 5, 6 e 7, em que se bateram
portugueses de um e outro lado. Mas não satisfeita com a destituição
de Bernardino Machado, a *Junta* determina em 11 de Dezembro a
proscrição de Bernardino Machado para fora do território nacional,
até ao fim do seu mandato, em nome da "tranquilidade e ordem"
nacionais. No mesmo dia, deliberou extraditar Bernardino Machado

do país. A expatriação compulsiva de Bernardino Machado, em 15 de dezembro – dia em que também a *Junta* elegeu Sidónio como seu Presidente – caiu muito mal na opinião pública; presumia que Bernardino Machado era um criminoso; mas se Bernardino Machado errara – como disse o jornalista Mayer Garção na *Estrela do Minho* em 30 de dezembro – "isso não era crime nem nenhum tribunal do mundo o poderia condenar por isso, além de que se estava a esquecer os serviços que prestara à República, quer na sua implantação quer por via da sua ação cívica; ora se a *Junta* fizera a revolução para pôr fim às violências discricionárias do poder, era um 'contrassenso' usar da violência para com Bernardino Machado, ao proscrevê-lo do país". Bernardino saiu de Portugal no dia 15, partindo para Espanha (Madrid) onde se manterá até ao fim do ano, seguindo no dia 14 de janeiro de 1918, para Paris, onde fixará residência (alternando-a com o sul de França), até ao seu regresso a Portugal, em 14 de agosto de 1919.

Dissolvida a *Junta Revolucionária* (8-11 de dezembro de 1917) e nomeado Sidónio Pais, em 15 de dezembro, como Presidente da República, constituiu Governo, fazendo parte dele alguns proeminentes unionistas, como Moura Pinto e Aresta Branco. Já desembaraçado do Congresso e do Presidente da República (que a *Junta Revolucionária* dissolvera e demitira, respetivamente) e, portanto, em ditadura, mandou encerrar os centros republicanos, estabeleceu a Censura e procedeu de imediato à obra de purga política e militar que tinha em mira, mais exatamente, à prisão e perseguição daqueles que a Ditadura e os germanófilos, pejorativamente, consideravam os "principais responsáveis" da nossa participação na Guerra (esquecendo quer foi votada por unanimidade no Congresso de 23 de novembro de 1914 e que teve a solidariedade dos dois principais partidos republicanos na *União Sagrada* e só nela não participou o *Partido Unionista* porque não quis). Apesar da legitimidade política que assistia aos intervencionistas, o Sidonismo não se inibiu (pelo contrário!) em mandar prender Afonso Costa (levado para o forte de Elvas, posto "incomunicável" e libertado meses depois sem culpa formada), o Presidente do Congresso, general Correia Barreto, a pôr sob vigilância policial António José de Almeida, ("posto em sequestro político" e que se escondeu para fugir às perseguições); obrigou ao exílio forçado do coronel Norton de Matos, dado como desertor, que foi o organizador do C.E.P., mas prendeu o seu colaborador e colega no ministério da Marinha, Vítor Hugo de Azevedo Coutinho; proibiu João Chagas, nosso ministro em Paris, de voltar a Portugal, por defender a nossa participação na guerra, ao lado dos Aliados; demitiu e prendeu Teixeira Gomes, nosso representante diplomático em Londres; demitiu dos seus postos os generais Abel Hipólito, "comandante em chefe da artilharia do C.E.P.", e do coronel Roberto Baptista "chefe do Estado-maior junto ao general Tamagnini, em serviço da nossa intervenção militar desde os primórdios da mobilização em 1914" e os oficiais superiores seus auxiliares (Matias de Castro e Vitorino Godinho); demitiu Álvaro de Castro, comandante em chefe da nossa expedição da África Ocidental e Governador-Geral do Moçambique; tentou prender o capitão de mar-e-guerra, Leote do Rego, comandante organizador da defesa dos nossos portos e costas que foi forçado a exilar-se e dado como desertor; prendeu o coronel Pereira Bastos, diretor da Escola Preparatória de Oficiais Milicianos, criada expressamente para a Guerra; demitiu os nossos adidos militares em França (coronel Ortigão Peres), Inglaterra (major Frederico Simas) e Madrid (tenente coronel Pereira dos Santos), conhecidos pelos seus sentimentos intervencionistas; e Brito Camacho tinha um mandato de prisão. O abuso do poder chegou ao ponto da sede da Maçonaria, em Lisboa, ser vandalizada e destruída pela polícia, e o seu Grão-Mestre, Magalhães Lima, preso e acusado, sob o pretexto de uma pretensa carta comprometedora que teriam encontrado no portefólio de um cúmplice real ou imaginário do atentado de 14 de dezembro que o prostrou, mortalmente.

Depois de um périplo populista e apoteótico pelo país no início de 1918, deixou-se enlevar e inebriar por um projeto messiânico de regeneração da República – uma *República Nova* – que passava pela sua "personalização" (identificou-a consigo e elegeu-se como sua medida) e desvalorizou, por completo os partidos políticos e o Poder Legislativo. Deste ponto de vista estava, politicamente, mais próximo dos princípios políticos organicistas e idealistas do Governo alemão do que dos Aliados. E, em março, decidiu marcar eleições para 26 de abril, sem consultar o Parlamento. Esta decisão motivará a saída do Governo dos unionistas. Recomposto o Governo, Sidónio rodeou-se de monárquicos e encarregou um deles (Martinho Nobre de Melo) de elaborar uma nova lei eleitoral que estabeleceu o sufrágio universal e a eleição direta do Presidente da República pelo voto popular. É com esta lei que se farão as eleições de 26 de abril, que será eleito Presidente da República e será eleito o novo Congresso (embora os maiores partidos republicanos históricos se tenham abstido de participar no ato eleitoral). No entanto, o Parlamento eleito só, intermitentemente, funcionará e, acima de tudo, Sidónio legislará a seu bel-prazer, não lhe importando as deliberações daquele órgão. O seu crescente narcisismo político e a incapacidade em resolver os problemas sociais e económicos levaram-no, depois das eleições, a ter de enfrentar, violentamente, uma agitação operária cada vez mais ampla e aguerrida e uma oposição política mais organizada; reagiu a estes desafios pela violência, pela invasão das casas dos seus supostos inimigos, e pela prisão em massa dos seus contestatários (reais ou imaginários); de tal modo que será o próprio Machado Santos que se insurgirá contra as centenas de presos políticos que abarrotavam as prisões. Apesar destas últimas semanas tumultuárias e violentas da sua governação, antes de ser assassinado em dezembro, Sidónio ainda terá o prazer de saber que a Guerra estava em vias de terminar, com o *Armistício* de Compiègne, em 11 novembro de 1918, que pôs termo ao confronto armado entre os Aliados e a Alemanha.

E quanto à política externa? Sidónio "germanizou-a" ou manteve-se fiel aos compromissos com os Aliados? E como reagiu Bernardino Machado a essa política? O Governo de Sidónio estava amarrado a uma Guerra em curso, através do C.E.P. e da Aliança inglesa. Não podia, pois, ter outra a via a seguir. Mas podia seguir, como seguiu, uma via minimalista quanto à participação de Portugal na Guerra, ou seja, uma estratégia de crescente desmobilização e neutralização do nosso intervencionismo. Para isso contou com o aconselhamento do adido militar britânico em Lisboa, major-general

Bernardinston (que visitou Sidónio na Rotunda, ainda a revolução
estava em curso) com o qual negociou a integração do C.E.P., no
comando-geral britânico – que, aliás, nunca aceitara boamente que
o C.E.P. fosse um corpo de Exército autónomo – que não teve,
aliás, efeitos práticos antes da batalha de La Lys; aparentemente,
desinteressou-se do *roulement* das tropas que estavam na Flandres
(embora tenha legislado para que se fizesse, mas nunca se concretizou, não tanto por sua responsabilidade mas porque a Inglaterra já
tinha informado Norton de Matos, em outubro de 1917, que não
haveria mais navios britânicos para esse efeito); e quanto aos oficiais
que vinham Portugal de férias nunca os obrigou a regressar aos seus
postos de combate. Por isso, na batalha de La Lys (8 de abril de
1918) foram centenas os oficiais em falta no seu posto. Temos, pois,
com o Sidonismo uma política que, a nível interno, é convergente
com a do *kaiser* alemão e a nível externo é aliadófila e dependente, nas suas operações no teatro europeu de Guerra, do comando
britânico (mas que só entra em vigor nas vésperas da batalha de La
Lys). Efetivamente, os efeitos do comando-geral britânico sobre o
C.E.P., só se vão sentir depois de La Lys, mais exatamente, na sua
reorganização e na *Conferência de Paz*. Paradoxalmente, a política
externa de Sidónio – no que ao intervencionismo militar no teatro
europeu de guerra diz respeito – se ia ao encontro do que pretendia
a Alemanha, também ia ao encontro do que a Inglaterra sempre de-
sejara: na impossibilidade de uma neutralidade condicional, colocar,
pelo menos, o C.E.P. na dependência do comando geral britânico
(como conseguiu, desde janeiro de 1918); e não fornecer – como
não forneceu, desde outubro de 1917 – barcos para o *roulement* das
nossas tropas, neutralizando e aniquilando a capacidade de resistência
anímica e militar dos nossos soldados.

   Bernardino Machado é muito mais radical na apreciação
desta impotência paradoxal da política externa do Sidonismo. Em
sua opinião (em textos publicados de Março a dezembro de 1918,
recolhidos na sua obra *No Exílio*, 1922) a ditadura sidonista podia
dizer que honraria os compromissos de Guerra da República com os
Aliados, mas os factos não era isso que mostravam; pelo contrário,

desmentiam-na: o C.E.P. deixara de ser, desde janeiro de 1918, um Corpo de Exército autónomo, passando a estar sob o comando--geral inglês; deixou, totalmente, de se reforçar ou renovar aquele contingente militar e não mais se fez o *roulement* das suas tropas; rescindiram-se contratos para fornecimento de material de guerra, reduziram-se os combatentes efetivos, foi quase extinta a defesa dos nossos portos e das nossas costas e foram suprimidos os serviços de aviação. Enfim, para o Sidonismo, na ótica de Bernardino Machado, a Guerra passou para segundo plano (tal como passara na ditadura de Pimenta de Castro). Se o Sidonismo era germanófilo ou não quanto à nossa política externa, acabava, pois, por ser uma questão de importância menor; objetivamente, a Ditadura agiu, no que diz respeito à Guerra, em conformidade com os interesses da Inglaterra conservadora (Bernardinston) e com os objetivos do *Foreign Office*, trazendo-nos vários e graves inconvenientes nas negociações da *Conferência de Paz*.

9. *Na ressaca política do Sidonismo (1919-1921)*

Após a morte de Sidónio, o Governo passou a ser presidido pelo sidonista Tamagnini Barbosa, tendo na Presidência da República, o almirante Canto e Castro (ex-ministro de Sidónio). Não será fácil a este Governo gerir as tensões entre sidonistas e monárquicos (que tinham sob o seu comando a maior parte das forças militares). Por outro lado, os republicanos davam assomos de resistência, com a revolta de Santarém, liderada por Álvaro de Castro que, embora vencida pelas tropas governamentais, foi mais uma frente hostil contra o Governo. Estas tensões políticas entre sidonistas e republicanos, por um lado, e monárquicos, por outro, atingiu o seu auge no início de 1919, acabando nos confrontos armados da revolta de *Monsanto* e da *Monarquia do Norte* (chefiada esta por Couceiro e com o seu epicentro no Porto) que visavam derrubar a República e restaurar a Monarquia; uma e outra foram juguladas pelo Governo, com o auxílio dos "democráticos", de outros republicanos históricos e dos "herdeiros" de Sidónio. Derrotados os monárquicos pelo Governo dos *dezembristas* (ou seja, os adeptos mais ou menos heterodoxos do Sidonismo) o Presidente Canto e Castro repôs a *Constituição* de 1911, abrindo caminho para a normalidade constitucional (mas também para a saída do Governo, como veio a acontecer, de Tamagnini Barbosa) que se iniciou com um Governo de compromisso entre *dezembristas* e republicanos históricos, chefiado por José Relvas (filo-unionista a quem Sidónio chegou a convidar para o seu Governo) a que se sucederam os governos democráticos de Domingos Leite e Sá Cardoso. Estes governos têm traços próprios que irão persistir para além deles; e que, por isso mesmo, vale a pena aqui deixar registados: a continuidade na administração pública, na magistratura e nas forças militares, de sidonistas e monárquicos, apesar dos governos de José Relvas, Domingos Pereira Leite e Sá Cardoso terem afastado alguns deles dos mais altos cargos e postos dessas instituições; a tentativa falhada de José Relvas (que é anterior a ele, mas que ele procurou concretizar) de dissolução dos partidos republicanos históricos e a formação de dois novos e grandes blocos partidários – um à direita e outro à esquerda – que alternariam no poder, depois das eleições gerais, onde o primeiro começaria por ser Governo e o segundo, Oposição (alternância de poder a que os republicanos conservadores, no futuro, sempre aspirarão); a continuidade de sidonistas e unionistas filosidonistas no *Congresso* da República, através e depois das eleições de 11 de Maio; a maioria absoluta de deputados e senadores alcançada o *Partido Democrático* nestas eleições e a sua necessidade – aparentemente, paradoxal – de se envolver em compromissos com os seus adversários (quer porque estes, apesar de vencidos, continuavam a dispor de grande poder nas instituições civis, judiciais e militares, quer porque o próprio P.R.P. estava, organicamente, débil e minado de divisões internas); a continuidade de Canto e Castro na Presidência da República – eleito, inconstitucionalmente, para o cargo, em Dezembro de 1918 – por expresso pedido do Congresso (ao contrário do que ele pretendia) até que novas eleições presidenciais se realizassem (o que acontecerá em Agosto); a revisão constitucional, feita nesse ano, que introduziu na Lei Fundamental o princípio da *dissolução parlamentar* pelo Presidente da República (atribuindo-lhe uma prerrogativa com efeitos sobre o único órgão que o elegia e podia depor!); os efeitos espúrios e perversos dos julgamento dos implicados nas revoltas monárquicas, com sentenças ilibando os mais responsáveis e castigando a "arraia--miúda"; e a impotência dos nossas delegações à *Conferência da Paz*, junto dos Aliados, em fazer reverter para Portugal as reparações que nos eram devidas e expectáveis, pela nossa participação na Guerra.

Enfim, dá para entender que as vicissitudes da política interna, imediatamente, pós-sidonista não permitiram prestar quase atenção alguma à nossa política externa, em especial, à *Conferência de Paz* (o que se fez, neste âmbito, foi a substituição, pelo Governo de Domingos Leite, da Delegação chefiada por Egas Moniz por uma outra, chefiada por Afonso Costa). Bernardino Machado, em meados de maio congratulou-se com esta nomeação, pois era da opinião que a delegação anterior, chefiada por Egas Moniz "não possuía idoneidade política para representar a nossa situação de beligerantes". Lembrou, contudo, a Afonso Costa, que a Delegação portuguesa não teria a necessária autoridade reivindicativa, enquanto não fosse anulada a dissolução do Parlamento de 1915-1917 e a destituição do Presidente da República por este eleito, "porque se não continuaríamos em *República nova*, antirrepublicana e anti-intervencionista, com desprestígio para a verdadeira República e para a ação dos seus representantes na Conferência da Paz"; enfim, "a fórmula das nossas reclamações devia receber de Portugal toda a força moral dum ditame da opinião e dum mandato do Parlamento para a ninguém parecer uma pretensão arbitrária da Delegação, sem raízes no País". Não parece que Afonso Costa concordasse, por inteiro, com estas ideias de Bernardino, pois este confessa que, depois que o seu amigo passou a presidir à nossa delegação à *Conferência de Paz*, nunca mais teve notícias acerca dos seus esforços "pela republicanização completa dos poderes públicos", salvo a receção – não concordância, necessariamente – ao seu alvitre sobre a reunião do Parlamento de 1915-17, para a eventualidade da ratificação dos preliminares da Paz, anteriormente às eleições gerais; ignorava mesmo se Afonso Costa publicitara, suficientemente, as suas opiniões, mas sabia que a Delegação ainda não expusera as nossas

reivindicações perante a *Conferência de Paz* (como a revisão dos limites do sul de Angola – e não apenas da faixa litoral contestada pelos
alemães – a restituição de Quionga, a recuperação de Olivença e as
indemnizações de guerra a pagar pela Alemanha) e que não tencionava expor o seu "conjunto" perante ela (como dissera Afonso Costa
ao *Diário de Notícias*), o que feria profundamente a sua consciência
e o seu patriotismo. Bernardino estava de tal modo atento às nossas
revindicações à *Conferência de Paz* que, em 4 de junho, agradecia a
João de Castro Osório, o seu papel na mobilização da opinião pública em sua defesa, concluindo a sua carta: "foi muito mau que os
nossos novos delegados não pudessem falar aos representantes das
democracias estrangeiras em nome da democracia portuguesa, por
não terem Parlamento e Presidente legítimos em que se apoiassem.
A falta de um mandato, digno da sua grande missão, apoucou-os
para a sustentação da nossa causa, a que infelizmente não faltam
impugnadores poderosos"; por isso, pouco adiantava protestarmos
contra o modo como éramos tratados na *Conferência de Paz*. Na
verdade não nos quisemos convencer que os Aliados estavam diante
de representantes dum Governo cujas instituições políticas, eram
promíscuas e sucedâneas do Sidonismo, o que fragilizou a nossa
autoridade reivindicativa. E mal se entendia que tendo nós, dentro
do país, reconhecido "o dever e a necessidade de emancipar largamente as colónias", continuássemos, na metrópole, sem instituições
livres, "decretando a própria autonomia colonial fora do Parlamento,
pela mão de um cúmplice [Canto e Castro] da obra usurpadora do
dezembrismo". Por isso, em 12 de junho, escreverá a Afonso Costa
(enquanto Presidente de Delegação Portuguesa à *Conferência de
Paz*), alertando-o para a necessidade de defender as nossas colónias,
evitar a sua "desnacionalização" e recordar-lhe a nossa capacidade
de as valorizar, como fizera, dias antes, ou seja, em 16 de junho,
numa entrevista dada ao *Le Temps* sobre a nossa política colonial,
declarando que finalmente Portugal estava em condições de retomar
a sua obra emancipadora nas colónias, como mostrava a criação
recente, pelo Governo português, de altos-comissários para Angola
e Moçambique, com vastas funções descentralizadoras; e recordava

que, já em 1914, durante o seu governo, propusera ao Parlamento e foi votada, favoravelmente, a lei da autonomia administrativa e financeira das colónias portuguesas, e ainda sob a sua presidência se lhe deu execução através da sucessiva publicação de cartas orgânicas, pondo a autonomia, como a tónica geral de todas elas.

9.1. *O regresso a Portugal: o senador e a política externa portuguesa*

Aproximava-se, entretanto, a hora do regresso de Bernardino Machado a Portugal. Não se creia que voltava optimista. Em resposta a uma carta do seu amigo António Xavier Correia Barreto, de 14 de julho de 1919, onde este o informava da "grande acalmia política" existente no país, Bernardino Machado respondeu-lhe, no dia 4 de agosto, que não pensava o mesmo, que a acalmia de que ele falava lhe parecia, antes, "abatimento, colapso, não da nação mas dos governantes"; que depois do "defetismo dos inimigos da República na crise da guerra" e agora do "defetismo dos próprios partidos republicanos no lance da fundação da paz"; da sepultura, no Panteão dos Jerónimos, do "primeiro Presidente ditatorial do dezembrismo" e, do segundo, no Palácio de Belém e da capitulação da maioria democrática que – ao que constava – se mostrava disposta a "inserir na Constituição [como aconteceu], violando-a, o princípio da ditadura, conferindo ao Chefe de Estado a prerrogativa discricionária, absolutista, da dissolução", o que evidenciava a acalmia de que falava Xavier Barreto não era um regresso ao melhor do passado mas um processo silencioso de implantar a ditadura, ou seja, de implantar um governo contra a vontade do povo, uma qualquer réplica da *República nova*.

Mas o seu cepticismo sobre Portugal, depois de jugulada a insurreição monárquica de 1919, não se ficava por aqui. Em sua opinião – como disse, retrospetivamente, em 26 de março de 1922 – o que via em Portugal, desde 1919 (até se confundirem), era uma "instabilidade ministerial, uma instabilidade parlamentar, e uma instabilidade constitucional", de tal modo permanente, que

lhe parecia que ainda se não ultrapassara a crise de 1917. Esta instabilidade – em sua opinião – derivava da República, após 1919,
não ter sido restaurada de direito (o que passava pelo castigo e não
pela impunidade, daqueles que perpetraram os crimes contra ela);
terem os partidos republicanos participado na governação até às
eleições gerais sem Parlamento constitucional (o existente derivava
do Sidonismo) e sem Presidente da República eleito (o que existia, de
facto, era um Presidente dezembrista, "árbitro supremo da dissolução
parlamentar, acima dos representantes e até da soberania da nação");
e, por fim, a existência nefasta da prerrogativa presidencial da dissolução parlamentar, que tendia a reforçar, arbitrariamente, os poderes
do Presidente da República, aumentar o clientelismo, tornar o poder
instável e distante da vontade popular e fazer crescer o militarismo
e a sua vontade de intervenção política ao lado do Chefe de Estado.

Mas apesar deste cepticismo (ou talvez mesmo por causa dele),
Bernardino Machado – autorizado em 24 de junho pelo Governo
presidido por Sá Cardoso – regressou, em meados de agosto, a Portugal, sendo candidato a uma vaga no Senado, na lista do P.R.P., nas
eleições suplementares de 19 de outubro de 1919, pelo distrito de
Lisboa, que venceu por larga margem face ao seu adversário liberal,
tomando assento no Senado no dia 4 de novembro. Entretanto, o
Congresso saído das eleições de 11 de maio de 1919, elegera, em 6
de agosto, António José de Almeida, como Presidente da República,
que tomou posse do cargo em 5 de outubro.

A reentrada de Bernardino Machado na vida política ativa, não
agradou a muitos republicanos, especialmente do sector conservador
– e muito menos aos sidonistas – mas também não agradou a muitos
democráticos por várias razões: porque Bernardino Machado fazia
questão de advertir, de vez em quando, que não estava filiado em
qualquer partido (ainda que as suas simpatias políticas fossem para
o P.R.P.); porque se lembravam das suas atitudes, politicamente,
conciliadoras com os adversários do P.R.P., quando fora chefe do
Governo em 1914 (favorecendo-os, objectivamente, assim como
à Igreja Católica e seus próceres); e porque já tinham mostrado,
em 1915, nas eleições de agosto, que nem sequer o queriam para

Presidente da República, acabando por votar nele por imposição de Afonso Costa. Bernardino Machado tinha, contra si, dois factos (só a ele devidos e que não fez tudo o que estava ao seu alcance para os debelar) que lhe trarão vários dissabores ao longo do seu percurso político: ser um "cristão-novo" da República (como ele mesmo disse) e uma independência político-partidária que, pela imprevisibilidade política que implicava, gerava desconfianças no Partido pelo qual tinha simpatias (um exemplo: a sua pública incompatibilidade com Afonso Costa, por ocasião da constituição do Governo democrático de Azevedo Coutinho, que lhe sucedeu, em dezembro de 1915). Estas reservas não obstaram, porém, a que, durante o ano de 1920, vários senadores de vários quadrantes políticos a ele se referissem, no Senado, como a mais ilustre figura do *Congresso* da República.

A atividade parlamentar de Bernardino Machado não se fez esperar. Os temas estruturais que polarizaram, então, a sua atenção – no período parlamentar que vai de novembro de 1919 até à ascensão à chefia do Governo (1921) – foram as relações entre a política e a moral, a divisão de poderes, a economia social (pondo especial atenção nos "infinitamente pequenos" e no cooperativismo) e a política externa; estes fins traduziram-se, na sua atividade parlamentar, pela especial atenção que prestou à escalpelização, denúncia e apelo ao julgamento e castigo, pelos tribunais, das ilegalidades e iniquidades cometidas pelos dezembristas e pelos monárquicos de Monsanto e da Traulitânia; à recorrente lembrança e defesa das medidas politicas do *Governo Provisório* (1910-1911) e à defesa da política beligerante e aliadófila da *União Sagrada*; à denúncia da promiscuidade política dos republicanos históricos com os seus adversários de ontem e os perigos decorrentes dessa promiscuidade para a salvaguarda do regime; à denúncia e crítica da subordinação dos princípios aos interesses nos partidos do poder; à defesa da administração colonial (com os "altos comissários" para as colónias); às relações com o Brasil (como o caso dos "pescadores" portugueses, impedidos de pescar na sua zona marítima e costeira) e, quanto à política externa, à *Conferência de Paz* (delegações, reparações e indemnizações) e à *Sociedade das Nações*.

Nesta sua faina parlamentar, doutrinária e de intervenção

política junto da opinião pública, por via da imprensa periódica, Bernardino Machado foi implacável, vigoroso e firme, desassombrado e sem meias-tintas, ao longo desses sucessivos Governos – e foram muitos – em que participou, como senador, desde outubro de 1919 ao início de 1921; recordemos os nomes dos presidentes desses Ministérios: Sá Cardoso (28.VI.1919 – 3.I.1920), Fernandes Costa (15.I.1920), Domingos Pereira (21.I.1920-4.III.1920), António Maria Baptista (8.III.1920-6.VI.1920), António Maria da Silva (26. VI.1920 – 19.VII.1920), António Granjo (19.VII.1920-15.X.1920), Álvaro de Castro (20.XI-1920 – 26.XI.1920) e Liberato Pinto (30. XI-1920 – 2.III.1921). Governo de *democráticos* (a maior parte) e *liberais*. Sobre o que esses Governos realizaram dos programas que apresentaram nas suas "declarações ministeriais" deixamos aqui exaradas apenas algumas das suas opiniões. Em 29 de janeiro de 1920 (sob o Governo de Domingos Leite Pereira) perguntava, no Senado, o que se fizera no ano transato, ou seja, em 1919; em sua opinião, politicamente, "nada e apenas uma obra ditatorial financeira, pois que nem o Orçamento sequer se discutiu"; e em 11 de Junho – já governara Domingos Leite Pereira e António Maria Baptista – um dia depois da morte deste Chefe do Governo, sublinhava, no Senado, que já passara um ano e o problema político continuava sem solução ("a República deixara de ter partidos, estes desapareceram, para ter apenas homens ambiciosos que se lhes substituíram", o que, no fim de contas – disse – talvez não fosse de todo um mal, porque se poderia aproveitar essa crise interpartidária para substituir "o mando dos homens, dos chefes, por ideias [e] por princípios"); e menos ainda, escapou ao seu ceticismo, o Governo de António Maria da Silva, reafirmando em 30 de junho – depois da "declaração ministerial" deste – que, depois do Sidonismo, "quase nada se fizera de importante", salvo a publicação do nefasto decreto da "dissolução arbitrária" (para ele equivalente a "dissolução ditatorial"), a aprovação de autorizações que sucessivos Governos, invariavelmente, solicitaram ao Parlamento (como se fosse esta a sua função) para estabelecer "ditaduras financeiras" (em vez de lhes submeter os Orçamentos para aprovação e fiscalização) e um cioso "silêncio» quanto à nossa política externa; até António Granjo, por quem tinha apreço pessoal, criticou no Senado, depois daquele apresentar a sua "declaração ministerial" em 26 de julho de 1920; não só considerou essa declaração, infelizmente, mais uma mão cheia de promessas (como as declarações anteriores), como "a conjunção partidária" em que assentava o novo Governo punha em evidência – em sua opinião – que "tudo piorou no País. Piorou-se política, económica e financeiramente. Tudo piorou. (...) pior do que em 1917". E lembrava no Senado, em 3 de dezembro de 1920, pouco depois da tomada de posse do Governo de Liberato Pinto, que quem governava o país eram "os inimigos do regime", ou seja, por pessoas que ocupavam lugares de confiança dos Governos, que pareciam apostados em reorganizar a "reação" não a união dos republicanos. Enfim, os Governos a que assistiu e sobre cujas políticas se pronunciou foram generosos em promessas e parcos em atos (o que em grande parte se devia à falta de tempo de que careciam para implementar as medidas que julgavam necessárias à regeneração nacional).

Pelo que lhe ouvimos no Senado, a sua deceção, pessimismo e desapreço pelos governos daquele ano de 1920 (e os anteriores pós-sidonistas e republicanos) era enorme (ainda que tenha manifestado, publicamente, grande apreço por muitos dos homens que deles tinham feito parte). Esta distinção revela, pelo menos, que Bernardino Machado tinha consciência que a ação política era irredutível à vontade das pessoas em concreto, por muito competentes que fossem; havia fatores trans-individuais ou, dito de outro modo, sociais, que sobre-determinavam, em muitos atos e acontecimentos, as vontades individuais (isoladas ou de certos agrupamentos – como os "partidos políticos").

Mas se o saldo da política interna era diminuto ou nulo, o que fizeram estes Governos quanto à política externa, em particular, quanto à *Conferência de Paz* e ao nosso papel na constituição da *Sociedade das Nações*? Bernardino Machado, por várias razões que não é fácil identificar – mas a que não são estranhas o facto de ter sido Ministro dos Negócios Estrangeiros do *Governo Provisório* (1910-1911), embaixador de Portugal no Brasil (1912-1913), um Chefe de

Governo convicto, em 1914, que a unidade de Portugal (metrópole e colónias) não sobreviveria à I Guerra Mundial se ficássemos neutros e ao seu exílio em França (1917-1919) – sempre foi da opinião que as nossas relações externas era fundamentais para a nossa sobrevivência financeira e económica e para a salvaguarda das nossas colónias e do nosso papel como "potência colonial". Bernardino tinha a convicção de que os Aliados, na *Conferência de Paz* (que se iniciou em 18.1.1919 e concluiu em 20 de janeiro de 1920) iriam reconhecer o nosso esforço militar e resolver vários problemas e reivindicações que tínhamos, relativamente, às colónias e alguns outros que era oportuno resolver, aproveitando essa ocasião de *força* dos Aliados.

Diga-se, desde já, que as deceções de Bernardino Machado vão ser muitas. Confiava por demais nos princípios e nas razões e subestimou, simultaneamente, os interesses egoístas dos Aliados e dos E.U.A.; por outro lado, a inércia da ditadura sidonista quanto à Guerra – cujo contencioso armado acontece sob o seu Governo – em nada contribuiu (bem pelo contrário!), para fazer vingar as nossas reivindicações, quer porque retirou ao oficialato português o comando supremo do C.E.P., entregando-o ao Exército inglês, quer porque fez saber – pela nossa primeira delegação às conversações de paz chefiada por Egas Moniz – que o Governo português não tinha qualquer interesse na partilha de territórios dos vencidos. Ou seja, Bernardino Machado verificou que o nosso esforço de guerra, ainda que produzindo aquilo que mais esperava dele – a intangibilidade futura das nossas colónias, a salvaguarda do regime republicano e a independência nacional – não iria trazer os benefícios materiais e territoriais que dele se podiam retirar. E é essa a razão porque, frequentes vezes, enquanto senador, interpelou os diversos ministros dos Governos republicanos para saber como iam as negociações da *Conferência da Paz* e, depois, sobre o papel que nos caberia como "potência colonial", na *Sociedade das Nações*.

É por isso que, pouco depois da sua tomada de posse de senador, a sua primeira intervenção de fundo, no Senado, será, precisamente, uma interpelação ao Ministro dos Negócios Estrangeiros, Melo Barreto, do Governo de Sá Cardoso, em 20 de novembro de

1919, para saber a situação da nossa *"política externa"*. E começou por assinalar a sua surpresa por não ser, entre nós, a política externa o tema dominante da nossa vida política, como era nas demais nações europeias. O que os Aliados tinham conseguido – como assinalou – foi o ressurgimento das democracias (quando já muitos as consideravam moribundas e em vias de dar lugar a fórmulas cesaristas) e dar-lhes um estatuto internacional: a *Liga das Nações*. Mas a verdade é que, entre nós, esse rejuvenescimento da democracia, trazido pelo pós-guerra e pelos Aliados, não foi objecto de especial atenção. E era contra essa indiferença ou falta de percepção política que Bernardino justificava a sua intervenção. Mas aproveitou também a ocasião – e fá-lo-á mais uma vez – para censurar os que se opuseram à nossa participação no conflito, no teatro europeu, ou seja, "os agitadores clericais, os agitadores plutocratas, os unionistas e mais ou menos, os sidonistas" que, na retaguarda do Governo, faziam e defendiam uma "política neutral pró-aliada" e acirravam o descontentamento do povo e dos soldados, conluiando-se para "explorar as dificuldades da Guerra, difamando, açambarcando, [e] conspirando". Quiseram – disse Bernardino Machado – "fazer a defeção da nossa intervenção na guerra, para fazerem a defecção da República, sem se importarem com a Pátria"; não contentes com a derrota, persistiram na sua campanha defetista, querendo converter essa derrota em vitória, acusando o Governo da *União Sagrada* e o *Partido Democrático* de terem feito a guerra contra a vontade da Nação, que não a queria, que não era dela, nem era da vontade dos Aliados, mas a ela fora forçada pelos governos intervencionistas que arrastaram a Pátria "para a catástrofe, impondo-lhe sacrifícios incomportáveis"; em suma, democráticos e evolucionistas-almeidistas eram "os grandes responsáveis da guerra", dos males que dela adviram, "verdadeiros criminosos da História"; além disso, nem da vitória se podiam ufanar os governos e partidos intervencionistas, porque os Aliados nos tinham abandonado por completo, não atendiam as nossas reivindicações e estávamos arruinados. para Bernardino Machado estes adversários da nossa intervenção na Guerra procederam, exatamente, ao contrário do que fizeram os nossos Aliados – a França, a Inglaterra, os EUA, entre outros – cujas figuras políticas mais ilustres, puseram de lado as suas divergências político-partidárias e reagiram, abnegadamente, como um só homem e uma só vontade "sem pensar senão na Pátria"; ma não foi isso que aconteceu entre nós, onde apesar dos governos aliadófilos quererem a união de todos os dirigentes, a Oposição [em concreto, Brito Camacho e os seus correligionários] "não a quis e, em vez de tratar da vida da Nação, tratou, como se fosse possível, só da vida do [seu] partido".

Aos inimigos da nossa política intervencionista que procuravam, com a nossa derrota, justificar a justeza dos seus pontos de vista, a defesa da neutralidade condicional e atacar a República, Bernardino replicou que a *União Sagrada* não recorrera à Ditadura para ir à Guerra (os governos que a fizeram foram eleitos, legitima e democraticamente); já aqueles que depois do *5 de dezembro* de 1917 intervieram na Guerra, para conter a nossa participação nela, colocando as nossas tropas sob o comando dos interesses ingleses, tiveram de recorrer à ditadura para alcançar os seus objetivos; inimigos dos intervencionistas, esses defetistas falaram "em incomportáveis sacrifícios" em vidas e haveres para a Nação, mas esqueceram quanto se abotoaram com o dinheiro dos cofres públicos, as perseguições e exílio impostos aos seus adversários, as sevícias brutais e ferinas com que desancaram seus opositores encarcerados (reais ou presumidos), os crimes da "leva da morte", as violências e prisões arbitrárias e a calamidade do "reino da Traulitânia"; se os Aliados não nos pediram mais reforços – advertiu Bernardino – foi porque deixaram de ter confiança em nós sob o Sidonismo. Certamente, Portugal não teria compartilhado dos louros da vitória, ficaria desonrado e abandonado pelos Aliados, se tivesse triunfado o "criminoso" golpe de Machado Santos de 13 de dezembro de 1916; se houve, pois, criminosos do lado português neste conflito europeu foram aqueles que se opuseram à nossa participação na Guerra. Também era falso, disse Bernardino na mesma intervenção senatorial de 20 de novembro, que tenhamos ido para a guerra contra a vontade da Nação, pois não só em 7 de agosto e em 23 de novembro de 1914, o Congresso votara, por unanimidade, a nossa solidariedade ativa, por todos os meios ao nosso alcance, para com a Inglaterra (em conformidade com as obrigações da Aliança multissecular entre os dois países), como a nossa reação à declaração de guerra que nos fez a Alemanha, em 6 de março de 1916, juntou, no Governo, os dois partidos que tinham a maioria esmagadora de votos dos cidadãos eleitores, ou seja, o *Partido Evolucionista* e o *Partido Republicano Português* na chamada *União Sagrada;* e se esta levou para a Guerra, em África e na França, cerca de 100 000 homens, podia ter levado, segundo Bernardino, quatro ou cinco vezes mais, porque tinha a Nação a seu lado.

Mas se estes factos, apresentados por Bernardino Machado, provavam que a *União Sagrada* tinha legitimidade democrática para se envolver na Guerra contra a Alemanha, não provavam que mesmo os cidadãos eleitores que nela votaram estivessem a favor da nossa intervenção na Guerra (além desses eleitores serem uma minoria da população portuguesa e não toda a "nação"). Eu diria que, sem dúvida, o Governo da *União Sagrada* tinha toda a legitimidade para intervir na Guerra, o que não sabemos é se a "nação" era da mesma opinião (e provavelmente não era, se tivermos em linha de conta os "sinais" de resistência à mobilização para a guerra nos quartéis, a agitação social e a indisciplina nas trincheiras). Não pensava assim Bernardino Machado, que insistiu que não era apenas a maioria do Parlamento que apoiara a nossa opção intervencionista, mas toda a nação. Se tivermos em linha de conta que a oposição popular inicial ao Sidonismo não existiu, podemos concluir, pelo menos, que a opção intervencionista – pelo agravamento da carestia de vida, da crise das subsistências e da carência de trabalho braçal jovem (que deixara a agricultura pelas casernas) – gerou um grande descontentamento, que esse mesmo Sidonismo soube aproveitar (pelo menos a *indiferença* à mudança).

Mas os adversários dos intervencionistas diziam também – lembra Bernardino – que Portugal fora para a Guerra contra a vontade da Inglaterra; o que não era verdade – afirmou; a Inglaterra, logo em 1914, convidou, formalmente, Portugal a entrar na Guerra – convite esse que leu no *Congresso* – e, em 1916, o Governo de António José de Almeida, após conversações havidas por Afonso Costa e Augusto

Soares com o *Foreign Office*, em Londres, comunicou, às Câmaras, a renovação do convite inglês; houve, pois, não só convite mas até – diz Bernardino – fomos "instados" a entrar na guerra ao lado dos Aliados, "tal era o apreço que estes punham no nosso concurso – como teve a ocasião de verificar quando visitou os campos de treino militar em Inglaterra e o *front* francês, quer pelos elogios feitos pelos chefes dos exércitos e pelos chefes das nações ao nosso país e à República, quer pelo muito apreço que lhe manifestaram pelos nossos diplomatas João Chagas, Alves da Veiga e Teixeira Gomes"; não se diga, portanto, que a Inglaterra não solicitou a nossa ajuda militar. É evidente, continua Bernardino, que houve sacrifícios de vidas e haveres que eram lamentáveis e que todos desejariam que nunca tivessem acontecido, mas todos os Aliados os fizeram pela liberdade e pela democracia; poder-se-á dizer que foram excessivos, mas, na óptica de Bernardino, não foram (estaria a pensar no que cairia sobre nós, com a vitória da Alemanha); por outro lado, Afonso Costa, chefe do Ministério e ministro das Finanças tinha, em 5 de dezembro de 1917 – segundo Bernardino Machado – as contas do Tesouro controladas, ocorrendo "a todas as despesas dentro do País com uma emissão prudente de bilhetes de Tesouro e com o prudente alargamento da circulação fiduciária, além das apropositadas sobre-taxas aduaneiras", de tal modo que nos ficavam intactos, para total liquidação de contas, "os largos recursos dos empréstimos interno e externo, do imposto sobre os lucros de guerra, e de toda a remo-delação do nosso sistema de contribuições" (não era esta a opinião de Inocêncio Camacho, como disse numa das suas intervenções no Senado – logo contestada por Bernardino – quando foi ministro das Finanças do Governo António Granjo, em 1920).

Enfim, esta investida constante dos inimigos da nossa inter-venção na Guerra não teria sido bem sucedida – sublinha Bernardino – se os governos da *União Sagrada* (inteiramente absorvidos na luta pela liberdade na frente externa) não tivessem descurado a retaguar-da interna, ou seja, sustado os incitamentos dos seus inimigos ao descontentamento e à revolta populares, apostolando, internamente, a democracia, "sobrepondo o seu valor às invectivas e doestos com que a feriam, do púlpito, os clericais (movendo uma propaganda infrene contra a nossa comparticipação na Guerra), organizando, como se devia ter feito, a economia nacional que a Guerra pôs (...) inteiramente, nas mãos do Estado" (transferindo para ele uma massa enorme de negócios) e mobilizando para a beligerância – em prol da liberdade, da civilização da democracia – "as forças vivas" e "as forças operárias". O que não se fez; restava tirar algum proveito, nas negociações da Paz, nas quais fomos parte, ou seja, na *Conferência de Paz* e na constituição da *Sociedade das Nações*, para compensar os esforços militares, económicos e humanos que fizemos, ao lado dos Aliados.

9.1.1. *A Conferência de Paz (1918)*

Na *Conferência de Paz* estiveram 70 delegados em representação de 27 países. A reunião foi, politicamente, dominada pelos Estados Unidos (Presidente Woodrow Wilson), Reino Unido (Presidente Lloyd George) e França (Presidente Georges Clémenceau). O Presidente americano, nas negociações da liquidação do conflito, tudo fez não só para que a Alemanha não fosse desmembrada – desejo partilhado por Lloyd George – porquanto receava que esse desmembramento viesse a fortalecer, indiretamente, a França – como procurou que os vencedores não fossem por ela indemnizados (o que, parcialmente, veio a acontecer). Os ingleses queriam as colónias alemãs do Pacífico e da África e a França – além de indemnizações – exigia a devolução da Alsácia-Lorena, a criação de uma República Renana independente e a anexação de toda a margem esquerda do rio Reno. O principal documento produzido pela conferência foi o *Tratado de Versalhes*, assinado em 28 de junho de 1919 (e ratificado pela *Sociedade das Nações*, em 10.1.1920), que definiu os termos de paz entre os Aliados e as nações derrotadas; foi com ele que se fixou (e em que termos) a paz entre as potências europeias e a Alemanha, pondo fim, oficialmente, à I Guerra Mundial (1914-1918). Após seis meses de negociações, em Paris, o tratado foi assinado. O principal ponto do tratado determinava que a Alemanha aceitasse todas as responsabilidades na eclosão da Guerra, comprometendo-se a cumprir uma série de exigências políticas, económicas e militares, ressarcindo, também, por esse modo, um certo número de nações da *Tríplice Aliança* que por ela foram altamente lesadas; as exigências impostas à Alemanha incluíram a perda de uma parte de seu território para certo um número de nações fronteiriças, a perda de todas as colónias, o reconhecimento da independência da Áustria, a devolução dos territórios da Alsácia-Lorena à França, a entrega da província do Sarre ao controle da *Liga das Nações* (por 15 anos), a devolução da região da Sonderjutlândia à Dinamarca, a proibição do desenvolvimento da aeronáutica, a limitação do seu exército a um máximo de 100.000 homens, a proibição do fabrico de tanques e armamento pesado, a redução da sua Marinha a 15.000 homens, seis navios de guerra e seis cruzadores, e uma indemnização pecuniária aos Aliados pelos prejuízos causados durante a guerra.

Estas negociações foram acompanhadas, permanentemente, pela nossa Delegação, que nelas representava, por indicação dos nossos Governos de ocasião, os interesses de Portugal (primeiramente sob a chefia de Egas Moniz e depois de Afonso Costa). Não surpreende, pois, que em 26 de novembro de 1919, Bernardino Machado (que tanta importância atribuía a este vector da nossa política externa, pelos seus efeitos importantíssimos na nossa política interna) mostrasse, no Senado, a sua preocupação pelas notícias que corriam na imprensa de que a nossa delegação à *Conferência da Paz* ia mudar-se para Londres (ainda que a *Conferência* continuasse a funcionar em Paris), indo Afonso Costa para os E.U.A. assistir à *Conferência Geral do Trabalho* (como se a nossa política externa estivesse subordinada à inglesa). Melo Barreto, Ministro dos Negócios Estrangeiros do Governo de Sá Cardoso, esclareceu Bernardino Machado que essa notícia era falsa; a delegação portuguesa à *Conferência da Paz* terminava os seus trabalhos logo a seguir à assinatura do tratado de paz com a Bulgária, e Afonso Costa ficava mais algum tempo a fazer os relatórios dos trabalhos efectuados pela Delegação, que deviam ser apresentados ao Parlamento Português (não podendo, pois, sequer aceder ao convite do Governo para ir à C.G.T., nos E.U.A., sendo substituído por José Barbosa, pelo ex-unionista e agora *liberal*). Mas Bernardino Machado não ficou menos surpreendido com a afirmação do Ministro dos Negócios Estrangeiros de que a *Conferência da Paz* ia, em breve, dar por findos os seus trabalhos; afinal, ficavam sem resposta as questões sobre que, não há muito, o interpelara: a questão de Olivença, a questão de Macau, o nosso alargamento a norte do território de Moçambique e a incorporação em Angola de uma larga faixa de fronteira, uma espécie de zona-tampão, a sul, do Cabo Frio para Norte (que no passado pertenceu à Alemanha) para nos proteger, no futuro, da União Sul-Africana, que havia sempre de cobiçar os nossos portos. É verdade, no que respeita a Olivença, que o Ministério dos Negócios Estrangeiros já afirmara que a questão seria negociada e resolvida, bilateralmente, com a Espanha, que as negociações com a China sobre Macau tinham sido interrompidas a seu pedido e que, quanto ao aumento de territórios coloniais, o Governo não os reivindicara na *Conferência da Paz*, optando pelo princípio do *statu quo ante*, porque não fizemos depender a nossa entrada na Guerra, desse género de dividendos. Mas Bernardino Machado, inconformado com estas consabidas respostas, perguntou a Melo Barreto se estas decisões do Governo coincidiam com as opiniões da Nação, porque a sua importância transcendia as competências do Executivo, reivindicando que fossem submetidas ao debate e sanção do Parlamento – pedindo até à comissão de negócios externos do Senado, que se ocupasse de todas estas questões e sobre elas apresentasse o seu parecer – para que se não viesse a dizer lá fora que foi responsabilidade do Parlamento não termos colhido da vitória, na Guerra, tudo a que tínhamos direito. Achava mesmo "absolutamente indispensável" que o Parlamento se pronunciasse sobre o critério eleito pelo Governo para resolver as questões de Olivença, Macau e das colónias e que não fizesse delas "questão política", tendo Melo Barreto respondido ao apelo de Bernardino, com inteira concordância, sublinhando que o Governo não tinha o critério exclusivo da resolução dessas questões e que seria proveitoso até confrontá-lo com outro (neste caso o parecer do Senado).

Melo Barreto esclareceu ainda Bernardino Machado que, no

que dizia respeito a Olivença, nem Egas Moniz nem – depois dele – Afonso Costa (que chefiaram, sucessivamente, a nossa representação à *Conferência de Paz*), a chamaram à colação e a debate na *Conferência de Paz*; por outro lado, o Gabinete do Governo Domingos Pereira, em nota emitida em 14 de abril de 1919, disse que Afonso Costa não abordara a questão de Olivença na *Conferência de Paz*, porque a Espanha não tinha nela representação. Ora o Governo de que ele, Melo Barreto, era ministro era da mesma opinião que aqueles que o precederam quanto à questão de Olivença, ainda que não deixasse de afirmar os direitos de Portugal sobre a sua posse e continuar -ia a fazê-lo, quando fosse oportuno; era, no entanto, importante subli-nhar – disse Melo Barreto – que a nossa delegação à *Conferencia de Paz*, não recebera, em qualquer circunstância nem sobre qualquer assunto, mandatos imperativos; quanto ao aumento do nosso terri-tório colonial, em Moçambique, até ao Cabo Frio, Portugal – disse Melo Barreto – não faria essa reivindicação pois desde o início se disse que o Governo português entrava na guerra, sim, mas não movido pelo aumento dos seus territórios coloniais; quanto às conversações com a China sobre Macau, o Governo aproveitou a *Conferência da Paz* para as entabular, mas foram suspensas, a pedido daquele país por razões de ordem interna que o Governo português decidiu res-peitar; finalmente, quanto à "política da Guerra", ou seja, ao nosso intervencionismo aliadófilo, o Governo de que fazia parte – que era uma réplica da *União Sagrada* – estava, em "absoluto", de acordo e solidário com os pontos de vista de Bernardino Machado.

Mas Bernardino Machado, embora congratulando-se com estas últimas palavras de Melo Barreto, discordava, porém, da política do Governo no que dizia respeito às nossas reivindicações territoriais, e esperava que o Governo viesse, em ocasião próxima, justificar por que motivos se limitava "à política de *statu quo ante bellum* em África" e que garantias tinha para "aceitar tanto o adiamento proposto pela China para o seu pleno reconhecimento da nossa soberania, em Macau, como para preferir tratar, diretamente, com a Espanha da restituição de Olivença sem nenhuma intercessão da *Conferência da Paz*". Melo Barreto replicou que a questão de Olivença seria tratada, exclusivamente, com o Governo espanhol, sem qualquer mediação da *Sociedade das Nações*, ao que respondeu Bernardino que esperava que o Governo, só por si, conseguisse o que não fora conseguido durante um século inteiro.

Mas se Bernardino Machado estava descontente com as orientações dadas, pelo Governo, à nossa Delegação às conversações de Paz, quanto a certas questões a resolver (Olivença, Macau e alargamento dos território coloniais de Moçambique e Angola) foi com "profunda emoção" – como disse, em 1 de abril de 1920, no Senado – que fora à Câmara dar o seu voto à ratificação do *Tratado de Paz*. A ratificação do *Tratado de Paz* – disse o ministro dos Negócio Estrangeiros, Xavier da Silva do Governo de António Maria Baptista – resultara de uma iniciativa do Governo que, através de uma proposta de lei apresentada ao Congresso, convocado, extraordinariamente, para esse efeito, pretendia a aprovação do *Tratado de Versalhes*, para poder usufruir de determinados direitos que o *Tratado* nos conferia, mas cujo exercício dependia de notificações a fazer no prazo de três meses, a partir da entrada em vigor do *Tratado*, isto é, até 10 de abril de 1920 (nove dias depois desta convocatória).

Bernardino aproveitou esta oportunidade da ratificação do *Tratado* para dizer sobre ele várias coisas que não queria guardar para si e, acima de tudo, queria partilhar com os seus colegas senadores. Em 1º lugar, o *Tratado* – disse – significava "a paz feita pelo triunfo da Liberdade contra o despotismo"; desiderato – lembrou – para o qual Portugal colaborara com vidas e haveres até ao limite das suas forças, em honra da Pátria portuguesa; em 2º lugar, era uma boa oportunidade, em sua opinião, para liquidar as responsabilidades dos intervencionistas na Guerra e apurar, junto daqueles que os combateram – inclusive de muitos que diziam que a questão da nossa intervenção era ainda "uma questão em aberto" – de que lado estava a razão (tanto mais que a vitória dos Aliados era a vitória dos intervencionistas). Os inimigos da nossa intervenção – disse – continuavam a afirmar que careciam de documentos – que podiam consultar, sem restrições no Arquivo do Ministério dos Negócios Estrangeiros! – para se pronunciar *verdadeiramente* – na expectativa de que, com alguns deles, pudessem ferir os que optaram pelo intervencionismo (mas ninguém mais do que os intervencionistas pediam o *Livro Branco* com todos os documentos, "pois todas as suspeições se dissipariam"); havia também os que atribuíam a nossa participação na guerra a razões partidárias e outros que afirmavam que a *nação* não estava com os intervencionistas (correu mesmo uma nota, em agosto de 1915, por todo o país, através da imprensa, que afirmava que se estava a fazer uma política contra a nação, uma política que os Aliados não queriam). Para Bernardino, todos estes argumentos eram desprovidos de fundamento: a própria Inglaterra veio desmentir a "nota" supracitada difundida pela imprensa; e foi ele mesmo, Bernardino Machado, que "não pertencia a partido nenhum" – ainda que tivesse o apoio dos partidos – que iniciou o nosso processo de solidariedade guerrista ao lado dos Aliados em 7 de agosto de 1914 e foi ele que chamou a si "o encargo soberano de dirigir a nossa política da guerra e (...) quem teve a iniciativa definitiva para que o Governo Português requisitasse os navios de guerra [alemães]" (que, como todos sabiam, foi a causa determinante pela qual a Alemanha nos declarou a beligerância). Na verdade – continuou – os que os não intervencionistas procuravam era manter uma dúvida (fomos ou não convidados a intervir na Guerra?) e dela – até ser desmentida – poder tirar ilações desprestigiantes para a República e sabotar a importância dos direitos e proveitos dela colhidos. Efetivamente, se não fomos convidados para a Guerra – como diziam os adversários dos intervencionistas – podíamo-la ter evitado e, desse modo, evitarmos a perda de gente e de haveres e ter evitado a precipitação da subsequente crise de subsistências e a miséria que nos assolou; mas depois de lá entrarmos, quando a Guerra terminou, os governos intervencionistas, supostamente, não souberam negociar a paz pelo que tivemos mais perdas do que ganhos, tendo em conta os sacrifícios que a nação fez. Ora – como mostra e sublinha Bernardino – era fácil verificar o que tínhamos ganho com a nossa opção em participarmos na guerra ao lado dos Aliados (sobretudo na esfera colonial); e teríamos ganho muito se não tivéssemos tido a ditadura pimentista (que incutiu no exército a convicção que nosso intervencionismo ia criar divisóes internas nas forças armadas, boato que se refletiu num retraimento dos nossos Aliados), se a *União Sagrada* não tivesse sido interrompida pela campanha defetista da ditadura de Sidónio Pais e pelos inimigos internos da nossa intervenção (que não só desvalorizaram e acusaram as nossas tropas de inépcia e de falta de preparação militar e de recursos bélicos, como alguns deles não tiveram um mínimo pego em bolsar que os intervencionistas tinham entrado na guerra apenas para fazer "negócio").

Mas Bernardino Machado não se ficou por estes anátemas aos não intervencionistas e pela defesa da nossa participação na Guerra. Apelou, ainda a Xavier da Silva, Ministro dos Negócios Estrangeiros do Governo de António Maria Baptista, que, juntamente com a ratificação do *Tratado da Paz*, trouxesse ao Senado "o relatório dos trabalhos efectuados pela Delegação de Portugal à *Conferência de Paz*" (ainda que os seus trabalhos estivessem ainda por encerrar); não, como era óbvio, o relatório completo, "mas, sim, o relatório de todas as diligências efectuadas durante o período em que se elaborou o *Tratado da Paz*", para que os interessados pudessem ficar a saber, se quisessem, pela consulta do arquivo do Ministério dos Negócios Estrangeiros, a correspondência entre este e a nossa Delegação à *Conferência de Paz*. Era importante saber-se que instruções foram dadas pelo nosso Governo à nossa delegação em França à *Conferência da Paz*. A publicação de toda a documentação relativa à nossa participação na Guerra, disse Bernardino, "servirá para o esclarecimento público de que fomos para a Guerra com conhecimento de causa, mas não dirá aos inimigos da nossa intervenção nada que eles já não saibam ou não pudessem saber, pois nunca quiseram saber a verdade (ou, se a sabiam, ocultavam-na), pois mesmo quando, entre nós, se fez uma sessão secreta, a seu pedido, por causa da Guerra, não quiseram ouvir o Governo nessa ocasião, para puderem prosseguir na sua campanha anti-guerrista, difamatória e de intoxicação da opinião pública". Quando essa documentação for conhecida – advertiu – ficar-se-á a saber que o que mais nos motivou a participar na Guerra foi "lutar pela liberdade dos povos" (e não exigir contrapartidas "mercenárias" à Inglaterra pela nossa participação na Guerra, como os anti-intervencionistas desejavam que fizéssemos); além de ficarmos "sob a égide suprema da *Sociedade das Nações*", uma instituição que era uma garantia da nossa soberania.

Mas este conhecimento das causas que nos levaram a entrar na Guerra, disse Bernardino, não impedia que o *Tratado* se discutisse, porque o Parlamento não estava coacto. Se, porventura, houve negligência nos sucessivos adiamentos da ratificação do *Tratado de Paz,* a culpa era de todos, mas ele mesmo, na ultima reunião das duas casas do Parlamento, lembrara a conveniência de não votar se o adiamento das sessões porque havia assuntos pendentes muito graves que careciam de imediata solução; tinha, pois, autoridade para dizer que não se devia alongar, escusadamente, o debate sobre a ratificação do *Tratado*, ainda que não houvesse prazos que limitassem a sua discussão. Muita gente dizia que o *Tratado* era "uma injustiça e um desastre para nós, que não correspondia às expectativas da Nação", que deveríamos ter conseguido incluir nele uma cláusula que salvaguardasse o pagamento das nossas despesas de Guerra, mas a verdade – diz Bernardino – é que num dos artigos fundamentais do *Tratado*, "se declara que a Alemanha é a responsável por todas as indemnizações devidas aos Aliados"; por outro lado confiava, apesar da ausência de um clausulado preciso, na equidade dos Aliados quanto às reparações face aos nossos sacrifícios; mas, advertiu, não era o aumento da nossa dívida externa (360 milhares de contos, o que representava vinte e tantos mil contos anuais para pagamento dessa dívida), que o preocupava, pois não falimos e o nosso crédito externo aumentou, "porque quem, como nós, deu a vida para honrar a sua palavra não precisa de penhorar nada aos países credores e destes só pode esperar amizade, boa vontade e assistência financeira"; preocupava-o, sim, "os esbanjamentos que se fizeram à sombra das despesas da Guerra e os esbanjamentos com as guerras civis"; era preciso acabar com eles, não dando a ninguém o direito de os continuar a fazer, porque o nosso esforço bastava, só por si, "para o resgate da dívida da guerra e de todas as dissipações e saques que se estenderam por todo o país". Mas, evidentemente, se no *Tratado* houvesse injustiças irreparáveis não tínhamos que o aceitar.

Mas o que para Bernardino era importante, naquele momento – porque era compatível com o debate do Tratado e não implicava a sua ratificação – era apressar quanto possível a nossa representação nas diversas comissões, especialmente, na *Comissão de Reparações.* Era possível – disse – que o que viéssemos a receber de reparações de guerra fosse pouco, relativamente, ao muito que sacrificámos, era possível que não correspondesse às nossas expetativas, mas era bom lembrar que, com a declaração de guerra, em março de 1916, ficamos com uma Marinha Mercante com o dobro da tonelagem da que já tínhamos (e podíamos ainda reclamar outros navios mercantes na posse da Alemanha, como compensação dos que perdemos); apesar de todo o ceticismo, acreditava, porém, que "as reparações a que tínhamos direito iriam decerto equilibrar, de imediato, as contas do Tesouro e pagar as pensões aos militares e às famílias dos inválidos e mortos na guerra". Mas era também bom não esquecer os perigos que pairavam, no limiar da Guerra (como o tratado anglo-alemão), sobre o nosso património colonial; este – disse Bernardino – era "o Portugal do passado e o Portugal do futuro" – e sem colónias era "como se não existíssemos", visto que eram elas que asseguravam a nossa existência. Com a vitória dos Aliados – sublinhou – essas apreensões despareceram e só ressurgiriam por dissensões internas. Finalmente, Bernardino sublinhou, ainda, que o *Tratado* era muito mais do que um acordo de reparações de guerra; era "um novo código democrático das gentes", era "o *Tratado* internacional das democracias" (porque assegurava a independência dos povos), um documento que assegurava "o direito dos trabalhadores, das classes menos felizes" e "os direitos humanos do todos os indígenas dos países que ainda não entraram na civilização"; um Tratado que ressuscitou e reconstituiu nações e criou outras (ressuscitou a Polónia, criou Estados novos, reintegrou territórios – como a Alsácia Lorena na França – e devolveu à Itália os seus territórios irridentes).

9.1.2. *A Sociedade das Nações*

A *Liga* ou *Sociedade das Nações* – *organização internacional, idealizada em 28 de abril de 1919*, nas negociações da *Conferência de Paz* – tinha por objetivos prevenir e dirimir os conflitos internacionais; foi assinada por 44 Estados (cujo conselho se reuniu, pela primeira vez, em Paris no dia 16 de janeiro de 1920, seis dias depois da entrada em vigor do *Tratado de Versalhes*) e sediou-se em Genebra. O seu Conselho Executivo era constituído por representantes de nove potências (sendo cinco representantes das grandes nações e os outros quatro, representantes da Bélgica, da Grécia, do Brasil e da Espanha), mas onde as cinco maiores (como diz Bernardino em 5 de novembro de 1920) através de um "artifício reprovável" e subterfúgios "antidemocráticos" tinham a representação da maioria dos seus membros (colocando-se, assim, ao abrigo de surpresas como por exemplo, uma maioria ocasional de votos de pequenas nações contra os seus interesses). Para contrariar os abusos desse Conselho e reivindicar o seu alargamento, constituíra-se em Bruxelas uma *Associação das Nações*, que teve um Portugal uma delegação, em cuja constituição – como disse Bernardino em 18 de dezembro de 1919, ou seja, pouco depois do seu regresso do exílio – se envolvera ativamente. Afonso Costa, Teixeira Gomes e Freire de Andrade foram nomeados delegados de Portugal à Assembleia da *Sociedade das Nações*, como disse Melo Barreto, Ministro dos Negócios Estrangeiros do Governo António Granjo ao Senado, em 9 de novembro de 1920. Bernardino Machado congratulou-se com as nomeações (como o farão Herculano Galhardo pelo P.R.P. e Afonso de Lemos pelo *Partido Liberal*, entre outros). Mas embora congratulando-se com uma representação que certamente saberia acautelar os interesses nacionais, Bernardino fez questão de advertir o Governo para que não permitisse que os nossos delegados assumissem responsabilidades que, constitucionalmente, lhes estavam vedadas, pois se era verdade que o Governo tinha as suas prerrogativas, também o Parlamento tinha suas que se sobrepunham-se às daquele, porque representavam a nação; por isso, como representante do Parlamento, gostaria de conhecer o mandato de que foram investidos aqueles delegados, dito de outro modo, a orientação que lhes imprimiu o Governo.

Mas havia ainda outros problemas relacionados com a nossa

representação na *Sociedade das Nações* que Bernardino queria ver esclarecidos, poi denotavam flagrantes injustiças para com o nosso país. No entender de Bernardino Machado, não era justo que o nosso país não fizesse parte do Conselho Executivo da Sociedade das Nações, como nos era devido, pois "participáramos, na Guerra, ao seu lado, e éramos a potência que tinha a hegemonia política da península ibérica", além dos quatro lugares – para lá dos cinco ocupados pelas grandes potências no Conselho Executivo – serem interinos, como ficou consignado no *Tratado de Versalhes*, e no pacto da *Sociedade das Nações*; esperava, pois, que num próximo alargamento desse Conselho, Portugal entrasse nele, onde tínhamos a simpatia de Wilson e a solidariedade de León Bourgeois, não lhe suscitando, porém, qualquer protesto a presença da Espanha e do Brasil nesse Conselho, entendendo que a primeira lá estivesse em representação dos países neutrais e o Brasil em representação dos países latino-americanos. A constituição antidemocrática do Conselho Executivo da *Liga* levava-o a recear que esta instituição se viesse a tornar uma instituição oligárquica, risco real se todos os seus vogais não viessem a ser eletivos; lamentava, enfim, que um Conselho da *Sociedade das Nações* estatuído para o mundo democrático, não o fosse democraticamente.

Mas havia ainda, para Bernardino, um outro ponto capital. O *Tratado* esquecera-se, grave e lamentavelmente, de nos convidar para integrarmos a estrutura dirigente de um dos seus organismos mais importantes – a *Organização Internacional do Trabalho* (que integrava patrões e trabalhadores) – com o argumento de que o dirigiriam apenas os representantes das nações mais industrializadas. Mas, diz Bernardino, "se foi este o critério para escolher a estrutura dirigente da *Organização Internacional do Trabalho*, porque não se seguiu um critério homólogo quando se tratou de entregar os mandatos das colónias confiscadas aos países vencidos?". É que se se seguisse o mesmo critério, caberiam a Portugal – como uma das maiores potências coloniais – vários mandatos. Se para a direção da *Organização Internacional do Trabalho* "se julgou que deviam ter uma intervenção de direito nato todas as nações que representassem uma força proeminente da indústria", aplicando-se o mesmo critério para integrar a direção do organismo que passou a tutelar as ex-colónias alemãs, nós devíamos fazer parte dele, na medida em que éramos "uma das primeiras nações coloniais" e, por isso mesmo, e, por isso mesmo tínhamos "direitos históricos" que exigiam que *Sociedade das Nações* nos entregasse "uma parcela na realização desses mandatos". Portugal não podia, pois, segundo Bernardino Machado, ficar fora das nações que deviam ser consultadas para a orientação dos mandatos criados pela *Conferência da Paz*. Todos sabiam que os mandatos das ex-colónias alemãs foram entregues, de imediato, pela *Sociedade das Nações* (que tinha o direito de o fazer) às grandes potências, sem todavia, explicar quais as condições e termos em que esses mandatos deviam ser exercidos; uma tal arbitrariedade deliberativa não lhe permitiria crer que o assunto estivesse encerrado e, por isso, apelava aos nossos delegados que pugnassem pelo papel que nessa matéria nos cabia, de direito, e que já reclamáramos em diversas conferências internacionais; em todo o caso, mesmo que as grandes potências continuassem a dirigir e a administrar as ex-colónias alemãs, essas potências deviam ser obrigadas, em seu entender, a prestar contas dos seus atos a uma comissão de controle da *Sociedade das Nações*; os nossos delegados deviam bater-se por esta exigência, às grandes potências; e como não fôramos ouvidos na distribuição dos mandatos, era de opinião que a nossa Delegação reclamasse – e Bernardino estava certo que Melo Barreto o faria – 1 dos 15 lugares de vogais da comissão de *controle* dos mandatos;.

Melo Barreto, em resposta a Bernardino Machado, manifestou a esperança de que o alargamento do Conselho Executivo da *Sociedade das Nações* viesse a permitir que nele fossemos incluídos (processo no qual os nossos delegados estavam especialmente empenhados) e prometeu, ainda, tomar na devida consideração as aspirações, formuladas por Bernardino Machado, de obtermos um lugar na comissão de *controle* de mandatos. Esclareceu ainda que outros assuntos iriam ser proximamente debatidos pela *Sociedade das Nações* e neles Portugal esperava ter parte ativa e influente: o projeto de organização do Tribunal Permanente de Justiça Internacional, a questão dos mandatos, a organização dos Serviços de Higiene Internacional, as medidas destinadas a assegurar, em caso de necessidade, o emprego do bloqueio económico, a fiscalização dos acordos relativos ao comércio do ópio e ao tráfego de mulheres e crianças, as emendas ao Pacto propostas pelos governos da Escandinávia, etc.. Mas Bernardino Machado, sempre atento às resoluções tomadas pelas *Liga das Nações*, decorrentes do *Tratado de Paz*, alertava o Senado, em 7 de dezembro de 1920, para a conferência da Liga que estava a decorrer em Genebra onde estavam a ser discutidos problemas "gravíssimos" nos quais éramos parte interessada, porque nos afectavam "direta e particularmente"; chamava a atenção do Senado apenas para dois: a formulação de um novo Direito das Gentes e a organização de um tribunal internacional, encarregado de solucionar os conflitos entre as nações; dito de outro modo, a transformação do "velho Direito aristocrático" por um "novo Direito democrático" e a organização de um Tribunal para se pronunciar sobre o Direito dos povos, considerados como "iguais", devendo ser, portanto, o critério da igualdade o da eleição dos seus juízes, ou seja, serem "eleitos por todos os membros da *Sociedade das Nações*, na sua Assembleia" e não privilégio da escolha de alguns dos seus Estados membros. Graças a este *Tribunal* criado pela Sociedade das Nações, Portugal – sublinha Bernardino – libertava-se da posição de menoridade em que o colocara a *Conferência de Berlim* (que cozinhou e adoptou a odiosa doutrina da "ocupação efetiva", que justificou um reajustamento da carta de África à nossa custa, o *Ultimatum* de 1890 e, por fim, o tratado anglo-alemão, por pouco não consumado, sobre Angola e Moçambique) e deixará de haver Estados protetores e Estados protegidos, mas simplesmente "nações que confraternizam entre si e, solidariamente, defendem a sua independência". Portanto, a vitória dos Aliados e a constituição da *Liga das Nações* não foi apenas vitória das instituições democráticas e uma vitória sobre o imperialismo alemão, para nós foi, também, simultaneamente, a devolução do nosso "direito soberano", da "segurança futura das nossas colónias" e do robustecimento da consciência da nossa "inviolabilidade nacional".

10. *Conclusão*

Fica claro, depois do que dissemos, que Bernardino Machado foi um dos principais protagonistas políticos da nossa participação na I Guerra Mundial. A ele coube a iniciativa de nela nos envolver em 1914; por razões que colhem consenso apenas no plano das intenções; e só neste. A verdade, porém, é que foi neste e só neste, que se traduziu na chamada "neutralidade condicional" – exceto quanto às expedições militares para a defesa das colónias de Angola e Moçambique – que se manifestou o seu intervencionismo aliadófilo. O Governo de Bernardino Machado manifestou a intenção de intervir na Guerra ao lado da Inglaterra, a pedido desta e ao abriga da Aliança; esta não o desejou nunca e as duas vezes em que o fez foi coagida a isso: a 1ª, pela necessidade que a França tinha da nossa artilharia; a 2ª, porque a Inglaterra precisa, para as suas operações de limpeza militar do Báltico, dos navios alemães que estavam fundeados no Tejo. Não partiu, pois, de Bernardino Machado, qualquer iniciativa intervencionista. Foram fatores exógenos ao seu Governo que a determinaram (mas nem sequer a consumaram devido à Ditadura de Pimenta de Castro). Dir-se-á que se não interveio, sempre defendeu essa intervenção ao lado dos Aliados e no teatro europeu de Guerra. É verdade; por três razões que me parecem defensáveis: pela convicção generalizada que a guerra seria breve, por saber que tanto a França como a Inglaterra, no caso de uma agitação política interna grave, não defenderiam a República da ingerência militar de Afonso XIII; e porque era preciso que Portugal estivesse na Conferência de Paz para preservar o nosso património colonial (na época, sendo inconcebível, para todos, sobrevivermos sem ele, o que não era o caso da Espanha, que já não tinha as suas colónias latino-americanas). A ditadura de Pimenta de Castro, de facto, adotou a "neutralidade condicional" (donde afinal ainda não saíramos!). E nem depois da revolta de 14 de maio de 1915, o intervencionismo militar aliadófilo, apesar de defendido pelos "democráticos", pelo Presidente da República, Bernardino Machado (eleito em 6 de agosto) e pela *União Sagrada*, não teria passado disso mesmo – uma intenção – se a Inglaterra não precisasse dos barcos alemães estacionados no Tejo (e a Aliança não permitia que lhos recusássemos); e com a sua apreensão, a declaração da guerra que a Alemanha nos faz. A partir daqui, não havia lugar para recuos, embora a Inglaterra tenha procurado (sempre) interferir nas condições da nossa intervenção na Guerra, subordinando as nossas orientações às suas e não apenas ao Comando Geral dos Aliados. Se numa primeira fase conseguimos libertar-nos dessa tutela, numa segunda fase (a sidonista) abdicamos dessa independência, cedemos às exigências inglesas, inclusive, nas reivindicações que a Delegação sidonista (chefiada por Egas Moniz) apresentou nas primeiras conferências do Tratado de Paz (impossíveis de reverter, depois, pela delegação, chefiada por Afonso Costa, que a veio substituir). Estava, então, no exílio, Bernardino Machado que fora, compulsivamente, demitido por Sidónio no dia 12 de dezembro de 1917. Quer dizer: Bernardino Machado, depois da sua saída do Governo, em dezembro de 1914, não teve mais poder político para fazer valer, *de facto*, a sua opção intervencionista aliadófila; nem mesmo como Presidente da República (de 1915 a 1917), onde os seus poderes eram – como disse – meramente "morais"; e muito menos, depois de abandonar a Presidência da República. O seu intervencionismo, na verdade, foi meramente apologético (na ditadura de Pimenta de Castro e durante o Sidonismo) e depois da queda deste, centrou a sua atenção nas reivindicações (reparações e indemnizações pela Alemanha) que devíamos fazer à *Conferência de Paz* e nas reclamações que, de direito, nos assistiam em ter parte ativa e relevante nos principais organismos da *Sociedade das Nações* (pela potência colonial que éramos). Não conseguiu mais do que as nossas delegações já tinham negociado com os Aliados. Mas soube ver, com notável clareza que a vitória dos Aliados, o Tratado de Paz e a Sociedade das Nações trouxeram aos povos um novo Direito das Gentes – democrático – e um Tribunal Internacional para dirimir os conflitos entre as nações, que o direito da força teria muita dificuldade em contornar. Era a salvaguarda da nossa soberania nacional, do futuro das nossas colónias e a consolidação da nossa individualidade nacional. Não era pouco.

Índice

www.ingramcontent.com/pod-product-compliance
Lightning Source LLC
Chambersburg PA
CBHW070337090426
42733CB00009B/1214